a

VERLAG
FRITZ
MOLDEN

IRBLICH

DAS WINTERPALAIS DES PRINZEN EUGEN

Von der Residenz des Feldherrn zum Finanzministerium der Republik

HERAUSGEGEBEN VON BEPPO MAUHART
MIT EINEM VORWORT VON
VIZEKANZLER DR. HANNES ANDROSCH

112 ABBILDUNGEN UND ILLUSTRATIONEN,
DAVON 48 IN FARBE

VERLAG FRITZ MOLDEN
WIEN–MÜNCHEN–ZÜRICH–INNSBRUCK

BILDQUELLENNACHWEIS:

Wir danken folgenden Personen und Institutionen für die Reproduktionsgenehmigung:
Farbbilder: Photoatelier Otto, Wien, mit Ausnahme der S. 60 und 61 (Gerhard Trumler, Wien) und S. 237 („Vorschrift für die von Sr. k. k. Majestät sämmtlichen Staatsbeamten bewilligte Uniform", Wien 1814).
Schwarzweißbilder: Albertina, Wien, S. 177; Bildarchiv der Österreichischen Nationalbibliothek, Wien, S. 38, 40, 81, 84, 85, 178, 179, 180, 184, 185, 186, 189, 209, 210, 211, 238 r. o., 238 l. u.; Bundesdenkmalamt, Wien, S. 86, 87, 88, 158 o. und u., 159; Eva Frodl-Kraft, Wien, S. 153; Foto Hilscher, Wien, S. 192 o. und u.; Herbert Kofler, Wien, S. 213; Kriegsarchiv, Wien, S. 190/191; Österreichische Galerie, Oberes Belvedere, Wien (Photo Meyer), S. 33, 34, 35, 36; Oesterreichische Nationalbank, Wien, S. 183 o. und u.; Österreichisches Institut für Zeitgeschichte, Wien, S. 181; Photoatelier Otto, Wien, S. 37, 39, 82/83, 154, 156, 157, 160, 182, 238 l. o.; Pressephotos Lothar Rübelt, Wien, S. 187, 188; Photo Simonis, Wien, S. 238 r. u.; Foto Fritz Schaler, Wien, S. 155; Wiener Presse-Bilddienst Votava, Wien, S. 212, 214, 215, 216.
Schutzumschlag, Vorderseite: Prunkstiege im Winterpalais (Photoatelier Otto, Wien); Rückseite: Prinz Eugen, Supraporte im Schlachtenbildersaal, Künstler unbekannt.
Vorsatzblatt: Das Stadtpalais des Prinzen Eugen. Zeichnung von Salomon Kleiner, wiedergegeben im Stich von I. A. Corvinus (Photoatelier Otto, Wien).

1. AUFLAGE

VERLEGT VON MOLDEN VERLAG WIEN GESELLSCHAFT M.B.H.

SCHUTZUMSCHLAG UND AUSSTATTUNG: HANS SCHAUMBERGER, WIEN
GESAMTREDAKTION: GÜNTER TREFFER
KUNSTHISTORISCHE FACHBERATUNG: DR. GERBERT FRODL
ÜBERTRAGUNG DER ENGLISCHEN TEXTE: CHARLES KESSLER
TECHNISCHER BETREUER: FRANZ HANNS
SCHRIFT: ELF PUNKT GARAMOND-ANTIQUA
SATZ: FILMSATZZENTRUM GESELLSCHAFT M.B.H., WIEN
REPRODUKTIONEN UND DRUCK DES FARBBILDTEILES: C. U. E. GROSSER, LINZ
DRUCK DES TEXTTEILES UND BINDEARBEIT: WELSERMÜHL, WELS
ISBN 3-217-00361-6

Inhalt

Vorwort

Dies ist ein besonderes Buch.
Oder bescheidener: auch dieses.
Warum?
Es ist kein Kunstbuch, obwohl es eine der eindrucksvollsten architektonischen und eine der schönsten künstlerischen Leistungen des Wiener Barocks zum Inhalt hat.
Es ist kein Geschichtsbuch, obwohl wir die Geschichte eines Hauses darin finden, von dem aus die Geschichte des gesamten Landes, der Monarchie und beider Republiken oft wesentlich mitgestaltet wurde.
Es ist kein Buch für Wirtschaftswissenschafter, obwohl es kaum einschlägige Literatur gibt, in der ökonomische Zusammenhänge, Abläufe und Perspektiven fundierter, wissenschaftlicher und genießbarer formuliert sind.
Eben doch ein besonderes Buch. In seiner ausgewogenen Unvereinbarkeit ein besonders österreichisches Buch. Es gehört eben zu den liebenswerten Spezialitäten dieses Landes, daß man scheinbar Unvereinbares des öfteren in harmonischer Verbindung findet.
Wie z. B. im Palais in der Himmelpfortgasse: Steuern, Staatsfinanzen, schöne Künste – hierzulande ist alles unter einem Dach. Noch dazu unter einem sehr prunkvollen. Finanzverwaltung und schöne Künste hatten in Österreich schon immer ein besonders inniges Verhältnis zueinander. Nur so war es z. B. überhaupt möglich, daß einer der grantigsten Finanzbeamten Österreichs gleichzeitig einer der bedeutendsten Dichter des Landes werden konnte. Diese gegensätzliche Harmonie liegt wohl in der Tradition des Hauses in der Himmelpfortgasse selbst begründet. Erbaut aus den Erträgnissen kriegerischer Beutezüge, beherbergt es in seinem barocken Prunk seit 1848 die oberste Steuerbehörde.
Eigentlich hätte das Buch schon längst erschienen sein müssen. Daß es jetzt endlich soweit ist, verdient Dank und Anerkennung. Dank der Österreichischen Postsparkasse, die durch die großzügige finanzielle Unterstützung die würdige Gestaltung dieses Werkes ermöglichte.
Anerkennung dem Kulturreferenten des Bundesministeriums für Finanzen für sein anregendes Bemühen. Dank und Anerkennung den Autoren, dem Herausgeber und nicht zuletzt dem Verlag.

Dr. Hannes Androsch
Bundesminister für Finanzen

I DER BAUHERR

LISELOTTE POPELKA

Prinz Eugen von Savoyen

Denn ich bin hergekommen, dem Staate zu dienen und man hat nie eigenes Interesse bei mir erkannt. Eugenio von Savoy

Meine Herren, Sie haben nur eine Lebensberechtigung, wenn Sie beständig auch in der größten Gefahr als Beispiel wirken, aber in so leichter und heiterer Weise, daß es Ihnen niemand zum Vorwurf machen kann. Eugen an seine Offiziere bei Zenta, 1697

Großen Schwierigkeiten muß das Gemüt, wenn es sich nicht selber verlieren will, neuen und immer neuen Aufschwung entgegensetzen; die Kraft hierzu kann ihm nur der Geist verleihen.
Hugo v. Hofmannsthal, Worte zum Gedächtnis des Prinzen Eugen, Dezember 1914

Wer ist der Mann eigentlich, den das Volkslied den „edlen Ritter" nennt und der noch immer, mehr als dreihundert Jahre nach seiner Geburt, zu den unvergessenen Gestalten der europäischen Geschichte zählt? Die Franzosen nennen ihn den ihren, weil er in Paris geboren und erzogen wurde; die Italiener wollen ihn – den Sproß ihres ersten Königshauses – als „purissima gloria italiana" nicht missen; und die Österreicher, gleichermaßen jene deutscher, slawischer und magyarischer Zunge, haben ihn einhellig zu ihrem Nationalhelden gemacht.

EIN FREMDER ALS NATIONALHELD

Dieser Nationalheld also ist ein Fremder; und vielleicht ist es gerade die durch Geburt und Erziehung bedingte Distanz, die ihn befähigte, die Verhältnisse seiner Wahlheimat klarer zu beurteilen, ihre Fehler tiefer zu durchschauen und ihre Vorzüge besser zu würdigen, als wenn er hier geboren worden wäre.

Wie im Wesen des Österreichers, damals wie heute, so viele und verschiedene, nicht immer klar faßbare Komponenten sich zusammenfinden und sein Land Schnittpunkt und Schmelztiegel ist, so traf ja auch in der Person des Savoyers Disparates aufeinander. Nicht nur italienisches und französisches, deutsches und englisches Blut floß in ihm, sondern auch das byzantinischer Kaisergeschlechter und armenischer Fürsten ebenso wie das Blut mongolischer Khane. Neben der romanischen Rationalität, seiner unglaublichen Kaltblütigkeit und Verstandesschärfe, die ihm in der Politik wie auch mitten im Kampfgetümmel stets den Überblick über verworrene Situationen ermöglichte, steht jene andere Fähigkeit des zweiten Gesichtes, die man ihm nachsagte, steht das alle Gefahren mißachtende Sichhineinstürzen in die Schlacht in einer Art Trance und Hingerissenheit, steht ein mit den Regeln der Kriegskunst unvereinbarer Wagemut, der oft mit traumwandlerischer Sicherheit alles auf eine Karte setzt. Da gibt es im Wesen Eugens eine Affinität zu dem des Österreichers und seines Landes, und vielleicht spielte diese Affinität eine Rolle bei seinem Entschluß, der einmal erwählten Sache und seiner Wahlheimat treu zu bleiben. Aber sein Leben in diesem Land wurde eine ständige Auseinandersetzung, eine Forderung, eine Anklage, ein Einspruch gegen die „Zustände", gegen die mangelnde Aktivität, die Gleichgültigkeit angesichts der Gefahren, die Nachlässigkeit, den mit Resignation gepaarten Optimismus, die Entschlußlosigkeit, die bürokratische Schwerfälligkeit.

Eugens äußeres Leben und was er als Feldherr dreier Kaiser leistete, ist bekannt genug; von seinem inneren, dem, was ihn wirklich bewegte, wissen wir wenig oder nichts.

1683: DAS LAGER VOR WIEN

Aufgewachsen im glänzenden Umkreis des Sonnenkönigs, als jüngster Sohn eines Fürstenhauses zum geistlichen Stand bestimmt, bemüht sich Eugen nach dem frühzeitigen Tod des Vaters, nach der Verbannung seiner in eine Giftmischeraffäre verwickelten Mutter um die Verleihung eines militärischen Kommandos, wird aber von Ludwig XIV. abgewiesen. Als Flüchtling und Freiwilliger kommt der Zwanzigjährige 1683 in das Lager vor Wien, das gerade den Kampf um sein Dasein gegen die machtvolle türkische Belagerungsarmee Kara Mustaphas besteht. Dieses Schicksalsjahr der europäischen Geschichte ist das Jahr von Eugens Feuertaufe, und länger als ein halbes Jahrhundert wird er von da an der Sache des Kaisers dienen. Sein Aufstieg hat in dieser an Kriegshelden gewiß nicht armen Zeit kaum seinesgleichen. Mit zwanzig Jahren erhält er das Dragonerregiment seines gegen die Türken gefallenen Bruders, mit sechsundzwanzig ist er General; der Vierzigjährige hat durch seinen

1697: ZENTA

grandiosen Sieg bei Zenta das Siegel des Sultans Mustapha II. erbeutet und den Osmanen einen zwanzigjährigen Waffenstillstand aufgezwungen; er steht auch als Präsident des Hofkriegsrates (Kriegsminister) und Mitglied des Geheimen Rates im Mittelpunkt der militärischen, ja der politischen Entscheidungen schlechthin. Drei Jahre später, mitten im Spanischen Erbfolgekrieg, wird er als Generalleutnant des Kaisers mit dem Oberbefehl über alle kaiserlichen Streitkräfte betraut, vom Reichstag zu Regenburg zum Reichsmarschall ernannt und an die Spitze der Reichsarmee gestellt. Mit fünfundfünfzig schließlich ist der Prinz auf dem Höhepunkt seines Ruhmes: Der Türkenkrieg von 1716–1718 bringt dem Kaiser die Schlüsselfestung

1717: BELGRAD

Belgrad und im glanzvollen Frieden von Passarowitz den österreichischen Ländern ihre größte Ausdehnung nach Südosten. Eugen aber, der jetzt anfangen kann, sich vom Schlachtenlärm auszuruhen, wird mit Recht als „der heimliche Kaiser" bezeichnet.

Neben den höchsten militärischen Aufgaben muß er die schwierigsten diplomatischen und staatsmännischen bewältigen; er führt die Verhandlungen von Karlowitz (1699), in denen die Osmanen auf den Großteil Ungarns und auf Siebenbürgen verzichten; er ist es, der in der Krise nach dem unerwarteten Tod Josephs I. im Winter 1711/12, mitten im Krieg, als Unterhändler nach Den Haag und London entsandt wird, um das drohende Auseinanderbrechen der Allianz mit Holland und England zu verhindern; er sitzt selbst mit seinem Gegner, dem französischen Marschall Villars, am Verhandlungstisch in Rastatt, wo endlich durch den Friedensschluß von 1714 das jahrelange Ringen um das spanische Erbe beendet wird. Eugens diplomatisches Geschick legt damals den Grund für die österreichische Vormachtstellung in Italien und sichert den Besitz der ehedem spanischen Niederlande. Schließlich brachten 1718 die Friedensverhandlungen von Passarowitz, die Eugen zwar nicht selbst führte, aber durch genaue Instruktionen leitete, die Krönung seiner staatsmännischen und militärischen Leistungen.

DER STAATSMANN

Dies alles sind nur die wichtigsten Stationen auf dem Weg des Prinzen in die europäische Politik, der ihm eigentlich durch seine Erfolge als Soldat vorgezeichnet wurde. Was dazwischen an ungeheurer Arbeitslast liegt, läßt sich kaum recht ermessen: die Führung der Außenpolitik, die ihm in Kriegszeiten de facto oblag, hat er auch in Zeiten des Friedens maßgeblich beeinflußt; in seinen späteren Lebensjahren entwickelte er sogar eine eigene Geheimdiplomatie, deren Ziel die Verbindung Österreichs mit Preußen und Rußland, die Annäherung an die Seemächte und damit letztlich die Herstellung des europäischen Gleichgewichtes war.

AUSSENPOLITIK IN KRIEG UND FRIEDEN

Im Gedächtnis der meisten lebt Prinz Eugen als der Kriegsheld, der Türkensieger, der christliche Streiter; seiner militärischen und diplomatischen Leistungen im Spanischen Erbfolgekrieg wird viel zuwenig gedacht; aber gerade in diesem dreizehnjährigen Kampf gegen Frankreich konnte Eugen sein strategisches Genie, seine Meisterschaft im Überraschen und Täuschen des Gegners erst ganz entfalten; auf drei Kriegsschauplätzen – in Italien, in Bayern und in Flandern – agierend, mußte er nicht allein gegen den äußeren, sondern viel mehr noch gegen den inneren Feind kämpfen – so sehr, daß er darüber grau wurde vor Gram und dem Kaiser in tiefer Niedergeschlagenheit schrieb: „Ich khan lenger dieses Elendt nit ansehen, sondern bin gentzlich gesunnen zu quittieren, weilen mich solchergestalt nit mehr zu dienen verlanget." Denn seine Soldaten werden ohne Sold, ohne Nachschub, ohne die nötigste Nahrung und Kleidung gelassen und sollen doch siegen; der Kaiser selber vermag nichts. „Mit seinen Ministern reden, heißt Worte in den Wind sprechen. Klagt man, klagen sie mit. Hat man lange gesprochen und erklärt man, das Land würde zugrunde gehen, so stimmen sie zu. Entgegnet man aber, es müsse doch Abhilfe geschaffen werden, so erwidern sie überhaupt nichts." Nie ist bürokratische Stumpfheit und Nachlässigkeit besser charakterisiert worden, und wie nie zuvor war gerade in diesem Krieg das bittere Wort Eugens berechtigt: „Ich kann sagen was ich will, es ist wie wenn ich gegen eine Mauer spräche. Ich höre zwar immer nur ‚Ja', aber dann bin ich auf genau demselben Standpunkt wie vorher. Man redet nur immer davon, man werde alles retten, ohne aber für etwas Sorge zu tragen. Wenn die Leute, die die Führung der Geschäfte in Händen haben, keine Verräter sind, so sind es die größten Esel, die ich in meinem ganzen Leben gekannt habe."

DER SPANISCHE ERBFOLGEKRIEG 1701–1714

WIDER DIE BÜROKRATEN

Noch weniger bekannt ist, daß er nach seinem großen Sieg gegen die Franzosen bei Turin 1706 zum Generalgouverneur der Lombardei ernannt wurde und von 1716–1724 die Statthalterschaft der Niederlande innehatte. Und doch sind es zum Teil gerade die diplomatischen Aufgaben und diese Ämter, die – ganz abgesehen von ihrer politischen Bedeutung – den Prinzen erst in die Lage setzen, seine literarischen, wissenschaftlichen und künstlerischen Interessen zu pflegen und das zu sein, was ihm jenseits aller politisch-militärischen Erfolge wohl am gemäßesten war: ein Bürger jener „république des lettres", jener an keine Landesgrenzen gebundenen geistigen Gemeinschaft, wie sie dem großen Gelehrten Leibniz vorschwebte.

STATTHALTER IN ITALIEN UND DEN NIEDERLANDEN

Denn zweifellos war es mehr als nur äußere Prunkliebe eines barocken Fürsten oder die Repräsentationspflicht eines Staatsmannes von europäischem Rang, was Eugen dazu trieb, sich ein Ambiente zu schaffen, in dem Natur, Kunst und Wissenschaft sich vereinigten, in dem die erleuchtetsten Geister seiner Zeit einander treffen und er selbst sich von Krieg und Politik zurückziehen konnte. Diese ihm gewiß eingeborene und echte Liebe zu allem Schönen, die natürliche Freude am Zusammenspiel der Künste und zugleich die intellektuelle Neugierde, die ihn für neue geistige Strömungen ebenso offen sein ließ wie für die aus nüchterner Erforschung der Natur gewonnenen Erkenntnisse – alles das konnte er erst so recht entfalten, als ihm die materiellen Grundlagen dafür zur Verfügung standen.

Mittellos und mit Schulden bei seinen Freunden in Frankreich war Eugen nach Wien gekommen; bei seinem Tod hinterließ er ein Vermögen an Palästen, Gartenschlössern, Kunstwerken, Büchern, Silber, Juwelen und Bargeld, das auf nahezu 2 Millionen Gulden geschätzt wurde. Eine Vorstellung vom Realwert dieser Summe gibt die Tatsache, daß dabei die beiden Wiener Paläste des Prinzen, der in der Himmelpfortgasse und das Gartenpalais des Belvedere, samt ihrer Einrichtung mit nur je 100.000 Gulden beziffert waren. Man hat errechnet, daß sich der Gesamtwert nach heutigem Geld auf mindestens 100 Millionen Dollar belaufen müßte. Über die Art der Vermögensbildung des Prinzen läßt sich ebensowenig Genaues sagen wie über seine Ausgaben, da alle privaten Aufzeichnungen und sein Hausarchiv insgesamt verschollen sind. Wir wissen nur so viel, daß er bis zum Jahr 1700 bereits seine in Paris hinterlassenen Schulden getilgt, das erste Haus in der Himmelpfortgasse gekauft und wohl auch schon die im Südosten der Stadt gelegenen Gründe erworben hatte, auf denen sich später der (erst nach seinem Tod Belvedere genannte) Gartenpalast erheben sollte.

EIN REICHER MANN

Ermöglicht wurde ihm dies – nachdem ihm jahrelang die Zuwendungen von Freunden und Verwandten und die Gastfreundschaft des spanischen Gesandten in Wien über das Ärgste hinweggeholfen hatten – einmal durch die Einkünfte zweier Abteien in Piemont, die ihm der Chef seiner Familie, Herzog Viktor Amadeus von Savoyen, seit 1688 übertragen hatte (sie erbrachten jährlich etwa 150.000 Gulden); zum anderen durch die mit seinem militärischen Aufstieg verbundenen wachsenden Bezüge. Dazu kommt, daß Kaiser Leopold I. den Sieger von Zenta aus den der Krone zufallenden Ländereien in Ungarn reich beschenkte.

Nach der Jahrhundertwende muß Eugens Einkommen beträchtlich gestiegen sein: Der Oberbefehl in Italien, die Ernennung zum Präsidenten des Hofkriegsrats und schließlich 1706 die Erhebung zum Generalgouverneur haben natürlich neue Einkünfte gebracht, von denen zahlenmäßig nur die aus der lombardischen Statthalterschaft mit etwa 150.000 Gulden jährlich erfaßt werden können. Schließlich belohnte ihn auch Kaiser Joseph I. mit einem Geschenk von 300.000 Gulden, die, allerdings erst nach dem Tod des Kaisers und dann infolge der kriegsbedingten Finanzkrise nur ratenweise, aber dafür auf 400.000 Gulden erhöht, bis 1717 an den Prinzen ausbezahlt wurden. Jedenfalls schätzt man sein Einkommen aus Gütern und Ämtern um 1724 auf jährlich 300.000 Gulden.

So ist es ihm in den Friedensjahren nach 1720 auch möglich, zu den bedeutenden kaiserlichen Schenkungen im Marchfeld durch eigene Käufe die Herrschaften Hof, Engelhartstetten, Dorf und Schloß Niederweiden hinzuzufügen und damit zum größten Grundherrn im Marchfeld zu werden.

REGE BAUTÄTIGKEIT

Überall entfaltet Eugen nun eine rege Bautätigkeit, in Ungarn auf der Donauinsel Czepel und in Wien. Als erstes schafft er sich mit dem Palast in der Himmelpfortgasse eine standesgemäße Wohnung in der Stadt, die er sehr bald mit Kunstschätzen, Bildern und Büchern zu füllen beginnt. Dieser Palast, vom ersten Architekten der Residenzstadt, Johann Bernhard Fischer v. Erlach, entworfen und von Johann Lucas von Hildebrandt, dem zweiten großen Architekten der Epoche, fortgeführt, ist ein würdiger Ort für Konferenzen und Empfänge. Hier werden in den Jahren 1711, 1713 und 1715 die türkischen Gesandtschaften von Eugen in seiner Eigenschaft als Präsident des Hofkriegsrates empfangen. Hier bewahrt der Prinz auch seine

Sammlung von Büchern und Kupferstichen auf, von denen schon die Zeitgenossen voll Bewunderung sprechen. Tatsächlich gehört sie zu den eindrucksvollsten ihrer Zeit und gibt in ihrer Zusammensetzung ein Bild vom weiten geistigen Horizont ihres Besitzers.

Noch ehe der Stadtpalast völlig ausgebaut war, dachte Eugen an die Errichtung eines Schlosses in Ráckeve auf der Donauinsel Czepel, dessen Planung er gleichfalls Hildebrandt übertrug. Aus dem Hauptquartier vor Cremona gibt er genaue Anweisungen an den Architekten. Den entlegenen Ansitz kann er allerdings nur sehr selten besuchen.

DAS BELVEDERE, DER „GARTEN DES PRINZEN EUGEN“

Viel wichtiger war indessen dem Prinzen und seinem Architekten die Planung des Gartens vor den Toren der Stadt: Schon um die Jahrhundertwende war das Gelände terrassiert, trotz des Krieges und der häufigen Abwesenheit Eugens werden die Arbeiten vorangetrieben. Im April 1716 konnten die Deputierten der Niederlande, deren Statthalter der Prinz eben jetzt wurde, sein Sommerwohnschloß (das heutige Untere Belvedere) fast vollendet besichtigen. Dem nahezu fertigen Deckengemälde von Martin Altomonte im Marmorsaal wird durch eine Inschrift noch schnell ein aktueller Sinn unterlegt; sie spielt auf den jüngsten Türkensieg Eugens bei Peterwardein im August 1716 an, der dem Prinzen die höchste päpstliche Auszeichnung, Hut und Schwert, von Papst Clemens XI. selbst geweiht, eingetragen hatte.

In den nächsten Jahren wird der französische Gartenarchitekt und Fachmann für Wasserkünste, Dominique Girard, Generaldirektor der Gärten des Kurfürsten Max Emanuel von Bayern, wiederholt von seinem Herrn beurlaubt, um den Eugenischen Garten und seine Kaskaden zu gestalten, sollte der doch „ganz was besonderes und zwar was solches werden, das in der Welt nicht zu sehen sein wird“. Das war nicht zuviel gesagt, denn was der Architekt Hildebrandt im Verein mit seinem fürstlichen Auftraggeber letztlich schuf, ist ein in der europäischen Baukunst einmaliges Ensemble, in dem die Wünsche und Neigungen des Bauherrn mit den Erfordernissen einer vom Zeremoniell bestimmten Residenz in vollkommenen Einklang gebracht und höchste Formschönheit mit äußerster Zweckmäßigkeit verbunden sind.

Der „Garten des Prinzen Eugen“, wie die gesamte Sommerresidenz zu seiner Zeit heißt, präsentiert sich als ein tief durchdachtes Gegenüber zweier Schloßbauten, die durch einen zweigeteilten, dennoch einheitlichen Garten von dekorativer Bildhaftigkeit verbunden sind. Überall gibt es Entsprechungen, nichts an dieser fürstlichen Wohnstatt ist ohne tieferen Sinn, der ganzen Anlage, dem Park, den Schlössern und ihrer Ausstattung, liegt ein Programm zugrunde, das die Zeitgenossen verstanden haben. Die Anspielung auf Leben und Taten des Bewohners war damals selbstverständlicher Teil des Gesamtkunstwerkes. Apoll und Herkules sind – wie schon im Stadtpalast – die mythologischen Gestalten, unter deren Bild der Besitzer verherrlicht wird. Eugen ist der Kriegsheld, aber auch der Friedensbringer und Freund der Musen. Ländliche Themen betonen den Charakter der Sommerresidenz; das Wirken der Naturkräfte, der Gestirne, Werden und Vergehen sind vielfach symbolisiert. Der Garten schließlich ist ein Aufsteigen aus der dunkleren Welt der erdhaften Mächte und Elemente zum Olymp, dem Wohnsitz der Götter, wo der Held wohnt, der Mittelpunkt aller dieser Themenkreise ist.

APOLL UND HERKULES

NATUR UND KUNST

Die Verbindung von Natur und Kunst, die sich im Park und auch in seiner Kommunikation mit den Wohnräumen manifestiert, ist aber wohl mehr als nur eine Forderung der barocken Gartenkunsttheorie, sie verrät vielmehr die besonderen Neigungen des Prinzen, das in seiner Zeit neuartige Naturgefühl. Zu dem intimeren unteren Wohngebäude gehören ja in unmittelbarer Nähe Glashäuser, Orangerie und Vogelhaus im Kleinen Garten, und neben dem oberen Schloß – noch vor seiner Vollendung – wird ein großer halbkreisförmiger Tiergarten errichtet. Hier kann man sicherlich nicht mehr von „Sammlungen" sprechen, sondern von einem direkten Lebensausdruck des Besitzers: seine Leidenschaft für seltene Pflanzen, Büsche und Bäume hat in einer Art von „Botanischem Garten" Gewächse aus allen Erdteilen zusammengetragen; seine Menagerie, die 38 Arten von Säugetieren und 59 Vogelarten beherbergte, gilt für die schönste nach der von Versailles und ist berühmter als die kaiserliche.

„RARE GEWÄCHSE"

Den „raren Gewächsen", deren er nach einem Reisebericht von 1730 über 2000 besaß, gilt Eugens besonderes Interesse, er läßt sie aus Italien, den Niederlanden, der Türkei, aus Peru, Malabar und Indien heranschaffen. Unter den Tieren sind es zuerst die Vögel, nach denen er auf den aus Indien und China heimkehrenden Kauffahrern in Ostende Ausschau halten läßt. Unschätzbar sind bei der Erwerbung von Pflanzen und Tieren seine diplomatischen Beziehungen. Kaiserliche Residenten im Ausland überwachen für ihn den englischen, den überseeischen Markt; auch die 1722 von Karl VI. gegen den Rat Eugens durchgesetzte Ostindische Handelskompanie zählte ihn zu ihren Privatkunden. Als Präsident des Hofkriegsrates, der den diplomatischen Verkehr mit der Pforte direkt leitet, kann Eugen auch vom Sultan im Tausch gegen Kanarienvögel exotische Vogelarten erhalten. Aus Nordafrika kommen Löwen und Tiger, Hyänen, Gazellen und große Laufvögel. Alles dies wissen wir nicht allein aus Briefen, Berichten und Beschreibungen, sondern auch durch eine einzigartige Bildquelle: Salomon Kleiners „Vorbildung aller ausländischen Thiere so in dem

DER TIERGARTEN

Thiergarten Sr. Hochfürstlichen Durchlaucht Eugenii Francisci . . . vor der Stadt Wien aufbehalten werden. Welche daselbst nebst einigen rahrsten und fremden Gewächßen nach dem Leben gezeichnet worden . . ." (1734).

Pflanzen und Tiere sind dem Prinzen mehr als bloße Kuriositäten, genau unterrichtet er sich über die günstigste Zeit für ihren Transport, über ihre Lebensgewohnheiten und Pflege. Von den Fenstern seiner Gemächer im oberen Schloß kann er geradewegs in die radial ausgelegten Abteilungen der halbkreisförmigen Menagerie hinabblicken, und in der Privatsphäre des Gartens entfernt er mit eigener Hand die trockenen Blätter von den Sträuchern.

Darin spiegelt sich wohl ein seiner Zeit sonst nicht oder noch nicht gemäßes Verhältnis zur Natur, das sich hier inmitten einer prunkvollen, im übrigen ganz der barocken Tradition entstammenden Umgebung entfalten kann.

EUGEN UND DIE BILDENDE KUNST

Soll man die unmittelbare Nachbarschaft des Bilderzimmers zu Eugens Schlafzimmer im Oberen Belvedere nun als Beweis eines besonderen Verhältnisses auch zur Kunst nehmen? Es war sein Wohnzimmer, in dem die Werke niederländischer Meister hingen. Im übrigen waren die Gemälde Eugens aufgeteilt: Sie befanden sich in einem großen Bildersaal im oberen Schloß, aber auch im unteren Wohnschloß, im Stadtpalast und in Schloßhof, dem erst in den letzten Lebensjahren Eugens fertiggestellten Landsitz im Marchfeld. Ihre Gesamtzahl läßt sich nicht genau angeben, immerhin dürfte auch eine vorsichtige Schätzung mindestens 400 Bilder ergeben, wurden doch nach dem Tod des Prinzen allein in Schloßhof 200 Gemälde gezählt. Unter diesen waren übrigens auch „Porträts" der von ihm so geschätzten seltenen Tiere.

DIE GEMÄLDESAMMLUNG

Die große Masse von Eugens Gemäldesammlung bildeten die Werke der Niederländer des 17. Jahrhunderts, darunter einige holländische Landschaften; die Namen Rembrandts und Anton van Dycks ragen hervor; den anderen Teil bilden die italienischen Gemälde, besonders der bolognesischen Schule des 16. und 17. Jahrhunderts. Von den lebenden Künstlern sind es wieder vor allem die Bolognesen und Neapolitaner, bei denen Eugen Bilder bestellt, sie waren allerdings – wie auch die Werke italienischer Bildhauer – hauptsächlich zur Ausstattung seiner Paläste bestimmt.

Waren die Schlachtenbilder, die Italiener und Franzosen in seinem Auftrag malten, allenfalls noch der barocken Notwendigkeit fürstlicher Selbstdarstellung entsprungen, so läßt sich von der Bibliothek Eugens wohl kaum dasselbe sagen. Sie ist sein besonderer Stolz und wird auch den Besuchern gern gezeigt, wie Montesquieu berichtet; auf die Erwerbung der Bücher verwendet er besondere Liebe und Sorgfalt, und sie sind es auch, die ihm zu allen Zeiten – besonders wohl in den Jahren der Hofintrigen, der Anfeindung und der Entfremdung von Karl VI. – Belehrung, Trost und Erholung geben, denn schon 1719 besitzt er nach eigener Aussage „einen genügend großen Vorrat an guten Büchern um mich nicht zu langweilen". Am Ende seines Lebens umfaßt die Bibliothek etwa 15.000 Bände der verschiedensten Wissensgebiete und an die 500 prachtvolle Folianten und buchartige Kassetten mit Kupferstichen.

DIE BIBLIOTHEK

Der streng wissenschaftlich nach Klassen geordnete Katalog dieser außerordentlichen Büchersammlung beginnt mit den theologischen Werken, darunter zahlreiche Bibelausgaben und Inkunabeln, aber auch die Wittenberger Bibelübersetzung Luthers. Die Sparten Jurisprudenz und Philosophie, mit den Schriften von Descartes und Leibniz, werden zahlenmäßig weit übertroffen von den naturwissenschaftlichen Werken, die den Bogen von dem antiken Naturforscher und Polyhistor Plinius bis zu dem Eugen gleichaltrigen Herman Boerhave, dem größten Arzt seiner Epoche, spannen. Besonders gut sind die Fachgebiete Botanik und Zoologie vertreten. Die umfangreichsten Gruppen aber bilden die Bücher über Geographie und Geschichte einerseits und die Werke der Dichtkunst anderseits. Nach Ländern geordnet, geben sie einen Überblick von den Geschichtsschreibern der Antike bis zu den Aktensammlungen der eigenen Zeit, freilich mit dem Hauptgewicht auf der neueren Geschichte, jedoch nicht allein der abendländischen, sondern auch der außereuropäischen. Die Schöne Literatur wiederum hat ihren Schwerpunkt in den Dichtern des romanischen Sprachraumes, aber nicht fehlen natürlich die griechischen und lateinischen Epiker, Lyriker und Dramatiker. Diesem reichen Bestand poetischer Werke stehen in der Abteilung „Artes" mehr als 250 der hervorragendsten Werke zur Theorie und Praxis der Künste, der Malerei, Plastik und Zeichenkunst, der Zivil- und Festungsbaukunst gegenüber; endlich waren in unzähligen prachtvollen Bänden auch die Ansichten der bedeutendsten Städte Europas und ihrer Kunstwerke, die Darstellung römischer Altertümer, die Abbildungen von geschnittenen Steinen und Medaillen, nicht zuletzt die Schilderungen von Festen und Feierlichkeiten zusammengetragen.

DIE KUPFERSTICHSAMMLUNG

Wie in der Gemäldesammlung Eugens waren auch unter den Kupferstichen die wichtigsten Meister verschiedener Zeiten und Länder vertreten; hier fällt wieder die große Zahl niederländischer Stecher auf, die gerade im 17. Jahrhundert einen entscheidenden Teil der europäischen Druckgraphik schufen. Die Anordnung der Graphik geschah ebenfalls streng wissenschaftlich nach den einzelnen Schulen. Außer der großen, nach Künstlern und Landschaften gegliederten Reihe von Stichen und Zeichnungen erblickt der Besucher aber auch noch eine Porträtsammlung von mehr als 200 Bänden, die einerseits nach den Herkunftsländern der dargestellten Personen, anderseits nach ihren Berufen angelegt ist. Die Bildnisse von Deutschen überwiegen alle andern an Zahl, sie füllen 61 Bände; Frankreich folgt mit 48, Italien mit 31 Bänden. Unter den gleichfalls in der Bibliothek verwahrten Miniaturmalereien ragen die Bilder von Blumen und Vögeln aus dem Garten von Versailles hervor, die der französische Hofmaler Nicolas Robert († 1685) ein Menschenalter zuvor geschaffen hatte.

In diesem Schatzhaus des Geistes hat der Savoyer, wie man sieht, nicht nur das im geschriebenen Wort überlieferte abendländische Geisteserbe, sondern auch das Wissen seiner Zeit gesammelt; seinem romanischen, auf das Anschauliche gerichteten

Wesen gemäß besitzt er in den Kupferstichwerken aber auch ein Abbild der Weltkunst, ein *musée imaginaire*, lange bevor dieser Begriff geprägt worden ist. Diese Edelsteine will er jedoch nur in der kostbarsten Fassung verwahren: Alle seine Bücher sind prachtvoll in Leder gebunden, das in verschiedenen Farben die einzelnen Fachgruppen kennzeichnet; Rot ist die Farbe der Dichtung und der Historischen Wissenschaften, Blau die der Theologie und der Jurisprudenz, Gelb die der naturkundlichen Werke. Ihnen allen ist in Gold das savoyische Wappen auf Deckel und Rücken aufgeprägt.

SCHLOSSHOF

Der Winterpalast in der Himmelpfortgasse und die Sommerresidenz vor der Stadt bargen wohl den größten Teil der Kostbarkeiten Eugens, aber auch sein Landsitz Schloßhof, wohin er sich in den letzten Lebensjahren immer öfter zurückzog, war mit Gemälden und erlesenem Hausrat prächtig ausgestattet. Den Ausbau dieses auf einem Hügel am Marchufer gelegenen Schlosses vertraute er gleichfalls seinem Leibarchitekten Johann Lucas v. Hildebrandt an. Auch hier hat der Prinz in seiner Liebe zur Natur zweifellos ein gewichtiges Wort mitgesprochen, handelte es sich doch darum, nicht nur den Blick bis zu den Höhenzügen der Kleinen Karpathen zu erhalten, sondern durch den Übergang von der künstlerisch durchformten Natur des Gartens zur organisch gewachsenen der umgebenden Landschaft die Wirkung dieses großartigen Panoramas noch zu steigern.

EIN „SOZIALES" BAUVORHABEN

Hunderte von Taglöhnern bewegen die gewaltigen Erdmassen der Gartenterrassen, und so wie der Prinz schon im Pestjahr 1713 die Zahl der Arbeiter an seinem Wiener Gartenpalast verdoppelt hatte, statt sie zu entlassen, trägt er auch mit diesem Bauunternehmen zur sozialen Sicherheit der unteren Schichten bei. Nicht umsonst läßt ihn eine Anekdote zu seinem Verwalter in Schloßhof unwillig sagen: „. . . Wenn Er denkt, es sei gestattet, die Menschen verhungern zu lassen, die man nicht mehr braucht, so sage Er mir bloß, wer ihn und mich vor dem Verhungern schützen soll". So ist wohl auch jene Stelle in des Dompredigers Peickhardt Leichenrede auf Eugen keine barocke Übertreibung: „Der arme Taglöhner hatte bei ihm allen Schutz wider Armut und Müßiggang; dahero noch ganze Truppen derselben seinen Tod beweinen und ganz grimmig mit der Schaufel in das Erdreich stechen, welches ihnen einen so großen Wohltäter verschluckt hat."

Der große Feldherr, Staatsmann und Administrator hat keine letztwillige Verfügung hinterlassen. Nach dem frühen Tod seiner drei Neffen (Söhne seines Bruders Ludwig Thomas) setzte er wohl seine Hoffnung auf den Sohn des ältesten von ihnen, den Großneffen Eugen. Aber auch ihn mußte er überleben. Nach dem Tod des jungen Eugen 1734 hat der Prinz kein neues Testament mehr aufgesetzt. So wurde seine Nichte Victoria als einzige Nahverwandte von einer kaiserlichen Kommission zur Universalerbin erklärt. Habgierig und verständnislos, machte sie alles zu Geld, was Eugen mit so viel Liebe und Mühe zusammengetragen hatte. Die Empörung über das pietätlose Verhalten dieser Erbin zeigt ein geistreiches Pasquill, das, so wird berichtet, am Winterpalast angeschlagen war:

DIE ERBIN VICTORIA

DAS ERBE IN ALLE WINDE ZERSTREUT

> „Est-il possible que du Prince Eugène la gloire
> Soit ternie par une si vilaine Victoire?"

Der Kaiser erwarb zwar Bibliothek und Kupferstichsammlung, die heute noch einen vielbewunderten Schatz der Österreichischen Nationalbibliothek und der Graphischen Sammlung Albertina bilden, und Maria Theresia kaufte später die Wiener Paläste und die Schlösser im Marchfeld. Aber niemand hat die Zerstreuung dieser einmaligen, aus der Fülle einer großen Persönlichkeit entstandenen Hinterlassenschaft wirklich verhindert.

Man fragt sich, wie ein von Kriegs- und Staatsgeschäften so sehr in Anspruch genommener Mann Zeit und Muße für eine solch umfassende Sammeltätigkeit, ja für musische Belange überhaupt aufzubringen vermochte. Das Erstaunliche ist ja, daß Eugen nicht erst in den Friedensjahren nach Passarowitz sich mit diesen Dingen beschäftigt, sondern mitten im Krieg sie sich angelegen sein läßt; aus dem Feldlager gibt er Anweisungen an Baumeister und Maler, korrespondiert er mit seinen Agenten, die ihm Kunstwerke und Bücher zu beschaffen helfen. Allerorten hat er Mittelsmänner und Freunde, die ihm berichten, und die eigenen diplomatischen Missionen bieten ihm die Möglichkeit, die europäischen Zentren des Kunsthandels und des Verlagswesens, Amsterdam und London, selbst zu besuchen. Daß er sich da nicht nur auf fremdes Urteil verließ, beweist u. a. eine Zeichnung des Holländers Pieter van den Berge, die den Prinzen zeigt, wie er bei dem Amsterdamer Kunsthändler Somer Gemälde besichtigt.

SAMMLER UND MÄZEN IMMER UND ÜBERALL

Viele seiner Schätze sind ihm als Geschenke von Freunden und Kunstkennern zugekommen, so etwa die drei herrlichen antiken Frauenstatuen, die berühmten „Herkulanerinnen", die auf dem Landgut des Prinzen von Elbœuf, kaiserlichen Generals in Neapel, gefunden wurden und zur Entdeckung von Herculaneum geführt haben. Geschenke waren auch viele der in Eugens Bibliothek verwahrten Handschriften und Bücher, oft von den Verfassern ihm selbst gewidmet, darunter die Werke seiner Landsleute Voltaire und Montesquieu, schließlich teilweise eigenhändige Traktate von Leibniz oder eine kostbare Petrarca-Handschrift, die ihm sein Freund Kardinal Albani, der spätere Gönner Winckelmanns, schenkte.

Besonders die Erwerbungen für die Bibliothek Eugens erfolgten ganz planmäßig, beschäftigte er doch seit 1713 einen eigenen Bibliothekar, den Franzosen Boyet, Sohn eines königlichen Buchbinders, den ihm sein bücherliebender Generaladjutant, der Preuße Georg Wilhelm von Hohendorff, angeworben hatte. Ein anderer Franzose, Jean Pierre Mariette, der Sohn des berühmten Pariser Kupferstichverlegers, erwarb für den Prinzen den Grundstock seiner vielbewunderten Kupferstichsammlung und vermittelte ihm, auch als er nicht mehr als Verwalter der Kunstsammlungen in seinen Diensten stand, den Ankauf von Kunstwerken. Zwei Italiener, der Polyhistor Gentilotti und der kaiserliche Leibarzt Nicolaus Garelli, beide zeitweilig Vorsteher der Hofbibliothek, liebten wie Eugen die Bücher und berieten ihn wohl auch.

FREUNDE, BERATER UND HELFER

Waren diese Männer teilweise Hausgenossen des Prinzen oder wie der Dichter Jean Baptiste Rousseau jahrelang seine Gäste, so traten andere nur kurz in seinen Kreis. Der große französische Denker Charles Secondat de Montesquieu mag 1728 bei seinem Wiener Aufenthalt schon mit Eugen die Gedanken seines berühmten staatswissenschaftlichen Werkes über den „Esprit des Lois" erörtert haben, obwohl dieses erst 1748 erschien.

Nicht minder bedeutend war die Beziehung Eugens zu dem größten lebenden Philosophen Deutschlands, Gottfried Wilhelm Leibniz, der nicht nur seine Monadenlehre ihm widmete, sondern 1714 als sein Gast mit ihm den Plan zur Errichtung einer Akademie der Wissenschaften in Wien besprach, der sich aber damals wegen finanzieller und verwaltungsmäßiger Schwierigkeiten nicht verwirklichen ließ.

LEIBNIZ UND DIE GEPLANTE AKADEMIE DER WISSENSCHAFTEN

Die Freunde, die Eugen um sich sammelte, wußten sich also – selbst Generäle und Ministerkollegen – nicht so sehr in militärischen und politischen Interessen mit ihm einig, als vielmehr in geistigen und künstlerischen. Mit dem Reichsvizekanzler und späteren Fürstbischof von Bamberg und Würzburg, Friedrich Karl von Schönborn, teilte er die Liebe zu den Pflanzen und zur Gärtnerei; mit dem Grafen Gundaker Althann, der im Spanischen Erbfolgekrieg sein Generaladjutant, später auch Hofkriegsrat war, verband ihn die Freude an der Kunst – Althann sollte ja als Generaldirektor der Bauten des Kaisers dessen Kunstsammlungen sowie die Maler- und Bildhauerakademie reorganisieren.

Für alle jene, die mit ihm in Verbindung standen, war der Prinz aber nicht allein der umfassend gebildete Mann, der jedes Buch seiner Bibliothek wirklich gelesen hatte, der „uomo universale", der fürstliche Freund der Künste und Wissenschaften;

DER „ROI DES HONNÊTES GENS"

vielmehr sahen sie in ihm den „roi des honnêtes gens". Für sie verkörperte er in höchstem Maß das sittliche Ideal des einzig nach seinem Gewissen und seiner Ehre handelnden Mannes, des Ehrenmannes im wahrsten Sinn des Wortes. Nicht nur hohen Sinn, Tapferkeit, Klugheit, Freundestreue bewunderten sie an ihm, sie verehrten ihn als das Haupt „einer Elite, die in Selbstzucht Triebe und Leidenschaften zu bändigen weiß und in stoischem Gleichmut in allen Wendungen von Schicksal und Glück sich gleich bleibt in dem Eintreten für Wahrheit und Gerechtigkeit, für eine auf den ungeschriebenen Gesetzen der Sitte und des Anstands beruhende Ordnung, für eine Welt, in der sich über alle Grenzen von Völkern und Staaten hinweg die sich allein an ihr Gewissen und ihr Ehrgefühl haltenden Menschen fanden und anerkannten" (Max Braubach). In einer Zeit geistiger „Pluralität" wie der unseren, die kein Gefühl mehr hat für das „Gemäße" und in der der Begriff „Tugend" fast lächerlich geworden ist, erscheint es um so mehr angebracht, die strenge Ordnung und Sinngemäßheit dieses Lebens mit allen seinen Leistungen zu würdigen.

Kleinere Geister als Eugen sind durch die Werke großer Dichter in die Weltliteratur eingegangen – der äußerlich oft so kühle und zurückhaltende Mann hat wohl Dämonisches an sich, aber nichts Tragisches, das die Dichter reizt, und so ist er vor allem Gegenstand zeitgenössischer Flugschriften und der Geschichtsschreibung

UNSTERBLICH IM VOLKSLIED

geworden. Aber es gibt wohl keinen ehrenderen Beweis für die lebendige Wirkungskraft eines Menschen, als wenn er ins Volkslied eingeht.

Sicherlich ist auch sein Bild mit der Zeit erstarrt und vom Klischee nicht verschont geblieben. Die Forschung der letzten Jahre hat unsere Vorstellung von Eugen wesentlich bereichert, vor allem hinsichtlich seiner diplomatischen Tätigkeit. Wir wissen auch, daß er nicht frei war von den seiner Zeit eigenen Anschauungen über die in der Politik erlaubten Mittel und daß er nicht in allem dem von der Nachwelt

PRINZ EUGEN – EIN BILDERBUCHHELD?

geprägten einseitigen Bild entsprach. Man hat ihn zuzeiten nur als den Soldaten, nur als den Vorkämpfer der Christenheit, nur als den deutschen Helden und Ostkolonisator sehen wollen oder gar seinen Kampf gegen Frankreich als persönliche Rankünе gegen sein Herkunftsland interpretiert. Eugen war viel zu groß, als daß man sein Wesen in kleinliche nationalistische Begriffe zwängen könnte. Nie hat er Sprache und Kultur seines Geburtslandes verleugnet; daß dennoch „niehmals. . . die teutschen Soldaten einen ausländischen General mehr geliebt" haben, aber auch sich „niehmals. . . ein Fremder in der Teutschen humeur besser geschickt" hat als er, gehört zum Geheimnis seiner Persönlichkeit. Sie zu ergründen, wird nie ganz gelingen, auch deshalb nicht, weil wir keinerlei private Aufzeichnungen von ihm besitzen.

Natürlich ist es faszinierend, seine kühnen, oft waghalsigen Kriegstaten zu verfolgen, wie er mit unglaublicher Geistensgegenwart oder Intuition den „Kairos", den für ihn günstigen Augenblick erfaßt, so etwa bei Zenta in Eilmärschen die vom Sultan selbst geführte Armee des Feindes gerade noch zwei Stunden vor Sonnenuntergang erreicht, um sie mitten im Flußübergang anzugreifen und aufzureiben; wie er, ein zweiter Hannibal, seine Soldaten die unwegsamen Berge der Tridentinischen Alpen übersteigen, die Geschützrohre über die Felshänge abseilen läßt, um seinen französischen Gegner in der Ebene zu überraschen; wie er listenreich den Handstreich auf Cremona plant, mitten im Winter durch einen Kanal in die Festung eindringt und den französischen Marschall Villeroy selbst gefangen nimmt; wie er . . . ja, die Aufzählung ließe sich lange fortführen, aber sie sagt noch nichts über das Geheimnis der persönlichen Wirkung Eugens. Denn alles dies unternahm er ja nur im Vertrauen auf seine Soldaten und daß er ihr Vertrauen, ja ihre Liebe so ganz hatte, war wiederum nur die Wirkung seiner außerordentlichen Persönlichkeit.

Die schmächtige, unscheinbare Gestalt, die ausgesprochen häßlichen Gesichtszüge, die selbst die wahrheitsgetreuesten Bildnisse noch verschönt wiedergeben, dieses Äußere konnte gewiß nicht beeindrucken; doch mit dem untrüglichen Gefühl des einfachen Mannes für den wahren Adel der Person erkannten ihn seine Soldaten als das, was er war: als Reichsfürst unabhängig und stolz, als Diener des Kaisers selbstlos und in seiner Treue nicht wankend, als Soldat mutig bis zur Selbstvergessenheit; als Sieger maßvoll, als Mensch bescheiden; als Vorgesetzter mit-leidend mit der Not der ihm Anvertrauten, als Organisator unermüdlich ankämpfend gegen Indolenz und Trägheit der Verwaltung; als Vertreter der höchsten Macht gerecht und die Rechte anderer achtend.

DER WAHRE ADEL DER PERSON

Eugen hat den Krieg nie als Selbstzweck, immer nur als Mittel zum Frieden gesehen, ja er war überzeugt, „daß mein und eines jeden Ministri Schuldigkeit sei, zu dem Frieden vor dem Krieg einzuraten, . . .“, und er hat die Gefahr eines ganz Europa umfassenden Kriegs nur zu gut erkannt. Den Frieden suchte er zu sichern als Feldherr, als Staatsmann; für das Haus Österreich, dem er mit zwanzig Jahren unwandelbare Treue bis zum letzten Blutstropfen gelobt hatte, erstrebte er dabei nicht mehr – aber auch nicht weniger – als eine gefestigte, abgerundete Großmacht in einem geordneten Europa.

KRIEGSHELD UND FRIEDENSBRINGER

Wie so viele große Menschen war Eugen wohl im Grunde einsam, trotz seines durch Beruf und Neigung zusammengeführten Freundeskreises, trotz seiner gewaltigen länderumspannenden Korrespondenz, trotz seiner lange Jahre währenden Freundschaft mit der Gräfin Eleonore Batthyány. Er hat keine Schule gebildet, weder als Feldherr noch als Staatsmann. Ein ständiger Mahner, ein unbequemer, weil unbestechlicher und realistischer Berater, war er doch kein Lehrmeister. Er hat, solange er lebte, einzig durch seine Person, sein Beispiel gewirkt in einer Weise, die vielleicht überhaupt schulmäßig nicht nachvollziehbar war, weil sie ganz auf seinem Ingenium beruhte. Dennoch hat er Maßstäbe gesetzt, als Soldat, als sittlicher Mensch, als Freund und Förderer der Künste und Wissenschaften, als Weltbürger, Europäer, Österreicher.

Jedes Beispiel aber wirkt durch die Zeiten. Was Eugen war und vollbrachte, steht vor unserem geistigen Auge. Vor unserem leiblichen steht noch immer der steingewordene Niederschlag dieses großen Lebens. Aber so wie die für ihn geschaffenen Kunstwerke erst durch den Menschen erlebt werden müssen, um aus der niederen Sphäre bloßer Materie herausgehoben zu werden in ihr eigentliches Dasein, so muß auch Leben und Beispiel des Savoyers von jeder Generation neu gedacht und empfunden werden. Nur dann wird der „edle Ritter“ auch für uns mehr sein als ein pathetisches Reiterstandbild auf dem Heldenplatz unserer Geschichte.

DAS BEISPIEL EUGENS

FRANZ GRASBERGER / ELISABETH MAIER

Prinz Eugen und die Musik

Während die Förderung, die Prinz Eugen der bildenden Kunst, der Literatur und den Wissenschaften angedeihen ließ, allgemein bekannt ist, wurde seiner Beziehung zur Musik bislang wenig Beachtung geschenkt. Wohl finden sich in den Biographien vereinzelte Hinweise, wurden jedoch nicht weiterverfolgt in der Annahme, daß

Schlachtenlärm und musikalische Neigungen unvereinbare Gegensätze seien. Bevor wir auf konkrete Bezüge Prinz Eugens zur Musik näher eingehen, interessiert in diesem Zusammenhang auch das Musikleben des barocken Wien im allgemeinen.

MUSIKLEBEN IM BAROCKEN WIEN

Die künstlerische Welt des Barock gedeiht zweifellos unter der Blickrichtung absolutistischer Geisteshaltung; Architektur, Dichtung und Musik dienen der Verherrlichung des Monarchen. Die militärische Stärke und das politische Machtgefühl sollen ihren Ausdruck in den Zeugnissen der Kunst, die sich dem Kolossalen verschreibt, finden. Eindrucksvolle Fassaden, weite Räume, sie ermöglichen eine Form der Repräsentation, die mit ihrem großzügigen gesellschaftlichen Rahmen die notwendige Kulisse höfischer Etikette abgibt.

Aber die in Wien wirkenden Künstler vergeistigen die Tendenz. Und sie vermögen es zu tun, weil Hof und Adel nicht nur materielle Voraussetzungen schaffen, sondern geistigen Interessen nahe sind. Prinz Eugen ist die Verkörperung dieser – man kann wohl sagen für Österreich typischen – Sinngebung. Der Stratege, der die Türken abwehrte und eine französische Hegemonie verhinderte, der Realpolitiker, der als Berater dreier Kaiser einen modernen, schon von der Aufklärung bestimmten Stil pflegte, diese Persönlichkeit zeigt auch eine künstlerische Aufgeschlossenheit, die sie zum Bauherrn herrlicher Schlösser und zum kenntnisreichen Sammler von Gemälden, Plastiken, Büchern und Kupferstichen macht. Selbst wenn bei allem, was in Wien in kultureller Beziehung damals geschah, ein Teil als selbstbewußtes Gegenstück zur Prunkentfaltung Ludwigs XIV. gemeint und auch etwas davon Mode der Zeit war: Art und Weise der Pflege sprechen von einem Anliegen.

Vor allem gilt dies für die Musik. Ihr breites Feld, gewachsen aus der allgemeinen Musikbegabung dieser Stadt, weist in der Barockzeit prunkvolles, von Italienern geformtes Gepräge auf, aber Spuren landschaftlicher Volksmusik finden sich in jedem Teilbereich.

IM VORDERGRUND DIE ITALIENER

Italiener standen im österreichischen Musikbarock im Vordergrund, aber auch heimische Künstler wirkten am Wiener Hof, dessen musikalische Atmosphäre Familientradition war. Kaiser Ferdinand III. (1637–1657) war Komponist und vererbte die Musikbegabung seinem Sohne und Nachfolger Leopold I. (1658–1705). Er gibt der Musik eine zentrale Stellung in der Kultur seiner Zeit und erhebt sie zum ungeschriebenen Gesellschaftsgesetz. Leopold I. ist, wie sein Vater, nicht Musikliebhaber, sondern ausgebildeter Musiker und Komponist. Über einhundertfünfzig Einlagestücke in Opern und Oratorien seiner Hofkapellmeister sind von Leopold I. bekannt, er hat eine große Zahl von Kirchenwerken komponiert und mehrere Oratorien geschaffen.

DER KAISERLICHE KOMPONIST

Die großen Festlichkeiten des Hofes sind von Musik und Theater bestimmt, das Musiktheater steht auch im höfischen Alltag im Mittelpunkt. Während der Regierungszeit Ferdinands III. waren sechzehn neue Opern bzw. Oratorien am Wiener Hof entstanden, Leopold I. steigert den Musikanteil auf vierhundert neue Werke. Er selbst nimmt vielfach an den Aufführungen teil.

Die erste Blüte musikalischer Barockkunst wird von Leopolds Sohn Joseph I. (1705–1711) übernommen und gleichgestimmt weitergeführt. Der Bauherr des Schlosses Schönbrunn und der Erbauer eines Hoftheaters, in dem zwölf bis vierzehn neue Opern jährlich aufgeführt wurden, war praktischer Musiker, der mehrere Instrumente beherrschte und als Tänzer, Schauspieler und Sänger auftrat. Er hat viele Arien als Einlagen zu neuen Opern komponiert, nur wenige sind erhalten geblieben.

Die Hofkapelle, unter Leopold I. auf rund einhundert Mitglieder angewachsen, wird weiter ausgebaut. Auch für Joseph I., der politisch viel tatkräftiger und überhaupt realer veranlagt war als sein Vater, bleibt die Musik ein wesentlicher Teil des persönlichen Lebens und der Repräsentation.

Als dann der jüngere Sohn Leopolds als Karl VI. das Reich übernahm (1711–1740), war wieder ein Musiker deutscher Kaiser. Sein Hofkapellmeister wurde Johann Joseph Fux, dessen Schüler er war.
1719 komponierte Fux die Oper *Elisa* als Namenstagshuldigung für die Kaiserin; der Kaiser höchstpersönlich dirigierte die Aufführung. „Wie schade", soll der Komponist gesagt haben, „daß Eure Majestät kein Virtuose geworden sind."
Ein Jahrhundert Musikpflege des Kaiserhofes, angeführt von gekrönten Musikern, durchdringt die ganze Struktur einer Stadt, die im gesteigerten Lebensgefühl der Bewohner dem Musikalischen als Ausdruck ohnehin gerne entgegenkam. Vielleicht ist mit dem Musikleben im barocken Wien überhaupt zum ersten Mal der Begriff vom „Musikland Österreich" lebendig geworden, weil Kaiser und Residenzstadt es repräsentierten. Die musikalischen Theaterfeste in höfischem Rahmen waren wohl künstlerische Glanzfeste dieser Zeit, doch blühende Musikpflege gab es ebenso in Schlössern, Stiften und Kirchen; mit bedeutender Klavier-, Geigen- und Lautenmusik waren auch Kammer- und Hausmusik einbezogen.
Die Kunst des Stuttgarters Johann Jakob Froberger, der unter Ferdinand III. Hoforganist in Wien war, wirkte hier nach; drei Bände Originalhandschriften dieses Schöpfers der Klaviersuite verwahrte Leopold I. in seiner großen Privat-Musikaliensammlung als Erbe vom Vater her, dem sie gewidmet waren. Ein anderer Hoforganist, der in Wien heimische Alessandro Poglietti, widmete 1677 eine Sammlung von Klaviersuiten und anderen Instrumentalstücken, *Rossignolo* betitelt, Kaiser Leopold zur Vermählung mit Eleonora Magdalena. Seine musikalische Charakterisierungskunst weist ihn dabei als frühen Vertreter der Programmusik aus. Bei der Belagerung der Stadt durch die Türken (1683) wurde Poglietti von Tataren ermordet.
Der in Salzburg wirkende böhmische Geiger Heinrich Ignaz Franz Biber gehört zu den bedeutendsten Instrumentalkomponisten seiner Zeit und wurde 1690 von Kaiser Leopold I. geadelt. Der Wiener Johann Heinrich Schmeltzer, als Nachfolger von Felice Sanchez der erste nichtitalienische Hofkapellmeister, stand zwar mit seiner Musik zu Balletten im Vordergrund, aber auch seinen Geigen- und Kammermusikwerke haben musikgeschichtliche Bedeutung. Kompositionen für die Laute, die um 1700 *das* Kavaliersinstrument war, haben sich in Tabulaturbüchern für dieses Instrument erhalten. Aus ihnen geht hervor, daß für diese Art von Hausmusik französische Vorbilder lebendig waren, während die Musik der Repräsentation ganz unter italienischem Einfluß stand.

HAUSMUSIK UND MUSIK DER REPRÄSENTATION

Antonio Draghi hat für drei Jahrzehnte der Leopoldinischen Zeit (1669–1699) den Ton angegeben, an die einhundertsiebzig Opern und kleinere Bühnenwerke komponiert, u. a. die Oper *La Lanterna di Diogene* (1674) auf Veranlassung der Kaiserin Claudia Felicitas, um den Kaiser auf Gebrechen der Hofhaltung aufmerksam zu machen; Kaiser Leopold I. komponierte eine Arie dazu. Draghis Textgefährte war der Hofdichter Niccolò Minato, als Bühnenarchitekt für den szenischen Aufwand wirkte Ludovico Burnacini. Das mit fünfundzwanzig Kupferstichen ausgestattete Textbuch zur Festoper *Il Pomo d'oro* läßt die prunkvolle Inszenierung ahnen, die dieses auf einen Text von Francesco Sbarra von Marc Antonio Cesti zur Feier der Hochzeit Leopolds I. mit Margarita von Spanien komponierte Werk erlebte. Die Aufführung fand 1668 ungefähr auf dem Platz des heutigen Burggartens statt; die Ballettmusik hatte wieder Schmeltzer geschaffen.
Dem höfischen Festcharakter schlossen sich, angeregt durch die Teilnahme des Hofes, die Spiele der Jesuiten zu den Festtagen des Ordens und zum Schulschluß an.

DAS JESUITENDRAMA

Das Jesuitendrama war damals mit einer ganz opernmäßig durchkomponierten Nebenhandlung versehen, die vor und zwischen die Akte des gesprochenen Dramas eingeschoben wurde. Das Jesuitendrama *Pia et fortis mulier*, 1677 zur Rückkehr

Kaiser Leopolds I. nach Wien aufgeführt, ist Zeugnis von der Bindung des deutschen Organisten Johann Kaspar Kerll an Wien. Vermutlich war Georg Reutter (d. Ä.) Kerlls Schüler, dessen Nachfolger er als Organist am Stephansdom wurde. Reutters Messen und die Kirchenwerke seines Sohnes belegen die barocke Epoche der Wiener Kirchenmusik.

DER ERSTE HOFKOMPONIST: JOHANN JOSEPH FUX

Leopold I. hat offiziell – neben dem Kapellmeister und dem Organisten – das Amt des Hofkomponisten geschaffen. Im Jahr 1698 wurde Johann Joseph Fux auf diesen Posten berufen, der unter Joseph I. neben Fux auch die Brüder Marc Antonio und Giovanni Bonocini beschäftigte. Joseph I. erweiterte den Stand der Hofkapelle und förderte durch viele Auftragswerke das musikalische Geschehen. Johann Joseph Fux hat ihm seine sieben Orchestersuiten *Concentus musico-instrumentalis* (Nürnberg 1701) gewidmet.

MUSIKPFLEGE UNTER KARL VI.

Die Opern- und Oratorienpflege am Wiener Kaiserhof nimmt auch unter Karl VI. ihren gedeihlichen Fortgang. Die Hofkapelle umfaßt rund einhundertvierzig Musiker, an ihrer Spitze (seit 1715) Johann Joseph Fux, der als Komponist, Dirigent und Lehrer das gesamte Musikwesen organisatorisch lenkte. Der Steiermärker hat sich langsam und zäh in Wien emporgearbeitet, zuerst der Kirchenmusik gedient (der er auch treu blieb) und dann souverän die Position eingenommen, die ihm der Kaiser bot. Es war auch für Fux ein großes Ereignis, als 1723 seine Oper *Costanza e fortezza* (Wahlspruch Karls VI.) als Krönungsoper in Prag aufgeführt wurde, ein Werk, das durch den Prunk seiner Aufmachung (Giuseppe Galli-Bibiena) ähnliches Aufsehen erregte wie im Jahrhundert zuvor Cestis *Pomo d'oro.* In musikalischer Hinsicht bestimmten Chorpflege, kontrapunktische Schreibweise und besondere Bläserwirkungen die Sonderstellung der Wiener Barockoper unter Fux.

Im 1709 eröffneten Kärntnertortheater, von Joseph I. für italienische Komödianten bestimmt, konnten in der Ära Karls VI. auch deutsche Schauspieler auftreten, und neben italienischem Stegreif- und Singspiel begann hier die Entwicklung einer bodenständigen Kunst.

MUSIKER AM KAISERHOF

Der Hof Karls VI. konnte außer Fux auch andere Musikerpersönlichkeiten an Wien binden, so Antonio Caldara, dessen Stil nicht ohne Einfluß blieb. Gottlieb Muffat, der Sohn Georg Muffats, wird Fux-Schüler und ist als Hoforganist tätig. Er widmete seine *Componimenti musicali per il cembalo* (gedruckt 1739) dem Kaiser. Dieser hat einige Jahre zuvor ein anderes, für die musikalische Zukunft ganz wichtiges Werk als Widmung in Empfang nehmen können: den *Gradus ad Parnassum* von Johann Joseph Fux, das 1725 erschienene Theoriewerk; der Kaiser hatte die Druckkosten übernommen. Aus diesem Buch haben auch die großen Meister der Wiener Klassik Kompositionsgrundlagen erhalten. Ihre musikalische Sprache wird zum goldenen Zeitalter der Musik, für das die Wiener Barockmusik Voraussetzung gewesen war.

Als am 14. September 1683 die Sieger über die Türken in das befreite Wien einzogen und ein feierliches Hochamt im Stephansdom feierten, befand sich unter ihnen mit größter Wahrscheinlichkeit auch der junge Eugen von Savoyen, der sich mit den anderen „Princes volontaires“ im Gefolge des Oberbefehlshabers Karl von Lothringen seine ersten Sporen verdient hatte.

Wien sollte Eugen zur zweiten Heimat werden, mehr noch: er sollte dereinst nicht nur als größter Feldherr seines Jahrhunderts, sondern auch als einer der bedeutendsten und verständigsten Förderer der schönen Künste in die Geschichte dieser Stadt eingehen, wie Jean Baptiste Rousseau formulierte:

> „La vertu, la sagesse, et l'amour des beaux arts
> Firent les fondements de sa gloire suprême.“

Und der päpstliche Diplomat Domenico Passionei, ein enger Freund des alternden Prinzen und Verfasser einer Trauerrede auf dessen Tod, zollte ihm das Lob, daß er den Musen, den freien Künsten und Wissenschaften einen prächtigen Tempel aufgerichtet habe.

PRINZ EUGEN ALS PERSÖNLICHKEITEN-FÖRDERER DER KÜNSTE

Welche Förderung Eugen, der die Tugenden von Herkules und Apoll in sich vereinigen wollte (beide Gestalten sind von Louis Dorigny im Treppenhaus des Winterpalais in der Himmelpfortgasse festgehalten worden), den Künsten und Wissenschaften angedeihen ließ, ist bekannt – mit einer einzigen Ausnahme: der Musik. „Höchst bemerkenswert ist . . ., daß es kaum ein Buch gibt, das der Prinz nicht gelesen oder zumindest durchgesehen hat", schrieb Rousseau über die Bibliothek des Prinzen, die das Ergebnis von mehr als fünfundzwanzig Jahren gezielter Sammeltätigkeit war. In dieser Bibliothek fanden sich auch Hinweise über Bezüge des Prinzen zur Musik: Eugen besaß neben einer umfangreichen Sammlung von Textbüchern zu Opern, die in der Zeit um 1680 von der Pariser Academie Royale de Musique aufgeführt worden waren, unter anderem auch die Libretti zu den Opern *Angelica, Vincitrice di Alcina* und *Costanza e fortezza.* Beide Werke waren auf Texte Pietro Pariatis komponiert, die Musik stammt von Johann Joseph Fux. *Angelica* kam in der Wiener Favorita im Jahre 1716 zur Aufführung, *Costanza e fortezza* war wie schon erwähnt Teil der Krönungsfeierlichkeiten Karls VI. 1723 in Prag.

DIE MUSIKBIBLIOTHEK DES PRINZEN

Die Musiktheorie war mit der „Theorica Musicae" des Franchinus Gaffurius (Mailand 1492) und der „Musurgia universalis" des Athanasius Kircher (Rom 1650) vertreten. Daß sich in der Bibliothek des Prinzen Eugen auch Werke über die Tanzkunst befanden, ist auf den ersten Blick nicht so ohne weiteres einzusehen, sind sie doch unter – Gymnastik eingereiht! Neben der *Orchésographie* Thoinot Arbeaus stand *L'Art de Sauteur* von Tuccaro, die *Nobiltà di Dame* von Fabritio Caroso sowie *Le Maître a danser* von Jean Philippe Rameau.

DER LAUTENIST JACQUES DE SAINT LUC D. J.

Als Höhepunkt von Prinz Eugens Kontakt zur Musik ist aber wohl die Anstellung des berühmten Lautenisten Jacques de Saint Luc d. J. anzusehen. Nach bisherigen Forschungen wurde Saint Luc am 8. Juni 1663 – also im gleichen Jahr wie Prinz Eugen – als Sohn des Lauten- und Theorbenvirtuosen Jacques de Saint Luc in Brüssel geboren und auf die Namen Jacques-Alexandre getauft. Einen Teil seiner musikalischen Erziehung erhielt der Knabe bei seinem Vater, der zwischen 1641 und 1658 für einige Zeit am Hofe Ludwigs XIV. in Paris tätig war. Jacques-Alexandre, der vermutlich ebenfalls kurze Zeit in Diensten des Sonnenkönigs stand, reiste im Jahre 1700 nach Wien und machte in Berlin Zwischenstation.

SAINT LUC IN BERLIN

Ernst Gottlieb Baron gibt einen Bericht hierüber in seinem 1727 zu Nürnberg gedruckten Buch „Historisch-theoretische und Practische Untersuchung des Instruments der Lauten" wieder: „Und weil es sich eben traff, daß der vortreffliche Theorb- und Lautenist aus Franckreich Monsieur de St. Luc nach Wien gehende durch Berlin zog, so hielt man auch denselben allhier biß zu unsern Beylager auf, . . . die Annehmlichkeiten der Symphonien zu vermehren . . . Den 6. Junii zu Mittage ward die Tafel in dem Oraniensaal gedeckt, und bei derselben nur mit einer stillen Musik aufgewartet: nemlich mit der Theorbe, Laute und Gitarre, die der französische große Künstler de St. Luc mit einer fast entzückenden Lieblichkeit rührte, und sich dadurch den Glauben gar leicht zu wege brachte, daß S. königliche Majestät von Frankreich, wie das Gerüchte von ihm gehet, ihn vor andern würdig befunden, Sie bisweilen mit dem Klange seiner Saiten bey Ihren Mahlzeiten zu ergetzen."

In Wien angekommen, wurde Jacques-Alexandre de Saint Luc der Hoflautenist des Prinzen, wurde vom Wiener Hochadel sehr geschätzt und knüpfte auch Beziehungen zur Hofmusikkapelle an. Seine Werke, die handschriftlich in der Musiksammlung der Österreichischen Nationalbibliothek, in der Prager Universitätsbibliothek sowie im Prager Nationalmuseum erhalten sind (Kompositionen für Laute solo, Lautenkonzerte für Laute, Violine und Baß), lassen deutlich drei Hauptquellen der musikalisch-

KOMPOSITIONEN

thematischen Anregung erkennen: die aktuellen politischen Ereignisse des Spanischen Erbfolgekrieges (die Einnahme von Barcelona 1705, die Schlacht von Turin 1706, die Unterwerfung Neapels 1707 und die Eroberung Gaettas im gleichen Jahr) werden ebenso getreulich geschildert wie das höfische Leben um Prinz Eugen *(L'arivée Du Prince Eugenne, Le Prince de Lokowis);* die dritte Quelle der Inspiration ist das Barocktheater, ob es sich nun um die italienische Commedia dell'arte handelt, oder um das französische Marionettentheater, um die Barockoper *(Le Triomphe de Bachus),* um ein Dornröschen-Ballett *(La Belle au Bois Dormant)* oder um einen Ball im Tanzlokal „Die Mehlgrube", das 1698 von den Baumeistern Bowanda und Oetl – vermutlich nach Plänen Johann Bernhard Fischer von Erlachs – auf dem Areal des ehemaligen städtischen Mehldepots (daher der Name) errichtet worden war. Daneben finden sich Charakterstücke nach der Art der französischen Clavecinisten (Saint Luc war ja Zeitgenosse von Couperin) wie *Le Prudent* und *La Belle Viennoise,* die so beliebten Exotismen *(Le Tambour Turc, L'Esclave)* als heitere Kontrafaktur zum Ernst der Türkenkriege und zahlreiche programmatisch ungebundene, oft besinnliche Stücke in weitgeschwungener barocker Melodik.

Durch musikalisch geschilderte politische Ereignisse ist eine Anstellung Saint Lucs in Wien bis etwa 1709 gesichert, sein weiterer Lebensweg ist unbekannt und soll durch künftige Forschungen erhellt werden. Die Tatsache, daß Prinz Eugen diesen Komponisten zu sich berief, in dessen Werk sich Inspiration, große stilistische Wendigkeit, überzeugende Bildung, kultivierter Geschmack und lebhaftes Reaktionsvermögen mit feinem Humor und echter Empfindung verbinden, war sicherlich nicht eine Konzession an den Geschmack der mondänen Gesellschaft, sondern echtes Bedürfnis, und vielleicht war es gerade der intime Klang der Laute, der am ehesten Zugang finden konnte zu diesem „philosophe guerrier", der „es vorzog, gar zu schweigen als zuviel zu reden".

PRINZ EUGEN IM VOLKSLIED

Weit bekannter als Eugens Kontakte zur sogenannten „Kunstmusik" sind die Anregungen und Einflüsse, die der Lebensweg des Feldherrn und Staatsmanns auf die „Volksmusik", das „Volkslied" ausgeübt hat, obwohl gerade auf Wiener Boden eine strenge Trennung dieser Begriffe kaum möglich ist: Schon im Werk Jacques de Saint Lucs ist deutlich geworden, wie sehr Lokalkolorit, spezifischer Volkscharakter in Melodiebildung und Rhythmik und aktuelles Tagesgeschehen in die Kunstmusik eindringen und mit deren Stilelementen eine organische Synthese eingehen können. Der gleichsam als Deus ex machina auftretende Sieger über die Türken stand dem Bewußtsein des Volkes ungleich näher als so mancher andere Held; einer musikalischen Chronik gleich haben die wichtigsten Ereignisse aus seinem Leben ihren Niederschlag im Volkslied gefunden:

Den Anfang macht ein achtzehnstrophiges Lied anläßlich des Entsatzes von Wien am 12. September 1683. Eine Strophe daraus bezieht sich mit größter Wahrscheinlichkeit auf den jungen Eugen, der im Heer Karls von Lothringen als „prince volontaire" diente und am 7. September auf dem Tullnerfeld zu den Verbündeten stieß.

DIE SCHLACHT VON ZENTA

Den ersten eigenen Sieg erfocht Eugen am 11. September 1697 in der Schlacht bei Zenta. Im gleichen Jahr entstanden die Lieder „Still merckt auf, was ich werd singen . . .", komponiert in Wien von Johann Simon Stahel, „Ein neues Lied von der großen Schlacht bei Zenta", zu singen auf die Weise „Dorindchen, süßer Zuckermund" sowie das sich in biblischen Vergleichen ergehende Poem „Herrliche Victoria der Christen . . .", das sich in München erhalten hat.

Die am 13. August 1704 zu Höchstädt geschlagene Schlacht gegen die verbündeten Bayern und Franzosen hatte die Lieder „Dorindgen, süßer Schatz . . .", ganz in Schäfermanier, und das Gespräch zwischen dem Kurfürsten von Bayern und Eugen nach der Schlacht zur Folge, worin Eugen voll Humor das letzte Wort behält:

„Liebe Herren, lernts nur fein tragen
Weilens doch nit geändert wird.
Wärt bei eurer Kost geblieben,
Hätt man euch nit so traktiert.
Nudel und Stearz, Nocken und Blänten (=Polenta)
Seynd der Bayer vier Elementen.“

„LILGE, DU ALLERSCHÖNSTE STADT“

Auf ein anderes Ereignis aus dem Spanischen Erbfolgekrieg, auf die Eroberung von Lille am 9. Dezember 1708, bezieht sich ein Duett zwischen Eugen und der personifizierten Stadt, „Lilge, du allerschönste Stadt“. Eugen wirbt „mit Liebesflammen“ um die zunächst sehr stolze Schöne, die ihn abweist: „ . . . denn ich habe zum Galanten, zum Gemahl, zum Caressanten, Ludewig von Franzens Haus.“ Da wird Eugen grob: „Halt das Maul und schweige still, hör was ich dir sagen will: hab' ich nicht in Ungerland die Türken gemacht zu schand, hundert tausend und noch mehr?“ Und als Eugen gar als Brautwerber für „Carolus, der Welt Bekannter“ auftritt, ergibt sich die spröde Schöne: „Nun wohlan, so laß es seyn, Carolus sey der Liebste mein, denn der Ludewig veraltet und im Lieben ganz erkaltet. Carolus ist ein junger Held.“

„PRINZ EUGENIUS, DER EDLE RITTER“

Aus den Liedern über die Schlachten des Prinzen Eugen – es sind insgesamt elf – hat wohl das berühmte „Prinz Eugenius, der edle Ritter“ in seiner draufgängerischen Frische die größte Popularität erlangt. Dieses Lied findet sich erstmals 1719 in einer handschriftlichen Liedersammlung unter dem Titel „Musikalische Rüstkammer auf der Harfe“ und wurde noch lange nach Eugens Tod – sogar noch um 1800 – neu gedruckt. Der Volksliedforscher Ludwig Erk nahm an, daß die Weise schon 1683 nach dem Entsatz Wiens entstanden war, damals freilich noch mit dem Text „Als Chursachsen das vernommen . . .“ Dieser Melodie wurde später der uns bekannte Text unterlegt, welcher der Überlieferung nach von einem brandenburgischen Soldaten aus dem Heer Eugens stammen soll.

ABSCHIED

Nach einer Kampfespause von ungefähr zehn Jahren, während der Eugen die Ämter eines Generalstatthalters der Niederlande und Präsidenten des Hofkriegsrates innehatte und Zeit fand, sich den Künsten und Wissenschaften zu widmen, griff der Feldherr im Polnischen Erbfolgekrieg nochmals zu den Waffen. Dieses Ereignis hatte das letzte Kriegslied um die Gestalt des Prinzen Eugen zur Folge. Bald darauf – am 20. April 1736 – starb Eugen. Das Volk faßte seine Klage in die Form eines Liedes, wie es ehedem seinen Jubel ausgedrückt hatte: In einem düsteren Totentanz nimmt Eugen Abschied von der Welt. Der Tod spricht die Schlußworte:

„Nun gib dich drein, du starker Held,
es muß geschieden seyn.
Ob auch besiegt hast alle Welt,
Ich mäh dich nieder in dem Feld
Als wie die Blümelein . . .“

II DER BAU

ANTON FIGEL / GÜNTER TREFFER

Baugeschichte

Der Bau des Palais

Nach mehr als zehn Jahren im Dienste der Habsburger, in denen er es zum Befehlshaber der kaiserlichen Armee gebracht hatte, ging Prinz Eugen von Savoyen im Jahre 1694 daran, in Wien ein Haus zu errichten. Die Anfänge waren eher bescheiden: Mit Kaufvertrag vom 21. März 1694 erwarb der Prinz um 33.000 Gulden vom Reichsgrafen Karl Max von Thurn ein Haus mit Garten in der Trabothgasse, der heutigen Himmelpfortgasse, ein schmales Areal, das ungefähr ein Fünftel der Front des späteren Palais ausmachte.

GRUNDERWERB

1694 war Eugenio, damals einunddreißig Jahre alt, zwar seit einem Jahr Feldmarschall, aber alles andere als ein reicher Mann. In einem Brief vom 16. Mai 1694 schreibt er an seinen Vertrauten, den piemontesischen Grafen Tarini, der in Abwesenheit des Prinzen dessen Geschäfte besorgte, daß es ihm zum „gänzlichen Ankauf" mehrerer Häuser in Wien noch an Geld mangle.

Die Einzelheiten der Baugeschichte des Palais, vor allem die der strittigen ersten Bauperiode, sind nicht restlos geklärt. Fest steht, daß Johann Bernhard Fischer von Erlach, der führende Baumeister der Zeit, wahrscheinlich schon im nächsten Jahr, 1695, dem Prinzen den Plan zu einem Stadtpalais lieferte, das ursprünglich wohl sieben Fensterachsen mit einem zentralen Haupttor umfaßte. 1697 dürfte Fischer den Bau in Angriff genommen haben.

1695 – DIE ERSTE BAUPERIODE: JOHANN BERNHARD FISCHER VON ERLACH

Da aber der erworbene Thurnsche Grund nur drei Fensterachsen breit war, wurde das Nachbargrundstück, der sogenannte Stadl, ein unverbautes Gelände aus dem Besitz der Erben nach Adam Quentin Graf von Herberstein, in den Bau mit einbezogen; 1698 wird vermerkt, es sei „in das savoysche Wohnhaus verbaut" worden.

DAS „SAVOYSCHE WOHNHAUS"

Der grundbürgerliche Erwerb des „Stadls" (um die Kaufsumme von fl. 15.000) erfolgte freilich erst am 2. April 1702. Möglicherweise hat Eugenio in Anbetracht seiner beschränkten finanziellen Mittel (in diesem Zusammenhang ist selbst die Annahme nicht auszuschließen, Tarini habe dem Prinzen Geld für den Grundkauf vorgeschossen) den Herbersteinschen Erben zunächst bloß eine Anzahlung geleistet und sich so eine Option auf das Grundstück gesichert. Als er in der Folge das Thurnsche Gebäude für seine Zwecke adaptieren ließ – es ist ausdrücklich von einem „Wohnhaus" die Rede –, wurde möglicherweise das anliegende Areal in die baulichen Veränderungen mit einbezogen, wenn auch die Besitzverhältnisse damals noch nicht fixiert waren.

Im Jahr darauf, am 6. März 1703, rundete der Prinz seinen Besitz nach Osten ab und erwarb um fl. 15.420 das „Ballhaus" des kaiserlichen Hofhutmachers Reichart Fascolet.

1708/09 – DIE ZWEITE BAUPERIODE: JOHANN LUKAS VON HILDEBRANDT

Damit war es möglich, den Bau von ursprünglich sieben auf zwölf Fensterachsen zu erweitern. Um die Symmestrie des Ganzen zu wahren, erhielt das Gebäude ein zweites Portal. Diese zweite Bauperiode (1708/09) stand bereits unter der Aufsicht des zweiten großen Architekten der Epoche, Johann Lukas von Hildebrandt. Als der Prinz am 9. April 1711 eine türkische Delegation in seinem Palais empfing, war dieses bereits völlig fertiggstellt.

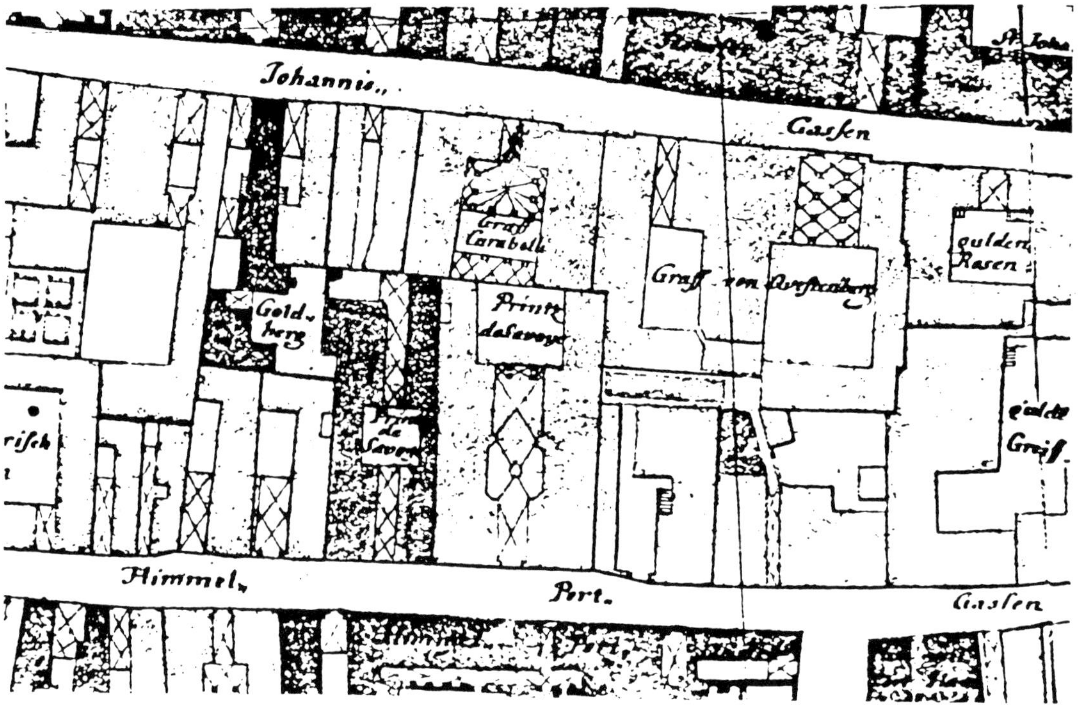

Ausschnitt aus dem Wiener Katastralplan (um 1705) mit dem Winterpalais (erste Bauperiode)

Wenn sich der Prinz 1694 noch über Geldmangel beklagte, bis zum Jahre 1703 aber allein für den Ankauf von drei Grundstücken 64.520 fl. ausgab; wenn man bedenkt, wie kostspielig die Erbauung des zwölffenstrigen Teiles mit seiner prunkvollen Innenausstattung gewesen, daß Eugen außerdem weitere Liegenschaften erwarb, für deren Ausstattung mit Kunstschätzen aller Art er ebenfalls sehr viel Geld benötigte, darüber hinaus Auslagen für Repräsentationspflichten und standesgemäße Dienerschaft entstanden: – dann kann man feststellen, daß sich seine finanzielle Lage in wenigen Jahren sehr zu seinen Gunsten verändert haben muß.

Einige Jahre später war es wieder Lukas von Hildebrandt, der das Palais in seiner heutigen Gestalt vollendete. Der Prinz brauchte Raum für seine stets wachsende Bibliothek; doch sein Nachbar, der Bürger Johann Gottenhoff, wollte nicht verkaufen. Erst nach seinem Tode im Jahre 1719 gelang der Erwerb des Grundstükkes, auf dem Hildebrandt 1723/24 den fünfachsigen sogenannten Bibliothekstrakt errichtete. Um den einheitlichen Charakter des Gesamtgebäudes zu wahren, wurde der Anbau in seiner Fassadengestaltung an den bestehenden Palast angepaßt und mit einem dritten Portal versehen. So rückte nun das ursprüngliche Haupttor wieder in die Zentralachse des Gebäudes.

1723/24 – DER ANBAU DES BIBLIOTHEKSTRAKTS

Erwähnt werden muß, daß gewichtige Anzeichen (wie etwa das Fehlen einer Trennmauer in den Fundamenten) dafür sprechen, daß der Bau des Palais, begonnen von Fischer v. Erlach, fortgeführt von Hildebrandt, erst nach 1703 in Angriff genommen wurde; das hieße also nur zwei Bauperioden anstelle der gewöhnlich angenommenen drei. Doch diese Frage sollte letztlich nur den Wissenschaftler interessieren.

DAS ÄUSSERE DES PALASTES

Für den Beschauer wichtig ist, daß das Äußere des Palastes, wie es uns heute entgegentritt, seit dem Anbau des Bibliothekstrakts im wesentlichen unverändert geblieben ist.

Die zweigeschossige, reich mit Armaturen geschmückte Fassade ist durch achtzehn Pilaster mit ionischen Kapitellen gegliedert. Die drei einander gleichwertigen Tore sind jeweils von einem Balkon gekrönt, dessen Brüstung von je zwei großen Vasen flankiert ist. Über der Tür des mittleren Balkons ist das große steinerne Wappen des Prinzen; die anderen beiden Balkone haben dekorativen Wandschmuck in Form eines Waffenbouquets. Das flache Dach des Gewölbes trug ursprünglich auf seiner Zierbalustrade in der Achse der Pilaster achtzehn Steinfiguren, Allegorien und mythologische Figuren (in ihrer Reihung nach der Restaurierung im Jahre 1889, von links nach rechts): Sieg, Malerei, Philosophie, Ackerbau, Milde, Skulptur, Architektur, Geschichte, Treue, Friede, Ruhm, Gerechtigkeit, Herkules, Minerva, Klugheit, Mars, Apollo und Fortuna. 1931 wurden diese Figuren abgetragen. Über ihren Verbleib ist nichts bekannt.

Das Winterpalais zur Zeit Prinz Eugens

Bald nach seiner Fertigstellung dürfte für das Palais in der heutigen Himmelpfortgasse der Name „Winterpalais" aufgekommen sein, um es von dem zur gleichen Zeit (1724) vollendeten Belvedere zu unterscheiden, der Sommerresidenz des Prinzen. Das Winterpalais, unstreitig einer der schönsten Stadtpaläste Wiens, erregte die Bewunderung der Zeitgenossen.

ZEITGENOSSEN BERICHTEN

So schreibt im Jahre 1738 Johann Adam Schmidt, seines Zeichens Buchhändler in Wien: „. . . Sind sonst die Soldaten gewohnt, die schönsten Gebäude biß auf den Grund zu verderben und nieder zu reissen, so hatte Printz Eugenius hingegen seine Lust schöne Palläste mit großen Kosten aufzurichten, und solch in vollkommenen Wesen zu erhalten. Sein prächtiger Pallast zu Wienn dient dessen zum unverwerflichen Zeugnis. Sintemal auch dessen äusserliche Pracht alle Anschauer gleichsam in eine erstaunliche Verwunderung setzet. Die Wände und Mauern sind mit den vortrefflichsten Gemählden geschmücket, unter welchen dessen erfochtene Victorien mit besondern Pracht hervor leuchtet. Auf denen beiden Flügeln siehet man von innen die schönsten Zimmer und Säle, deren einige zum Aufenthalt und Retirade des Printzen, die andern aber zu den solennen Empfang derer Gesandtschafften, zur Abhandlung wichtiger Tractaten, und zur Bewirtung derer vornehmen Gäste gewidmet waren. Und alle dieselben waren mit einer zahlreichen Menge von goldenen, silbernen, chrystalischen und deren raresten Porcellan-Gefässen aus China, deren immer einer mit dem Andern um die Wette gestritten, geschmücket . . ."

DIE BIBLIOTHEK

Schmidt erwähnt weiter die „kostbare Bibliothek, deren unvergleichliche Zierart man nicht genugsam ansehen und bewundern kan. Die Bibliothek selbst begreifet ihren innern unschätzbaren Werth nach, die vornehmsten und berühmtesten Theologische, Historische und Juristische Autores; an Philosophischen und Mathematischen besten Scribenten findet man daselbst eine erstaunliche Menge; auch wird darinnen eine reiche Anzahl derer raresten Manuscripten verwahret, welche mit grossen Kosten von den entferntesten Nationen angekaufft und dahin gebracht wordn; ingleichen pranget daselbst ein vortreffliches Medaillen und Curiositäeten Cabinet, welches sogar das Französische und Florentinische, an raren und kostbaren Stücken weit übertreffen soll. Anderer darinnen sich befindlicher Raritäeten zu geschweigen . . ."

DAS RARITÄTENKABINETT

Der bekannte Abenteurer Karl Ludwig Freiherr von Pöllnitz, welcher 1775 als Ober-Zeremonienmeister König Friedrichs II. von Preußen seine Memoiren schrieb, schreibt über den savoyschen Palast, den er, als er sich um eine Offiziersstelle in kaiserlichen Diensten bewarb, mehrmals als Bittsteller betrat:

„Der Pallast des Printzen Eugenius von Savoyen ist das herrlichste Gebäude, so man jemals antreffen kann; man mag nun das äusserliche desselben sehen, oder das innerliche in Betracht ziehen, alles ist darinne von der herrlichsten Erfindung und aller ersinnlichsten Kostbarkeit. Der erste Saal, so das vornehmste Zimmer in dem großen Gebäude ausmachet, ist durchgehenst getäfelt und mit grossen Gemählden gezieret, so die vornehmsten Schlachten, die der Printz Eugenius gewonnen gehabt, vorstellen. Aus diesem Saal gehet man in ein großes Vorzimmer, allwo man eine gemahlte Tapezerey von dem berühmten Devos von Brüssel zu sehen bekommt. Dieser geschickte Arbeiter hat darauf die vornehmsten Kriegsbegebenheiten so vollkommen abgebildet, als es nur immer möglich sein mag.

DIE PRUNKRÄUME

Aus diesem Vorzimmer gehet man in das Schlafzimmer. (Hier dürfte das Audienzzimmer vergessen worden sein. Anm. d. Verf.) Niemals hab ich etwas so kostbares gesehen, als der darinne befindliche Hausrath ist; Die Tapezereyen sind grün und mit Gold gestickt, woran man die künstlichste und zarteste Arbeit entdeckt. Das gantze Zimmer ist darnach aufgeputzt. Das Cabinet, sogleich aufs Schlaf-Gemach folget, ist durch vergoldet, und mit Mahlereien und Spiegeln gezieret. Alles ist in diesem Zimmer prächtig, die Gemälde, die Spiegel, die marmornen Tische, die Arm-Leuchter, sogar die Feuerschaufeln sind von erlesenster Arbeit. Ich darff auch nicht unterlassen, der vielen und schönsten Cronleuchter Erwehnung zu thun, und man hat mir gesagt, daß derjeniege, so in dem Schlaff-Gemach hängt, der kostbarste ist, und auf viertzig tausend Gulden zu stehen gekommen ist. Was die Decken, Wände und übrige Mauer-Arbeit anbelangt, so muß man mit Grund der Wahrheit sagen, daß alles schön sey, doch regieret mehr Pracht als gute Erfindung darinne."

Johann Georg Keyssler aus Hannover berichtet in seinen Reisebeschreibungen (1740):

DIE SCHLACHTENBILDER

„In einem Vorzimmer sind die Battaillen von Zenta und Höchstädt nebst vier anderen (Das Bild ‚Die Schlacht bei Belgrad' war entweder noch nicht gemalt oder nicht in diesem Saal montiert. Anm. d. Verf.), welche diesen Prinzen sonderlichen Ruhm erworben haben gemalet; das ansehnlichste und größte von diesen Gemälden stellet den Entsatz der Stadt Turin vor. Unter den vielen schönen Tapeten dieses Pallastes ist diejenige vor vielen anderen sehenswürdig, welche einen Schiffbruch, woraus etliche Leute geretet werden, abbildet. Etliche Zimmer sind mit rothem Sammet meubliert, sonderlich dasjenige, worinnen der Prinz unter einem Baldachin und auf einem Sessel mit Aermen, dem türkischen Botschafter vor etlichen Jahren Audienz ertheilet hat. In diesem Gemach ist der Ofen von Metall und stellet den Herkules dar, wie er die Hydra erlegt. In einem andern Zimmer steht ein Schreibcabinet, so ganz von Schildkröten verfertigt ist. Das Spiegelzimmer ist sehr schön, auch sonst allenthalben an kostbaren Gemälden, Spiegeln und Kaminen nichts gesparet, wie denn einer von den letzteren aus grauen Marmor, zwanzigtausend Gulden gekostet hat; ein krystallener Kronleuchter ist mit zehntausend Gulden bezahlet worden. Die allhier befindliche Bibliothek ist sehr kostbar. Es ist bekannt, was für grosse Summen Geldes der Prinz auf rare Bücher gewandt, und wie öfters kleine Duodenschriften von ihm mit dreissig, vierzig und mehr Dukaten sind bezahlet worden, die vermutlich nebst andern Curiositäten, welche dieser Herr von langen Jahren her sammlet, woraus die itzgedachte Staatsbibliothek besteht, sind Folianten, und zählet man in der ganzen Sammlung vierzehntausend Volumnia, die mit ihren roth-safian oder französischen Bänden gut in die Augen fallen. Eine solche Zierde gibt ihr die Sammlung von solchen Kupferstichen, welche Portraits berühmter Kriegshelden, Potentaten, Damen, Gelehrten etc. vorstellen und in Portefeuilles oder Kästchen, die als grosse in rothen Safian gebundene Folianten mit verguldeten Rücken und Titeln anzusehen sind. In dem Saale dieser Bibliothek siehet man auch die künstliche Maschine mit welcher der geschickte englische Mechaniker und Mathematicus Roley das Systema Copernicanus in seiner völligen Bewegung vorgestellet hat."

DIE KUPFERSTICHSAMMLUNG

Das Winterpalais, so hervorragend erhalten es auch ist, entspricht natürlich nicht mehr in jedem Detail der Residenz des Prinzen vor zweihundertfünfzig Jahren. Im folgenden soll auf Grund zeitgenössischer Berichte das Palais beschrieben werden, wie es sich einem Besucher im Jahre 1736 präsentierte. Der mit dem prinzlichen Wappen geschmückte Haupteingang führte damals wie heute in die Einfahrt, die in einen kleinen Hof mündete. In dessen Mitte befand sich eine figurale Brunnengruppe: Herkules im Kampf mit dem dreiköpfigen Zerberus. Aus dem mittleren Kopf des Höllenhundes floß Wasser in ein Becken. Diese „Fontaine" wurde 1734 von dem Bildhauer Christoph Maderer geschaffen. Der heute in diesem Hof befindliche, in die Mauer der Wagenremise – heute Garage – eingebaute Delphinbrunnen stammt aus späterer Zeit.

DAS PALAIS IM JAHRE 1736

Rechts in der Einfahrt befand sich damals wie heute der Eingang zur Haupttreppe, links stand (und steht) in einer Nische eine aus Stein gehauene Brunnengruppe – ein Wassergott hält unter seinem linken Arm eine Meeresmuschel, aus der (nach Betätigung einer Handpumpe) Wasser fließt. Man durchschritt das kunstvolle geschmiedete Eisentor und gelangte zur Prunkstiege, die hier mit den Worten Christoph Riegels (1739) beschrieben wird:

„Die Treppe gehet erstlich gerade vor sich, sie bricht sich hierauf, und gehet auf beiden Seiten rückwärts weiter in die Höhe, da man denn auf der rechten Seiten, wenn man nemlich sich gewendet hat, eine ordentliche, auf der lincken aber nur eine blinde Thür antrifft. Alsdenn ist die Treppe nochmals abgesetzt / und führt zu beeden Seiten schieff zu dem Portall des grossen Saals. Bey dieser Treppe soll gedachter Fischer von Erlach seine besondere Kunst, in einem so engen Platz vieles zu bauen, recht deutlich gewiesen haben. Sobald man durch das grosse Thor auf die Treppe gehet, so siehet man oben, wo der echte Absatz ist, an der Wand, den auf einem Stamm mit dem rechten Arm ruhenden Herkules der seine Keule auf der lincken Schulter trägt, und den hinansteigenden gerade entgegen stehet. Über ihm hänget zwischen zweyen in das Creutz gelegten Keulen eine Löwen-Haut. Zu beeden Seiten des unteren Theils der Treppe tragen auf jeder Seite zwey aus Stein gehauene Riesen die obern abgesetzten Theile der Treppe. Auf der Seiten zwischen den Riesen sitzen Kinder, welche die Laternen halten. Neben dieser Haupt-Treppe liegen zwey andere kleine runde Treppen, so biß unter das Dach gehen, wegen der Communicationen in das Halbe Stock (Mezanine) so das oberste ist.

DIE PRUNKSTIEGE

Kommt man auf den ersten Absatz, so muß man sich völlig umwenden und alsdenn kan man entweder zur rechten, oder zur lincken Seiter weiter hinansteigen. Zur rechten siehet man eine ordentliche Thür, über welcher Hercules, en bas-relief vom Stein gebildet, den Löwen erschlägt. Auf der lincken Seite aber über der blinden Thür ist Hercules von gleicher Arbeit repraesentiret, wie er den Drachen tödet. Man mag nun von der hinauf gehen, auf welcher Seiten man will, so kommt man wieder zu einem Absatz. Zwischen dem ersten und andern Absatz, man mag sich gleich zur rechten oder lincken Hand gewandt haben, ist ein steinerns Geländer / auf welchem eine steinerne Urna stehet. Ist man auf der rechten Seiten hinauf gegangen / so schlägt man sich lincker, auf der lincken Seiten aber alsdann wieder rechter Hand, und kommt sodann über etliche Stuffen auf den kleinen Vorsaal vor dem großen Saal. Von dem andern Absatz der lincken biß zu dem andern Absatz der rechten Seiten ziehet sich ein steinernes Geländer, an dessen beeden Enden überall ein steinerner Engel eine Laterne in den Händen haben.

DIE TREPPENHAUSFRESKEN

Oben an der Decke über den Treppen sind drey runde Fresco-Gemälde, das mittlere, welches das größte ist, stellet den auf seinem Wagen schnell forteilenden Phoebum vor, mit welchem die Zeit, unter dem Bilde eines alten Mannes, auch fort eilen will, sie wird aber von einem Weibs-Bild, welches die Historie abzubilden scheinet, gehalten. Neben herum in den Wolken sind viele Genii zu sehen. Das kleinere Gemählde, wenn man auf der rechten Seiten hinauf gehet, stellet den Fall ICARI vor.

„EINE HALBNACKENDE WEIBS-PERSON“

Auf der lincken Seite ist eine halbnackende Weibs-Person abgebildet, welche ein fliegender Genius, der in der lincken Hand eine brennende Fackel hält, bey der lincken Hand ergreiffet.

Wenn man die Treppe hinauf kommt, so sieht man auf einem mit weissem Marmor belegten Vorsaal die grosse Thür in den grossen Saal vor sich. Auf beeden Seiten derselben stehen 2. termini von Stein. Über der Thür wird des Prinzen Wappen in Stein gehauen von der Pallade und Bellona gehalten. Die Pallas sitzt zur rechten Seite, in der rechten Hand hält sie das Palladium, in der lincken die Lanze. Die Beloona, welche zur lincken sitzt / hält in der rechten Hand die Lanze in der lincken aber einen Lorbeer-Cranz.

Schlägt man sich auf dem Vorsaal lincker Hand / so kommt man zu einer kleinen Thür, und durch dieselbe in ein Zimmer, worinnen, allerley bas-reliefs in Marmor liegen, welche man dem Prinzen aus Italien geschickt, aber von ihm, weil sie neu und nicht rar waren, nicht aufgestellt wurden. In diesem Zimmer schlägt man sich wieder lincker Hand, und kommt alsdann durch eine Thür auf einen kleinen Vorsaal / auf welchem man rechter Hand die Bibliothek vor sich sieht.“

Aus diesen Aufzeichnungen geht hervor, daß zwischen den das balkonartige Podest tragenden Riesen Putten saßen, die eine Laterne in Händen hielten, mit welcher die Treppe im untersten Teil beleuchtet werden konnte. Die heute dort befindlichen Vasen dürften daher zunächst am Geländer des Podests gestanden sein, um später an Stelle der laternenhaltenden Putten (oder Engel, wie Riegel schreibt) zur Dekoration zu dienen.

DER GROSSE SAAL

Wer die große Tür auf dem obersten Treppenabsatz durchschritten hatte, der befand sich im „Großen Saal“, dessen Decke mit einem Fresko, „Die Taten des Herkules“, geziert war. Der Kamin und der Fußboden waren aus Marmor, die durchwegs getäfelte Wandverkleidung, „von Stucaturarbeit sehr reich geziert“ vergoldet. Der größte Schmuck dieses Raumes aber waren die Schlachtenbilder.

Von diesem Saal gelangte man zunächst links in die „Antichambre“, welches mit „rotem Samt spalirt“ war. Hier standen an der Wand zum Konferenzzimmer Sessel, welche gleichfalls mit rotem Samt tapeziert waren. Soweit die Beschreibung Riegels.

Pöllnitz berichtet, daß sich in diesem Vorzimmer eine „gemalte Tapezerey von den beruhmten Devos v. Brüssel“ befand, der „die vornehmsten Kriegsbegebenheiten so vollkommen abbildete, wie es nur möglich war“.

Von diesem Vorzimmer gelangte man in das Audienzzimmer, den heutigen Roten Salon. Von hier ging es rechts in die Galerie, über die wieder Riegel wie folgt berichtet:

„Die Gallerie ist wiederum mit rothem Sammet spaliert, wo Corinthische moderne

Prinz Eugen von Savoyen. Kupferstich von B. Picart nach Jacob van Schuppen, 1722. Österreichische Galerie, Wien.

Oben: Der Bildersaal im Oberen Belvedere. Kupferstich von Salomon Kleiner.
Aus: Wunderwürdiges Kriegs- und Siegs-Lager des unvergleichlichen Helden unserer Zeit . . .
Rechte Seite: Balthasar Permoser, Die Apotheose des Prinzen Eugen. Marmor.
Österreichische Galerie, Wien, Belvedere.

35

FORTIBUS Hæc Concessa VIRIS Solique Gerenda
Patribus et ROMÆ nunquam Latura Pudorem. claud.
CUJUS Mihi ROBUR in Armis Data Probata FIDES claud.
Trans Rheni Cornua Victor claud.
Rhenum Pacare Jubes. cl.
Hic Comite
Tempus ad Hoc Lustris Mihi jam bis quinque peractis. ovid.
Terribiles iterum lituus VETERANUS adibo. claud.
IMPERII PRÆSENS GENIUS claud.

GRADVS AD PARNASSVM
I.VAN.SCHVPPEN.S.C.ET C.M.PICTOR.INV.DEL.
G. A. Müller sculpsit Viennæ

Oben: „Prinz Eugenius der edler Ritter . . .“
Die älteste Fassung des Volkslieds, 1719.
Vorhergehende linke Seite: Prinz Eugen zu Pferd. Kupferstich aus Acta Serenissimi Principis Eugenii . . .
Vorhergehende rechte Seite: Titelkupfer des im wahrsten Sinne des Wortes tonangebenden Werkes von Johann Joseph Fux, Gradus ad Parnassum, Wien 1725, dessen Einfluß bis in die Wiener Klassik reichte.

Kavalier mit Baßlaute. Um 1700 wurde die Laute das Lieblingsinstrument der höfischen Gesellschaft.
Aus: Padre Bonnani, Description des Instruments hermoniques, Rom 1776.

Alle Bücher der Bibliothek des Prinzen Eugen sind in Saffianleder gebunden und tragen das Wappen des Prinzen.

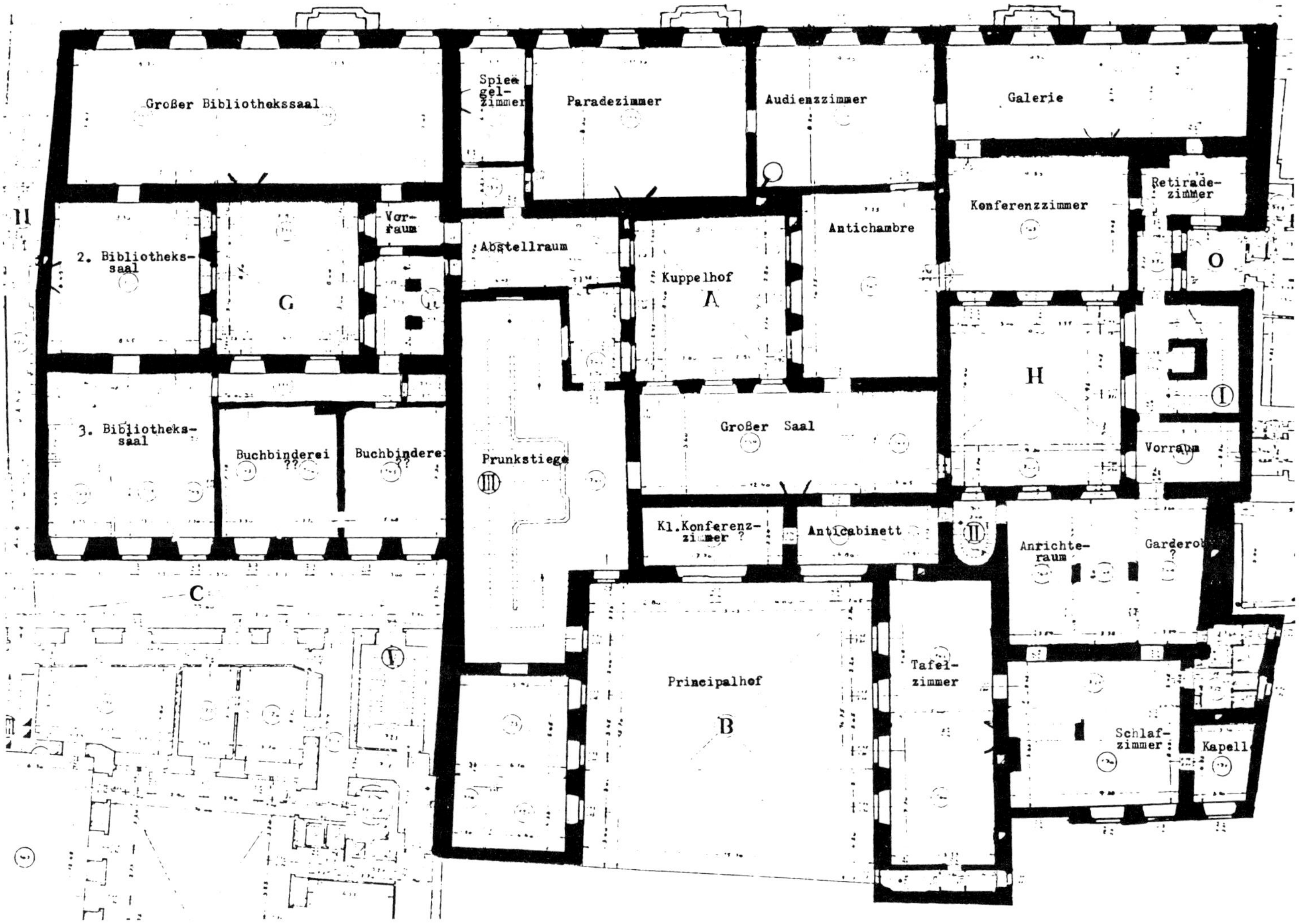

Der erste Stock des Palais zu Zeiten des Prinzen Eugen

Wand-Pfeiler, deren Cranz von Bildhauer Arbeit und vergoldet ist, angebracht sind; die Thür-Einfassungen, wie auch der Camin bestehen aus schwarzen Marmor und über dem letzteren steht ein grosser Spiegel. Die Thür-Flügel und Lambris sind vergoldet und Grotesques in Oel darauf gemahlt. In dieser Gallerie sind nun die fürtrefflichsten Mahlereyen, besonders aber die Durchl. Ahnen des Prinzen in Specie der Groß-Vater zu Pferde von Rubens in Lebens-Grösse, ingleichen der Herr Vater von dem nicht weniger berühmten Meister van Deyck, die für unschätzbare Stücke von den rechten Kennern gehalten werden. Zwischen den 5 Fenstern, und an der Seite des Camins stehen Tische von vergoldeter Bildhauer-Arbeit auf deren letzteren zweyen Chinesischen lackirte Kästgen stehen. Die gewölbte Decke ist abermalen al Fresko gemahlt. Dieses Fresko stellt den Raub Orytias durch Boreas dar."

DIE GALERIE

Heute ist der vordere Teil der ehemaligen Galerie der Gelbe Salon, der hintere (nicht mehr zu den Prunkräumen gehörig) dient als Ruheraum.

Aus dieser Galerie führt gleich rechts neben dem Eingang eine Tür in das Konferenzzimmer und am anderen Ende des Saales eine weitere in einen kleinen Nebenraum. Es kann angenommen werden, daß diese Galerie bei besonders feierlichen Anlässen auch zur Bewirtung der Gäste diente und dieser Nebenraum, der eine direkte Verbindung zu den Küchen hatte, wahrscheinlich zum Vorrichten der Speisen verwendet wurde.

Über das Konferenzzimmer, heute der Amtsraum des Ministers, ist nur bekannt, daß es mit „gewürckten Tapeten" behängt war und einen schönen Camin und Ofen hatte. Dieses Zimmer dürfte das einzige sein, welches im Zuge der Erweiterung des Palais nach 1720 baulich verändert wurde. Dafür spricht vor allem das Deckengemälde von Peter Strubel, gemalt 1720. Dieses Zimmer bietet sich nämlich wie kein anderes dafür

DER URSPRÜNGLICHE BIBLIOTHEKSRAUM

an, daß in ihm die erste Bibliothek untergebracht war, und daß im Zuge der Verlegung dieser in die neuen Räume hier eine andere Inneneinrichtung notwendig wurde. Ein Stück davon obiges Deckengemälde. Von diesem Konferenzzimmer konnte man durch eine kleine Tapetentür gleichfalls in das von der Galerie erreichbare schon erwähnte Vor- und Retiradezimmer gelangen.

Auf der anderen Seite des Audienzzimmers trat man in das sogenannte Paradezimmer.

DAS PARADEZIMMER

„Das Parade-Zimmer ist mit grünem Sammet spalirt / darauf auf das künstlichste eine Architektur von Ionischen Wand-Pfeilern mit Gold / Silber und Seiden gestickt, dergleichen findet man auch an dem darinnen stehenden Parade-Bett, Sesseln und Vorhängen, die auch von grünen Sammet sind, zwischen denen 3 Fenstern sind abermals zwey hohe Spiegel mit vergoldeter Bildhauer-Arbeit, desgleichen auch der Cranz / die Tische, Gueridons, Thür-Einfassungen samt deren Aufsätzen. Die Thür-Flügel und Lambris sind auch hier verguldet, darauf Grotesquen in Öl gemahlt. Der Camin ist von röthlichen Marmor, dessen Ornaments und Zierathen von massiv-Silber und in Feuer vergoldet / oben darüber ist ein großer Spiegel. Es hängt auch ein grosser crystallener Cron-Leuchter darinnen, un deren kleinere stehen auf den Tischen und Gueridons, und die Decken sind auch al Fresko gemahlt.“ (Riegel). Heute befindet sich hier der Blaue Salon.

Während die linke Tür neben dem Himmelbett in einen kleinen fensterlosen Nebenraum führte, der seinerzeit als Anrichteraum verwendet wurde und, wie schon beschrieben, auch von der Prunkstiege aus erreichbar war, gelangte man durch die

DAS SPIEGELZIMMER

rechte Tür in das Spiegelzimmer (oder Goldkabinett), den kleinsten, aber prunkvollsten Raum der Zimmerflucht. Eine reich geschnitzte Decke, ein ebensolches Gesimse, selbstverständlich vergoldet, bilden die Krönung. Die Wände sind mit bemalten Tapeten bespannt, die Lambries, die Tür, sowie die Fensternischenverkleidung ebenfalls durchwegs vergoldet, mit Grotesken von Drenttwett. Über dem Kamin befindet sich ein großer Spiegel und diesem genau gegenüber ein gleicher. Die Anordnung der Spiegel ergab, daß sich das Bild in diesen endlos wiederholte. Ein weiterer Spiegel befand sich an der dritten, dem Fenster gegenüberliegenden Wand und daneben durch eine Verblendung abdeckbar eine Öffnung zum bereits erwähnten Nebenraum (heute Kapelle).

Das Spiegelzimmer, vielleicht als Frühstückszimmer geplant, mag unter anderem dazu gedient haben, bei ganz besonderen Anlässen im kleinen Kreis den damals in Mode gekommenen Kaffee zu trinken, der wie auch andere Speisen im Nebenraum vorgerichtet und durch die erwähnte Öffnung in der Wand durchgereicht werden konnten.

In dem Zimmer vor dem Anrichteraum (einen anderen Zweck dürfte dieser wohl nicht gehabt haben) ließ der Prinz alle jene Plastiken aufbewahren, welche ihm aus Italien geschickt wurden, die aber nicht sein Gefallen fanden, weil sie neu und vor allem keine Raritäten waren. Von hier war es möglich, durch eine Tür in den

ZUGANG ZUM BIBLIOTHEKSTRAKT

Bibliothekstrakt zu gelangen. Diese wurde nach 1720 hier eingebaut und bildete den einzigen direkten Zugang zum Bibliothekstrakt im ersten Stock. Aus einem kleinen Vorraum mit einem Fenster in den Hof mit den Stallungen konnte man rechter Hand durch eine zweiflügelige Tür in den großen fünffenstrigen Bibliothekssaal gelangen.

Die kostbare Bibliothek, die wir aus der kurzen Beschreibung Keysslers bereits kennen, konnte im großen und ganzen Gott sei Dank erhalten werden und ist heute eines der Prunkstücke der Österreichischen Nationalbibliothek in Wien. Der Große Bibliothekssaal ist heute umgestaltet in den (dreifenstrigen) Schlachtenbildersaal und den Grünen Salon. Anschließend daran lagen der „zweite“ und „dritte“ Bibliotheks-

saal, von denen der zweite mit dem heutigen Präsidialsitzungssaal identisch ist, während der dritte in dieser Form nicht mehr existiert.
Damit ist der Gang durch die Prunkräume, wie sie sich zu Lebzeiten des Prinzen präsentierten, beendet. Doch das Palais diente Eugen nicht nur zur Repräsentation, sondern auch als Wohnstätte; in späteren Jahren war es sein ständiger Wohnsitz, und hier starb er auch am 21. April 1736. Die Privaträume des Prinzen befanden sich im hinteren Teil des Ostflügels und sind heute in ihrem ursprünglichen Zustand nicht mehr erhalten. Vom Großen Saal mit den Schlachtenbildern führte der Weg über ein Vorzimmer („Anticabinet") in das Appartement, das aus dem vierfenstrigen Speisesaal („Tafelzimmer"), einem kleinen Arbeitszimmer („Konferenzzimmer"), der Hauskapelle und dem Schlafzimmer bestand, dazu eine Anzahl von Nebenräumen. Alle diese Räume sind um ca. 1,5 m niedriger als die bereits beschriebenen Prunkräume und haben eine Gewölbedecke. Das Vorzimmer hatte einen Ofen und einen Kamin und die Wände waren mit „gewürckten Tapeten" behangen. Auch das Tafelzimmer war mit „gewürckten Tapeten" behängt, worauf Seeschlachten und Feldzüge dargestellt waren. Über einem Marmorkamin hing das Bild Kaiser Karls VI. in Lebensgröße. Von diesem Tafelzimmer war es möglich, links neben dem Kamin in ein Schenkzimmer zu kommen, welches bei großer Tafelhaltung voll mit goldenen und silbernen Tafelgeschirr angefüllt war.

DIE PRIVATRÄUME DES PRINZEN

DAS TAFELZIMMER

Bleiben noch zu erwähnen die Wirtschaftsräume und die Unterkünfte der Dienerschaft: Im Erdgeschoß befanden sich unter anderem die Küchen, die Stallungen und Wagenremisen. Im Mezzanin war eine Zuckerbäckerei untergebracht; hier hatten auch Beamte ihre Arbeitszimmer. Die Räume im Obergeschoß – „im oberen Mezzanini" – dienten als Mobiliendepot sowie zur Unterbringung der Bediensteten. Wohngelegenheit für die Dienerschaft gab es auch in zwei im Jahre 1703 erworbenen Häusern in unmittelbarer Nachbarschaft des Palais.

DIE WIRTSCHAFTSRÄUME

Veränderungen nach dem Tod des Prinzen

Am 21. April 1736 starb Prinz Eugen von Savoyen im Alter von dreiundsiebzig Jahren in seinem Stadtpalais in der Himmelpfortgasse. Ein Augenzeuge berichtet: „Mittags vorher, als den 20. April haben Ihre Durchlaucht noch in Gesellschaft von 12 Personen in Ihrem Haus gespeisst, und sind nach Ihrer Gewohnheit jedermann entgegen gegangen, haben auch selbige hernach bey dem Weggehen biß an die Thüre zuruck begleitet, und da man gerne gesehen, daß Sie sich beym Caffee Trincken statt einen Tabourets zu besseren Comodite auf einen Lehnsessel gesetzet, solches nicht thun wollen, sondern vorgegeben, Sie währen es schon so gewohnet. Abends haben Sie mit der Gräfin Bathiany, dem Grafen von Windisch-Grätz, dem Schwedischen Gesandten und noch einer Dame biß neun Uhr Piquet gespielet, um als Sie schon sehr wenig geredet, auch wegen Ermangelung des Athems den Mund beständig aufgehalten, mithin als der Portugiesische Gesandte, Graf Tarouca, so der letzte war, Sie gebeten, Sie sollten ihn in Zimmer bey sich lassen, haben Sie solcher nicht zugegeben, noch das recommendirte Medicament nehmen wollen, sondern vorgegeben, es wäre morgen noch Zeit dazu, worauf Sie dann weggegangen und zu Bett gebracht worden. Des Morgens frühe, als der Zimmer-Wächter seiner Gewohnheit nach in das Schlaff-Zimmer eintritt, und den Printzen nicht husten höret, sag er solches dem Cammerdiener, und da dieser darauf die Fensterladen aufmachet, und bey dem Hineingehen der Printz nichts zu ihm redet, kehret er zurück, ziehet die Gardinen auf, und findet Ihn todt und erstickt . . ."

DER TOD DES PRINZEN

Die Leiche des Prinzen wurde in der damaligen Anti-Chambre aufgebahrt und am 26. April 1736 um 16 Uhr in die Domkirche zu St. Stephan getragen, um dort zur ewigen Ruhe gebettet zu werden.

Der Prinz war unverheiratet geblieben; auch hatte er kein Testament hinterlassen. So fiel sein ganzes Vermögen, darunter die Schlösser Belvedere, das Winterpalais, Schloßhof, Niederweiden und Csepel, ferner eine Barschaft von mehr als drei Millionen Gulden, seiner Nichte Victoria zu.

VICTORIA VERÄUSSERT DAS BEWEGLICHE ERBE

Victoria, die übrigens besonders häßlich gewesen sein soll und als reiche Erbin dann den Prinzen Friedrich von Sachsen-Hildburghausen heiratete, nahm sich auf ihre Weise der Millionenerbschaft an: alles, was nicht niet- und nagelfest war, machte sie zu Geld. Die wertvollen Kunstschätze wurden in alle Winde verstreut, die Gemäldesammlung wanderte beispielsweise nach Turin.

DER ERWERB DER BIBLIOTHEK DES PRINZEN

Die reichhaltige Bibliothek sowie die Kupferstichsammlung wurden 1738 von Karl VI. für die Hofbibliothek gegen eine der Erbin lebenslänglich auszuzahlenden Jahresrente von 10.000 fl. erworben. Sie bestand damals aus ungefähr 15.000 Bänden, welche in Leder gebunden, mit goldgepreßtem Wappen geschmückt, heute noch wohlerhalten die Zierde der Österreichischen Nationalbibliothek sind. Der Farbton für den Büchereinband ist so gewählt, daß an ihm das Wissensgebiet, dem dieses Buch gewidmet ist, erkannt werden kann.

Nachdem von der wertvollen Bibliothek nur die leeren Regale übrig blieben, war die Entfernung und eventuelle anderortige Verwendung derselben nur zu natürlich. Da das von seinen beweglichen Kunstschätzen weitgehendst entblößte Palais, das von der Fürstin nicht bewohnt wurde, zunächst keinerlei Einnahmen brachte, wahrscheinlich trotz aller Vernachlässigung noch Kosten verursachte, ließ die Fürstin durch Vermauerung der Verbindungen zwischen dem älteren und dem neuen Teil das Gebäude in zwei Teile teilen.

DAS „KLEINE HAUS“

Im neuen Gebäudeteil, welcher nunmehr die Bezeichnung „das kleine Haus“ erhielt, wurde, um ihn leichter als Miethaus verwenden und dadurch weitere Einnahmequellen schaffen zu können, im ersten Stock ein Zwischenstock eingebaut, der bis 1841 bestehen blieb.

DER STAAT ÜBERNIMMT DEN BESITZ DES PRINZEN

Der Haupttrakt aber stand nun volle achtzehn Jahre leer, bis das Palais, zusammen mit Schloß Belvedere und den Herrschaften Hof und Niederweiden, am 17. November 1752 von Maria Theresia für das Herrscherhaus erworben wurde. Der Preis betrug 150.000 fl. in bar zusätzlich zu einer Leibrente von jährlichen 15.000 fl. – was ungefähr dem damaligen Verkehrswert der beiden Objekte von rund 300.000 fl. entsprach. (Um so gewaltiger nimmt sich neben diesen Werten das vererbte Barvermögen des Prinzen von nicht weniger als zwei Millionen Gulden aus!)

Das Palais fand auch bald einen neuen Benützer. Der Präsident des k.k. Münz- und Bergwesens-Directions-Hof-Collegio, Carl Friedmond Graf v. Königsegg-Erps, dessen Amt aus allen Nähten platzte, war wiederholt wegen der Zuweisung neuer Räumlichkeiten bei der Kaiserin vorstellig geworden. Maria Theresia bot ihm das neuerworbene Stadtpalais des Prinzen Eugen an.

Folgende handschriftliche Verfügung der Kaiserin befindet sich auf dem von Königsegg-Erps vorgelegten Bericht:

„... was wegen des häutigen Discours von müntzhaus gemeldet worden, wäre der überschlag zu machen ob seine Wohnung sambt allen müntz und kupfersachen dahin können unterbracht werden und was an zinns erspart würde einen ordentlichen Vortrag er kan auch das Haus besichtigen. M.“

Wenn Königsegg-Erps auch diverse Mängel des Gebäudes als zukünftiger Sitz der Münz- und Montandirektion aufzeigte – zu wenig Licht für die Münzgraveure, schwer heizbar, keine bequeme Unterkunft für sich und seine Gattin und anderes mehr – so war er doch damit einverstanden, die bereits genannten Ämter hierher zu verlegen.

Natürlich versäumte er nicht, gleichzeitig einige Bitten vorzubringen. Er wies hin auf die Notwendigkeit gewisser baulicher Veränderungen im Palais selbst, erbat den Ankauf des anschließenden Gebäudes und anderes mehr. Anscheinend konnte er sich dies erlauben, denn offensichtlich war Maria Theresia froh, für das Winterpalais eine Verwendung zu finden. So wurde gnädigst der Bitte entsprochen, daß das noch vorhandene Mobiliar, die Spiegel und sonstiges verbleiben durfte („. . . ausgenommen das cabinet und die battaillen im saal das übrige bleibt alles . . .“), und eine Reihe weiterer Vergünstigungen gewährt, darunter unter anderem: „. . . in den 3 grossen Zimmern wären die Spiegel zu lassen und tappezereyen hierin zu schaffen die bey dem Haus bleiben . . .“.

BAULICHE VERÄNDERUNGEN

Aus den diversen Verfügungen der Kaiserin geht hervor:

1. Die Schlachtenbilder haben sich bis zum Jahre 1752 im sogenannten Großen Saal befunden, wurden erst auf Wunsch der Kaiserin entfernt und einer anderen Verwendung zugeführt.
2. Bei dem genannten Kabinett kann es sich nur um das heute sogenannte „Goldkabinett“ handeln. Was in diesem letzten Endes verblieb, darüber soll später berichtet werden.
3. Die „3 grossen Zimmern“ können nur der heutige Blaue und Rote Salon sowie die 1752 noch vorhandene Galerie sein, denn nur in diesen Räumen befinden sich heute noch Spiegel und der Bibliothekstrakt war ja bereits umgebaut. Außerdem ist dieser kaiserlichen Verfügung zu entnehmen, daß in den genannten Räumen keine Wanddekorationen, ausgenommen der Vertäfelungen, vorhanden waren.

Am 30. Dezember 1752 erfolgte der Ankauf des zur Johannesgasse hin anschließenden Sonnenfeldschen oder Bosardschen Hauses.

Inzwischen hatte man aber bereits Mitte Dezember 1752 im Palais mit den Umbauarbeiten begonnen. Diese waren dem kaiserlichen Hofarchitekten Niccolò Pacassi übertragen worden, der auch mit der Umgestaltung des Schlosses Schönbrunn betraut war.

NICCOLÒ PACASSI

Die baulichen Veränderungen, welche unter der Leitung dieses Architekten erfolgten, waren weitgreifend – wahrscheinlich die größten bis zum heutigen Tage. Ihnen dürften Kunstwerke von unschätzbarem Wert zum Opfer gefallen sein.

Aus einem Palais, einst als Wohnhaus und Repräsentationsstätte für einen Fürsten geschaffen, sollte nun eine Beamtenburg werden, ein Gebäude, wo Graveure für ihre künstlerischen Arbeiten genügend Licht finden sollten und dergleichen. Es mußten alle Räumlichkeiten mit einer Heizungsmöglichkeit versehen werden (im Palais waren nur wenige Räume zu beheizen); Arbeitszimmer und Verbindungsgänge mußten geschaffen werden. Für die vielen neuen Öfen baute man Kamine, sogenannte Schliefkamine, bei deren Erstellung man ziemlich fahrlässig handelte. So führten Kaminschächte an Holzbalken vorbei, welche nur mit einer dünnen Mörtelschicht verputzt waren, die natürlich im Lauf der Zeit abbröckelte. Ein Wunder, daß das Palais nicht einem Brand zum Opfer fiel.

VOM FÜRSTENPALAIS ZUR BEAMTENBURG

Die Veränderungen im Erdgeschoß fielen nicht allzusehr ins Gewicht, um so mehr aber die in den Stockwerken. Es begann mit der Prunkstiege und dem Großen Saal.

Die in der Mitte der Wand des Stiegenhauses befindliche große Eingangstür wurde vermauert, die beiden heutigen Türen eingebaut. Auch die Umrahmung der seinerzeitigen Tür wurde abgeändert. Weder das Wappen des Prinzen Eugen noch die Palias oder Bellina gibt es hier, sondern ganz andere Figuren zieren heute diesen Teil der Wand, in der für den Saal ein von außen heizbarer Kamin eingebaut wurde. Die Bergmanngruppe stammt aus noch späterer Zeit (19. Jahrhundert).

DER GROSSE SAAL WIRD VORZIMMER

Über dem neuen Eingang zum Großen Saal (nunmehr Vorzimmer) finden sich nun die Initialen Maria Theresias. Daß über der anderen Tür die Initialen des Prinzen angebracht sind, diente wohl nur als Gegenstück. . . . Im Saal selbst wurden nicht nur die Schlachtenbilder und die sonstige Wanddekoration entfernt, sondern auch die Decke mit dem Fresko „Die Taten des Herkules" an deren Stelle eine um ca. 1,60 m niedrigere Decke eingezogen wurde, um die darüber befindlichen Räume, die für die Unterbringung der Münzgraveure vorgesehen waren, höher und lichter zu gestalten. Damit war das Fresko dieses einst so gerühmten Saales für immer verloren.
Die Privaträume des Prinzen baute man gleichfalls zu Büroräumen um, die Hauskapelle verlegte man in den kleinen Nebenraum beim Spiegel- bzw. Paradezimmer, wo sie sich heute noch befindet.
Weiter demontierte man die sechs Türverkleidungen aus schwarzem Marmor in der Galerie und im Audienzzimmer, um sie im Sekretärzimmer (Anti-camera) und Vorzimmer (Großer Saal) wieder einzubauen.

DER UMBAU DER GALERIE

Abgesehen von den baulichen Veränderungen durch den Einbau von zeitgemäßen Öfen in den Prunkräumen wurde, um für die Gattin des Grafen ein Schlafzimmer und einen Salon zu schaffen, die Galerie in einen zwei- und einen dreifenstrigen Raum geteilt, das Fresko durch Einziehen einer Zwischendecke vermauert, der zweifenstrige Raum als Schlafzimmer eingerichtet, was auch die Entfernung der reichgeschnitzten und mit Malereien gezierten Vertäfelung bedingte, der andere unter Belassung der dort befindlichen Vertäfelung in einen Damensalon umgebaut.
Noch eine weitere wesentliche bauliche Veränderung geht auf Pacassis Konto. Ihm ist es zuzuschreiben, daß sich heute in allen Prunkräumen die Verbindungstüren entlang der Fensterfront befinden, während früher alle Türen mit Ausnahme der vom Blauen Salon (Schlafzimmer) zum Goldkabinett bzw. Nebenraum (Kapelle) sich in der Mitte der Trennwände befanden. Ebenfalls zu dieser Zeit erfolgte die Schaffung eines Durchbruches vom Goldkabinett zum sogenannten „Kleinen Haus", da ja Königsegg-Erps diese Räumlichkeiten zunächst für sich verwendete. Auch diese Tür wurde neben dem Fenster eingesetzt. In diesem Kabinett, das über Weisung der Kaiserin seines Schmuckes entblößt wurde, zumindest was die Wanddekoration betrifft, wurde unter Verwendung der übriggebliebenen Lambristeile, Lisenen und Fensternischenverkleidung der Galerie und anderer Räume jene Dekoration geschaffen, die ihn noch heute schmückt.
In diese Zeit fällt auch der Umbau des kleinen Nebenraumes beim Spiegelzimmer zur Kapelle, wie sie sich heute darbietet.
1755 wurde dann auch das neben dem Palais gelegene sogenannte Guldenbergsche Haus erworben, um die Münze unterzubringen und Wohnräume für den Grafen zu schaffen.
Wann im Hof der um 1734 erbaute Brunnen entfernt und die Wagenremise mit dem Delphinbrunnen gebaut wurde, ist nicht dokumentarisch festgehalten, doch wird man kaum fehlgehen, auch sie Pacassi anzulasten.

NEUE HAUSHERREN

Doch das Gastspiel der Obersten Bergbehörde und des Münzamts war von vergleichsweise kurzer Dauer. In weiterer Folge war hier für einige Jahre die Hofkammer untergebracht, die Vorläuferin des Finanzministeriums; das Palais hieß nun im Volksmund das „Kammerhaus". 1782 verlegte man die Oberste Justizbehörde ins Winterpalais; ein Teil der Prunkräume diente dem Präsidenten der Behörde, dem Grafen Clary, als Wohnung.
Dieses Provisorium dauerte fünfzehn Jahre. Dann kam wieder die Hofkammer zum Zug, deren Präsident, Graf Saurau, hier einzog. 1816–1824 residierte hier Graf Stadion, Hofkammerpräsident und Finanzminister; nach ihm Graf Nadasdy. 1848 wurde das Gebäude vom Finanzministerium als Amtssitz übernommen.

Umbauten und Restaurierungen 1841–1947

DER UMBAU 1841

Ein größerer Umbau des Palais erfolgte im Jahre 1841. Das Palais hatte, wie schon berichtet, ursprünglich ein Flachdach und an der Gassenfront eine Attika mit achtzehn Steinfiguren. 1841 wurde das Dach erneuert; möglicherweise wurden damals die Firstfiguren entfernt, die erst 1889 erneuert und wieder an ihren Platz gestellt wurden, bis sie 1931 endgültig weichen mußten.
Im Palais selbst erfolgten in dieser Zeit gleichfalls große Veränderungen. So wurde im sogenannten Kleinen Haus ein Teil des Zwischenstockes wieder entfernt und jene Räume geschaffen, die heute noch bestehen. Aus dem früheren Großen Bibliothekssaal, der nun keine Funktion mehr hatte, entstanden zwei Räume. In dem dreifenstrigen sogenannten „Empire-Saal" wurde die gesamte Decke mit einer zeitgemäßen Dekoration versehen. Den anschließenden zweifenstrigen Raum stattete man gleichfalls mit einer zeitgemäßen Stuckdecke und einer ebensolchen Wandverkleidung aus, welche beide heute noch vorhanden sind.
Weitere Veränderungen betrafen die Prunkstiege und Renovierungsarbeiten im Inneren (Tapeten, Spiegel, Türen, Fenster, Parketten, Öfen, Möbel); echter Schaden wurde bei der teilweisen Übermalung der Fresken und der Steinfiguren im Stiegenhaus (!) mit Ölfarbe angerichtet.
Das Jahr 1848, das auf so vielen Gebieten Änderungen brachte, bescherte dem Palais in der Himmelpfortgasse einen neuen Hausherrn: das k. k. Finanzministerium. Die Herren von der Finanz waren kostenbewußt: volle vierzig Jahre lang fanden an dem Haus keine Veränderungen statt.

INSTANDSETZUNGS-ARBEITEN 1888–1890

Eine im Jahre 1867 geplante Restaurierung wurde zunächst verschoben. Erst 1888–1890 konnten die bereits dringlichen Instandsetzungsarbeiten durchgeführt werden. Angeregt wurden diese Arbeiten durch die Centralcommission für Kunst und historische Denkmalpflege, dem Vorläufer des Bundesdenkmalamtes.
Die Arbeiten waren mannigfaltig. Im Stiegenhaus wurde zunächst von allen Steinfiguren die Farbschichten abgebeizt, nachdem man vermutlich um 1841 diese mit Ölfarbe überstrichen hatte. Die durch Ölanstrich entstandenen Schäden sind heute noch besonders an den Vasen am Stiegengeländer zu erkennen. Die Fresken im Stiegenhaus, im Roten und im Blauen Salon wurden von Eduard Gerisch restauriert. Die Installierung einer Warmluftheizung erforderte zusätzliche Tischler-, Bildhauer- und Vergolderarbeiten. Anstelle der bisherigen Papiertapeten wurden für die Prunkräume Stofftapeten angeschafft, Türen und Fenster generalüberholt.
Die Restaurierung der Panneaux war dem Maler Thadäus Rybkowsky übertragen worden. Sein Bericht läßt erahnen, was sich bei diesen Instandsetzungsarbeiten getan haben muß. So mußten alle Arbeiten ziemlich zur gleichen Zeit und innerhalb einer bestimmten Frist bewältigt werden. Als Endtermin galt meist der 15. September des laufenden Jahres, wahrscheinlich um bis Ende des Jahres die Verrechnung bewältigen zu können, da die Kreditmittel nur für das laufende Jahr genehmigt waren. Für den Fall der Überschreitung dieses Zeitlimits wurde oft ein Pönale – bis zu 2 fl. pro Tag – festgesetzt. Wo es ging, wurden die Preise gedrückt, ganz selten nur Mehrkosten anerkannt. Es ist daher verständlich, daß die Firmen bemüht waren, auf jeden Fall die vereinbarten Termine einzuhalten und daher manche Arbeiten nur sehr oberflächlich durchführten. Rybkowsky klagt darüber. Aber auch er oder seine Mitarbeiter führten teilweise ihre Arbeiten nicht so durch, wie es wünschenswert gewesen wäre. Dies zeigte sich bei den neuerlichen Restaurierungen in den Jahren 1967–1973. Ferner

wurden die Fassade instand gesetzt, die Einfahrt restauriert und der „Empire-Saal" wieder instand gesetzt bzw. in einen Tanzsaal umgebaut, wobei bestehende Türen vermauert und an anderen Stellen neue angebracht wurden. Nach Originalen aus Schloßhof wurden Möbel (Tische und Stühle) nachgefertigt, die heute noch zur Einrichtung der Prunkräume zählen.

Im Zuge der Überholung des Daches wurden achtzehn neue Steinfiguren geschaffen und auf der ebenfalls neu errichteten Attika aufgestellt. Die alten hatte man, wie bereits berichtet, zu einem früheren Zeitpunkt entfernt.

Ob dies nun tatsächlich zum Zeitpunkt der Erneuerung des Daches um 1840 oder früher erfolgte, ist nicht festzustellen. Jedenfalls wäre es möglich, daß diese Veränderungen bereits nach 1752 erfolgten und damit ein Werk des k. k. Hofarchitekten Parcassi sein könnten. Von diesem ist unter anderem bekannt, daß er ein Freund der Entfernung von dekorativen Teilen der Fassade alter Bauten war. Ein Beispiel hiefür ist der Hradschin in Prag, wo es ihm vorbehalten blieb, die reichhaltige Verzierung, Türmchen etc. zu entfernen und die heute noch bestehende Fassade zu schaffen.

Eine Überprüfung des allgemeinen Bauzustands des Gebäudes deckte bedenkliche Mängel auf. So mußte ein großer Teil der ganz vermorschten Deckenkonstruktion über dem „Oberen Mezzanini" (heute 2. Stock) erneuert werden.

Zusammenfassend kann über die Restaurierung der Jahre 1888–1890 gesagt werden, daß man sich bemühte, seinerzeit begangene Sünden an der Fassade wie auch im Inneren weitgehend zu beseitigen.

In den folgenden Jahren kam es zu keinen größeren Veränderungen mehr. Das Ministerium vergrößerte sich und erwarb Nebengebäude (Palais Questenberg in der Johannesgasse; Haus Himmelpfortgasse 8), zu denen die nötigen Verbindungsgänge hergestellt wurden. Kleinere Restaurierungen erfolgten 1913 und 1928.

Während des Zweiten Weltkriegs wurden die bewegliche Einrichtung des Palais (Bilder, Möbel) verlagert.

In den letzten Kriegstagen, am 8. April 1945, wurde das Stiegenhaus durch einen Volltreffer schwer beschädigt, einige Nebengebäude zerstört. Noch im selben Jahr, 1945, schritt man an die Behebung der Kriegsschäden; die Arbeiten erstreckten sich bis 1947.

Glücklicherweise hatte die Holzkonstruktion des Treppenhauses der Druckwelle der Explosion entgegengewirkt und größere Zerstörungen verhindert. Nun mußte sie freilich durch eine Stahlkonstruktion ersetzt werden. Im Zuge dieser Wiederaufbauarbeiten wurden auch an den Räumlichkeiten des Palais Instandsetzungsarbeiten durchgeführt, die sich aus Material- und Geldmangel gezwungenermaßen auf das Notdürftigste beschränkten.

BEHEBUNG DER KRIEGSSCHÄDEN 1945–1947

Die Stuckdecken der verschiedenen Räume, die Risse und Sprünge aufwiesen, wurden restauriert. An vielen Stellen waren Fußböden und Parketten abgetreten und schadhaft; sie wurden ausgebessert.

An den reichen Schnitz- und Stuckdekorationen war der Goldbelag abgeblättert; auch hier versuchte man Abhilfe zu schaffen und zumindest den optischen Eindruck wiederherzustellen. In diesen ersten Nachkriegsmonaten wäre es größenwahnsinnig gewesen, mit Blattgold zu arbeiten – außerdem war es nicht aufzutreiben. So nahm man Metallvergoldungen (Bronze) vor, arbeitete auch schlicht mit Ölfarbe.

Die Seidentapeten an den Wänden waren in einem beklagenswerten Zustand. Wo es ging, wurden sie ausgebessert. Um Stoff zu sparen, ging man so weit, hinter den Bildern an der Wand die Tapete zu entfernen und sie anderweitig zu verwenden.

Trotz allem konnte man mit dem Vorhandenen und Instandgesetzten nicht sein Auslangen finden. Man half sich auf verschiedene Weise: In manchen Räumen ersetzte eine Schablonenmalerei die Tapete; im Blauen Salon stellte das Kunsthistorische Museum zur Verkleidung der nackten Wände großflächige Brüsseler Tapisserien zur Verfügung, die auch in der Thematik (Darstellungen aus den Türkenkriegen) gut in das Palais paßten und in der Folge dem Salon den Namen „Gobelinsaal" eintrugen; und vor allem wurden die großen Schlachtenbilder, die Maria Theresia 1752 abmontieren und wegschaffen hatte lassen, nach fast 200 Jahren wieder in die Himmelpfortgasse gebracht und im Tanzsaal, dem ehemaligen Empire-Saal, montiert, der seitdem Schlachtenbildersaal heißt.

Die verschmutzten, an vielen Stellen übermalten und teilweise arg mitgenommenen Fresken wurden einer ersten Ausbesserung unterzogen; hier wie in vielen anderen Fällen zeigte es sich jedoch, daß nur eine gründliche Restaurierung, eine Generalsanierung, den kostbaren Baubestand des Palais sicherstellen könne.

Ein weiterer großer Eingriff, der 1947 erfolgte, war von praktischen Notwendigkeiten dirigiert: die 1752 beim Umbau des Palais aufgestellten Schliefkamine, Majolikaöfen, die von einem Nebenraum aus zu bedienen waren, wurden entfernt und eine Zentralheizung eingebaut.

Dank diesen Maßnahmen wurden bei den Arbeiten der Jahre 1946/47 mit geringsten Mitteln viel erreicht, die gröbsten Schäden behoben und die Grundlage für eine durchgreifende Restaurierung geschaffen.

Die Generalrestaurierung der Prunkräume 1967–1973

ZWECK UND ZIEL DER ARBEITEN

Im Jahre 1967 konnten nach Bereitstellung der erforderlichen Mittel durch das Finanzministerium die schon lange notwendigen Arbeiten endlich in Angriff genommen werden, wobei sich die für die Restaurierung Verantwortlichen das Ziel setzten, wirklich nur zu restaurieren, zu konservieren bzw. zu ordnen. Dazu war eine umfangreiche Forschungsarbeit notwendig, da nur sehr wenige und ungenaue, zum Teil unrichtige Aufzeichnungen vorhanden waren. Unter Heranziehung zeitgenössischer Quellen (vgl. S. 31–42), Akten und amtlichen Unterlagen wurde versucht, soweit und so gut wie möglich den originalen Zustand der Räumlichkeiten wiederherzustellen. In manchen Fällen war dies auf Grund irreparabler Eingriffe in vergangener Zeit nicht mehr zu bewerkstelligen. Dies traf vor allem auf den Großen Saal, die ehemalige Galerie und die Bibliotheksräume und auch auf das Paradezimmer zu. Auch war es nicht Sinn und Zweck der Restaurierung, um jeden Preis einen historisierenden Abklatsch herzustellen. Auch Räume haben ihr „Leben", und die Generationen, die in ihnen wirken, hinterlassen ihre Spuren.

Im Verlauf der Restaurierung sollte es sich zeigen, daß der Arbeitsanfall wesentlich größer war als anfangs vorgesehen. Ursprünglich hatte man für die Arbeiten drei Jahre veranschlagt; es wurden ihrer sieben.

Der gewaltige Arbeitsaufwand läßt sich schon am verbrauchten Material ermessen. Allein für die Vergoldung der Stuck- und Holzdekorationen wurde nicht weniger als 6 kg Blattgold aufgewandt – eine Zahl, die erst dann ins rechte Licht gerückt wird, wenn man bedenkt, daß Blattgold bis auf eine Stärke von 0,03 mm ausgewalzt wird: Die Menge entspricht einer neu vergoldeten Oberfläche von ca. 275 Quadratmetern, wobei die Vergoldung von mehreren 100 m Tapetenleisten und Zierstäben wie auch Möbeln flächenmäßig nicht erfaßbar ist.

TECHNISCHE PROBLEME

Gewaltig waren auch die rein technischen Probleme. Die Restaurierung der Deckenfresken, von denen besonders das im Blauen Salon in sehr prekärem Zustand war, erforderte komplizierte Auffang- und Stützungsmethoden. Auch nach den

Ausbesserungsarbeiten von 1947 waren noch immer Spuren der barbarischen Übermalung mit Ölfarbe zu beseitigen. Der Stuck war von einer Farb- und Schmutzschicht bedeckt, die mitunter fünf Millimeter dick war und die originalen Konturen oft nur mehr erahnen ließ. Es grenzt an ein Wunder, daß unter solchen Umständen die Restaurateure das ursprüngliche Erscheinungsbild wiederherstellen konnten. Überhaupt lag eine der Hauptschwierigkeiten darin, die Fachleute zu finden, die heutzutage noch die Arbeitstechniken eines vergangenen Zeitalters zu bewältigen imstande waren und dabei nicht nur das Können, sondern auch das Wollen aufbrachten, das Alte, Schöne nachzuschaffen, ohne dabei Wesentliches zu zerstören. Daß dies gelungen ist, davon zeugt das Ergebnis der Arbeiten.

MANGEL AN FACHLEUTEN

Es würde den Rahmen dieser Ausführungen sprengen und auch das Interesse des Lesers ungebührlich belasten, wenn man nun im einzelnen auf die im Rahmen der Restaurierung durchgeführten Arbeiten einginge. Erwähnt sei, daß von dem Verfasser dieses Artikels, der seitens des Ministeriums mit der Bauaufsicht betraut war, ein detaillierter Bericht vorliegt, der vor allem dazu gedacht ist, künftigen Restaurierungen eine Dokumentationsunterlage zu bieten. Für die verschiedenen Arbeiten war ein ganzes Heer von Künstlern, Handwerkern, Facharbeitern und Hilfskräften eingesetzt. Allein die Koordinierung der verschiedenen Arbeitsgänge mußte genau geplant werden; so waren in einem Raum manchmal bis zu vier Trupps an verschiedenen Arbeiten tätig. Der Fußboden mußte fast überall nach dem genauen Muster des alten Plattenparketts neu verlegt werden; manchmal half man sich mit einem (freilich nicht ganz stilechten) Spannteppich. Die Lambris, also die Holztäfelung der Wände, und die Fensterverkleidung waren oft aufgeworfen und gesprungen; wo Verkitten nicht mehr half, mußten sie neu angefertigt werden. Dies besorgte die hauseigene Tischlerei. Dann war der Restaurator an der Reihe, der nach der Originalvorlage die Dekoration (Ornamente und Grotesken) nachschuf. Infolge der vielen Veränderungen im Zuge der mehrfachen Umbauten waren Dekorationselemente, wie Teile von Vertäfelungen und Fensterverschalungen, oft recht willkürlich an anderer Stelle eingesetzt worden. Nun bemühte man sich, soweit als möglich die ursprüngliche Ordnung wiederherzustellen oder, wo dies nicht mehr möglich war, zumindest darauf zu achten, daß die bemalten Felder der Dekoration themenmäßig zueinander paßten. Seinerzeit waren alle zwölf Fenster des älteren Teils des Palais mit vergoldeten und bemalten Fensterläden ausgestattet, von denen 1967 nur mehr die im Gelben Salon erhalten waren. Diese Fensterläden wurden entfernt, da durch die heutige Zentralheizung gefährdet; ein Teil wurde im Goldkabinett montiert, der Rest diente zur Ausgestaltung des Präsidialsitzungssaals.

DIE TÜCKE DES DETAILS

Im Zuge der Restaurierungsarbeiten im Gelben Salon stellte sich die prinzipielle Frage, ob es sich lohne, das Deckenfresko freizulegen und damit die ursprüngliche fünffenstrige Galerie wiederherzustellen. Die Restaurierung des Freskos wäre dabei wohl das geringste Problem gewesen. Die Verkleidung der beiden Fensternischen des heutigen Schlafzimmers hätten dagegen mehr Schwierigkeiten bereitet, da die erforderlichen Teile, von Drentwett bemalte Panneaux, wohl vorhanden sind, sich aber in anderen Räumen (Goldkabinett und Blauer Salon) befinden. Die Wiedererrichtung des einen hätte in diesem Fall die Zerstörung eines anderen Prunkraumes bedeutet, daher war es zweckmäßig, die Raumaufteilung so zu belassen, wie sie gegeben war. Der Vollständigkeit halber sei noch erwähnt, daß alle Räume mit neuen Seidendamasttapeten ausgestattet wurden, was der Einheitlichkeit der Zimmerflucht sehr zum Vorteil gereicht.

HEIZPROBLEME

Ein besonderes Problem bildete zu allen Zeiten die Beheizung der Prunkräume. Schon Königsegg-Erps beklagte sich diesbezüglich in einem Bericht an die Kaiserin. In allen Repräsentationsräumen und später auch in den Bibliotheksräumen gab es nur

offene Kamine, ausgenommen im Audienz- und im kleinen Konferenzzimmer. In diesen befanden sich, wie überliefert, eiserne Öfen, die natürlich mehr Wärme spendeten wie die offenen Kamine. Daß in diesen beiden Räumen Öfen als Wärmespender aufgestellt waren, mag folgende Begründung gehabt haben:
Die Galerie und auch das Paradezimmer mit dem Spiegelzimmer dienten ausschließlich der Repräsentation, d. h. zum Empfang und wohl auch zur Bewirtung einer größeren Anzahl von Gästen. Dagegen hatte der Prinz im Audienzzimmer oft nur eine oder mehrere Personen zu empfangen, und auch der Personenkreis bei Besprechungen im Konferenzzimmer dürfte ebenfalls nicht allzu groß gewesen sein. Daß hier ein Kaminfeuer zur Erwärmung nicht genügte, ist verständlich, daher die weniger attraktiven, aber mehr Wärme ausstrahlenden Eisenöfen.
Anders geartet war die Situation beim Empfang einer größeren Anzahl von Gästen. Hier dürften das Feuer in den Kaminen und die Wärme, die von den hundert Kerzen, die den Raum erhellten, ausging, zunächst für eine angenehme Zimmertemperatur gesorgt haben, die freilich dann bei einer größeren Zahl von Anwesenden oft über das Maß des Angenehmen stieg – eine Erfahrung, die man auch heute noch machen kann.
Der Einbau von Majolikaöfen, die von Nebenräumen zu bedienen waren, sollte das Problem der Beheizung dieser Räume lösen. Dazu war die Errichtung neuer Kamine, sogenannter Schliefkamine, in den Ecken der Räume erforderlich. Eine Wandverkleidung, dem Geschmack der Zeit nach 1752 entsprechend, ergänzte diese Umbauten, denen fast alle kostbaren offenen Kamine zum Opfer fielen.
Diese Öfen und Wandverkleidungen verblieben, wie schon berichtet, bis zum Jahre 1946. Sie waren, wenn auch noch so kunstvoll ausgeführt, als dekoratives Element unpassend und als Heizkörper vollends ein Anachronismus. Es wurde also nach 1946 eine zentrale Warmwasserheizung installiert, zu der kurzfristig noch eine zweite Warmluftheizung trat, die sich aber nicht bewährte, weil sie der Luft jede Feuchtigkeit entzog und auf diese Weise die Fresken schädigte.
Im Zuge der neuerlichen Restaurierungsarbeiten wurde diese zusätzliche Heizung wieder außer Funktion gesetzt, da die von den im Raum befindlichen Radiatoren gelieferte Wärme für die Erhaltung der Kunstwerke gerade richtig ist. Für Empfänge und sonstige Veranstaltungen in den Räumen gilt heute das gleiche wie zu Zeiten Prinz Eugens, nur daß heute elektrische Kerzen an Stelle von Wachskerzen für zusätzliche Wärme sorgen.

ANTON FIGEL / GÜNTER TREFFER

Führer durch die Räumlichkeiten

Die langgestreckte Fassade des Palastes läuft als gerade Wand ohne Risalit die ganzen 17 Fensterachsen des Gebäudes durch. Eine lineare Fassadengliederung wird durch 18 genutete ionische Pilaster erreicht. Bewegung bringen nur die drei einander gleichwertigen Portale, von denen das mittlere, das Haupttor, zur Prunkstiege und den Prunkgemächern führt. Mit Reliefs geschmückte Wandpfeiler tragen über bänderartigen Doppelvoluten die Balkons mit gerader, verkröpfter Balustrade. Die

PORTALSCHMUCK

Pfeilerreliefs stellen Szenen aus der klassischen Mythologie dar; am Haupttor rechts: Äneas rettet seinen Vater Anchises aus dem brennenden Troja, links: Herkules besiegt den Riesen Antäus. Die Reliefs am Osttor zeigen links: Achilles schleift den Leichnam Hektors vor Trojas Mauern; rechts: Perseus mit dem Haupt der Gorgo. Diese vier Reliefs werden Lorenzo Mattielli († 1748) zugeschrieben; die am Westtor (Krieg und Frieden) künstlerisch weniger bedeutend, sind ca. 20 Jahre später entstanden und stammen von einem unbekannten Meister.

Durch das Haupttor betritt man die Einfahrt, die sich nach wenigen Schritten weitet. Durch eine Öffnung in der Decke, die mit einer Glaskuppel abgeschlossen ist, dringt Tageslicht ins Vestibül. Rechts folgt dann der Zugang zur Prunktreppe; links steht eine steinerne Brunnenfigur. Reiche Stuckdekorationen schmücken die Decke und umrahmen in Medaillonform die Brunnenfigur wie das Schmiedeeisentor zur Prunkstiege. Die Einfahrt führt in einen kleinen Hof, dessen Hinterfront die frühere Wagenremise, heute Garage, bildet. In der Mitte dieser Mauer eingebaut findet sich der Delphinbrunnen, Ersatz für die ursprüngliche „Fontaine“ aus dem Jahre 1734.

Man tritt rechts durch die schöne schmiedeeiserne Tür und steht vor dem Aufgang in das im Gegensatz zu dem langen und verhältnismäßig niederen Vestibül hohe

TREPPENHAUS

Treppenhaus, das steil durch alle Geschosse emporsteigt und mit dem Wandbrunnen des Vestibüls in einer Achse liegt – dem Wassergott mit der Meermuschel im Vestibül entspricht die Herkulesfigur in der Wandnische über dem ersten Treppenpodest. Der Treppenhausraum erweitert sich in zwei kleinere Anschlußräume, zu denen die am ersten Podest sich teilenden Treppenarme emporführen, bevor sie sich, in den Hauptraum zurückkehrend, auf dem von vier Atlanten getragenen Balkon vereinen. Diese vier Atlanten sind ein Werk des Bildhauers G. Giulianini; die beachtenswerten Stuckarbeiten stammen von Santino Bussi, die drei Deckengemälde von Louis Dorigny, der auch den Spiegel im Deckenfresko des Blauen Salons geschaffen haben soll. Das Mittelgemälde stellt Apoll auf dem Sonnenwagen dar, die seitlichen den Sturz des Ikarus und, allegorisierend, die Fama. (Die Figuren des Sonnengottes Apoll und des auf weiteren Fresken mehrfach apostrophierten Herkules, Halbgott und Übermensch, sind direkte Anspielungen auf die Person des Bauherrn, wie sie im Barock gang und gäbe waren.) Von den kleineren Veränderungen, denen die Treppe seit der Zeit des Prinzen Eugen unterworfen war, wurde bereits berichtet. Die Bergmanngruppe auf dem oberen Treppenabsatz ist eine spätere Hinzufügung aus der ersten Hälfte des 19. Jahrhunderts. Die Prunkstiege stellt sich dar als eine der bemerkenswertesten Treppenkonstruktionen Fischer von Erlachs, der hier – ähnlich wie Lukas von Hildebrandt in Schloß Mirabell in Salzburg – auf beschränktem Raum monumentale Wirkung zu erzielen versteht.

VORZIMMER
(FRÜHER: GROSSER SAAL)

Vom Treppenhaus gelangt man zunächst in den ehemaligen Großen Saal, heute Vorzimmer. Hier befanden sich zu Zeiten des Prinzen Eugen die Gemälde, die heute den Schlachtenbildersaal schmücken. Beim Umbau des Palais nach 1752 verfügte Maria Theresia die Entfernung und Sicherstellung dieser Gemälde, die heute wieder zum Glanz der Inneneinrichtung des Gebäudes beitragen. Das Deckenfresko „Die Taten des Herkules“ freilich ging beim Umbau verloren; es wurde durch eine (niedrigere) Decke mit Stuckornamenten ersetzt, die zusammen mit acht Kupferstichen von Jan van Huchtenburgh, „Die Siege des Prinzen Eugen“, den einzigen Schmuck des Raumes darstellen. Von der ursprünglichen Ausstattung ist nichts erhalten; ein Brettelboden ersetzt den ehemaligen weißen Marmorboden, und auch die schwarzmarmornen Türeinfassungen sind nicht original, sondern wurden nach 1752 aus der Galerie hierhergebracht.

Aus dem Vorzimmer betritt man das Sekretärzimmer, die frühere Antichambre.

Auch dieser Raum erhielt anläßlich der baulichen Veränderungen nach 1752 eine reichdekorierte Stuckdecke. Die heutige Wanddekoration hingegen dürfte aus dem 19. Jahrhundert stammen. Die Marmorumrahmungen der drei Türen sind ebenso wie die des Vorzimmers nicht original und stammen aus der ehemaligen Galerie bzw. dem Audienzzimmer. Die Supraporten (Ölbilder über den Türen) sind ebenfalls eine nachträgliche Hinzufügung.

SEKRETÄRZIMMER (FRÜHER: ANTICHAMBRE)

Auch die Tür, die vom Sekretärzimmer ins Arbeitszimmer des Ministers führt, wurde erst im Zuge der Umbauten nach 1752 durchbrochen. Dieses schöne, große Zimmer, das lichteste unter den Repräsentationsräumen des Palais, ist das ehemalige Konferenzzimmer. Alle Anzeichen lassen darauf schließen, daß sich hier vor ihrer Übersiedlung in den neu erbauten Bibliothekstrakt (1724) die Bibliothek des Prinzen befand, in der wegen der beschränkten Platzverhältnisse wohl nur die wertvollsten Bücher Aufnahme fanden, während für die übrigen Bestände anderorts Unterbringungsmöglichkeiten gefunden werden mußten. Möglich, daß dazu die Räume oberhalb der Privaträume des Prinzen dienten, da nur dort die nötige Tragfähigkeit gegeben war (Gewölbedecke). Der spätere Umfang der Bibliothek war bei der ursprünglichen Planung des Palais kaum vorgesehen gewesen.

ARBEITSZIMMER DES MINISTERS (FRÜHER: KONFERENZZIMMER)

Das Zimmer, seiner Bestimmung nach repräsentativer Arbeitsraum, ist ganz in Hell gehalten, mit lichten Seidendamasttapeten und weißer Holzvertäfelung mit sparsamen Goldornamenten. Die prächtige weiß-goldene Stuckdecke ist mit einem Ölgemälde geschmückt, einer Allegorie von Peter Strubel (1720). Die Einrichtung besteht aus echten Barockmöbeln und Nachfertigungen nach Originalen.

DIE PRUNKRÄUME

Das Sekretärzimmer war einst die Antichambre – der Vorraum zu den Prunkgemächern, die man nunmehr betritt. Es hat sich eingebürgert, die einzelnen Räume nach der Farbe der jeweiligen Tapete zu benennen – Gelber, Roter, Blauer, Grüner Salon, dazu das Goldkabinett, die Hauskapelle und der Schlachtenbildersaal. Wie an anderer Stelle erwähnt, hatten zur Zeit des Prinzen Eugen die einzelnen Räume Namen, die ihrer Funktion entsprachen: Galerie, Audienzzimmer, Paradezimmer, Bibliothekssaal; dazu das Spiegelzimmer. Die heutige Kapelle war damals ein unbenannter Nebenraum.

ROTER SALON (FRÜHER: AUDIENZZIMMER)

Der Rote Salon war früher das Audienzzimmer des Prinzen. Hier empfing er Gesandte, Abordnungen und Bittsteller. Die Einrichtung des Raumes heute entspricht in groben Zügen der damaligen: Die Wände sind mit Tapeten aus rotem Seidendamast bespannt (im 18. Jahrhundert waren sie aus Samt bzw. vollflächig mit Ölgemälden geziert); was fehlt, sind die Vorhänge, die laut zeitgenössischen Beschreibungen mit goldenen Borten besetzt waren.

Gegenüber dem ursprünglichen Zustand verändert sind vor allem die Türen, die sich, wie in allen anderen Prunkräumen, in der Zimmermitte befanden und nach 1752 von Pacassi einheitlich zur Fensterfront hin versetzt wurden. Bei dieser Gelegenheit wurden ihre schwarzmarmornen Umrahmungen entfernt und in die heutigen Vorzimmer und Sekretärzimmer neu eingebaut.

Die Holzverkleidung der Fensterfront sowie die Sockel der Wandverkleidung (Lambris) ist heute wie damals mit Grotesken des Rheinländers Jonas Drentwett geschmückt, deren Figuren, in karikaturistischer Überspitzung, aber ohne Bosheit dargestellt, von köstlichem Humor und scharfer Beobachtungsgabe zeugen.

Die Decke des Roten Salons schmückt ein Fresko, dessen Architekturmalerei, wie alle übrigen im Hause (Blauer Salon, ehemalige Galerie), von dem italienischen Maler Marcantonio Chiarini stammt. Die Figuralmalerei im Spiegel stammt von einem anderen Italiener, Andrea Lanzani, und zeigt die Aufnahme des Herkules in die Götterrunde des Olymp: Jupiter verleiht dem Heros das blaue Sternenkleid, hinter ihm nimmt Fama (mit Posaune) ihm das Löwenfell ab, während andere Götter zusehen: Diana als Luna, Juno mit Pfau, Minerva mit Helm, Apollo mit Leier und Mars mit Helm. In vier Ovalen in den Ecken dieses Freskos, in der Architekturmalerei, sind Taten des Herkules dargestellt: der Kampf mit dem erymantischen Eber, der Hydra, der kerynitischen Hindin und dem kretischen Stier, zwei Medaillons, eines über dem Fenster, das andere über der gegenüberliegenden Wand, zeigen Herkules, den nemeischen Löwen niederringend, und den Tod des Halbgotts im Nessus-Gewand.

Auch hier ist es, wie schon an anderer Stelle angedeutet, naheliegend, die Gleichung Herkules = Prinz Eugen aufzustellen. Im theatralischen Lebensgefühl seiner Zeit (und in Befolgung eines damals herrschenden künstlerischen Kodex) wird der Maler diese Gleichstellung empfunden und beabsichtigt und die Zeitgenossen sie gewiß als solche verstanden haben. Daß die einzelnen Motive – erymantischer Eber, kerynitische Hindin, Hydra, kretischer Stier, nemeischer Löwe und schließlich (in diesem Zusammenhang eher überraschend) das Ende des Helden – nicht willkürlich gewählt wurden, daß man sie mit Wissen und Wollen des Prinzen malte, dürfte gleichfalls unbestritten sein.

Sollten daher nicht auch die Figuren am Gesimse etwas auszusagen haben? Warum sind hier ein Ochsenkopf, ein Schafskopf, ein Schweinskopf sowie der Schädel einer Wildsau u. a. nachgebildet? Lauter Tiere, mit denen man auch seinerzeit aus gegebenem Anlaß die lieben Mitmenschen identifizierte. Warum sind die Hauptfiguren der Groteskenmalereien in den Fensternischen durchwegs Gnome, und dies im Audienzzimmer des ersten Staatsmannes Österreichs? Sollte dies nur zufällig sein, oder sollte vielleicht in dem Gegensatz zwischen der erhabenen Gestalt des im Deckenfresko dargestellten klassischen Helden und dieser Zwergengesellschaft ein Vergleich zwischen dem Prinzen und seinen Besuchern angedeutet sein?

An den Wänden des Roten Salons hängen drei lebensgroße Gemälde: an den beiden Schmalseiten sind Josef I. (1705–1711) und Karl VI. (1711–1740), der Vater Maria Theresias abgebildet, zwischen ihnen das Bildnis des Prinzen Eugen auf seinem Lieblingspferd, einem weißen Schimmel. Die beiden Kaiserbilder sind Kopien, die der Maler Rybkowsky 1889 anfertigte. Über die Autorschaft und den weiteren Verbleib der Originale (sie befanden sich damals im Alten Rathaus) ist nichts bekannt.

GELBER SALON (FRÜHER: GALERIE)

Vom Roten Salon geht es nach rechts in den Gelben Salon. Er ist das Ergebnis der Umbauten und Adaptationen nach 1752, als der neue Hausherr, Graf Königsegg-Erps, in der ehemaligen fünffenstrigen Galerie des Prinzen Eugen eine Trennwand aufführen ließ und so zwei Räume für das Boudoir seiner Gemahlin schuf. Der hintere, zweifenstrige Teil wurde als Schlafzimmer eingerichtet, der vordere, dreifenstrige, als Salon. Das ist der heutige Gelbe Salon.

Die gesamte Decke der Galerie wurde von einem Fresko eingenommen, „Der Raub der Oreithya durch Boreas“. Die Architekturmalerei dieses Freskos dürfte auch hier ein Werk Marcantonio Chiarinis sein, der auf diesem Gebiet ja spezialisiert war. Die figuralen Darstellungen des Spiegels sind nicht in gleicher Weise ausgearbeitet; ihre Ausführung wie auch die Farbgebung ist mehr auf Fernwirkung (die Decke ist ca. 6,5 m hoch) bedacht. Ob nun dieser Spiegel von Chiarini selbst oder von anderen gemalt wurde, ist nicht ganz geklärt; es ist durchaus denkbar, daß auch hier, wie bei den anderen Fresken im Hause, nicht nur ein Künstler am Werk war.

Dem Umbau fiel manches von der ursprünglichen Einrichtung zum Opfer. Vor allem wurde durch Einziehung einer Zwischenstuckdecke das Deckenfresko verdeckt. Der Kamin aus schwarzem Marmor wurde entfernt, die Türrahmungen, gleichfalls aus

Das ursprüngliche Deckenfresko in der Galerie (Skizze)

schwarzem Marmor, übersiedelten, wie schon erwähnt, in das heutige Vorzimmer und das Sekretärzimmer.

Die Folge der Aufstellung der Trennwand war, daß in dem als Schlafzimmer gedachten kleineren zweifenstrigen Raum die Wandverkleidung und hier vor allem die Verkleidung der Fensterfront demontiert und größtenteils anderwärtig wiederverwendet wurde. Durch das Einsetzen der Zwischendecke war eine Beschädigung des Freskos nicht zu vermeiden. Daß es überhaupt erhalten blieb, mag wohl nur dem Umstand zu verdanken sein, daß seine Entfernung nur Arbeit, aber sonst bautechnisch keine Vorteile gebracht hätte.

Die Entfernung der drei Marmorumrahmungen der Türen dieses Raumes wird wohl damit begründet sein, daß man sie als für die Wohnräume einer Gräfin unpassend empfunden hat. Die Demontage des Kamins erklärt sich wieder damit, daß er durch die Aufstellung der Trennwand in der Ecke des neuen Damensalons seine optische Raumwirkung verlor, andererseits für das Schlafzimmer nicht als Wärmespender dienen konnte, vor allem aber nicht zeitgemäß war. Die vom ehemaligen Retiradezimmer aus heizbaren Schliefkamine bestätigen diesen Umbau. Der Eckkamin im Salon wie auch der Heizkörper im Schlafzimmer wurden erst 1947 nach Einbau der Zentralheizung wieder entfernt.

Der Einbau der Trennwand mußte naturgemäß zu Veränderungen in der Täfelung des nunmehrigen Salons führen. Man löste die Aufgabe geschickt, indem man von anderer Stelle verfügbare Elemente hier einbaute, so die Tür, die zum Retiradezimmer führte. Lambristeile, Lisenen und Panneaux wurden neu arrangiert, so daß ein durchaus geschlossener Raumeindruck zustande kam, und als solcher stellt er sich heute dar. Vor allem die Fensterfront ist weitgehend unverändert geblieben.

Bei der Restaurierung 1967/73 wurde der Raum mit goldgelben Seidendamasttapeten ausgestattet, die dem Salon zusammen mit der ebenfalls erneuerten und mit Blattgold verzierten Stuckdecke ein helles, freundliches Aussehen geben.

DIE GROTESKEN

Wer sich die Muße dazu nimmt, wird sich mit großem Genuß in die Grotesken von Jonas Drentwett vertiefen. Es sind hier Adam und Eva genauso verewigt wie Leda mit dem Schwan. Auf einem Panneau ist Herkules abgebildet, auf einem Stein sitzend und von dem dreiköpfigen Zerberus umschmeichelt; gegenüber davon derselbe Held, griesgrämig die Keule neben sich gelehnt, wie er sich, ebenfalls auf einem Stein sitzend, von des Tages Last und Mühe ausruht. Den rechten Ellbogen auf das Knie gestützt, mit dem Handrücken das Kinn haltend, scheint er über den Sinn und Erfolg seines Tuns nachzudenken. Identifiziert man nun Eugen mit Herkules, so läßt sich für jedes dieser Bilder eine Auslegung finden.

Bis 1938 befanden sich im Gelben Salon als Wandschmuck die Bilder dreier Kaiser,

Mathias I., Franz I. und Ferdinand II.; sie reichten vom Gesimse bis zur Lambris. Diese Bilder, nach 1945 unauffindbar, kehrten inzwischen (1972) wieder in das Palais zurück, wurden aber nicht mehr in diesem Raum montiert. Drei Gemälde dienen heute als Wandschmuck. Eines, eine Kopie des von van Dyck gemalten Bildnisses von Eugen Moritz Prinz von Savoyen-Carignan, Graf von Soissons, dem Vater des Prinzen (das Original befindet sich in einem Schloß in Schweden), hängt an der Wand zum Schlafzimmer, ein nicht signiertes Original, das Medaillonbild der Mutter des Prinzen, der berühmten Olympia Mancini, Nichte des Kardinals Mazarin, gegenüber, und schließlich an der dritten Wand ein Schlachtenbild „Reitertreffen auf einer Brücke" von Francesco Casanova. Ob das Bild von Olympia Mancini schon zu Zeiten Prinz Eugens sich hier befunden hat, ist nicht überliefert. Zwei Luster in mariatheresianischem Stil sorgen für die Beleuchtung des Raumes, der als Sitzungszimmer verwendet wird und mit Tischen und Stühlen im Barockstil eingerichtet ist.

DAS SCHLAFZIMMER

Am stärksten durch die Umbauten in Mitleidenschaft gezogen wurde der zweifenstrige Raum hinter dem Gelben Salon, das Schlafzimmer. Hier waren die Verwüstungen und unsachgemäßen Ausbesserungen des ursprünglichen Bestandes derart, daß man bei der abschließenden großen Restaurierung davon absehen mußte, dieses Zimmer in die Flucht der Prunkräume einzugliedern. Durch mehrmaligen Umbau, der Raum gehörte im 19. Jahrhundert zu den Wohnräumen der hier amtierenden Finanzminister und deren Familien, war dieser in einem besonders beklagenswerten Zustand. Durch die Generalüberholung wurde aber auch ihm wieder ein repräsentatives Aussehen gegeben. Die Wände erhielten eine hübsche grüne Tapete mit Zierleisten. Zwischen den beiden Fenstern wurde ein Spiegel gleich dem im Gelben Salon angebracht, welcher durch eine im Goldkabinett entdeckte, aus der ehemaligen Galerie stammenden Schnitzerei gekrönt ist, die sich wahrscheinlich auch einst an der gleichen Stelle befunden hat. Damit ist gleichsam die einstige Zugehörigkeit zum Nebenraum dokumentiert. Der Name „Schlafzimmer" blieb und wird auch weiter dem Raum erhalten bleiben; im übrigen bleibt die Tür, die vom Gelben Salon zu ihm führt, verschlossen.

BLAUER SALON (FRÜHER: PARADEZIMMER)

Vom Gelben Salon aus durchquert man noch einmal den Roten Salon und gelangt in den Blauen Salon. Dieser ist heute der größte Raum des Palais, da ja nach dem Tod des Prinzen die beiden großen Säle, die Galerie und der Große Bibliothekssaal, in kleinere Raumeinheiten aufgeteilt wurden. Hier befand sich einst das Paradezimmer, das Herz der Repräsentationsräume des Prinzen. Wie der feierliche Pomp dieses Gemachs mit dem prachtvollen Prunkbett und der Tapeten mit ihrem gewirkten Säulendessin, das die kühne Architektur des Deckenfreskos zu tragen schien – wie dieser Raum auf den Besucher zu Lebzeiten des Prinzen wirkte, ist im vorangegangenen Kapitel kurz beschrieben. Von all dieser Pracht ist heute mit Ausnahme des Deckenfreskos und der mit Grotesken geschmückten Wandtäfelung (vor allem die Fensterfront mit ihren Spiegeln an den Pfeilern ist weitgehend unverändert geblieben) nichts mehr vorhanden. Möglich, daß Eugens Nichte beim großen Ausverkauf der Schätze des Palais die Einrichtung in Bausch und Bogen an den Mann brachte. – Der besonders prächtige offene Kamin aus rötlichem Marmor, „dessen Zierrathen von massiv-Silber und in Feuer vergoldet" waren, wie ein Zeitgenosse berichtet, fiel dem Umbau nach 1752 zum Opfer.

DER „GOBELINSAAL" 1947–1967

In der Nachkriegszeit hieß dieser Raum Gobelinsaal. Im Zuge der Beseitigung der Nachkriegsschäden mußten 1946 hier die vorhandenen Seidentapeten entfernt werden, da sie schon zu schadhaft waren. Die noch brauchbaren Teile derselben wurden noch einmal zur teilweisen Tapezierung eines anderen Raumes verwendet.

Prinz Eugen – er selbst schrieb seinen Namen in drei Sprachen: Eugenio von Savoy – diente drei Kaisern: Leopold I., 1658–1705 (rechte Seite); dessen Sohn und Nachfolger Joseph I., 1705–1711 (links oben); und nach ihm dessen Bruder Karl VI., 1711–1740 (rechts oben), dem letzten Habsburger im Mannesstamm und Vater Maria Theresias.
Über seine persönliche Stellung zu den drei Herrschern sagte Eugen, Leopold sei ihm wie ein „Vater" gewesen; Joseph, mit dem ihn ein besonders herzliches Verhältnis verband, wie ein „Bruder"; Karl hingegen, zu dem die Beziehung des Prinzen nicht ohne Spannungen blieb, bezeichnete er als seinen „Herrn".

Vorhergehende Seite: Prinz Eugen von Savoyen-Carignac (1663–1736), kaiserlicher Feldmarschall, Präsident des Hofkriegsrats, Statthalter der österreichischen Niederlande. Gemälde von Johann Gottfried Auerbach. Österreichische Galerie, Wien.

59

Eugen war einer der größten Bauherren seiner Zeit. In Wien ließ er das Stadtpalais in der Himmelpfortgasse errichten; Johann Lukas von Hildebrandt, sein Leibarchitekt, baute ihm auf einer Anhöhe vor den Toren der Stadt die Sommerresidenz, das Belvedere (linke Seite), eine der großartigsten Schöpfungen des Rokoko überhaupt, ferner im Marchfeld das prächtige Jagd- und Lustschloß Schloßhof (oben) und auf der Donauinsel Csepel unweit von Ofen Schloß Ráckeve. Auch Schloß Niederweiden, ein weiterer Besitz des Prinzen im Marchfeld, das er von Graf Starhemberg erwarb und umbauen ließ, zeigt die Handschrift Hildebrandts.

Ins Bewußtsein der Österreicher ist Prinz Eugen, der „edle Ritter", für immer als Sieger über die Türken eingegangen. Kaum weniger wichtig aber für die Stellung Österreichs im europäischen Kraftfeld waren die Siege des Prinzen im Spanischen Erbfolgekrieg (1704–1715), durch die die Machtansprüche Frankreichs, des Erbfeinds im Westen, in die Schranken gewiesen wurden.
Das große Gemälde Jacques Parrocels im Schlachtenbildersaal (oben) stellt die Schlacht von Turin (1706) dar. Dieser Sieg Eugens lieferte ganz Italien den Kaiserlichen aus.
Rechts: Ausschnitt aus dem Gemälde der Schlacht von Oudenaarde (1708), ebenfalls im Schlachtenbildersaal.

Die Privatbibliothek des Prinzen, deren Ledereinbände alle mit dem prinzlichen Wappen geschmückt sind, wurde aus dem Nachlaß gerettet und schmückt heute als kostbarer Besitz den Prunksaal der Österreichischen Nationalbibliothek.

WANDTEPPICHE STATT TAPETEN

Da es unmöglich war, knapp nach Kriegsende neue Tapeten zu beschaffen, stellte das Kunsthistorische Museum zum Schmuck der Wände drei große Gobelins zur Verfügung, welche die Flächen fast zur Gänze bedeckten. „Herzog Carl von Lothringen zwingt die Festung Gran zur Übergabe“, „Die Schlacht am Kahlenberg und die Entsetzung Wiens 1683“ sowie „Die Besetzung Wiens durch Carl v. Lothringen“ waren die Motive dieser kunstvoll gearbeiteten Tapisserien. Letztere wurde später durch eine andere ersetzt, die „Die Eroberung des Schlosses Barkany“ darstellt. Ob diese Gobelins, die um 1710 in Brüssel gewebt wurden, schon einmal im Palais waren, ob sie aus dem Besitz des Prinzen stammen, ist nicht bekannt. Bei Beginn der Restaurierungsarbeiten 1967 wurden sie wieder eingezogen. Begründung dafür war, daß die Gobelins durch langes Hängen und Lichteinwirkung Schaden leiden.

Heute sind die Wände des Salons mit einer blauen Seidendamasttapete bespannt. Das Deckenfresko stellt in seinem auch hier wieder von Architekturmalerei umgebenen Spiegel die Vermählung des Herkules mit der Göttin Hebe dar. Umgeben ist das Paar von einer Versammlung von Göttern des Olymps: Jupiter und Juno, Venus und Psyche, Diana und manche andere. – Wieder war eine ganze Gruppe von Künstlern an der Arbeit: die Architekturmalerei stammt von Marcantonio Chiarini, das Mittelfeld von Louis Dorigny (?), der auch das Deckenfresko im Treppenhaus gemalt hatte; die allegorischen Figuren und Grisaillen schuf Giuseppe Gambarini. In die Architekturmalerei eingebettet sind vier ovale Felder mit Szenen aus der Herkulessage: Herkules mit dem kretischen Stier, dem Zerberus, der Hydra und Nessus. Auffallend auch hier wieder, wie im benachbarten Roten Salon, der Bezug auf das Ende des Helden – ein Memento mori, das mitten in dem heroisierenden Überschwang einen nachdenklichen Akzent setzt.

Auch die Grotesken in diesem Raum sind der ursprünglichen Bedeutung des Gemachs angemessen; sie sind durchwegs ernsthafter als in den übrigen Räumen und stellen meist Motive der klassischen Mythologie dar. Nur vereinzelt bricht Drentwetts verschmitzter Humor durch, wenn ein Frauenkopf die Zunge herausstreckt oder ein Türke seinen Krummsäbel hängen läßt.

Ein Problem besonderer Art bilden in allen Räumen die Heizkörper, die noch mehr wie die seinerzeitigen Majolikaöfen deplaziert sind. In den Fensternischen montiert, die einzige Möglichkeit, sie überhaupt unterzubringen, verdecken sie teilweise die bemalten Felder der Fensternischenverkleidung. Sie irgendwie unsichtbar zu machen, war eine zu lösende Aufgabe. Durch Anfertigung von Abdeckungen, die man den Lambris anpaßte, konnten die Heizkörper so verdeckt werden, daß sie erst bei genauerem Hinsehen erkennbar sind.

Die Wände des Blauen Salons zieren drei Gemälde österreichischer Herrscher: Franz II. (I.) (1792–1835), Josef II. (1780–1790), ein Original von N. Lampi d. Ä., und Leopold II. (1790–1792).

Bei festlichen Gelegenheiten erstrahlt der Salon im Glanz eines 120flammigen Lusters aus der Zeit Maria Theresias, der zusammen mit vier neunflammigen Wandkandelabern den Raum in ein feenhaftes Licht taucht.

GOLDKABINETT ODER SPIEGELZIMMER

Das Goldkabinett oder Spiegelzimmer, wie es früher genannt wurde, ist zweifellos der prunkvollste Raum in der ursprünglich als Paradezimmer bezeichneten Zimmerflucht, der prächtigste des ganzen Palais.

Der im Vergleich zu den Nachbarzimmern schmale Raum – er nimmt nur die Breite einer Fensterachse ein – ist eine Symphonie in Gold. Besonders jetzt nach der Restaurierung, da alle Teile in hellstem Glanz erstrahlen, geht von ihm eine Wirkung aus, die den Besucher buchstäblich den Atem anhalten läßt. Der herrlich suggestive Eindruck wird verstärkt durch die raffinierte Anordnung zweier gegenüberliegender Spiegel, die das in ihnen aufgefangene Bild bis ins Unendliche einander zuwerfen; auf diese Weise wird die Wirkung der verschiedenen Dekorationselemente vervielfacht. In diesem Meer von Gold nimmt man zunächst die mit Blumenmustern verzierten grünen Paneele der Wandverkleidung kaum zur Kenntnis, obwohl sie (oder vielmehr gerade weil sie) in dieser unerhörten Vielfalt dem Auge eine Rast gönnen.

DER SPIEGELEFFEKT

Neben dem optischen Effekt der beiden Spiegel (ein dritter befindet sich an der Schmalseite des Raumes) besticht vor allem die großartige Gestaltung der Decke. Von einem mit Schnitzdekorationen reichbestückten Gesimse steigt die flache Tonnenwölbung auf, die, ausgenommen die Aussparung für das Mittelgemälde, in ihrer ganzen Fläche mit einem phantastischen blattvergoldeten Schnitzwerk aus Lindenholz bedeckt ist.

Das Mittelgemälde, ein Ölbild in einem äußerst reichgeschnitzten vergoldeten Rahmen, ist dem Solimena Francesco, genannt L'Abbate Ciccio, zugeschrieben – ein rein dekoratives Motiv eines Füllhorns mit Blumen, das von Genien und Putten umschwebt ist. In den Eckmedaillons der Decke sind mythische Szenen aus dem Holz geschnitzt: Apollo und Marsyas, Perseus und Adromeda, Zeus als Stier Europa entführend und Perseus und Medusa sind hier dargestellt. Zahlreiche groteske Malereien ergänzen dieses Schnitzwerk, das in seiner Gesamtheit von unvergleichlicher Wirkung ist.

Einen weiteren Akzent setzt der schöne Marmorkamin an der einen Längsseite des Raumes unterhalb des Spiegels, der einzige von den vielen prächtigen offenen Kaminen des Palais, der erhalten blieb.

Wie schon erwähnt, benützte Prinz Eugen diesen Raum als Frühstückszimmer. Hier bekamen seine Besucher einen kleinen Imbiß oder den Kaffee und Süßigkeiten aus der eigenen Bäckerei serviert, der in dem kleinen Nebenraum (heute Hauskapelle) vorbereitet und durch eine mittels Verblendung zu verschließende Öffnung in der Wand durchgereicht wurde.

So schön sich auch das Goldkabinett präsentiert: von der ursprünglichen Einrichtung zur Zeit des Prinzen Eugen sind nur die Schnitzdecke und das Gesimse übriggeblieben. Und auch diese blieb nur auf Grund besonderer Umstände dem Haus erhalten.

DER WUNSCH DER KAISERIN

Nach dem Erwerb des Palais war Maria Theresia von dem Kabinett so angetan, daß sie verfügte, die Einrichtung zu demontieren und in eines ihrer Schlösser, in die Hofburg oder auch in das gerade umgebaute Schönbrunn, zu bringen. Dies scheiterte aus technischen Gründen: Die Dekoration der Decke, an Ort und Stelle aus Lindenholz geschnitzt, ist an manchen Stellen nur wenige Millimeter stark. Bei einer Abnahme wäre sie unwiederbringlich zerstört worden. So blieb die Decke an ihrem Platz.

Neue größere Veränderungen brachten dann die Umbauten nach 1752. Wie schon erwähnt, wurden Türen neu versetzt, die auf Wunsch Maria Theresias entfernte Wandverkleidung durch Teile aus anderen Räumen, vor allem aus der ehemaligen Galerie und dem Paradezimmer, ersetzt. Nach Adaptierung des Beistellraumes zur Hauskapelle wurde die Durchreiche durch ein etwas kleineres Fenster ersetzt, ober dem 1888 von Vernanbell ein Madonnenbild gemalt wurde. Fenster und Bild sind für gewöhnlich durch eine Blende verdeckt. Auch die gemalten Tapetenpaneele dürften aus der Zeit nach 1752 stammen, da die ursprünglichen die vier Erdteile und die vier Jahreszeiten darstellten.

Die Restaurierung 1970/71 korrigierte einige Sünden wider den Geist des Raumes, die früheren Bauherren, vor allem bei Pacassis etwas lieblosen Adaptierung des Gebäudes für Amtszwecke, unterlaufen waren. So wurde die Verkleidung der Fensternische aus

Teilstücken der ehemaligen Galerie zusammengefügt. Heute zeigt sich das Goldkabinett als ein Juwel barocker Innenarchitektur und ein Hymnus auf die Daseinsfreude im Zeitalter des Prinzen Eugen.

HAUSKAPELLE

Der unmittelbar hinter dem Goldkabinett liegende kleine Raum, zugänglich einerseits durch eine kleine Tapetentür vom Blauen Salon, anderseits durch eine nicht größere Tür von der Prunkstiege und einen Vorraum, wurde als die Hauskapelle des Prinzen Eugen bezeichnet. Zu Unrecht; denn, wie schon mehrfach erwähnt, verdankt sie ihre Existenz an dem heutigen Ort dem Umbau nach 1752. Die wirkliche Hauskapelle des Prinzen befand sich im Hintertrakt des Palais in seinen Privaträumen. Als diese zu Amtsstuben umgewandelt wurden, verlegte man die Einrichtung der Kapelle in das kleine Anrichtezimmer neben dem Goldkabinett. Die große Tür zum Blauen Salon wurde entfernt und an deren Stelle eine nur 50 cm breite Tapetentür eingebaut. Erst nach 1946 wurde diese auf die heutige Breite erweitert.
Die Wände sind mit Kaseinmalerei bedeckt, die nach Maltechnik und Motivenwahl ebenfalls der Zeit um 1752 entstammen dürfte. Geschickt in die spätbarocke Architekturmalerei einbezogen sind in beträchtlicher Höhe zwei Fenster, die zu einem kleinen Raum im Zwischenstock führen und wohl der Lüftung dienen sollten.
Der Altar stammt aus dem Vermächtnis des Prinzen und wurde am 20. Dezember 1712 dem hl. Valentin geweiht. Die Reliquie ist im Altarstein eingeschlossen und gesiegelt. Der Altar selbst ist in seinen einfachen, aber schwungvollen Formen ein Stückchen echten Barocks. Eine voll vergoldete Schnitzgruppe, das Letzte Abendmahl darstellend, ziert das Tabernakeltürchen. Links und rechts davon dienen zwei ebenfalls voll vergoldete Engelfiguren, ca. 30 cm hoch, als Kerzenhalter. Ein Empirekreuz, das Original ist leider nicht mehr vorhanden, krönt diesen Altar, der selbst in Weiß und Gold gehalten ist.
Das Altarbild, gleichfalls eine Kaseinmalerei, dessen Ausstrahlung durch eine dekorative Vergoldung des gemalten Bilderrahmens erhöht wird, zeigt Maria Magdalena vor dem Gekreuzigten kniend, das Kreuz umklammernd. Das Deckenbild stellt Engel in den Wolken schwebend, in der Mitte die Sonne Maria die Gottesmutter versinnbildlichend, dar. Mehrere gemalte Wandbilder zwischen spätbarocker Architekturmalerei ergänzen das Ganze.
Bemerkenswert der Fußboden, eine schöne Einlegearbeit aus drei verschiedenen Hölzern. Auch er wurde von der ehemaligen Hauskapelle übernommen.

SCHLACHTENBILDERSAAL (FRÜHER: GROSSER BIBLIOTHEKSSAAL)

Unter den Prunkräumen des Winterpalais hat wohl keiner ein so wechselvolles Schicksal hinter sich wie der Schlachtenbildersaal, der ehemalige Große Bibliothekssaal.
Wenn für die großen baulichen Veränderungen in den Räumen des älteren Teiles des Palais wohl ausschließlich Graf Königsegg-Erps und mit ihm der k. k. Hofarchitekt Paccassi verantwortlich zeichnen, wozu Maria Theresia ihre Zustimmung gab, ist für den Umbau des Bibliothekstraktes oder späteren „Kleinen Hauses" die Erbin Anna Victoria v. Hildburgshausen allein verantwortlich. Von ihr wurde hier ganze Arbeit geleistet. Keine Tür, keine Fensternischenverkleidung verblieb in diesen Räumen, die an die Zeit Eugens erinnert. Dies alles fiel dem Einbau des Zwischenstockes zum Opfer, nachdem ja vorher die Bibliothek entfernt wurde.
Interessant zu erwähnen ist, daß der Ankauf der Bibliothek dem Kaiserhaus teurer zu stehen kam als später das Palais, Schloß Belvedere und die beiden Marchfeldschlösser zusammen. Mußten doch für die Bibliothek auf Grund des Leibrentenvertrages insgesamt fl. 290.000 bezahlt werden, während die Liegenschaften für nur 180.000

Gulden ins Eigentum des Herrscherhauses übergingen, da die Fürstin schon zwei Jahre nach Vertragsabschluß starb und daher die vereinbarte Leibrente von fl. 15.000 nur zweimal ausgezahlt wurde.

Der Zwischenstock im „Kleinen Haus“ hielt sich fast 100 Jahre. Erst 1841 entfernte man ihn und ging daran, zumindest einen Teil des ursprünglichen Bibliothekstraktes wieder in Repräsentationsräume zu verwandeln. Aus dem Bibliothekssaal entstand, wie schon erwähnt, der dreifenstrige sogenannte Empire-Saal und, durch eine Holzwand von ihm getrennt, ein zweifenstriger Nebenraum. Um 1890 wurde dann der Empire-Saal als Tanzsaal eingerichtet und dementsprechend ausgestattet.

DIE SCHLACHTENBILDER KEHREN ZURÜCK

Bei der ersten kursorischen Restaurierung des Hauses anläßlich der Behebung der Bombenschäden 1946/47 hatte ein Unbekannter die glorreiche Idee, zur Schmückung des Saales die seinerzeit ins Depot des Kunsthistorischen Museums gewanderten Schlachtenbilder anzufordern, die zu Lebzeiten des Prinzen den Großen Saal geziert hatten.

Diese Bilder, von denen nicht bekannt ist, wo sie Maria Theresia nach deren Entfernung aus dem „Großen Saal“ des Palais anbringen ließ, die 1805 von den Franzosen requiriert wurden, im Louvre in Paris ausgestellt waren und erst nach 1815 wieder in das Kunsthistorische Museum zurückkehrten, konnten keine bessere Verwendung finden.

Die mehr als 4 m hohen Bilder, deren größtes, die Einnahme von Turin, mehr als 6 m breit ist, stellen in der Reihenfolge der heutigen Anbringung (die mit der ursprünglichen im Großen Saal nicht übereinstimmt) folgende Schlachtensiege des Prinzen Eugen in den Türkenkriegen (Zenta, Belgrad) und im Spanischen Erbfolgekrieg (alle übrigen) dar: Cassano (1705) – Belgrad (1717) – Zenta (1697) – Turin (1706) – Oudenaarde (1708) – Höchstädt/Blenheim (1704) und Malplaquet (1709).

Mindestens sechs dieser Bilder sind das Werk des französischen Malers Ignace Jacques Parrocel (1667–1722). Sie entstanden vor 1711, da sie bereits in Berichten aus dieser Zeit zitiert werden. Ob das siebente Bild, die Schlacht bei Belgrad, vom gleichen Maler stammt, der vor seinem Tode längere Zeit krank gewesen sein soll, ist strittig. Wenn auch den anderen gut angepaßt, scheint es doch das Werk eines anderen Meisters zu sein.

DIE SCHLACHT VON TURIN

Den Raum dominiert das in seinen Dimensionen gewaltige Bild der Schlacht um Turin. Parrocel ist ein Schlachtenmaler der guten alten Schule; ihm geht es nicht um dramatische Schürzung des Konflikts, um das Herausgreifen entscheidender Momente; er entwirft einen totalen, in seiner Akribie fast behäbigen Prospekt der Ereignisse, aus dem der Beschauer den Ablauf der Ereignisse ablesen kann – im Prinzip die gleiche Methode, die schon 700 Jahre vorher die Normannengräfin Mathilde bei ihrer Tapisserie von Bayeux anwandte; eine Art Wochenschau, wenn man will. Man kann tatsächlich Stunden vor diesem Gemälde mit seinen vielen hundert Akteuren verbringen und sich immer wieder an köstlichen Details ergötzen. Eines der berühmtesten hat ein unbekannter Restaurator geliefert. Ergrimmt, so geht die Fama, ob des geringen Lohnes für seine verantwortungsvolle Tätigkeit, setzte er einen kaiserlichen Meldereiter, der in der Bildmitte von einem feindlichen Reitertrupp verfolgt wird, auf ein – Fahrrad.

Verständlicherweise ist die Dekoration des Saales völlig den Gemälden untergeordnet und dient nur dazu, sie am besten zur Geltung zu bringen. Zu erwähnen seien nur noch zwei Supraporten, die eine ein Brustbild des Prinzen Eugen, die andere, ebenfalls ein Brustbild, stellt Feldmarschall Graf Raimund Montecuccoli dar, Türkensieger (1664, St. Gotthard an der Raab), Präsident des Hofkriegsrats – in beidem also ein Vorgänger des Prinzen Eugen – und fruchtbarer Militärschriftsteller.

(Ausgerechnet der Satz aber, der ihn, mehr als seine militärischen Leistungen,

unsterblich gemacht hat: „Zum Kriegführen braucht man Geld, nochmals Geld und abermals Geld" – stammt nicht von ihm.)
Der anschließende Raum, der wegen der Farbe seiner Tapeten so benannte Grüne Salon, war, wie schon erwähnt, einst Teil des Großen Bibliothekssaals. Der nach 1890 angebrachte Deckenstuck ist nicht, wie im benachbarten Schlachtenbildersaal, blattvergoldet, sondern wurde in zwei Farbtönen neu übermalt – wohl in der richtigen und vernünftigen Erwägung, daß in einem Raum, der ansonsten keine innenarchitektonischen Akzente aufweist, die modellgetreue Nachschaffung einer neobarocken Stuckdecke – ihrerseits bereits eine Schöpfung aus zweiter Hand – den Aufwand nicht unbedingt lohne.
An den Wänden hängen vier lebensgroße Ölbilder (von links nach rechts): Kaiser Leopold I. (1658–1705), den der Prinz seinen „Vater" nannte; Kaiser Karl VI. (1711–1740), der ihm der „Herr" war, ein Gemälde von Auerbach aus dem Jahre 1720, das sich früher einmal im Tafelzimmer befunden haben dürfte. (Das Porträt Kaiser Josefs I., 1705–1711, des „Bruders" des Prinzen, hängt im Roten Salon.) Die anderen beiden Bilder sind Kopien: Maria Theresia (1740–1780) und Prinz Eugen selbst im Goldspangenharnisch, dessen Original wohl auch von Auerbach stammt. Einziger weiterer Wandschmuck ist eine hübsche Uhr in der Manier Boulles, auch sie eine Kopie aus dem 19. Jahrhundert.

PRÄSIDIALSITZUNGSSAAL

Aus dem Grünen Salon tritt man in den Präsidialsitzungssaal, einst der Zweite Bibliothekssaal. Der geräumige Saal, von dessen ursprünglicher Einrichtung überhaupt nichts erhalten war, erhielt eine gefällige Ausstattung durch den Einbau einer Wandvertäfelung aus 102 Tafeln, die von Fensterläden aus der ehemaligen Galerie stammen und mit Grotesken von Jonas Drentwett geschmückt sind. Damit ist auch dieser Raum mit Kunstwerken geziert, die einst der Bauherr dieses Palais in Auftrag gegeben hat.
Damit ist der Rundgang durch die Prunkräume beendet. Zum Schluß sei noch zu erwähnen, daß heute in den ehemaligen Privaträumen des Prinzen Büroräume sind. So ist das ehemalige Tafelzimmer zum Arbeitszimmer des Präsidialchefs umfunktioniert worden, im Schlaf- und Sterbezimmer des Prinzen ist die Präsidialkanzlei untergebracht, und in der ehemaligen Hauskapelle hat der Leiter dieser Kanzlei seinen Arbeitsraum.

BEPPO MAUHART

Die Prunkräume heute

Schlachtenbildersaal – Darstellungen des Ruhms des siegreichen Hausherrn. Den Raum beherrschend die Schlacht bei Turin: Weite Landschaft, militärische Formationen, Soldaten zu Fuß und zu Pferd, Kämpfende, Verwundete, Tote. Inmitten des kriegerischen Getümmels, auf staubiger Landstraße, ein einsamer Radfahrer: humorvolle Rache eines (angeblich schlecht behandelten) Restaurators. Das war um 1920. Zwischen 1967 und 1973 wurden die Schlachtenbilder neuerlich renoviert – einschließlich des anachronistischen Radfahrers – und mit ihnen die gesamte barocke Üppigkeit der Prunkräume des prinzlichen Winterpalais.
Die Renovierung war eine Sache, die wiedererstandene Pracht mit Leben zu erfüllen und dieses architektonische Monument autoritär-feudalistischer Gesinnung der Öffentlichkeit zugänglich zu machen, eine andere.

Schließlich sind die Prunkräume auch Amtsräume. Und Amtsräume sind im demokratischen Österreich noch immer besonders zu respektierende Räumlichkeiten. Sie strahlen die Macht der Obrigkeit aus, sind unter besonderen Umständen oder mit besonderer Genehmigung, aber auf alle Fälle in besonderer Haltung zu betreten. Am besten ehrfurchtsvoll, demütig, untertänig.

In die Himmelpfortgasse ist dieser Geist nicht wieder zurückgekehrt. Nach Vollendung der Renovierung sind die Prunkräume beides geworden: Amtsräume und der Öffentlichkeit zugängliche Zeugnisse barocker Baukunst.

Neben der Nutzung der Prunkräume für Empfänge, Pressekonferenzen, internationale Verhandlungen und Vertragsunterzeichnungen sind es vor allem kulturelle Veranstaltungen, die den amtlichen Rahmen sprengen.

Allerdings, die erste dieser Veranstaltungen galt dem Gedenken an einen Finanzbeamten: Franz Grillparzer. Seines 100. Todestages erinnerte sich 1972 das literarische Österreich. Für die Beamten in der Himmelpfortgasse war dies ein würdiger Anlaß, ihres berühmtesten Kollegen, des einzigen Klassikers unter den Hofräten der Finanzverwaltung, zu gedenken.

Es wurde ein Fest. Finanzbeamte spielten Auszüge aus Grillparzers Dramen, Finanzbeamte musizierten Feierliches, der Finanzminister persönlich sprach Worte des Gedenkens.

Spätestens seit dieser Feierstunde sind Begriffe wie Finanzverwaltung und die Pflege schöner Künste keine Gegensätze mehr – zumindest nicht im Barockpalais in der Himmelpfortgasse in Wien.

Seit dieser Zeit gibt es regelmäßig Begegnungen mit Literatur, Musik und bildenden Künsten, aber auch „Konfrontationen".

KONFRONTATIONEN

„Konfrontationen" – zum erstenmal gewagt mit der Meisterklasse Prof. Hausner – bieten jedes Jahr jungen Künstlern das Abenteuer der Auseinandersetzung mit anerkannten Kunstbegriffen.

Im Vorwort zum Katalog der „Konfrontationen" der Klasse für Aktzeichner an der Hochschule für angewandte Kunst formuliert Adolf Frohner, Akademieprofessor und selbst einer der Wortführer zeitgenössischer Kunst, Ausgangspunkt und Ziel dieser ungewöhnlichen Ausstellungen folgendermaßen:

„Konfrontationen geschehen ständig. Die meisten sind und werden uns nicht bewußt. Das hier ist eine bewußte Konfrontation. Zwanzig junge Künstler stellen sich der Öffentlichkeit, sind sich der Schwierigkeiten bewußt, die ihre Versuche, ein Menschenbild herzustellen, bedeuten. Fast alle treten mit den hier gezeigten Arbeiten zum ersten Mal in die Öffentlichkeit; in eine Öffentlichkeit, die sie nicht gerufen hat, die in den Spiegel nicht zur Kontrolle blickt, sondern sich darin schön und angenehm widergespiegelt sehen möchte. Zwanzig Künstler nehmen die Herausforderung zu Konfrontation untereinander aber auch mit der Architektur auf. In diesen Räumen, wo Pracht zugleich Macht bedeutete und in denen das ‚L'état c'est moi' gleichsam noch stumm in der Luft hängt, wurde gar nicht versucht, eine Vermittlung zu finden. Der Versuch einer Anpassung oder auch nur einer friedlichen Koexistenz könnte nur als Vorwand benützt werden (und wird es in Wien ja auch), durch eine Auseinandersetzung der jetzigen mit den damaligen Künstlern unserer Gesellschaft und unserer Wirklichkeit den Rücken zuzukehren."

Aber nicht nur Meisterklassen der beiden Wiener Akademien (Hausner, Frohner, Unger, Hutter) wagten sich mit ihren Arbeiten in „das großartige Bauwerk, das mit seinen Räumen und mit seinem Dekor eine wunderschöne Apotheose der Macht seines Bauherrn" ist (Rudolf Hausner).

Wesentlichen, wichtigen und formenden Elementen der österreichischen Kunstszene, dem Forum Stadtpark Graz oder der Hochschule für künstlerisches und industrielles

Gestalten in Linz, bot die Himmelpfortgasse prunkvollen Rahmen für umfassende Erstpräsentationen in der Bundeshauptstadt. Gegensätzlichkeit ist der Inhalt der künstlerischen „Konfrontationen", Harmonie mit der architektonischen Umgebung das Besondere einer anderen, zweimal jährlich stattfindenden Veranstaltung „Hausmusik bei Prinz Eugen".

Österreichs berühmtester und erfolgreichster „Gastarbeiter" hatte ein inniges Verhältnis zur Musik und zum Musikschaffen seiner Zeit. In seinen Diensten stand zum Beispiel ein Lautenist, dessen Kompositionen, in diesem Jahrzehnt wiederentdeckt, am ersten Abend der „Hausmusik bei Prinz Eugen" ihre Uraufführung erlebten. Mit dieser „Hausmusik bei Prinz Eugen" wurde eine musikgeschichtliche Initiative ergriffen.

HAUSMUSIK BEI PRINZ EUGEN

Es ist allgemein bekannt, daß Prinz Eugen ein Förderer der schönen Künste war. Man verstand und versteht aber allgemein darunter, daß er sich insbesondere der Architektur, der Plastik und der Malerei angenommen hat. Das Palais in der Himmelpfortgasse, das Schloß Belvedere und das Jagdschloß im Marchfeld sind eindrucksvolle Zeugen des Verhältnisses des Feldherrn zur imperialen Baukunst seiner Zeit. Kaum bekannt war bislang seine Beziehung zur Musik. Prinz-Eugen-Forscher taten dieses Thema bisher mit dem Hinweis ab, der Feldherr sei zu ernst und zu intellektuell gewesen, um Freude an der Musik zu haben. Ausgehend von den Hausmusikabenden in der Himmelpfortgasse, die in enger Zusammenarbeit mit dem Institut für österreichische Musikdokumentation gestaltet werden, wird nunmehr diese Facette im Leben des Prinzen wissenschaftlich erforscht. Erste Ergebnisse sind in einer musikwissenschaftlichen Dissertation von Elisabeth Maier zu finden. Im Zuge dieser Arbeit wurden auch die vorhin erwähnten Kompositionen des Lautenisten Saint Luc wiederentdeckt.

Inzwischen wurde die Programmpalette um viele musikalische Kostbarkeiten aus verschiedenen Epochen bis zur Musik unserer Zeit erweitert. Interpreten sind durchwegs – so wie bei den „Konfrontationen" – junge, noch nicht etablierte Künstler.

„Konfrontationen" und „Hausmusik bei Prinz Eugen" sind die Anlässe, die das Palais in der Himmelpfortgasse für jedermann öffnen. Daß beide trotz dieser sinnvollen Konzeption und trotz des großen Erfolges immer wieder auf kleinkarierte Kritik stießen und stoßen, gehört offensichtlich zu den Spezialitäten des Landes. Daß sich der zuständige Minister dadurch nicht irritieren ließ, wird hier in aller Zurückhaltung festgehalten und begrüßt. Über diese öffentlichen Initiativen hinaus gibt es noch eine Veranstaltungsserie, die man als halboffiziell bewerten könnte: Beamte spielen für Beamte.

WEITERE KULTURELLE VERANSTALTUNGEN

Zwischen „Konfrontationen" und „Hausmusik" gestaltet das Kulturreferat des Dienststellenausschusses beim Bundesministerium für Finanzen ein reichhaltiges kulturelles Programm, vor allem Literaturabende und Kammermusik. Das Besondere daran: Programmgestalter, Vortragende, Schauspieler, Dirigenten, Musiker sind hauptberuflich ausnahmslos Beamte des Finanzministeriums.

Es ist eben so, Finanzverwaltung, Finanzbeamte und die Pflege schöner Künste sind nicht unvereinbar. Diese Tradition knüpft an die Zeit der Entstehung des Palais an. Waren es damals aber die Herrschenden, die zu den ausübenden Musikern gehörten, so kommen heute Menschen, die in den alten ehrwürdigen Räumen arbeiten, nach Dienstschluß zusammen, um das Haus zu dem zu machen, was es unter seinem ersten Besitzer, dem Prinzen Eugen, war: ein Ort der Arbeit, eine Stätte der Repräsentation und ein Heim für die Künste.

III DAS AMT

HERBERT MATIS / KARL BACHINGER

Vom k.k. Finanzministerium zum Bundesministerium für Finanzen 1848–1978

Das Jahr 1848 markiert nicht nur in der politischen und sozialen Entwicklung Österreichs eine wichtige Zäsur, sondern bedeutet auch für die Geschichte der österreichischen Finanzverwaltung einen bedeutsamen Einschnitt. Im Revolutionsjahr (dessen spektakuläre Ereignisse das damalige Kaisertum Österreich seiner Auflösung nahebrachten, indem sie den Bestand der Dynastie gefährdeten, die dieses wohl komplizierteste Staatswesen Europas letztlich zusammenhielt) fand das neu errichtete Finanzministerium im ehemaligen Winterpalais des Prinzen Eugen seine neue Heimstätte. Seither ist die „Himmelpfortgasse" ein Begriff mit besonderem Genius loci geworden; Ort und Funktion sind dermaßen ineinander aufgegangen, wie dies in Österreich wohl nur noch im „Ballhausplatz" eine Parallele findet. Viele für die Entwicklung der österreichischen Wirtschaft bedeutende Entscheidungen sind in den letzten 130 Jahren innerhalb seiner Mauern gefallen, denn die österreichische Wirtschaftspolitik war seit jeher in ganz besonderem Maße Finanzpolitik, und der jeweilige Finanzminister bestimmte stets auch ganz wesentlich den Kurs der gesamten Wirtschaftspolitik.

Die Geschichte sowohl der „Himmelpfortgasse" als auch die Geschichte jener Männer, die während dieser Zeit an der Spitze des Finanzressorts standen und in diesem Gebäude wirkten, deckt daher einen Gutteil der Wirtschafts- und Sozialgeschichte der letzten 130 Jahre ab, einer Epoche, die von einem rasanten politischen, sozialen und wirtschaftlichen Wandel gekennzeichnet war. Heute scheint uns vieles von der Zeit und den Problemen dieser vergangenen Generationen zu trennen, manche Fragen wiederholen sich jedoch im Verlaufe der historischen Entwicklung. Gewisse Grundprobleme jeder Finanzpolitik, wie Staatshaushalt, Strukturpolitik, Staatskredit, Defizit und Konjunktursteuerung erscheinen unter dem Aspekt langzeitlicher Perspektiven daher immer wieder auch durchaus relevant für die Gegenwart, und es kommt sicher nicht von ungefähr, daß „Staat" und „Etat" zunächst als synonyme Begriffe verwendet wurden.

Finanzpolitik im Vielvölkerstaat 1848–1918

Neoabsolutismus und Defizitwirtschaft

STAAT, WIRTSCHAFT UND FINANZEN

„Der unmittelbar formende Einfluß der Finanzbedürfnisse und der Finanzpolitik der Staaten weiter auf die Entwicklung der Volkswirtschaft und damit auf alle Lebensformen und Kulturinhalte erklärt in manchen Geschichtsperioden so ziemlich alle großen Züge der Dinge", diese Worte Joseph Schumpeters, einer der größten österreichischen Nationalökonomen (und späterer Finanzminister), machen die enge Verbindung von Staat, Finanzen und Wirtschaft deutlich, die so wesentlich die Signatur des alten Österreich bestimmte.

WIRTSCHAFTLICHE HINTERGRÜNDE DER REVOLUTION 1848

Die engen Zusammenhänge von sozioökonomischer Entwicklung und gesellschaftlich-politischer Bewegung waren schon an Hand der Ereignisse des Jahres 1848 offenkundig; die wirtschaftlichen Hintergründe der Revolution blieben auch den Leitern der österreichischen Politik nicht verborgen, deren zähes Festhalten an überkommenen Einrichtungen und Traditionen und deren antireformerischer Kurs und durch und durch konservative Politik während des Vormärz dafür mit verantwortlich waren, daß das Habsburgerreich in seiner ökonomischen Entwicklung gegenüber den westeuropäischen Industrienationen zurückblieb. Denn der Grundcharakter Österreichs blieb agrarisch, und gerade auf diesem Sektor bestand auch ein ungelöstes, wenngleich gravierendes soziales Problem: Einer modernen rationellen Landwirtschaft wie auch einer freien Gewerbeausübung standen historisch bedingte, zum Teil noch auf ständische Institutionen zurückgehende Hindernisse entgegen; sie zu beseitigen war eine Aufgabe der Stunde. Aber auch die Frage der Zollpolitik, in der ein Ausgleich für die verschiedensten divergierenden wirtschaftlichen und nationalen Interessen gefunden werden sollte, die Regelung des Verhältnisses zum Deutschen Zollverein, mit dem man sich seit 1834 vergeblich um ein Arrangement bemüht hatte, vor allem jedoch die schier ausweglos erscheinende Situation der Staatsfinanzen waren Probleme, die noch einer Lösung harrten.

DIE GRÜNDERJAHRE DER INDUSTRIE

Die 1850er Jahre sollten zu einer ersten industriellen Gründerepoche großen Stils werden, sie brachten ein vehementes Vordringen bürgerlich-individualistischen Unternehmertums und die Entfaltung bisher ungeahnter Arbeitsenergien. Das heraufdämmernde Zeitalter des Hochkapitalismus mit seiner zunehmenden Ökonomisierung des öffentlichen Lebens ließ neue wirtschaftliche Organisationsformen und neue Finanzierungstechniken entstehen. Es war begleitet von einer neuen Weltpolitik, der Hochblüte des Kolonialismus, der Ausbreitung europäischer Wissenschaft und Technik über die ganze Erde und dem Übergang zum Dampfbetrieb und zur Großproduktion. Im Verlauf des Jahrzehnts nach 1848 gelangte die Maschinenindustrie auf der Basis von Eisen und Kohle zum Durchbruch. Der Ausbau von Verkehrseinrichtungen wie Eisenbahnen, Straßen, Kanälen und Telegraphenlinien wurde stark vorangetrieben. Die Agrarwirtschaft wandte sich rationellen Betriebs- und maschinellen Produktionsmethoden zu. Die beengenden Mauern der mittelalterlichen Städte fielen, und die Kommunaleinrichtungen erhielten moderne Züge. Die gesteigerte Nachfrage nach Nahrung, Bekleidung, Transportmitteln und Rüstungserzeugnissen wirkte zurück auf die Urproduktion und die Veredelungsindustrie;

sie bewirkte auch eine Ausweitung der gesamten weltwirtschaftlichen Beziehungen. Der Einbruch der neuen Zeit war auch in Österreich einfach zu tiefgreifend, als daß man an eine unbedingte Rückkehr zu den Maximen des Vormärz ernstlich hätte denken können; ja, verschiedene Forderungen der Revolution wurden erst während des ersten, neoabsolutistischen Regierungsabschnittes Kaiser Franz Josephs in die Realität umgesetzt. Das neue Regime verharrte zwar in der Abhängigkeit traditioneller monarchischer Interessen, verstand sich primär als „Garant von Ruhe und Ordnung", jedoch beschritt die Verwaltung konsequent den Weg der inneren Reform. In dem Maße, in dem der sich als institutionelle Verkörperung des „Obrigkeitsstaates" präsentierende Neoabsolutismus die Staatsbürger von der Regierungsgewalt fernhielt und die Gewährung verfassungsrechtlicher Wünsche verweigerte, sah er sich auf der anderen Seite genötigt, die Einbußen an politischer Freiheit durch „Beförderung der äußeren Wohlfahrt" zu ersetzen. Gleichsam in Form einer Revolution von oben wurden in Verwaltung, Justiz, Finanz- und Bildungswesen und in weiten Bereichen der Wirtschaft die Grundlagen für den Neubau des Staatswesens geschaffen und damit die Basis für die weitere Entwicklung gelegt.

DIE NEUE ZEIT UND DER NEOABSOLUTISMUS

Die damals herrschende Bürokratie – und in diesem Zusammenhang ist es von Bedeutung, daß nahezu auch sämtliche Finanzminister des alten Österreich aus dem Beamtenstand gekommen sind – suchte dem Großmachtanspruch des Reiches auch wirtschaftlich zu entsprechen. Ihren Hauptgegner erblickten diese „Spätjosephiner" einerseits in den überkommenen traditionalen Institutionen des partikularistischen Ständestaates und andererseits in dem auf nationale Selbständigkeit abzielenden föderalistischen Separatismus. Nach Niederschlagung der 1848er Revolution konnten sie darangehen, unter Wiederaufnahme josephinischer Pläne auf zentralistischer Grundlage ein einheitliches Zoll- und Wirtschaftsgebiet der Monarchie zu schaffen, 1851 auch das Prohibitivzollsystem aufzuheben und darüber hinaus den politischen Machtanspruch im Deutschen Bund auch mit wirtschaftlichen Hegemonieplänen im Deutschen Zollverein zu verbinden. Gleichzeitig schuf der Staat die legistisch-administrativen Rahmenbedingungen für einen sich auf privatwirtschaftlicher Basis vollziehenden wirtschaftlichen Aufschwung des Vielvölkerreiches. Der Staat begünstigte sowohl die private Unternehmertätigkeit als auch die volkswirtschaftlich so bedeutsame Zusammenfassung des zersplitterten Sparkapitals durch neue Kreditinstitute, darunter der 1855 ins Leben gerufene Credit-Anstalt für Handel und Gewerbe, die zu einem die wirtschaftliche Dynamik in der Folge stark beeinflussenden Finanzierungsinstrument ausgebaut wurde.

DIE SPÄTJOSEPHINER

Die Wirtschaftspolitik dieser Zeit verfolgte zwei große Ziele: die Integration nach innen und nach außen sowie den Aufbau eines homogenen Wirtschaftsgebietes der Monarchie als Vorstufe zu einer mitteleuropäischen Zollunion und Wirtschaftsgemeinschaft. Das Fallen der Zwischenzollinie zwischen Österreich und Ungarn 1851 und der Übergang zu einer gemäßigt schutzzöllnerischen Tarifgesetzgebung waren nur der Auftakt zu dem visionären Plan eines „Reiches der 70 Millionen", den der damalige Handels- und spätere Finanzminister Karl Ludwig von Bruck in einer vielbeachteten Denkschrift niederlegte. Ministerpräsident Fürst Felix Schwarzenberg machte diese Idee als wirtschaftliche Variante seiner allgemeinen außenpolitischen Strategie zu seinem ureigensten Anliegen, indem er ein Groß-Österreich als „Führungsmacht eines österreichisch-deutsch bestimmten Mitteleuropa" (H. v. Srbik) anstrebte. In Verfolgung seines Konzepts verstand er es, die in den deutschen Klein- und Mittelstaaten gegen Preußen gerichteten Antipathien und die süddeutschen Schutzzollbestrebungen zu nützen. Wenngleich die österreichischen Initiativen schließlich scheiterten, so waren doch die in diesem Zusammenhang getroffenen flankierenden Maßnahmen bedeutend, wie der deutsch-österreichische

WIRTSCHAFTSPOLITISCHE ZIELE

Postverein 1850, die Münzunion mit dem Deutschen Zollverein und Liechtenstein 1857 und das gemeinsame Handelsgesetzbuch 1862.

Der im Februar des Jahres 1853 zwischen dem Deutschen Zollverein und dem Kaisertum Österreich abgeschlossene Handelsvertrag entsprach zwar nicht voll den österreichischen Wünschen, wirkte sich zunächst dennoch durchaus günstig aus. Die gegenseitige Meistbegünstigungsklausel und der Ausbau des österreichisch-deutschen Zwischenverkehrs mittels Präferenzzöllen konnten wenigstens teilweise über das Scheitern der Mitteleuropapläne hinwegtrösten. Auf diese Weise blieb zumindest grundsätzlich der Weg zu einer späteren Zollunion mit gemeinsamen Außenzöllen offen. Die Österreich in diesem Vertrag eingeräumten Vorteile sollten allerdings nach 1862 schwinden, als zunächst Preußen mit Frankreich einen liberalen Freihandelsvertrag abschloß, dem nach und nach die meisten deutschen Staaten beitraten. Damit war der Kampf um die wirtschaftliche Vorherrschaft in Mitteleuropa im kleindeutschen Sinne entschieden, und das „ökonomische Königgrätz“ bereits vor der militärisch-politischen Niederlage von 1866 besiegelt.

In ihren Bemühungen um Bundesgenossen für ihre Deutschlandpolitik war die Position der österreichischen Regierung vor allem durch die mißliche staatsfinanzielle Lage beeinträchtigt. Die österreichische Finanzpolitik stand in den beiden Dezennien nach 1848 vor der großen Aufgabe, das chronische Defizit im Staatshaushalt, die Quelle einer ungeheuren Staatsverschuldung, abzubauen. Alle Bemühungen, hier einen Wandel zu schaffen, scheiterten jedoch immer wieder, und zwar weniger infolge einer seit der Wirtschaftskrise von 1857 andauernden Depression, sondern vor allem und zum Großteil als Folge der unglücklichen auswärtigen Politik des Vielvölkerreiches. Denn das charakteristische Merkmal der ersten beiden Regierungsabschnitte des 1848 an die Regierung gelangten neuen Monarchen, Kaiser Franz Joseph I., war eine Reihe von kriegerischen Verwicklungen, welche nicht nur den Staatssäckel immer wieder belasteten, sondern auch erhebliche territoriale Verluste nach sich zogen. In der Finanzgeschichte ist daher die Zeit von 1848 bis 1867 auch als die „Ära der Defizitwirtschaft“ bekannt geworden; die Revolutionsereignisse 1848/49, die bewaffnete Neutralität während des Krimkrieges 1854, der Krieg in Italien 1859 und der österreichisch-preußisch-italienische Krieg von 1866 stürzten den Staatshaushalt immer wieder in Unordnung.

DEFIZIT IM STAATSHAUSHALT

DIE ÄRA DER DEFIZITWIRTSCHAFT

Nach den Worten des Marschalls Montecuccoli sind zum Kriegführen stets drei Dinge nötig: „Geld, Geld und nochmals Geld“ – an dieses Bonmot fühlt man sich erinnert, wenn man die Finanzgeschichte der zweiten Hälfte des 19. Jahrhunderts betrachtet. Weil der Staat zur Kriegsführung immer bedeutendere Mittel benötigte, schritt der Finanzminister zu immer neuen Finanzierungsmethoden, die den Abbau des chronischen Defizits vereitelten. Die inneren politischen Wirren und der Krieg in Ungarn und Oberitalien hatten die Regierung bereits im Mai 1848 genötigt, einen staatlichen Zwangskurs auf die im Umlauf befindlichen Banknoten einzuführen und deren Einlösung in Silber zu unterbinden. Dieser Notenzwangskurs wurde in der Folge beibehalten und auch in den fünfzig Friedensjahren nach 1866, trotz verschiedener wirtschaftlicher Aufschwungperioden, faktisch bis zum Ende der Monarchie nicht aufgehoben. Die Finanzierung der laufenden Staatsausgaben über die Notenpresse war allerdings nur ein Weg, wenngleich von allen möglichen Wegen der bedenklichste.

Immer neue Anforderungen an den Staat führten zu einer ständigen Erhöhung der Ausgaben, und so kam es, daß man sich verstärkt um die Erschließung neuer Einnahmequellen bemühte. So wurden 1849 die österreichischen Steuergesetze und das Katasterwesen auch auf Ungarn ausgedehnt, gleichzeitig erfolgte auch eine Reform der Einkommensteuer, und 1850 wurde eine allgemeine Erhöhung der

NEUE STEUERQUELLEN

Gebühren sowie der Erbschafts- und Schenkungssteuern durchgeführt. Diese steuerlichen Maßnahmen brachten wohl insgesamt eine Einnahmesteigerung, gleichzeitig aber stiegen auch die Ausgaben entsprechend, so daß das Defizit ungeschmälert erhalten blieb. Große militärische Anforderungen auf der einen Seite und die Bemühungen der Finanzverwaltung um die Erschließung neuer Einnahmequellen auf der anderen Seite führten zu einer stetigen Ausweitung des Budgets. So stiegen die Einnahmen des Fiskus zwar von 152 Millionen im Jahr 1848 auf 503 Millionen Gulden im Jahr 1859, gleichzeitig aber auch die Ausgaben von 244 auf 588 Millionen Gulden. Das höchste Defizit dieser Ära fiel auf 1854 (157 Millionen Gulden). Bei all diesen Defiziten handelte es sich allerdings nicht schlechthin um bloße Deckungslücken im Haushalt, die mittels Krediten geschlossen wurden, sondern diese Fehlbeträge wurden im wesentlichen durch Währungsmanipulation und Geldschöpfung der Notenbank aufgebracht. Die Staatsverwaltung, obwohl sie ständig das Gegenteil versprach und sich zur Täuschung der Öffentlichkeit höchst subtiler Verfahren bediente, fiel immer wieder in diese Praktiken zurück.

WÄHRUNGSSANIERUNG, ABER WIE?

Abgesehen von der kurzen Periode des Staatspapiergeldes von 1847 bis 1854 bestand das Hauptproblem der Finanzpolitik darin, diese Staatsschuld an die Notenbank wieder zu tilgen und damit klare monetäre Verhältnisse zu schaffen. Deshalb versuchten auch sämtliche Finanzminister, die mit Zwangskurs versehenen Banknoten, deren Bedeckung in offenen Forderungen der Notenbank an den Staat bestand, wiederum einzulösen; in diese Richtung bemühten sich mit wechselndem Erfolg vor allem die Finanzminister Bruck 1855 und Plener 1862/63. Infolge der erneut ausbrechenden kriegerischen Verwicklungen sollte jedoch beiden kein dauernder Erfolg beschieden sein; vielmehr traten 1866 neben die Banknoten der Nationalbank noch die sogenannten Staatsnoten, ein ebenfalls mit Zwangskurs versehenes Staatspapiergeld, das eine bedeutende Umlaufhöhe erreichte und die Währungssanierung auf Jahre hinausschob.

DAS SILBER-AGIO

Die aus der fehlenden Notendeckung und der laufenden Emission neuen Staatspapiergeldes resultierenden unsicheren Währungsverhältnisse führten dazu, daß in Österreich auf die Silbermünze bis 1878 ein Aufgeld bestand. Dieses Agio war ein getreues Spiegelbild sowohl der Vorgänge in den Staatsfinanzen und in der Geldpolitik, als auch ein Barometer der wirtschaftlichen und politischen Ereignisse: Ein Steigen des Silberagios bei sonst gleichbleibenden Verhältnissen brachte eine Senkung des österreichischen Preisniveaus im Vergleich zum Ausland, so daß die ausländischen Waren teurer zu kaufen waren; ein Fallen des Agios hatte die umgekehrten Folgen. Angesichts der dauernden Schwankung des Geldwertes, bei gleichzeitiger Tendenz zur progressiven Entwertung der österreichischen Währung, empfing solcherart die heimische Exportindustrie eine nicht unerhebliche Ausfuhrprämie. Andererseits bedeutete die gleichzeitige Verteuerung der ausländischen Waren einen gewissen Schutz der heimischen Industrie vor fremder Konkurrenz. Bedenklich war allerdings das spekulative Moment, dem sich auch der seriöse Handel nicht entziehen konnte – jedem Geschäft wurde der Charakter der Devisenspekulation aufgedrückt.

Die dauernden Schwankungen des Agios waren ein deutliches Anzeichen dafür, daß man mit der Regulierung des Geldvolumens weder den Ausgleich der Zahlungsbilanz noch die Stabilisierung des Preisniveaus anstrebte. Die Währungspolitik konzentrierte sich vielmehr in erster Linie auf die Erzielung eines befriedigenden Deckungsverhältnisses, und dieses sah man vor allem durch den Staatskredit gefährdet. Die Zerrüttung des Geldwesens und der öffentlichen Finanzen wurde als das Haupthindernis jeder ruhigen und gedeihlichen ökonomischen Entwicklung angesehen.

Das Defizit im Staatshaushalt erreichte bezeichnenderweise seine höchsten Werte in den Kriegsjahren 1849, 1854, 1859 und 1866 und bewegte sich dabei zwischen 153 und 292 Millionen Gulden oder 29 bis 51% der gesamten Ausgaben; selbst der niedrigste Abgang während dieser Periode, der des Jahres 1860, betrug mehr als 49 Millionen Gulden oder 10% der Ausgaben. Da der österreichische Staatshaushalt praktisch ständig mit einem Defizit abschloß, mußte die Finanzverwaltung in ungewöhnlichem Maße den Kreditweg in Anspruch nehmen. Die Staatsschuld stieg im Zeitraum 1848 bis 1867 von 944 Millionen auf 3 Milliarden Gulden, also um mehr als das Dreifache, wobei auch hier wiederum die stärksten Steigerungen der Staatsverschuldung im Zusammenhang mit den Kriegsereignissen standen.

DIE STAATSSCHULD STEIGT

Die wichtigste Quelle der laufenden Einnahmen des Staates waren die Steuern, die bereits im Vormärz rund 89% der Aktiva ausmachten. Während in der Periode von 1848 bis 1854 die Finanzverwaltung den Weg einer Ausweitung der Staatsschuld und der Währungsmanipulation beschritt, wurde nachher verstärkt versucht, dem Staat einerseits neue Einnahmequellen zu erschließen und andererseits die Ausgaben entsprechend zu reduzieren. An Stelle der Rückgriffe auf die Währung wurde nunmehr der Anleiheweg im In- und Ausland stärker in Anspruch genommen bzw. das Defizit mit Hilfe von Staatsgüterveräußerungen auszugleichen versucht. Durch diese staatlichen Anleiheoperationen wurde allerdings das dem Privatkredit zur Verfügung stehende Kreditvolumen in bedenklicher Weise eingeengt; nach einer Angabe des damals führenden Finanzwissenschaftlers Alexander v. Peez entzog allein das „Nationalanlehen" von 1854 der österreichischen Volkswirtschaft etwa die Hälfte des disponiblen Kapitals.

ZUFLUCHT ZUR ANLEIHE

Das staatliche Abgabesystem bestand damals aus den direkten und den indirekten Steuern, den Staatsmonopolen auf Salz, Tabak, Lotto sowie den Stempeln und Gebühren. Die Einführung der Einkommensteuer im Jahre 1849 als eine reine Klassensteuer – eine Besteuerung der Einkommen der freien Berufe sowie der Lohn- und Diensteinkommen über 600 Gulden jährlich, sowie der nicht durch andere Ertragssteuern betroffenen Kapitaleinkommen – bedeutete eine Ergänzung des bis dahin dreiteiligen Ertragssteuersystems von Grund-, Gebäude- und Erwerbssteuer. Es sollte in der Folge des öfteren einer heftigen Kritik unterzogen werden, dennoch blieb dieses System trotz aller Schwächen bis 1896 voll aufrecht.

INDIREKTE STEUERN

Wesentlich übersichtlicher war die Situation der indirekten Steuern, wobei bereits durch das Verzehrungssteuerpatent von 1829 die bis dahin regional und sozial stark unterschiedlichen indirekten Steuern und Abgaben in staatlicher Hand vereinigt worden waren. Insgesamt ergab sich eine anteilsmäßige Verschiebung zugunsten der indirekten Steuern; dies entsprach der liberalen Wirtschaftsauffassung, und es machte diese Besteuerungsart der Bevölkerung die Belastungen wesentlich weniger augenfällig. Im Vergleich mit den anderen Steuermitteln zeigten vor allem die Stempel und Gebühren eine überproportionale Zunahme. Das bereits unter dem Kameralismus gut ausgebaute österreichische Abgabesystem erfuhr 1840 eine Modifikation durch das Stempel- und Taxpatent. Das juristisch fein durchdachte Gebührenrecht, das ohnedies seit jeher stark auf fiskalische Zwecke orientiert gewesen war, wurde 1850 ausgebaut, indem es neben den Gebühren, Stempeln und Taxen im finanzwissenschaftlichen Sinne nun auch eine Reihe wichtiger Verkehrssteuern erfaßte. In dieser die volkswirtschaftliche Entwicklung eher hinderlichen Abgabenart entwickelte der Staat eine wahre Meisterschaft. Setzt man die Steuerbelastung pro Kopf insgesamt (einschließlich öffentlicher Abgaben und Zölle) im Jahre 1847 mit 100 an, so stieg sie bis 1868 auf 203, 1883 auf 235, 1898 auf 322 und 1913 auf 472 Punkte an.

Die damalige Finanzpolitik orientierte sich in erster Linie am Postulat des Haushaltsausgleichs, d. h. an der geradezu axiomatischen Forderung nach einer Übereinstimmung von Einnahmen und Ausgaben, wobei letztlich der Ausgabenrahmen durch die

Einnahmen bestimmt werden sollte. Dem Finanzministerium kam vor allem eine gewisse Schlüsselposition bei den Ausgabenentscheidungen zu, denn ihm oblagen von den Anfängen des modernen Budgets um die Mitte des 19. Jahrhunderts an die langen mühevollen Verhandlungen mit den einzelnen Fachressorts. Seit 1851 bestanden dafür feste Formen: Eine Kommission führender Beamter des Ministeriums prüfte die verschiedenen Voranschläge, die Ansätze wurden mit denen des Vorjahres verglichen und sodann mit den Beamten der einzelnen Fachministerien abgeklärt. Auf Grund einer Prioritätenskala erfolgten dann Streichungen bzw. Zuteilungen, wobei man sich zumindest in der Zeit des Neoabsolutismus auf einen strikten Sparsamkeitsappell des Kaisers berufen konnte. Ein derartiger direkter Eingriff des Kaisers in die Haushaltsführung unterblieb dann allerdings mit dem Übergang zum Konstitutionalismus; fortan übte das Abgeordnetenhaus eine entsprechende Kontrollfunktion aus.

DER HAUSHALTSAUSGLEICH

Das geplante Defizit, wie es die moderne Finanzpolitik von heute kennt, welches auf die Theorie von John Maynard Keynes zurückgeht und im Sinne einer antizyklischen Konjunktursteuerung eingesetzt wird, war jedenfalls eine Form der Finanzplanung, die dem 19. Jahrhundert nicht nur suspekt, sondern vollkommen unzulässig erschienen wäre. Wenn auch die klassische Theorie derartige Maßnahmen strikte ablehnte, in der Praxis kamen sie oft genug vor – ganz einfach, indem sich der Staat bei der Notenbank verschuldete. Im Urteil der Zeitgenossen wurde dies stets als Ausdruck einer mangelhaften Finanzpolitik interpretiert und grundsätzlich – weil es mit dem plangerechten Haushaltsausgleich im Widerspruch stand – verworfen. An zeitgenössischen Maßstäben gemessen, war die Kritik sicher berechtigt; ob sie mit den heutigen Erkenntnissen der Finanzwirtschaft vereinbar ist, könnte allerdings erst auf Grund umfangreicherer Untersuchungen über die Zusammenhänge zwischen staatlicher Verschuldung, dem Konjunkturverlauf und den Bewegungen des Preisniveaus beantwortet werden.

„DEFICIT SPENDING“ IM 19. JAHRHUNDERT

Der erste Ressortchef an der Spitze des neu geschaffenen österreichischen Finanzministeriums war Karl Friedrich Freiherr v. Kübeck. Seine Person verbürgte eine gewisse Kontinuität in der Finanzverwaltung, war er doch bereits im Vormärz als Hofkammerpräsident an der Spitze der zentralen Finanzbehörde gestanden. Dieses „Vorbild des vormärzlichen Staatsdieners“ galt als die Hoffnung aller Freunde eines gesunden Fortschritts, denn er erkannte sehr wohl die Notwendigkeit einschneidender Reformen in der Wirtschaftspolitik und Verwaltung. Aber gerade das Revolutionsgeschehen von 1848 sollte offenbaren, wie tief sein ganzes Wesen noch im Geiste des Ancien régime wurzelte. Zum Finanzminister in der ersten konstituierenden Regierung ernannt, schied Kübeck unter dem Eindruck der ihn zutiefst bewegenden Märztage schon nach kurzer Zeit wiederum aus dem Dienst. Im Februar 1849 ließ er sich über Anraten konservativer Kreise bei einer Nachwahl für den Kremsierer Reichstag nominieren, wo er sich allerdings nach eigener Aussage „unter bärtigen Demokraten“ einigermaßen deplaciert fühlte. Kübeck kam, wie so viele andere Vertreter des Neoabsolutismus in Österreich, aus der josephinisch-liberalen Beamtentradition, die, obwohl politisch eher konservativ, auf wirtschaftlichem Gebiet für einen durchaus reformistischen Kurs eintrat. Wie die meisten seiner Amtsnachfolger war er jedoch in erster Linie ein Pragmatiker, der sich in seiner Finanzpolitik verschiedener ordnungspolitischer Mittel bediente, vom kameralistischen Interventionismus bis zu einem liberalen Laissez-faire.

KARL FRIEDRICH v. KÜBECK APRIL/MAI 1848

Philipp Freiherr v. Krauss kam wie sein Vorgänger ebenfalls aus der Finanzverwaltung. Er war während der Oktoberrevolution von 1848 als einziger kaiserlicher Minister in Wien geblieben, wo er sich große Verdienste erwarb, indem er die Staatskasse und die kaiserlichen Kunstsammlungen vor dem Zugriff der Aufständi-

PHILIPP v. KRAUSS 1848–1851

schen bewahrte. Auf ihn ging die Erneuerung der Steuergesetze zurück, ebenso wie 1849 die Einführung der Einkommensteuer in Ergänzung des bisherigen Ertragssteuersystems. Die infolge der Kriegsereignisse aufgetretenen Finanzprobleme suchte Krauss durch eine währungspolitische Manipulation zu lösen, indem er eine Art von Schatzscheinen emittierte. Am 18. April 1848 ließ er eine 30-Millionen-Gulden-Anleihe unter der Kontrolle der Nationalbank auflegen, wobei die staatlichen Salinen als eine Art hypothekarischer Sicherstellung gedacht waren. Diese Partial-Hypothekar-Anweisungen wurden allgemein unter der Bezeichnung „Salinenscheine" bekannt. In seiner kurzen Amtsperiode konnte Krauss eine Reihe von Teilerfolgen verbuchen, vor allem in der Steuerpolitik. Doch als liberal Gesinnter war er gegen die von Schwarzenberg und Kübeck durchgesetzte Sistierung der Verfassung und bot im Dezember 1851 seinen Rücktritt an.

DIE „SALINENSCHEINE"

ANDREAS v. BAUMGARTNER
1851–1855

Sein Nachfolger Andreas Freiherr v. Baumgartner folgte in seiner Finanzpolitik den bereits von seinen Vorgängern vorgezeichneten Spuren. In seine Amtszeit fällt der Abschluß eines Abkommens mit der Notenbank, wodurch die bisherige Verschiedenheit des umlaufenden Papiergeldes, das unter anderem Münzscheine, Kassenanweisungen, Anweisungen auf die ungarischen Landeseinkünfte, Reichsschatzscheine, unverzinsliches staatliches Papiergeld mit Zwangskurs, Salinenscheine usw. umfaßte, abgebaut werden sollte. Anstelle der Notenschuld des Staates sollte eine Schuldverpflichtung gegenüber der Nationalbank treten, die bei gleichzeitiger Verringerung des Notenumlaufes binnen 15 Jahren getilgt werden sollte. Zur Abtragung der bis Ende 1854 auf 294 Millionen Gulden angestiegenen Staatsschuld an die Nationalbank, der damit die Wiederaufnahme der Barzahlungen ermöglicht werden sollte, wurde unter starkem Appell an das patriotische Bewußtsein der Bevölkerung eine Staatsanleihe von 500 Millionen Gulden in Form 5%iger Staatsschuldverschreibungen aufgelegt. Die Erfolge dieser Anleihe wurden jedoch durch die finanziellen Anstrengungen Österreichs im Zuge des Krimkrieges zum Großteil zunichte gemacht. Die Monarchie entschied sich nämlich 1854 für eine „bewaffnete Neutralität", und die Teilmobilisierung und die Kriegsgefahr ließen die Staatsschuld sowie das Silberagio erneut in die Höhe schnellen. Der Rückgang des wichtigen Exports in die Türkei und in die Donaufürstentümer wirkte sich für Österreichs Industrie und Handel unvorteilhaft aus und konnte auch durch Rüstungsaufträge und die steigende inländische Kaufkraft nicht wettgemacht werden.

Obwohl im Budget für 1854 nicht weniger als 112 Millionen Gulden für die Armee präliminiert waren, wurde dieser Betrag bereits im ersten Vierteljahr 1854 überschritten. Schließlich sah sich die Regierung in der Silvesternacht des Jahres 1854 sogar veranlaßt, die österreichischen Staatsbahnen unter relativ ungünstigen Bedingungen an eine ausländische Interessengruppe zu veräußern. Damit wurde der weitere Ausbau des Liniennetzes privaten Kapitalkreisen überlassen; der Staat verzichtete auf ein umfassendes einheitliches Verkehrskonzept, was angesichts der starken regionalen wirtschaftlichen Disproportionalitäten von größter Wichtigkeit gewesen wäre. Allerdings blieb der Staat in der einen oder anderen Weise im Verkehrswesen präsent, denn auch die Privatbahnen wurden in der Regel mit staatlicher Subvention und Zinsengarantie gebaut, so daß der Eisenbahnbetrieb von Anfang an gewisser öffentlicher Aufsicht, schließlich auch weitgehend öffentlicher Tarifgestaltung unterlag. Die Veräußerung der Staatsbahnen und das im Anschluß daran erlassene Eisenbahnkonzessionsgesetz von 1854 erfolgten primär zwar unter dem Druck finanzieller Schwierigkeiten und der beängstigenden budgetären Situation, es waren dabei aber auch liberale Ideen im Spiel, denn zunehmend begann sich der Staat aus der Wirtschaft zurückzuziehen, und auch in der Finanzpolitik setzte sich das liberale Postulat vom Minimalhaushalt durch.

DER VERKAUF
DER STAATSBAHNEN

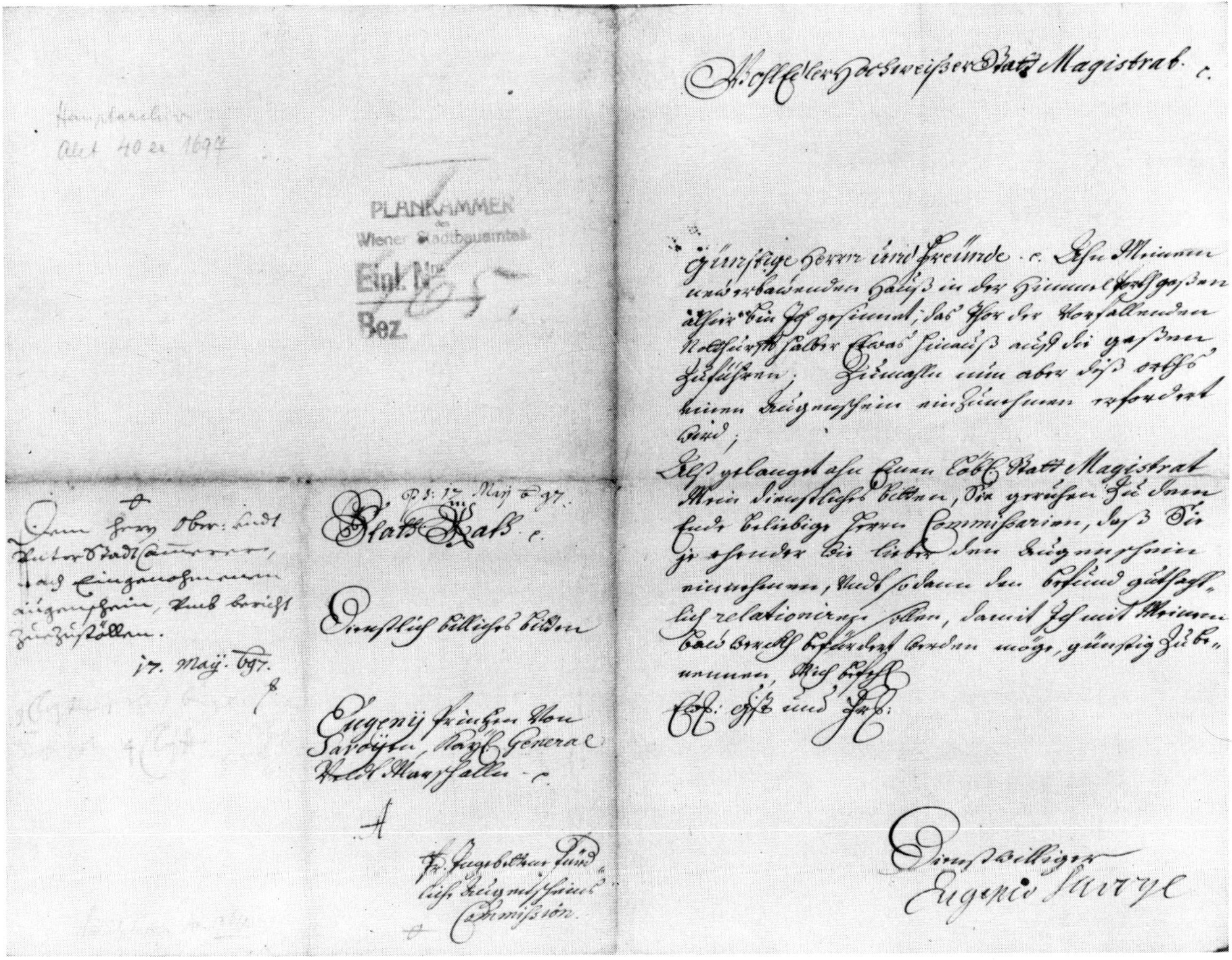

Wohlweiser Statt Magistrat

PLANKAMMER des Wiener Stadtbauamtes

Einl. Nr.

Bez.

Günstige Herrn und Freunde

Statt Magistrat

Eugenij Prinzen von Savoyen Kayl. General Veldt Marschallen

17. Maij 697.

Dienstwilliger

Eugenio von Savoye

Oben: Ansuchen des Prinzen Eugen an den Wiener Magistrat vom 3. Juni 1697, mit dem Portal seines Stadtpalais etwas auf die Straße rücken zu dürfen.
Folgende Doppelseite: Das Stadtpalais des Prinzen Eugen vor Anbau des „Bibliothekstrakts". Zeitgenössischer Kupferstich.

Façade des Pallasts, welchen S: Hochfürstl: Durchl: Printz Eugenius von Savoyen, in Wien aufführen laßen.

J. C. F. v. Erl. del.

Cum Pri

Façade de l'Hôtel que Son Alt: Mngr: le
Prince Eugéne de Savoye, a fait bâtir dans la
Ville de Vienne.
Cæs. Maj.
Oelsenbach Sculpsit.

So präsentierten sich Roter Salon (oben) und Blauer Salon (rechte Seite) in der Zwischenkriegszeit. Vergleicht man diese Bilder mit dem heutigen Zustand (Abb. S. 113 und 119), so hat sich kaum etwas verändert, ein Beweis für die sorgfältige Restaurierungsarbeit der Jahre 1967–1973. Nur die beiden Kachelöfen in den Zimmerecken wurden entfernt. Das Mobiliar ist das gleiche geblieben.

Das von Bombentreffern in den letzten Kriegstagen 1945 schwer beschädigte Treppenhaus.
Rechte Seite: In der Nachkriegszeit hieß der heutige Blaue Salon „Gobelinsaal": Da die Tapeten in diesem Raum nicht mehr zu reparieren waren und neue nicht beschafft werden konnten, machte man aus der Not eine Tugend und stattete die Wände mit flämischen Tapisserien aus dem Fundus des Kunsthistorischen Museums aus; daher der Name. 1967 wurden sie, um sie zu schonen, wieder abgenommen.

Jonas Drentwetts reizende Grotesken auf Goldgrund hatten im Lauf der Jahre sehr gelitten und mußten einer durchgehenden Ausbesserung und Restaurierung unterzogen werden. Heute sind sie in alter Pracht wiedererstanden (s. Abb. S. 118, 126 und 136).

Finanzminister Karl Ludwig Freiherr v. Bruck, der schon als Handelsminister im Kabinett Schwarzenberg ganz wesentlich die wirtschaftliche Neugestaltung der Monarchie mitbestimmt hatte, zählt sicher zu den bedeutendsten unter den Leitern dieses Ressorts. Selbst ein dem Minister nicht allzu wohlwollender Zeitgenosse stellte anerkennend fest: „Während der letzten 25 Jahre hat Österreich keinen Minister gehabt, der auf die wirtschaftliche Entwicklung des Kaiserstaates einen bedeutenderen Einfluß ausgeübt hätte."

KARL LUDWIG v. BRUCK
1855–1860

Mit Brucks Namen sind nahezu sämtliche großen ökonomischen Umwälzungen dieser Ära verbunden: Der aus bescheidenen Anfängen zu höchster Würde emporgestiegene Sohn eines Buchbinders im rhein-preußischen Elberfelde gehört zu den führenden Männern des „bürgerlichen Zeitalters" in Österreich. Sein Karriereweg war dabei durchaus ungewöhnlich, sein Amt als kaiserlicher Finanz- und Handelsminister in keiner Weise vorgezeichnet. Im Kabinett Schwarzenberg übernahm er noch im Revolutionsjahr 1848 das Portefeuille für Handel, Gewerbe und Öffentliche Bauten. Sein Wirken in diesem Ressort war ungemein erfolgreich: Der Ausbau der bis dahin rudimentären Verkehrsverbindungen und Kommunikationsmittel fand in ihm einen unermüdlichen Förderer, die Bildung des deutsch-österreichischen Postvereins war ebenso sein Werk wie der großartige Plan zur wirtschaftlichen Integration Mitteleuropas, den er in mehreren Denkschriften darlegte. Seit dem Tode Ministerpräsident Schwarzenbergs stießen freilich Brucks reformerische Pläne auf zunehmenden Widerstand; 1851 sah er sich genötigt, sein Amt als Handelsminister zur Verfügung zu stellen. Noch ehe der Krimkrieg beendet war, Anfang März 1855, wurde er allerdings nach Wien zurückberufen, wo man ihm das Finanzressort anbot.

DER GROSSE ERNEUERER

Es zeugt vom Vertrauen der Öffentlichkeit, daß das Silberagio, das getreue Barometer der Wirtschaftspolitik, nach seinem Amtsantritt sofort fiel. Seit 1848 waren die laufenden Forderungen des Staates, nicht zuletzt des Militärs, dauernd gestiegen. Die wachsende Staatsschuld brachte eine erhebliche Steigerung der Zinsenerfordernisse mit sich, und damit konnten die Einnahmen nicht Schritt halten. Bruck sah die Valutaregulierung im wesentlichen als Finanzfrage; in seinem Sanierungsplan, den er in der Folge entwickelte, stand die Regelung der Verhältnisse zwischen Staat und Notenbank im Vordergrund. Um deflationistische Folgen zu vermeiden, strebte er – anders als seine Amtsvorgänger – nicht nur eine Verringerung der Papiergeldzirkulation an, sondern auch eine Stärkung des Metallschatzes der Nationalbank. In Anbetracht der damaligen Bewertung der Edelmetalldeckung im internationalen Zahlungsverkehr erschien diese Vorgangsweise konsequent. Infolge eines rasch sinkenden Silberagios konnte die Nationalbank tatsächlich darangehen, Silber einzukaufen und binnen zweier Jahre das Deckungsverhältnis mehr als zu verdoppeln. Die Notenbank sah sich daher in der Lage, mit 6. September 1858 sogar die Noteneinlösung zu garantieren; bis Ende Dezember dieses Jahres war das Silberagio praktisch verschwunden. Der intervalutarische Wechselkurs des österreichischen Guldens hatte nach zehnjähriger schwerer Störung die Parität fast wiederum erreicht. Es war ein persönlicher Sieg des Finanzministers, der gegen allen Widerstand (auch im Reichsrat) der Valutaregulierung Priorität eingeräumt hatte. Nun konnte Bruck an die vielleicht noch schwierige Aufgabe herangehen, das langjährige Budgetdefizit zu beseitigen und die Sanierung des Staatshaushalts mit Nachdruck zu betreiben.

BRUCKS SANIERUNGSPLAN

Die ständig wachsende Staatsschuld – allein das Zinsen- und Tilgungserfordernis verschlang nicht weniger als ein Drittel der gesamten Staatsausgaben – stellte eine permanente Bedrohung der Stabilität der Finanzen und damit der gesamten Volkswirtschaft dar. Das von Bruck in die Wege geleitete Sanierungswerk brachte eine vorübergehende Besserung der Situation, war jedoch nur von kurzer Dauer; denn von Beginn des Jahres 1859 an standen Brucks Entscheidungen unter dem unglücklichen Stern des italienischen Krieges. Die Aufwendungen des Militärärars machten seine vorangegangenen Anstrengungen zunichte und stießen sein gesamtes Sanierungsprogramm um.

DER KRIEG IN ITALIEN 1859

Seit der ominösen Neujahrsbotschaft Napoleons III. an Kaiser Franz Joseph sank der Staatskredit Österreichs in nicht vorherzusehender Weise. Das zeigte sich in der raschen Zunahme des Silberagios. Zur Finanzierung der Kriegskosten mußte der Finanzminister einen außerordentlichen Steuerzuschlag von 20% verfügen, der jedoch in der Folge das Schicksal derartiger Maßnahmen teilte und beibehalten wurde. Die dadurch erhoffte Steigerung der Steuererträge erfolgte allerdings anbetracht des akuten Finanzbedarfs nicht rasch genug; auch eine in England aufgelegte Anleihe blieb ohne den gewünschten Erfolg, so daß der Finanzminister keine andere Wahl hatte, als wiederum auf die Vorschüsse der Nationalbank, also neuerlich auf die Währung zurückzugreifen.

DIE STAATSSCHULDEN-KOMMISSION

Noch 1859 berief Bruck die sogenannte Staatsschuldenkommission ein, ein Gremium versierter Finanzleute, das sich in der Folge hervorragend bewähren sollte und 1862 unter Minister Ignaz v. Plener dann in die dem Parlament direkt unterstehende Staatsschuldenkontrollkommission umgewandelt wurde. Das war wohl Brucks letzter Erfolg als Finanzminister; seit Beginn des Jahres 1859 sah er nämlich seine Projekte eines nach dem anderen an der Ungunst der politischen Verhältnisse scheitern. Seine letzte Amtshandlung als Minister, die Aufnahme einer Prämienanleihe zur Deckung der Kriegskosten und zur Verringerung der Staatsschuld bei der Notenbank, schlug fehl; die „1860er Lose“ fanden keine günstige Aufnahme beim Publikum, so daß auch diese Finanzoperation mißlang. Die verzweifelte Lage der Staatsfinanzen ließ ihn schließlich den resignierenden Ausspruch tun: „Gott erhalte die kaiserliche Armee, ich, der Finanzminister, kann es nicht mehr!“

Den eigentlichen Abschluß der Ära Bruck bildete jedoch der Prozeß um den Direktor der Credit-Anstalt, Franz Richter, in dessen Verlauf der Generaldirektor für die ökonomischen Angelegenheiten bei der Italienarmee, Baron Eynatten, einige Triestiner Handelshäuser und schließlich sogar der Finanzminister kompromittiert schienen. Der Kaiser versicherte Bruck seines Vertrauens. Um so erstaunter mußte der Minister sein, als er abends nach Hause kam und seine brüske Entlassung vorfand. In der Nacht vom 22. zum 23. April 1860 beging Bruck, der solcherart erleben mußte, daß man ihn zum Sündenbock für die negativen Folgen einer von ihm nicht gewollten Prestigepolitik machte, Selbstmord. Sein Nachfolger im Finanzressort, Ignaz v. Plener, leitete eine Untersuchung ein, die eine vollkommene Rehabilitierung des großen Staatsmannes brachte. Brucks Leben war das Opfer, das die fehlgeschlagene Finanzpolitik des Neoabsolutismus forderte – die verfahrene Situation blieb jedoch bestehen.

DER SÜNDENBOCK

Wie so oft in der Geschichte des alten Reiches hatte ein einziger Krieg die jahrzehntelangen Anstrengungen der Finanzverwaltung zunichte gemacht; 1859 waren von 588 Millionen Gulden Gesamtausgaben des Staates auf den Militäretat allein 133 Millionen entfallen. Aber auch weiterhin beanspruchten Heer und Marine im Zeitraum 1860 bis 1866 etwa 40% der Nettoeinnahmen des Staates, und im Kriegsjahr 1866 übertraf der Militäraufwand mit 256 Millionen Gulden den aller früheren Jahre bei weitem. Die Monarchie betrieb eine Großmachtpolitik, die ihr wohl auf Grund ihrer demographischen und geographischen Gegebenheiten zukam, mit den finanziellen Verhältnissen jedoch nicht in Einklang zu bringen war. Der Frieden von Villafranca, in dem mit der Lombardei eine der reichsten Provinzen des Reiches verlorenging, beendete den neoabsolutistischen Regierungsabschnitt Franz Josephs I.; Brucks Nachfolger Plener wurde zugleich auch der erste Finanzminister der neuen konstitutionellen Ära.

Die konstitutionelle Ära – ein liberales Zwischenspiel

Das politische Versagen des neoabsolutistischen Regimes führte 1860 zur Einberufung des sogenannten verstärkten Reichsrates, der vor allem mit der Ausarbeitung einer neuen Verfassung und mit Verhandlungen über die Ordnung des Finanz- und Staatsschuldenwesens betraut wurde. Das sogenannte „Februarpatent" von 1861 brachte schließlich den Übergang zum Konstitutionalismus. Es war dies eine zentralistische Verfassung für den Gesamtstaat (daneben bestanden Landesordnungen für die einzelnen Kronländer) mit der Einführung des Zweikammersystems in Form des Herrenhauses und des Abgeordnetenhauses. Das Herrenhaus bestand aus erblichen oder vom Kaiser auf Lebensdauer ernannten Mitgliedern, das Abgeordnetenhaus wurde von den Landtagen in direkter Wahl bestellt, auf Grund eines nach dem Steuerzensus abgestuften Kurienwahlsystems, und beide Kammern zusammen bildeten den Reichsrat, der als Zentralparlament für ganz Österreich gedacht war. Österreich wurde durch dieses Februarpatent ein konstitutioneller Staat, wenngleich die Durchführung der Verfassung zunächst auf zahlreiche Widerstände stieß. Die Anhänger des Absolutismus in Adel, Bürokratie und Klerus waren ebenso dagegen wie die Ungarn und die slawischen Völker, die jeden Zentralismus ablehnten. So bestand von Beginn an eine Obstruktionspolitik gegen die neue Verfassung; der Reichsrat wurde von den Landtagen Ungarns, Kroatiens, Istriens und Veneziens nicht beschickt, und auch die Tschechen, Slowenen und Polen nahmen eine oppositionelle Haltung ein. Sie bildeten zusammen mit den Konservativen und Klerikalen die Minderheit der Föderalisten oder die „Rechte", während die Mehrheit (zumeist Deutsch-Liberale) als die „Linke" bezeichnet wurde.

DAS FEBRUARPATENT

In den zwei Dezennien nach 1859 bahnte sich auch im wirtschaftspolitischen Kurs ein Wechsel an; der Staat beschränkte sich zunehmend auf eine liberale Laissez-faire-Haltung und bemühte sich höchstens um die Lösung aktueller Probleme. Dabei hätte es genug Probleme gegeben, die der Bewältigung harrten: etwa die im Gefolge der Wirtschaftskrisen von 1857 und 1873 auftretenden Erschütterungen des Wirtschaftsgefüges; die Sanierung der zerrütteten Geldwesens, die Beseitigung der Kriegsfolgen von 1859 und 1866 und die Neuregelung der Außenwirtschaftspolitik.

LAISSEZ-FAIRE-POLITIK

Die wachsenden Gegensätze zu Preußen und auch zum neuen Königreich Italien machten während all dieser Krisenjahre eine Politik der stetigen Kriegsbereitschaft notwendig, die dem durch die Stagnation der Wirtschaft und durch innenpolitische Schwierigkeiten in seiner Steuerleistung ohnedies beeinträchtigten Staat gewaltige materielle Opfer auferlegte. Auf Grund der neuen politischen Konstellation unterlagen alle Gesetzesanträge über Münz-, Geld- und Kreditwesen der verfassungsmäßigen Behandlung im Parlament. Der Übergang von der absolutistischen zur konstitutionellen Periode war auch verbunden mit dem 1863 in Kraft getretenen Wechsel vom Netto- zum Bruttoprinzip, wonach grundsätzlich alle Ausgaben und Einnahmen in das Budget einzubringen waren. Das bedeutete z. B., daß nunmehr unter den Staatsausgaben auch die gesamten Aufwendungen für die Steuererhebung ausgewiesen wurden, die man bisher einfach vom Steuerertrag abzog. Damit führte die parlamentarische Kontrolle auch zu einer größeren Transparenz in der Budgetierung der Finanzverwaltung.

Nach den großen Erfolgen der neoabsolutistischen Epoche auf dem volkswirtschaftlich so bedeutsamen Eisenbahnsektor wurde die mit der Weltwirtschaftskrise von 1857 einsetzende Stagnation hier vielleicht am heftigsten empfunden. Bei seiner

Schlüsselstellung war bald auch die eisenschaffende Industrie von den Rezessionserscheinungen betroffen. Ähnlich wie in der metallurgischen Industrie mehrten sich

KRISENZEICHEN

aber auch in der Textilerzeugung seit Beginn der 1860er Jahre die Krisenzeichen; bedingt durch den amerikanischen Sezessionskrieg hatten vor allem die Zentren der Baumwollfabrikation unter einer permanenten Rohstoffverknappung zu leiden. Die Rohbaumwolle verteuerte sich um fast 300%; hinzu kam noch der immer stärker werdende Druck der britischen Konkurrenz, die durch die liberalen Freihandelsverträge begünstigt, viele in der Zwischenzeit bereits verlorene Positionen wieder zurückgewinnen konnte. Für die bis dahin immer noch zahlreichen Heimweber etwa brachte die Krise größte Verluste und vollendete so auf unbarmherzige Weise den seit Beginn des Jahrhunderts eingeleiteten Konzentrationsprozeß. Das erschütternde Elend dieser Klasse inspirierte Gerhart Hauptmann zu seinem Drama „Die Weber".

IGNAZ v. PLENER 1860–1865

Trotz aller genannter Schwierigkeiten setzte der neue Finanzminister, Ignaz v. Plener, die schon während des Neoabsolutismus eingeleiteten Bemühungen um einen Ausgleich des Staatshaushaltes fort; er suchte dies u. a. auch durch eine Steuererhöhung zu erreichen. 1863 erklärte sich der Reichsrat damit einverstanden, den 20%igen Steuerzuschlag von 1859 hinsichtlich der direkten Steuern zu verdoppeln und auch die Kuponsteuern von 5 auf 7% zu erhöhen. Auch bei den Gebühren wurden nicht unerhebliche Erhöhungen verfügt; dennoch wollte es nicht gelingen, das Defizit im Staatshaushalt nennenswert zu verringern. Schließlich schritt die Regierung an die Emission neuer Staatsanleihen, allerdings auch hier mit unbefriedigendem Resultat. Der Fiskus ging daher neuerlich den Weg der Staatsgüterveräußerung und verkaufte die Domäne Pardubitz an die k. k. privilegierte Credit-Anstalt für Handel und Gewerbe und das Bankhaus Lämmel. Zur Valutaregulierung schlug Plener eine entschieden deflationistische Politik ein, die kurzfristigen Erfolg brachte, jedoch den Konjunkturrückschlag von 1857/59 verschärfte. Konjunkturpolitisch gesehen war es ein Mißgriff, der nur aus dem ungenügenden Instrumentarium der damaligen Wirtschaftstheorie entschuldbar ist. Die kräftig dosierte Deflationspolitik, „sowohl durch Stärkung des Metallschatzes als auch durch Verminderung des Notenumlaufes" (W. Angerstein), beseitigte zwar den kriegsbedingten Geldüberhang, verschärfte aber die Krisensituation in den meisten Branchen, so daß die einseitige Ausrichtung auf die Währungspolitik zu einer schweren Rezession führte, die die handelspolitische Aktionsfreiheit Österreichs in einer entscheidenden Phase lähmen sollte.

EIN NEUES NOTENBANKSTATUT

Im Dezember 1862 war nämlich ein neues Notenbankstatut erlassen worden, das sich am Vorbild der Peelschen Bankakte von England orientierte; darin wurde verfügt, daß der den Metallschatz übersteigende Notenbetrag bankmäßig gedeckt sein müsse und in keinem Fall 200 Millionen Gulden übersteigen dürfe. Die Abtragung der Staatsschuld an die Notenbank, hauptsächlich in Form der Rückzahlung von Banknoten, führte rasch zu einer drastischen Reduzierung des Geldumlaufs. Infolge der rigorosen Deflationspolitik kam es zu einer Stabilisierungskrise, wobei allerdings vorhersehbar war, daß bei einem neuerlichen Konjunkturaufschwung und den damit verbundenen erhöhten Steuereingängen bei gleichbleibenden Steuersätzen ein Wandel zum Besseren eintreten mußte, was nach 1867 dann tatsächlich der Fall war.

Im Juli 1865 wurde das liberal-zentralistische Kabinett Schmerling durch das sogenannte „Dreigrafenministerium" unter Belcredi abgelöst, das bei Sistierung der Verfassung auf Grund eines kaiserlichen Patentes eine Neuordnung der innenpolitischen Verhältnisse auf föderativer Basis anstrebte. Der neue Finanzminister Johann

JOHANN GRAF LARISCH-MÖNNICH 1865–1867

Graf Larisch-Mönnich, nach der Bemerkung eines Zeitgenossen zwar ein „vortrefflicher Kavalier, aber jedenfalls kein Finanzmann", versuchte wie schon sein Vorgänger im Ausland den Anleiheweg zu beschreiten. Die Bonität des „krachenden alten Gebäudes" (Viktor v. Andrian-Werburg) wurde jedoch im Ausland nicht allzu hoch bewertet. Es zeigte sich, wie klar Eugen Graf Kinsky die Situation umrissen hatte, der im Abgeordnetenhaus darauf hinwies, daß es „vielleicht nicht allen Mitgliedern des Hauses bekannt ist, daß Marokko billigeres Geld erhält als Österreich. Nicht allein das, aber wir bekommen gar kein Geld".

Die Anleihesuche im Ausland beeinflußte nicht unwesentlich die Handels- und Zollpolitik der Regierung. So hoffte man etwa durch ein größeres Entgegenkommen Österreichs in zollpolitischer Hinsicht, die englische Regierung für eine Anleihe günstiger stimmen zu können. Der 1865 mit Großbritannien abgeschlossene Freihandelsvertrag leitete gegen den massiven Widerstand der heimischen Unternehmer die Ära der Liberalisierung im Außenhandel ein. Die Hinwendung zum Freihandel war auch bedingt durch die zunehmende außenpolitische Isolierung Österreichs und das Einschwenken der meisten deutschen Staaten auf die liberale preußische Zoll- und Handelspolitik.

LIBERALISIERUNG DES AUSSENHANDELS

Die schwankende Haltung der Regierung in ihrer Außenpolitik und die Unsicherheit in der innenpolitischen Szene wirkten zwangsläufig auf das ohnedies stagnierende Wirtschaftsleben äußerst nachteilig. Die unmittelbaren Folgen waren eine Produktions- und Absatzstockung, eine Verteuerung des Geldzinses und ein Kurssturz sowohl in Staatspapieren wie in privaten Effekten. Die anlaufende Kriegsfinanzierung hatte der Privatwirtschaft überdies das nötige Investitionskapital entzogen; der Staat beschritt wiederholt den Anleiheweg, überdies sah sich die Finanzverwaltung genötigt, bei mehreren Bankhäusern ein Darlehen in Form eines sechsmonatigen Wechselkredits aufzunehmen. Die Großbanken kamen dem Staat in vieler Weise entgegen; vor allem die Credit-Anstalt leistete in dieser akuten Krisenlage mehrfach gute Dienste. Nicht zuletzt war sie es, die die Vermittlung und Aufbringung der Kriegsentschädigung an Preußen im Jahr 1866 im Betrag von 30 Millionen Gulden in Silber organisierte.

Dennoch sah sich die Regierung veranlaßt, unter Umgehung der Bankakte neuerlich die Mittel der Nationalbank in Anspruch zu nehmen, und „Österreichs Kalifornien lag wieder einmal in der Papierfabrik von Schlöglmühl". Während einerseits die konsequente Weiterverfolgung der Plenerschen Valutareform die Nationalbank in die Lage versetzte, die Einlösung ihrer Banknoten zu garantieren, bestand auf der anderen Seite ein zwischen 312 und 412 Millionen Gulden schwankender Staatsnotenumlauf, der erst mit der Währungsreform von 1892 beseitigt wurde. Das dabei eingeschlagene Verfahren war durchaus einfallsreich, der Staat übernahm nämlich die im Umlauf befindlichen Banknoten zu Lasten des Fiskus und entlastete damit die Bilanz der Nationalbank, nur damit diese ihm einen neuen, sehr beträchtlichen Kredit einräumen konnte, ohne das offizielle Deckungsverhältnis zu gefährden.

DIE NIEDERLAGE VON 1866

Die militärische Niederlage Österreichs im Zweifrontenkrieg von 1866 entschied den Kampf um die Hegemonie in Deutschland endgültig zu Gunsten Preußens. Der am 23. August 1866 unterzeichnete Prager Friede, in dem Österreich dazu verhalten wurde, Venetien an Italien abzutreten und aus dem Deutschen Bund auszuscheiden, bedeutete den „Sieg des Nationalen über das universale Prinzip" (Heinrich v. Srbik). Für den Vielvölkerstaat im Herzen Europas ergab sich als notwendige Folgerung eine politische Wendung und Interessenverschiebung nach dem Osten und Südosten Europas, eine Politik, die letztlich wegen des dadurch entstehenden Konflikts mit Rußland zum Ersten Weltkrieg führte.

Die Großmachtstellung der Monarchie gründete sich auf der in der Pragmatischen Sanktion festgelegten Zusammengehörigkeit Österreichs mit Ungarn. Die außenpolitische Neuorientierung mit Schwerpunkt auf die Balkan- und Donauländer ließ daher schon vom machtpolitischen Standpunkt aus die Regelung der ungarischen Frage und die Lösung des seit 1849 akuten Konflikts der Magyaren mit der Krone zur entscheidenden Existenzfrage der Monarchie werden. Der sogenannte „Ausgleich" des Jahres 1867 regelte nun für die Dauer von jeweils zehn Jahren die Beziehungen der „im Reichsrat vertretenen Königreiche und Länder" mit den „Ländern der ungarischen Stephanskrone". Der Umstand, daß auch die wirtschaftlichen Abmachungen zwischen den beiden Reichshälften fortan periodisch erneuert werden mußten, prägte dem Wirtschaftsbündnis des Ausgleichs von vornherein den Charakter eines Provisoriums auf, so daß man nicht zu Unrecht von einer „Monarchie auf Kündigung" gesprochen hat. Sowohl das Zoll- und Handelsbündnis als auch die sogenannte Quotenfrage, d. h. der auf jeden der beiden Staaten entfallende Anteil an den gemeinsamen Ausgaben, der zunächst mit 70 zu 30 festgesetzt wurde, unterlagen der Kündigung. Anlaß zu Konflikten bot auch die Lösung der diffizilen Staatsschuldenfrage, denn Ungarn weigerte sich für jene Teile der Schuld aufzukommen, die vor 1867 entstanden waren. Immerhin konzedierten die Ungarn schließlich, 30% des Zinsendienstes für die gesamte Staatsschuld zu übernehmen. Neben den gemeinsamen Finanzen und der Staatsschuld gab es eine Reihe weiterer Probleme, die nach fallweiser Absprache aufeinander abgestimmt wurden, wie das Zoll- und Handelsbündnis, die direkten Abgaben, der Münzfuß und die gemeinsamen Eisenbahnen. Ansonst fiel die Wirtschaftspolitik weitgehend in den autonomen Bereich der beiden Ausgleichspartner.

DER „AUSGLEICH" 1867

DIE DREIFACHE FINANZVERWALTUNG

Neben einem k. k. österreichischen gab es seither auch ein k. ungarisches Finanzministerium, und um die gemeinsamen Angelegenheiten sorgte sich fortan ein k. u. k. Finanzminister. Ihrem innersten Wesen nach bildeten jedoch die gemeinsamen Finanzen keinen selbständigen öffentlichen Haushalt, was sich schon aus dem geringen Umfang der gemeinsamen Verwaltungszwecke und dem fast vollständigen Fehlen eigener gemeinsamer Einnahmequellen ergab. Infolgedessen sind die Staatsfinanzen der beiden einzelnen Reichshälften wesentlich besser geeignet, einen vollständigen Überblick über das gesamte Finanzwesen der Monarchie zu gewähren. Die Friedensschlüsse von Prag und Wien, die Österreich endgültig aus Italien verdrängten und die deutsche Frage im kleindeutschen Sinn entschieden, schlossen zwar eines der unglücklichsten Kapitel der österreichischen Außenpolitik ab, leiteten jedoch auch eine neue Epoche des Wirtschaftslebens der von vielen Seiten bereits totgesagten Donaumonarchie ein. Die Gründe und Ursachen dieser „Wiedergeburt Österreichs",[1] wie ein bezeichnender Buchtitel aus dieser Zeit lautete, waren sowohl wirtschaftlicher als auch politischer Natur. Die Lösung der konstitutionellen Frage und der Ausgleich mit Ungarn beendeten die latente Verfassungskrise; der außenpolitische Wandel und die Konsolidierung der innenpolitischen Verhältnisse gaben der Finanz- und Geschäftswelt neue Zuversicht in die Stabilität des Staates, bewirkten neue Hoffnungen und damit die psychologische Voraussetzung für den wirtschaftlichen Aufschwung. In Österreich wie in Ungarn schien der Wirtschaftsliberalismus im Konjunkturanstieg nach 1866 eine glänzende Rechtfertigung zu finden. Es verblaßten selbst die Bedenken der Schutzzöllner; Handel, Industrie und Gewerbe nahmen einen rasanten Aufschwung, auch die Landwirtschaft verzeichnete 1867 und 1868 zwei wahre „Wunderernten". Der Freihandel und die freizügig gehandhabte Konzessionierung neuer Aktiengesellschaften, die Gründung von Bank- und Baugesellschaften, der Weiterausbau des Verkehrsnetzes leiteten einen bis dahin in diesen Dimensionen unbekannten „Gründerboom" ein.

Der wirtschaftliche Aufstieg führte nicht zuletzt auch zu einer Verbesserung der Staatsfinanzen und das in einem Ausmaß, das wohl kaum jemand für möglich gehalten hätte. Infolge der Wirtschaftsbelebung stiegen in den Jahren von 1867 bis 1873 die Einnahmen so rasch, daß sie bei unveränderten Steuersätzen nicht nur die

1 M. Wirth, Österreichs Wiedergeburt aus den Nachwehen der Krisis (1876)

Ausgaben deckten, sondern darüber hinaus sogar einen bescheidenen Überschuß ergaben. Diese Erfolge in der Finanzgebarung sollten allerdings nur vorübergehend sein, denn mit dem Konjunkturumschlag in der Folge des großen Börsenkrachs vom 9. Mai 1873, der eine langwierige große Depression einleitete, trat wiederum ein Rückschlag ein. Der Abgang war allerdings in allen folgenden Jahren geringer als die Defizite von 1848 bis 1867; den größten Fehlbetrag ergab das Jahr 1878 wegen der Okkupation Bosniens und der Herzegowina mit 93 Millionen Gulden oder 18% der Gesamtausgaben.

DER GROSSE KRACH 1873

Seit Beginn des Jahres 1867 wechselte das österreichische Finanzportefeuille rasch von einer Hand in die andere: Am 21. Jänner trat Graf Larisch zurück und am 8. Februar wurden die Geschicke des Reiches und die Führung der Ausgleichsverhandlungen dem aus Sachsen nach Österreich berufenen Freiherrn v. Beust anvertraut. An Stelle von Larisch übernahm dessen engster Mitarbeiter Sektionschef Franz Karl Freiherr v. Becke zunächst interimistisch das verwaiste Finanzressort, wurde jedoch bereits am 20. April definitiv zum Finanzminister bestellt. Auf Grund des inzwischen perfekt gewordenen Ausgleichs mit Ungarn und seiner dualistischen Verfassung wurde Becke noch am 24. Dezember desselben Jahres zum gemeinsamen Reichsfinanzminister bestellt. An seine Stelle als österreichischer Finanzminister trat Dr. Rudolf Brestel, sein ungarischer Kollege wurde Moritz Graf Lonyay. Becke starb bereits im Jänner 1870, und Brestel demissionierte im April dieses Jahres zusammen mit dem sogenannten „Bürgerministerium". Sein Nachfolger wurde wiederum ein Beamter der Finanzverwaltung, Sektionschef Karl Freiherr v. Distler, dem bereits vier Wochen später der gewissenhafte Verwaltungsjurist Ludwig Freiherr v. Holzgethan nachfolgte. Gegen Ende des Jahres 1871 übernahm dann Sisinio Freiherr de Pretis-Cagmodo das österreichische Finanzportefeuille. Gemeinsamer Finanzminister war vom 24. Dezember 1867 bis 1. Jänner 1870 Baron Becke, dann wurde bis 21. Mai 1870 der Minister des Äußeren, Beust, auch mit der Führung des Reichsfinanzressorts betraut; diesem folgte Graf Lonyay. Im November übernahm Außenminister Julius Graf Andrassy auch die Finanzen; ihm folgte am 15. Jänner 1872 Baron Holzgethan. Es ist verständlich, daß es bei einem derart häufigen und schnellen Wechsel an der Spitze der Finanzverwaltung an eine konsequente Finanzpolitik nach leitenden Grundsätzen kaum zu denken war. Die inneren politischen Wirren, der Verfassungsstreit und die parlamentarischen Kämpfe spiegeln sich in diesem raschen Ministerwechsel wider. Wenn diesen Männern in ihrer wirtschaftspolitischen Haltung etwas gemeinsam war, war dies die liberale Laissez-faire-Gesinnung des Manchestertums.

FRANZ KARL v. BECKE
JÄNNER/DEZEMBER 1867

DR. RUDOLF BRESTEL
1867–1870
KARL v. DISTLER
APRIL/MAI 1870
LUDWIG v. HOLZGETHAN
1870–1872
SISINIO PRETIS-CAGMODO
1872–1879

Depression und „organisierter Kapitalismus"

Der Konjunktureinbruch von 1873 und die darauffolgende Große Depression brachten eine radikale Abkehr von der bisher gültigen Wirtschaftsphilosophie und wurden zur Existenzkrise des Liberalismus in Österreich. Die Depression erschütterte den naiven Glauben an eine natürliche Harmonie und das Wirken der „unsichtbaren Hand" in der Wirtschaft. Selbst innerhalb des liberalen Lagers gewannen die Befürworter eines Interventionismus an Übergewicht; die während des langen Konjunkturabschwunges fühlbar gewordenen Erschütterung des neuen industriewirtschaftlichen Systems weckte das Bedürfnis nach sozialer Kontrolle und kollektiver Sicherheit an Stelle des individualistischen Wettbewerbsprinzips, das nicht selten in einen Sozialdarwinismus gemündet hatte. Damit wurde jedoch der

DIE KRISE DES
LIBERALISMUS

Hinwendung zum modernen Interventionsstaat Vorschub geleistet, der mit seiner Ausgaben- und Steuerpolitik den wirtschaftlichen Wachstumsprozeß nachhaltig zu lenken und zu beeinflussen wußte. Der während der Großen Depression sinkende Zinsfuß und die relative Wertschätzung, der sich die Staatstitres im Vergleich zu sonstigen Emissionswerten erfreuten, boten günstige Bedingungen für die Konversion von Staatspapieren und erleichterten die Durchführung von Sozialpolitik und staatlichen Eisenbahnprojekten. Wenngleich die herrschende Wirtschaftstheorie der Auffassung huldigte, „gegenüber großen Handelskrisen liegt es außer der Macht des Staates, radikale Abhilfe zu gewähren“,[1] beschloß die Regierung eine Reihe von Eisenbahnvorlagen und Notstandsbauten im Sinne einer aktiven Arbeitsbeschaffungspolitik, gewährte für Neu- und Umbauten Steuerbefreiung und führte verschiedene Stützungsaktionen durch. Ferner erließ man besondere Steuerbegünstigungen und Gebührenbefreiung zur Fusionierung von Aktiengesellschaften und richtete staatliche Vorschußkassen ein, die ebenso wie das neue Eisenbahnbauprogramm aus einer 80-Millionen-Gulden-Anleihe finanziert wurden. Bereits im Sommer 1873 entschloß sich die Regierung, massiver einzugreifen und durch dosierte Kapitalinjektionen den Ausfall der privaten Initiative und der Investitionen wettzumachen. Man übernahm jene Eisenbahnen, für die sich trotz staatlicher Steuerbegünstigungen und Zinsengarantie keine Konzessionswerber fanden, in staatliche Regie. Damit hatte die Regierung die begrenzte Zielsetzung reiner Notstandsmaßnahmen verlassen und verfolgte von da an den planmäßigen Wiederaufbau eines Staatsbahnnetzes. Der Staat wurde damit bis zur Jahrhundertwende durch die Beherrschung von Bahn-, Post- und Telegraphenwesen zum wichtigsten Verkehrsträger.

DAS KONZEPT DER STAATSBAHNEN

Wenngleich viele der seitens der Staatsverwaltung während der Tiefkonjunktur eingeschlagenen Maßnahmen im Sinne einer antizyklischen Konjunkturpolitik gedeutet werden können, so standen dahinter doch in erster Linie fiskalische Interessen wie Abbau der Zinsengarantie und Erwartung höherer Steuereingänge. Der wirtschaftliche Interventionismus beschränkte sich vorerst nur auf punktuelle Eingriffe, deren gesamtwirtschaftliche Bedeutung und strukturverändernde Rolle kaum erkannt wurden. Erst allmählich sollte sich eine veränderte Auffassung von den Aufgaben des Staates in einer sich rasch wandelnden pluralistischen Gesellschaft durchsetzen, in dem dieser in zunehmendem Maße als „eine für alle Bürger sorgende Verwaltungseinheit“ (Otto v. Gierke) angesehen wurde.

WIRTSCHAFTLICHE ZUSAMMENSCHLÜSSE

Die Jahre nach 1873 standen zunächst im Zeichen industrieller Betriebskonzentrationen und Fusionierungen; Zusammenschlüsse einiger Montangewerkschaften, Eisen- und Stahlfabrikanten hatten etwa 1881 zur Gründung der Alpine-Montan-Gesellschaft geführt, und auch in Böhmen und Ungarn entstanden durch Zusammenfassung großer Montangesellschaften neue Industriegiganten. Dieser Konzentrationsprozeß war die logische Konsequenz aus dem Verlangen nach einer maximalen Ausnutzung der Produktionskapazität. Ihm entsprachen auf überbetrieblicher Ebene die Kartellbildungen und sonstige Syndizierungsmaßnahmen, das Verlangen nach Schutzzöllen zur Sicherung der heimischen Produktion und der angestrebte Zusammenschluß in Form internationaler Zollunionen zur Gewinnung eines größeren Marktes. Gemeinsame Interessenverbände, Kartelle und Syndikate zur Regelung der Preise, Festsetzung der Erzeugerquoten und Aufteilung der Absatzmärkte kennzeichneten die dabei seitens der Großbetriebe eingeschlagene Gangart und drückten den kollektivistischen Zug der Zeit aus, der insgesamt ein wesentliches Kennzeichen des „organisierten Kapitalismus“ darstellt. Aber auch der „kleine Mann“ suchte durch Kreditgenossenschaften, Raiffeisenkassen, Konsumvereine und Gewerkschaften in den Genuß „kollektiver Vereinbarungen und organisatorisch unterbauter Zusammenschlüsse“ zu gelangen.

1 O. Kolmer, Parlament und Verfassung in Österreich (1902), Bd. I, S. 188

Dieses Bedürfnis nach kollektiver Sicherheit schlug sich auch in der zünftlerischen Gewerbeprotektion und in landwirtschaftlichen Marktordnungsgesetzen nieder, die eine Petrifizierung der kleinbäuerlich-mittelständischen Sozialstruktur begünstigten, an deren Erhaltung die antiliberale, föderalistisch-konservative Regierung des sogenannten „eisernen Ringes" unter Ministerpräsident Graf Taaffe schon aus wahltaktischen Gründen interessiert war. Nicht zuletzt aus politischen Motiven heraus baute der Staat, der auf der einen Seite ein Sozialistengesetz erließ, auf der anderen Seite seit den achtziger Jahren ein beispielhaftes Sozialversicherung- und Arbeitsschutzsystem auf, das Österreich zu den sozial fortschrittlichsten Ländern der Zeit machte. Die Einführung der obligatorischen Kranken- und Unfallversicherung 1889 schloß diesen ersten Abschnitt der Sozialgesetzgebung ab. Mit dem 1898 im Handelsministerium konstituierten Industrie- und Arbeitsbeirat dokumentierte die Regierung auch die Bereitschaft, in Hinkunft die Wirtschaftspolitik auf eine breitere Basis des Interessenausgleichs zu stellen. Die Neuorientierung zu einer gebundenen Wirtschaftsordnung manifestierte sich nicht nur in der Sozial- und Steuerpolitik, sondern auch in der Außenwirtschaftspolitik, in der Abkehr vom internationalen Freihandel und der Hinwendung zum Schutzzollsystem. Die Einführung des autonomen Zolltarifs 1878/79 betraf zwar vorerst nur wenige Warengruppen, prinzipiell wurde damit jedoch der Weg zum Schutzzoll eingeschlagen. Die Schutzzollbewegung erfuhr eine Verstärkung durch das Einschwenken der Agrarier, die unter dem Importdruck der überseeischen Konkurrenz standen. Der Übergang zum neuen Zollsystem entsprach aber auch fiskalischen Interessen, denn das Argument einer Verbesserung der Staatseinnahmen wurde wiederholt ins Treffen geführt.

DIE ÄRA TAAFFE

DIE SOZIALGESETZGEBUNG

ABKEHR VOM FREIHANDEL

Waren auf diese Weise auf dem Sektor des Verkehrswesens und der Sozialpolitik tiefgehende Eingriffe des Staates erfolgt, so konnte dieser auf dem Gebiet des Finanzwesens auch strukturpolitisch schwerwiegende Entscheidungen realisieren. Die schon längere Zeit diskutierte Steuerreform wurde 1896 mit der Neuordnung der direkten Steuern abgeschlossen; aber bereits vorher war eine Anzahl von Entwürfen zur Neuregelung der Erwerbs-, Renten- und Einkommensteuer verabschiedet worden, die nicht nur auf eine Hebung der Staatseinnahmen abzielte, sondern neben dem fiskalischen Zweck auch eine gleichmäßigere Verteilung der Steuerlasten vorsah. Die neue direkte Personaleinkommensteuer, die auf dem Geldeinkommen beruhte und progressiv bis zu 5% des Einkommens ausmachte, trat neben das bisherige Ertragssteuersystem, das ebenfalls gründlich reformiert wurde; zugleich war mit der Neuordnung der direkten Steuern ein Finanzplan verbunden, der für eine ganze Reihe von Jahren die Entwicklung der staatlichen Einnahmen festlegen sollte. Die Grundsteuer war bereits 1869 im Sinne einer Vereinheitlichung der bisherigen Abgaben geregelt worden, doch zogen sich die hierfür notwendigen Vorarbeiten für die Katasterrevision bis 1881 hin. Sie wurden nun ebenso wie die Erwerbssteuer in eine Kontingentsteuer umgewandelt, d. h. es wurde ein bestimmtes Kontingent für einen längeren Zeitraum festgelegt und dann auf die verschiedenen Gruppen von Steuerzahlern aufgeteilt. Die Reform der indirekten Steuern erstreckte sich hingegen über die ganzen achtziger Jahre, wobei man sich bemühte, die Erhebung konsumfern und produktionsnahe zu gestalten. Wenn man den Gesamtkomplex der Steuerreform betrachtet, so reichen die Vorarbeiten allerdings noch weiter zurück, nämlich bis zum Beginn des 19. Jahrhunderts, und im Grunde genommen war es die erste große Leistung auf diesem Gebiet seit der Zeit Maria Theresias. Vor allem galt es, im Chaos der Steuergesetze Ordnung zu schaffen und eine Reihe von Mißständen zu beseitigen; Österreich sollte nach den Worten Joseph Schumpeters „aus dem Sumpf der Steuerunmoral und veralteten Besteuerungsmethoden" herausgeführt werden und

DIE STEUERREFORM

„endlich ein System direkter Steuern bekommen, welches modernen Anforderungen entsprach".

Die beiden Finanzminister, die der Ära Taaffe ihre Signatur gaben, Dunajewski und Steinbach, sahen ihre Hauptaufgabe in der Neuordnung der Staatsfinanzen. In ihrer Budgetpolitik waren sie streng konservativ, besonders ersterem wurde nachgesagt, sich eines strikten Fiskalismus zu befleißigen.

DR. JULIAN v. DUNAJEWSKI 1880–1891

Dr. Julian Ritter v. Dunajewski, der auf das kurze Interregnum von Emil Freiherr v. Chertek und Adolf Baron Kriegs-Au gefolgt war, erlebte eine überaus lange und erfolgreiche Amtsperiode. Er war der erste, dem es 1880 gelingen sollte, das Budgetdefizit durch drastische Kürzungen, insbesonders bei den Heeresausgaben, auf 60 Millionen Gulden herabzudrücken, im folgenden Jahr sogar auf 10 Millionen, wobei ein Großteil der staatlichen Ausgaben ohnedies auf infrastrukturelle Aufwendungen des Eisenbahn- und Straßenverkehrssektors entfiel. 1889 schaffte er es sogar, den so lang vergeblich angestrebten Ausgleich im Staatshaushalt herzustellen. Von diesem Jahr an verzeichnete der österreichische Staatshaushalt bis zum Ersten Weltkrieg, von ganz wenigen und bedeutungslosen Ausnahmen abgesehen, sogar ständig einen kleinen Überschuß. Diese finanzielle Sanierung, die das überkommene Bild von der „morschen Donaumonarchie" fragwürdig erscheinen läßt, erfolgte keineswegs durch Ausgabensenkung – ganz im Gegenteil, der Staatshaushalt erfuhr eine stärkere Ausdehnung –, sondern der entscheidende Impuls der Sanierung kam von der Einnahmeseite des Budgets.

ENDLICH ERREICHT: DER AUSGLEICH IM STAATSHAUSHALT

DR. EMIL STEINBACH 1891–1893

Dr. Emil Steinbach, ein bedeutender Rechtswissenschaftler, der von 1880 bis 1890 als Sektionschef im Justizministerium maßgeblich an den Gesetzesentwürfen über die Unfall- und Krankenversicherung mitgewirkt hatte, mit denen die neue sozialpolitische Ära in Österreich eingeleitet wurde, sah auf die strenge Einhaltung des von seinem Vorgänger hergestellten Gleichgewichts im Budget und bediente sich dazu souverän des Instrumentariums der Steuerpolitik. Mit seinem Namen ist die Reform der Personalsteuern, noch mehr aber die österreichische Währungsreform verbunden.

DIE WÄHRUNGSREFORM VON 1892

Mit Gesetz vom 2. August 1892 wurde an Stelle der bisherigen österreichischen Silberwährung die Goldwährung eingeführt, deren Recheneinheit die in 100 Heller unterteilte Krone sein sollte. Durch Abschluß eines Münz- und Währungsvertrages mit der ungarischen Krone wurde die Einführung der Goldwährung auf beide Reichshälften ausgedehnt, gleichzeitig wurde das Privileg der Österreichisch-ungarischen Bank bis 1910 verlängert. Seit 1878 konnte man das Ende der Disparität der österreichischen Währung gegenüber dem Silber beobachten. Carl Menger, neben Böhm-Bawerk und Wieser einer der Begründer der österreichischen Schule der Nationalökonomie, erklärte das Verschwinden des Silberagios richtigerweise mit dem Sturz des Silberpreises auf dem Weltmarkt. Im Februar 1879 verzeichnete man erstmals ein 7%iges Disagio des Silbers auf das Papiergeld.

Erst der postliberalen Ära ist es also gelungen, jene entscheidenden Probleme des Budgetausgleichs und der Währungsordnung, um die sich seit den Tagen Kübecks jeder österreichische Finanzminister bemüht hatte, zumindest teilweise einer Lösung zuzuführen.

Trotz dieser Erfolge und trotz der Verringerung der Ansprüche des Fiskus auf dem Kapitalmarkt war aber von einem spontanen Wiederaufleben der erlahmten privaten Investitionstätigkeit wenig zu verspüren. Erst als zu Beginn der neunziger Jahre die negativen psychologischen Einwirkungen der „Großen Depression" allmählich überwunden waren, stellte sich ein neuer Gründerboom ein, der aus dem Aufbau neuer Industrien, aus einer regen kommunalen Bautätigkeit und staatlichen Investitionen im Eisenbahnbau und in der Rüstungswirtschaft heftige Impulse empfing. Es setzte nicht nur ein Wiederaufschwung in den traditionellen Industriezweigen ein, sondern es wurden auch neue Produktions- und Managementtechniken eingeführt, und neue Leitsektoren wie die chemische und die Elektroindustrie traten in den Vordergrund. Die technischen Innovationen und organisatorischen Wandlungen in den Betrieben bedeuteten eine Zunahme der Leistungsintensität und verminderten die Abhängigkeit vom Ausland, so daß man von einer „Dritten Gründerzeit" um die Jahrhundertwende gesprochen hat.

DIE DRITTE GRÜNDERZEIT

Als das Kabinett Taaffe im Herbst 1893 über einen Wahlrechtsreformversuch, der vor allem von Finanzminister Steinbach initiiert worden war, stürzte, wurde Ernst Edler v. Plener, der Sohn des ersten konstitutionellen Finanzministers in Österreich und ein liberaler Zentralist alten Stils, in das auf den „Eisernen Ring" folgende Koalitionskabinett Windisch-Grätz als Finanzminister berufen. Er setzte die Valutareform fort und trat über die gemeinsame Notenbankfrage in Verhandlungen mit Ungarn ein. In einer nationalitätenpolitisch diffizilen Frage fand er jedoch bei seinen eigenen Fraktionskollegen, den Nationalliberalen, keine Unterstützung, so daß es zu einer Regierungskrise kam. Das Kabinett demissionierte, und damit hatte auch Plener, wie ein Abgeordneter maliziös bemerkte, „seine große Zukunft plötzlich hinter sich".

ERNST v. PLENER 1893–1895

Damit ist das Hauptproblem des alten Österreichs während der letzten Dezennien seines Bestehens angesprochen, denn dieses war eindeutig der Nationalitätenkonflikt, der nicht nur aus national-ethnischen und historisch-sprachlichen Wurzeln, sondern auch aus sozioökonomischen Faktoren ganz bestimmte Akzente erhielt. Eines der entscheidenden Probleme war in diesem Zusammenhang der Ausgleich des starken regionalen Entwicklungsgefälles zwischen den einzelnen Ländern. Aus dieser wirtschaftlich unausgewogenen Regionalstruktur ergaben sich divergierende Interessen der einzelnen nationalen und sozialen Gruppen, Spannungen, die von der nationalistischen Bewegung aufgegriffen und in den Dienst politischer Zielsetzungen gestellt wurden. In richtiger Erkenntnis dieses Entwicklungsgefälles versuchte die österreichische Staatsverwaltung die Disproportionalitäten nach Möglichkeit auszugleichen; dazu bediente sie sich insbesonders der Infrastruktur- und Steuerpolitik. So wuchsen etwa die staatlichen Aufwendungen für Infrastrukturzwecke von 1896 bis 1913 von 12 auf 42% der gesamten Staatsausgaben, also um das Dreieinhalbfache. Die wirtschaftlich starken Kronländer leisteten auf Grund ihres höheren Steueraufkommens eine Art „Entwicklungshilfe" für die minder entwickelten Regionen in Dalmatien, Krain, Istrien, Galizien und der Bukowina, aber auch in Tirol und Vorarlberg. Diesen Gebieten wurden staatliche Zuwendungen zuteil, die weit über ihren Beitrag zum Wirtschaftsganzen lagen und meistens auch ihren Beitrag zum Verbrauchssteueraufkommen übertrafen. Österreich verfolgte auf diese Weise eine Politik der Ressourcendispersion, keineswegs der Akkumulation. Dies entsprach in nicht geringem Maße dem Zwang zum Nationalitätenproporz, welcher die österreichische Innenpolitik vor allem während der letzten Dezennien beherrschte.

DIE NATIONALITÄTENFRAGE

Gegenüber den aus parteigebundenen wirtschaftlichen und nationale Sonderinteressen resultierenden partikularistischen Tendenzen war es wichtig, daß sich die Beamtenschaft, deren oberstes Prinzip der Gesamtstaat war, als maßgebliche Führungsschicht behauptete. Nationalitätenhader und Parteienkämpfe, an deren Ende die vollkommene Ausschaltung des Parlaments stand, führten bald dazu, daß die „Bureaukratie allmächtig" wurde, wie es ein Zeitgenosse ausdrückte. Die Unfähigkeit der Parteien zur Regierungs- oder Koalitionsbildung bewirkte, daß man in weiten Kreisen der Öffentlichkeit der Beamtenschaft mehr Befähigung zur Führung des Staates zutraute als den politischen Kräften. Dies galt auch für das Gebiet der Finanzpolitik, denn wenn trotz der politischen Wirren und der nationalen Unsicherheit dennoch auf allen Gebieten der öffentlichen Verwaltung, vor allem jedoch in der Finanzpolitik, ein leistungsfähiges Fundament geschaffen wurde, so war

DIE „ALLMÄCHTIGE BÜROKRATIE"

DR. ROBERT MEYER
JÄNNER/NOVEMBER 1911
DR. LEON v. BILINSKI
1895–1897 1909–1911

dies ein Verdienst dieser oft zu Unrecht geschmähten Bürokratie. Selbst ein so kritischer Beobachter wie Alexander v. Spitzmüller, Gouverneur der österreichischen Bodencredit-Anstalt und selbst kurze Zeit Finanzminister, betonte, daß „damals die Monarchie aus einer ein Jahrhundert alten staatsfinanziellen Notlage, aus Schmach, Unernst und Mißwirtschaft herausgeführt und auf eine gesunde, korrekte und moderne finanzielle Basis gestellt wurde".

Ein letzter origineller Ansatz, die Nationalitätenfrage durch einen ökonomischen Beitrag zu mildern, kam von Ministerpräsident Koerber, der wie die Ministerpräsidenten Gautsch, Bienerth und Beck ebenfalls ein Vertreter der österreichischen Ministerialbürokratie war. Sein Wirtschaftsprogramm versuchte durch verschiedene Verkehrsprojekte die Kronländer enger zu verbinden. Durch Betonung der gemeinsamen wirtschaftlichen Interessen sollte von tagespolitischen Problemen abgelenkt werden. Koerber scheiterte jedoch letztlich am Widerstand des Parlaments und der einzelnen politischen Gruppierungen.

Wenn mitunter heute das Bild der untergegangenen Donaumonarchie positiver ausfällt als zu ihren Lebzeiten, so war dies nicht zuletzt ein Verdienst eben jener Beamtenschaft, die hier als ausgleichendes Element in einem von Parteienkampf und Nationalitätenkonflikt erschütterten Staatswesen fungierte. Wenn unter dem Aspekt der späteren „Verbürokratisierung" darauf hingewiesen wird, daß damals 121 Beamte und 67 Manipulanten (auf vier Sektionen verteilt) genügten, um die Aufgabe der Finanzverwaltung des großen Reiches zu bewältigen, so muß jedoch festgestellt werden, daß der Geschäftsbereich der Finanzverwaltung im Vergleich zu heute noch ziemlich beschränkt war. Die fachliche Eignung der Beamten war allerdings hervorragend, und es gelang in diesen Jahren, die besten Fachleute für den Finanzdienst zu gewinnen. Die Beamten kannten sich noch alle persönlich, man kam in der legendären „Dienstaggesellschaft" nach Dienstschluß in einem Gasthaus der Inneren Stadt häufig zusammen, und überaus eng war auch die Verbindung zwischen der Verwaltungspraxis und der Wissenschaft geknüpft, denn häufig finden sich gerade hinter den Namen der höchsten Beamten des Ministeriums in dieser Ära die Bezeichnungen Privatdozent oder Professor. Neben Böhm-Bawerk und Steinbach sei nur der engste Mitarbeiter des ersteren, Robert Meyer, erwähnt oder auch Karl Marek und Leon v. Bilinski.

DR. EUGEN v. BÖHM-BAWERK
JUNI/SEPTEMBER 1895
1897–1898 1900–1904

Mit Eugen v. Böhm-Bawerk, dessen Name mit der großen Steuerreform von 1896 verbunden ist, stand überhaupt einer der bedeutendsten Nationalökonomen und Staatsmänner seiner Zeit an der Spitze des Finanzressorts. 1889 hatte ihn Dunajewski als Sektionschef in das Finanzministerium berufen, mit dem Auftrag die Reform der direkten Steuern vorzubereiten. 1895 wurde er im Kabinett Kielmannsegg zum ersten Mal Finanzminister, trat jedoch nach ganz kurzer Zeit zurück und war dann im Kabinett Gautsch zum zweiten und im Ministerium Koerber zum dritten Mal Finanzminister. In seine Amtszeit fällt neben der großen Steuerreform auch die im Gegensatz zu Ungarn durchgesetzte Staatsschuldenkonversion, wodurch sich eine jährliche Zinsenersparnis von 7,4 Millionen Kronen ergab, sowie der Abschluß der Brüsseler Zuckerkonvention von 1902 und die Ausarbeitung des sogenannten Koerber-Plans, auf den schon eingegangen wurde. Böhm-Bawerk, der sich wiederholt dagegen verwahrte, daß die österreichische Finanzpolitik den „Prügelknaben der Politik" abgeben sollte, verteidigte während seiner dreimaligen Amtsführung das finanzielle Interesse des Staates sowohl gegen Parlament, Öffentlichkeit und Heeresverwaltung. Auf ihn ging das Wort zurück: „Ein Finanzminister muß stets bereit sein, zu demissionieren und so handeln, wie wenn er niemals demissionieren wollte." Seine Amtsführung war für Österreich eine Zeit korrekter und erfolgreicher Finanzpolitik, obwohl auch er gegen Obstruktion und Anfeindungen zu kämpfen hatte. Schumpeter betonte einmal zu Recht, daß „in einem Staat, in dem das volkswirtschaftliche und finanzpolitische Verständnis auf kleinbürgerliche Vorurteile und agitatorische Phrasen beschränkt, und wo einem Teil der Bevölkerung und großen Parteien jede Verlegenheit des Staates das reine Vergnügen war", die Aufgabe des Finanzministers oft hoffnungslos erschien, und Böhm-Bawerk selbst stellte einmal kritisch fest „Man sagt, und es wird wohl richtig sein, daß sehr viele Private über ihre Verhältnisse leben, gewiß ist es aber, daß seit einiger Zeit sehr viele unserer öffentlichen Körperschaften über ihre Verhältnisse leben".

DIE STEUERREFORM 1896

Die Reform der Erwerbs-, Renten- und Einkommenbesteuerung, deren Diskussion bereits so lange Zeit betrieben wurde, kam wie gesagt 1896 mit der umfassenden Reform der direkten Steuern zu ihrem Abschluß. Interessant ist in diesem Zusammenhang, daß in Österreich zum ersten Mal die Frage der Steuerbelastbarkeit auch wissenschaftlich untersucht und diskutiert wurde. So vertrat Max Menger, der Bruder des berühmten Nationalökonomen und ein führender Abgeordneter, die Auffassung, der Steuerdruck in Österreich müsse langfristig die Entwicklungsfähigkeit der Wirtschaft hemmen. Als besonders nachteilig für die weitere Entwicklung der Industrie wurde die extrem hohe, geradezu prohibitiv wirkende Besteuerung der Aktiengesellschaften empfunden, die zusammen mit den besonders drückenden Landes- und Gemeindeabgaben den Reinertrag bis zu 40% besteuerte, während vergleichsweise die Steuerlast in Deutschland höchstens 10% betrug. Der wichtigste Weg zur Kapitalbeschaffung in der Industrie wurde damit entscheidend eingeengt, so daß im Jahre 1900 der Anteil der Industrieaktiengesellschaften an der Gesamtheit der Industriebetriebe geringer war als 1873. Der Industrierat warf daher auch die Frage der Steuergerechtigkeit auf: „Unter den gegenwärtigen Umständen ist die Industrieaktiengesellschaft mindestens zweimal, mit den Umlagen gewöhnlich drei- bis viermal so hoch besteuert als die Einzelunternehmung". Das heimische Kapital wandte sich daher nur zögernd neuen Finanzierungsaufgaben in der Industrie zu.

FINANZPOLITISCHE ZIELE

Die finanzpolitischen Zielsetzungen während der Zeit der Monarchie unterschieden sich zum Teil ganz wesentlich von denjenigen der Gegenwart, sie waren jedoch auch innerhalb des 19. Jahrhunderts einem gewissen Wandel unterworfen. Dies galt vor allem für die Ziele der Steuerpolitik und das Problem des öffentlichen Kredits. Die Steuern erfüllten zunächst einmal den fiskalischen Zweck, dem Staat Einnahmen zu bringen. In die Steuerlehre drangen jedoch neue Fragestellungen ein, als sich im Verlauf des 19. Jahrhunderts die sozialen Auseinandersetzungen immer mehr zuspitzten und der Konflikt zwischen Liberalismus und Sozialismus auch in der nationalökonomischen Theorie Eingang fand. Der Liberalismus ging von dem Grundsatz aus, daß die Steuern die Verteilung von Einkommen und Vermögen möglichst unberührt lassen sollten, weil sie als Ergebnis der Marktprozesse zwangsläufig „gerecht" sein müsse. Mit fortschreitender Verschärfung der sozialen Konflikte schwand der Glaube an die Leistungsfähigkeit des Marktes im Dienste einer Einkommens- und Vermögensverteilung, und es wurde die Forderung erhoben, daß der Staat mit Hilfe der Steuerpolitik hier korrigierend eingreifen müsse. Das Postulat der steuerlichen Gerechtigkeit, das vor allem durch Adolph Wagner im sozialpolitischen Sinne interpretiert wurde, bestimmte damit die Steuer zum wichtigsten Instrument der Verteilungspolitik, und diese Grundsätze gewannen dann in der Endphase der Monarchie an Gewicht. Auch das Problem des öffentlichen Kredits, das in engem Zusammenhang mit dem Grundsatz des Haushaltsausgleichs stand, muß unter ökonomischem wie unter politischem Aspekt gesehen werden. Der Kameralismus hatte die staatliche Kreditaufnahme als durchaus legitimes Mittel der Kapitalbeschaffung anerkannt und dies mit allgemeinen Erwägungen über die Produktivität der Staatsausgaben gerechtfertigt. Der Staatsbankrott von 1811, aber auch die Beispielswirkung des Zusammenbruchs des Ancien régime in Frankreich infolge seiner maßlosen Überschuldung, führten zu einer Neubeurteilung des öffentlichen Kredits. Man begann nun die staatliche Verschuldung ausgesprochen negativ zu werten; gemäß der liberalen Doktrin konsumierte der Staat bloß und entzog mit seinen Krediten der Volkswirtschaft Mittel, die innerhalb des privaten Sektors produktiver angelegt werden konnten. Dieser Standpunkt, den u. a. David Ricardo wissenschaftlich zu untermauern versuchte, hat die Einstellung des 19. Jahrhunderts zum Staatskredit wesentlich beeinflußt. Es bedurfte erst einer Revision dieser Auffassungen, um die staatliche Schuldaufnahme in ein neues Licht zu setzen. In diesem Zusammenhang ist Adolph Wagners Schrift über „Die Ordnung des österreichischen Staatshaushaltes" (Wien 1863) wichtig geworden, in der er den Kredit unter einer Reihe von Voraussetzungen zu einem durchaus vertretbaren Finanzierungsinstrument erklärte, wobei er vor allem auch auf den Nutzen der so finanzierten Investitionen für künftige Generationen hinwies.

DER STAATSKREDIT

STAAT, LÄNDER UND GEMEINDEN

Träger der Finanzpolitik waren auch damals Staat, Länder und Gemeinden. Der Staat, in finanzwissenschaftlicher Hinsicht das „Ärar" genannt, war allerdings von der Mitte des 19. Jahrhunderts an kein einheitliches Gebilde. Wie bereits ausgeführt, kam es mit dem Ausgleich mit Ungarn 1867 und der Einführung des Dualismus auch in der Finanzwirtschaft zu einer Aufteilung der Staatsgewalt. Die Finanzpolitik wurde von jedem der beiden Teilstaaten autonom gestaltet; darüber hinaus gab es im Rahmen der gemeinsamen Angelegenheiten auch eine Kooperation zwischen den beiden Reichshälften. In der österreichischen war der Staat Träger umfangreicher finanzpolitischer Kompetenzen, und ungeachtet der föderalistischen Struktur hatte er im Vergleich mit anderen europäischen Staaten für die damalige Zeit sehr weitreichende Aufgaben. Er trug etwa die gesamte Organisation der öffentlichen Verwaltung bis hinunter zur untersten Ebene, ihm oblag die Rechtspflege, großteils auch die öffentliche Sicherheit, er hatte innerhalb des Bildungswesens bei Hoch- und Mittelschulen eine beherrschende Stellung und besaß damit für die Gesamtheit der öffentlichen Leistungen ein viel größeres Gewicht als die Zentralgewalt in den meisten anderen europäischen Ländern. Diesen dominierenden Einfluß des Staates bei den Aufgaben entsprach es auch, daß Länder und Gemeinden gegenüber der Zentralverwaltung wenig Bewegungsfreiheit besaßen. Die mit dem Übergang zum Konstitutionalismus erlassenen Landesordnungen bedeuteten dann allerdings nicht allein die Unabhängigkeit der Länder in ihrer Ausgabepolitik, sondern sicherten diesen auch wichtige Kompetenzen in der Einnahmepolitik zu; damit war eine Grundlage gegeben, auf der sich in der Folge die Finanzwirtschaft der Länder kräftig entwickeln konnte. So erstreckte sich die Länder- und Kommunalbesteuerung vornehmlich auf dieselben Ressorts wie diejenigen des Staates, dennoch bestand zwischen ihnen eine strenge Trennung, d. h., jede einzelne Körperschaft blieb allein auf ihren eigenen Steuereinnahmen bzw. auf den Ertrag der Zuschläge zu den Staatssteuern angewiesen. Der Begriff des Finanzausgleichs im modernen Sinne war unbekannt.

ANSTIEG DER STAATSAUSGABEN

In der Periode 1848 bis 1918 fand in Österreich eine starke Vermehrung der Staatsausgaben statt, wobei in Österreich, worauf J. Wysocki hinweist, ein bemerkenswerter Sonderfall in der Finanzgeschichte gegeben sein dürfte: Es ist nämlich das einzige Land, in dem die Staatsausgaben auch in einer Friedensperiode langfristig stärker angestiegen sind als das Volkseinkommen. Es ist dies im Zusammenhang mit dem sogenannten Wagnerschen Gesetz von der relativen Ausdehnung der Staatstätigkeit von besonderem Interesse, weil bisher dessen Wirkung vor dem Ersten Weltkrieg in keinem anderen Land nachgewiesen werden konnte.

Siehe Schaubild Seite 264

Die Zusammensetzung der Staatsausgaben unterlag einem vielfachen Wandel. Wäh-

AUSGABENPOSTEN DES BUDGETS

rend noch in den ersten beiden Jahrzehnten nach 1848 der Militäraufwand eine beherrschende Position einnahm, trat er in der Folge zurück; sein Anteil an den Staatsausgaben, der 1854 mit 51,8% einen Höchstanteil erreicht hatte, sank bis 1910 auf 15,7%. Statt dessen schoben sich andere Ausgabenkategorien in den Vordergrund, wobei den Eisenbahnaufwendungen infolge des Aufbaus eines österreichischen Staatsbahnsystems eine dominierende Rolle zukam. Die Eisenbahnaufwendungen stiegen etwa von 1868 mit 0,06% bis 1910 auf 26,76%. Im Jahre 1910 entfielen rund 33% der gesamten Staatsausgaben auf Eisenbahnen, Post, Telegraphie und Telephon, so daß auf diesem Sektor im kaiserlichen Österreich eine gewisse Sozialisierungstendenz deutlich zu erkennen ist. Die Ausgaben für traditionelle Aufgaben des Staates wuchsen zwar erheblich an, ihr prozentueller Anteil an den Gesamtausgaben aber blieb ziemlich unverändert. So erforderte die allgemeine Verwaltung 1900 ebenso wie 1870 1,2% des gesamten Ausgabenetats. Andere Bereiche, wie die öffentliche Sicherheit oder die Rechtspflege, veränderten sich nur geringfügig. 1910 entfielen auf die Eisenbahnen 26,8%, auf Post und Telegraphie 6,1%, auf die Staatsschuld 18,8% und auf das Militär 15,7% der Ausgaben, um nur die wesentlichsten Ausgabeposten anzuführen. Innerhalb der Entwicklung der Ausgaben gibt es mehrere Kontinuitätsbrüche: der erste 1859/60 als Folge des verlorenen Krieges und der territorialen Verluste; der zweite, 1863/64, hat seine Ursache im Übergang vom Netto- zum Bruttoprinzip; der letzte, 1867/68, ist durch den neuen Dualismus der beiden Reichshälften bedingt. Vor 1867 handelte es sich um kassenmäßige, später um etatmäßige Ausgaben [d. h. diejenigen Ausgaben, die im Vollzug des jeweiligen Haushaltsplanes getätigt werden]. Ein weiteres Charakteristikum ist das völlige Fehlen staatlicher Sozialausgaben, denn diese Leistungen oblagen ausnahmslos den Ländern und Gemeinden.

STAATSEINNAHMEN

Was die Einnahmenseite anbelangt, ist nach Steuern, Zöllen und Erträgen von Finanzmonopolen, nach Gebühren und nach Erwerbseinnahmen zu unterscheiden. Als wesentliches Kennzeichen der modernen Finanzwirtschaft, wie sie sich im 19. Jahrhundert entfaltete, gilt die steigende Bedeutung von Steuern und Zöllen als Instrument der Einnahmenpolitik. Allerdings gewannen in Österreich bis zum Beginn des Ersten Weltkrieges auch die erwerbswirtschaftlichen Einnahmen erheblich an Bedeutung, was vor allem mit der Wiederverstaatlichung der Eisenbahnen in den achtziger Jahren zusammenhängt. Es ist für die Einnahmenpolitik bezeichnend, daß es mit Ausnahme der Einführung der progressiven Einkommensteuer nach 1896 zu keinen großen Neuerungen kam. Einnahmensteigerungen beruhten daher vornehmlich auf Steuererhöhungen. Schon in der sogenannten Defizitperiode griff man zur Sanierung des Staatshaushalts auf dieses Mittel zurück, wobei allerdings die Ausgabensteigerungen stets parallel zu den Einnahmenerhöhungen standen; aber auch später hat es immer wieder Steigerungen der Steuerlast gegeben, so daß trotz aller methodischer Schwierigkeiten, mit denen ein internationaler Steuerbelastungsvergleich zu kämpfen hat, angenommen werden darf, daß Österreich in der Tat „Steuern zu tragen hatte, die über dem europäischen Durchschnitt" lagen. So waren 1910 die Staatsausgaben allein der österreichischen Reichshälfte um einiges höher als etwa in Deutschland die gesamten Ausgaben von Staat, Ländern und Gemeinden zusammengenommen. Eugen von Philippovich, einer der bedeutendsten Ökonomen dieser Epoche, erklärte in diesem Zusammenhang bereits 1897 vor dem Verein für Socialpolitik, daß in Österreich „ein unverhältnismäßig großer Teil des Einkommens . . . für die Zwecke der großen öffentlichen Wirtschaften gebunden (sei)". Dies wiederum war jedoch eine Folge der Tatsache, daß in Österreich der Staat bereits vor dem Ersten Weltkrieg mehr Aufgaben übernommen hatte als in den meisten anderen europäischen Ländern.

Die Finanzkrise im Weltkrieg

Der Ausbruch des Ersten Weltkrieges traf die Finanzverwaltung ähnlich unvorbereitet wie die gesamte österreichische Wirtschaft. Darüber kann auch die Entwicklung des Militärbudgets in den letzten Jahren vor dem Krieg nicht hinwegtäuschen, das im Klima des allgemeinen Wettrüstens wie in anderen Staaten kräftig expandiert hatte. 1913 betrugen (nach deutschen Berechnungen) die Rüstungsausgaben der Monarchie 172 Millionen Dollar; sie waren damit bei einem Pro-Kopf-Anteil von 3,3 Dollar zwar niedriger als bei den westeuropäischen Großmächten, andererseits aber in Relation zum Volkseinkommen höher als etwa in Deutschland und Großbritannien. Pläne oder ausgereifte Vorstellungen über eine finanzielle Mobilmachung existierten jedoch nicht. Die bald nach Kriegsbeginn vorgenommenen ersten Kreditoperationen trugen daher eindeutig Improvisationscharakter. Man behalf sich vorerst mit Lombarddarlehen und Solawechsel; Mitte 1915 ging man zu Notenbankanleihen (ohne ziffermäßige Begrenzung) gegen einfache Schuldscheine über; diese Methode wurde schließlich für die restliche Kriegsdauer beibehalten.

Die formalen Voraussetzungen für diese Vorgangsweise waren schon am 4. August 1914 mit der Suspendierung der Bankakte geschaffen worden, die einen weitgehend ungehinderten Zugang zur Notenpresse ermöglichte. Die anfangs allgemein vorherrschende Meinung, der Krieg werde nur von kurzer Dauer sein, die Hoffnung auf einen durchschlagenden Sieg und ausgiebige Kriegsentschädigung ließen verschiedentlich geäußerte Bedenken gegen diese Art der Bedeckung der Kriegsauslagen in den Hintergrund treten. Je länger sich jedoch der Krieg hinzog, je mehr sich die militärische Lage zuspitzte, desto häufiger mußte man auf die Notenschöpfung zurückgreifen. Ende Oktober 1918 betrugen die Forderungen der Österreichisch-Ungarischen Bank an die österreichische Finanzverwaltung über 25 Milliarden Kronen.

PAPIERGELDVERMEHRUNG UND KRIEGSANLEIHEN

Neben der Papiergeldvermehrung bildeten die Kriegsanleihen, deren Ergebnisse man als eine „Art Volksabstimmung über den Entschluß zum Standhalten" interpretierte, die zweite wesentliche Stütze der Kriegsfinanzierung. Insgesamt wurden in der österreichischen Reichshälfte seit dem November 1914 acht Kriegsanleihen mit einem Nominale von 35 Milliarden Kronen zur Zeichnung aufgelegt. Die gesamten Kriegsschulden Altösterreichs beliefen sich Ende 1918 auf die gewaltige Summe von 68,5 Milliarden Kronen, die der gesamten Monarchie auf 101,6 Milliarden Kronen. Eine Vorstellung von der Dimension dieser kriegsbedingten Staatsschulden gewinnt man, wenn man die Summe mit dem letzten Vorkriegsbudget vergleicht: Die etatmäßigen Ausgaben Österreich-Ungarns lagen 1913 lediglich bei 5 Milliarden Kronen.

Die zunehmende Güterknappheit bei gleichzeitiger Bedarfssteigerung hätte wohl auch dann Preiserhöhungen ausgelöst, wenn keine Geldfülle hinzugetreten wäre. Die inflatorische Notenschöpfung als Instrument der Kriegsfinanzierung verursachte aber zusätzlich einen beträchtlichen monetären Überhang, der sich partiell an der Entwicklung des Notenumlaufs ablesen läßt. Die gesamte Banknotenzirkulation erhöhte sich zwischen Ende Juli 1914 und Ende Oktober 1918 von 3,4 Milliarden Kronen auf 43,8 Milliarden Kronen, also um rund das Vierzehnfache. Das gravierende Mißverhältnis von Papiergeldflut und fortschreitender Entgüterung bewirkte einen wachsenden inflationären Druck, der sich weniger im Wechselkurs als im Anstieg der Lebenshaltungskosten widerspiegelte. Während der Außenwert der

Das Hauptportal des Winterpalais des Prinzen Eugen in der Himmelpfortgasse. Vergleicht man die Balkonkrönung mit dem zeitgenössischen Stich Salomon Kleiners (s. Vorsatz), so bemerkt man, daß der Doppeladler mit dem Wappen eine spätere Ergänzung ist.

Oben: Das Vestibül. In der Wandnische links die Monumentalplastik eines Wassergottes mit Meeresmuschel, die dem Eingang zum Treppenhaus genau gegenüberliegt. Rechts im Bild ist das schöne schmiedeeiserne Gittertor zur Prunkstiege sichtbar.

Rechte Seite: Die Prunkstiege, ein Meisterwerk Johann Bernhard Fischer von Erlachs, dem hier auf beschränktem Raum eine großartige architektonische Lösung gelang. Der Herkules in der zentralen Wandnische bildet mit dem Wassergott des Vestibüls eine Querachse, die in der Raumkomposition von Vestibül und Treppenhaus eine zusätzliche Verschränkung darstellt.

Zwei Details aus dem Treppenhaus, die die geniale Einbindung plastischer Elemente in die Treppenkonstruktion zeigen. Zusammen mit der zentralen Nischenfigur bewirken die Atlanten (oben) eine beinahe völlige Auflösung statischer Strukturelemente; auch die Voluten der Brüstung mit den für Fischer v. Erlach typischen Vasendekorationen betonen das Fließend-Aufwärtsstrebende. Die Bergmanngruppe (rechte Seite, links oben) in der Mitte des oberen Treppenabsatzes ist eine Ergänzung des 19. Jh.; an dieser Stelle führte ursprünglich eine Tür zum Großen Saal.

Oben: Das Bild zeigt die erlesene Ausarbeitung der Details und den Reichtum an dekorativen Elementen in der Einrichtung der Prunkräume, die dennoch nie überladen wirkt.
Vorhergehende Doppelseite: Das große Deckenfresko des Treppenhauses, „Apoll im Sonnenwagen", von Louis Dorigny.
Die Figuren des Apoll wie des Herkules sind direkte Anspielungen auf die Person des Bauherrn, eine im Barock durchaus übliche Form der Huldigung.

Oben: Der Rote Salon. Die Gemälde stellen Kaiser Joseph I., 1705–1711, und den Prinzen Eugen zu Pferd dar.
Folgende Doppelseite: Das Deckenfresko im Roten Salon, „Die Aufnahme des Herkules in den Olymp", stammt von Andrea Lanzani, die Architekturmalerei von Marcantonio Chiarini.

Der Gelbe Salon. Hier befand sich zu Zeiten des Prinzen Eugen die Galerie; heute wird der Salon als Sitzungsraum verwendet. Das Gemälde an der Stirnseite des Raumes stellt den Vater des Prinzen dar; daneben ein Schlachtenbild aus dem 18. Jh.

Das Gemälde Carl Molls (1861–1945) zeigt die Zimmerflucht der Prunkräume von der Ostseite her und gibt einen Begriff vom Zustand der Innenräume des Palais zu Beginn dieses Jahrhunderts. BM für Finanzen, Wien.

Oben: Der Blaue Salon. Viele der Prunkräume in ihrer heutigen Gestalt – Roter, Gelber, Blauer, Grüner Salon – beziehen ihre Namen von der Farbe der Seidendamastbespannung ihrer Wände. Die Porträts stellen zwei Habsburger aus der Zeit nach Prinz Eugen dar, links Franz II. (1792–1806), als Kaiser von Österreich Franz I. (1804–1835), der „gute Kaiser Franz", und rechts Joseph II. (1765–1790), der Aufklärer auf dem Kaiserthron.

Linke Seite: Eine heitere Note in den gemessenen Pomp der Prunkräume bringen die köstlichen Groteskmalereien des Aachener Malers Jonas Drentwett, der auch an der Innenausstattung des Belvedere mitwirkte.

Folgende Doppelseite: Das Mittelfeld des Deckenfreskos im Blauen Salon, dessen Architekturmalerei wieder Marcantonio Chiarini beisteuerte, stammt von Louis Dorigny, dem Schöpfer des Treppenhaus-Freskos.

Rechts: So sah ein unbekannter Maler zu Beginn des 19. Jh. das Goldkabinett: als Frühstückszimmer des damaligen Hausherrn, des kaiserlichen Finanzministers Graf Stadion.
Vorhergehende linke und rechte Seite: Das Goldkabinett oder Spiegelzimmer, der prächtigste untèr den Prunkräumen, diente dem Prinzen Eugen als Imbißraum bzw. Frühstückszimmer. Zwei einander gegenüberliegende Spiegel, die das in ihnen reflektierte Bild bis ins Unendliche zurückwerfen, sorgen für einen speziellen optischen Effekt, der den Reiz des Raumes noch verstärkt.

Rechte Seite: Von der Decke des Goldkabinetts mit ihrem einmaligen blattvergoldeten Schnitzwerk zeigte sich Kaiserin Maria Theresia so beeindruckt, daß sie nach Übernahme des Palais die Order erteilte, die Decke abzumontieren und nach Schönbrunn zu überführen. Das war aber nicht möglich, weil die ganze Dekoration an Ort und Stelle aus einem einzigen Stück Lindenholz geschnitzt worden war und eine Verlagerung nicht überstanden hätte – zum Glück für das Winterpalais, kann man sagen.
Oben: Ein weiteres Detail mit Grotesken von Drentwett.

Oben und rechte Seite: Die Kapelle gehört nicht dem ursprünglichen Baubestand aus der Zeit des Prinzen an (die Privatkapelle Eugens befand sich in seinen Privaträumen im Hintertrakt des Palais), sondern entstand erst beim Umbau des Palais nach 1752. Beachtenswert ist die großartige Scheinarchitektur des winzigen Raumes, die in perspektivischer Sicht (rechte Seite) besonders gut zur Geltung kommt. Die Fenster links sind echt, die auf der rechten Bildseite gemalt.

Vorhergehende Doppelseite: Der Schlachtenbildersaal. Die hier ausgestellten Bilder befanden sich zu Zeiten des Prinzen Eugen in dem (heute nicht mehr bestehenden) Großen Saal, wo sie nach 1752 abmontiert wurden und ins Depot kamen. Durch eine glückliche Fügung kehrten sie 1947 wieder in das Winterpalais zurück und wurden im ehemaligen Empire-Saal angebracht, der seither Schlachtenbildersaal heißt. So wie sich die Gemälde heute präsentieren, würde niemand auf den Gedanken kommen, der Saal hätte je einem anderen Zweck gedient, als diese Bilder aufzunehmen.

Links: Der Grüne Salon. Zusammen mit dem benachbarten Schlachtenbildersaal bildete es einst den Großen Bibliothekssaal des Prinzen Eugen. An den Wänden von links nach rechts die Porträts Kaiser Karls VI., 1711–1740, seiner Tochter Maria Theresia, 1740–1780, und ein weiteres Bildnis des Prinzen Eugen als Feldherr im Harnisch und mit Marschallsstab.
Oben: Die reizende Boulle-Uhr ist eine Nachbildung aus dem frühen 19. Jh.

Rechte Seite: Blick vom Grünen Salon durch die Zimmerflucht der Prunkräume.
Vgl. dazu das Gemälde auf S. 117, das dieselbe Ansicht von der entgegengesetzten Seite bietet.
Oben: Der Präsidialsitzungssaal war ursprünglich der Kleine Bibliothekssaal des
Prinzen. Im Zuge der Restaurierung 1967–1972 wurde er mit Wandtäfelchen mit
Grotesken von Drentwett ausgestattet.

Kein Doppeladler, sondern ein Adlerpaar wacht hier über den österreichischen Bindenschild.

Krone, bedingt durch die stark reduzierten außenwirtschaftlichen Verflechtungen während des Krieges, bis zum Zusammenbruch lediglich auf ein Drittel sank, stiegen im gleichen Zeitraum die Lebenshaltungskosten auf mehr als das Sechzehnfache. Über das tatsächliche Ausmaß der Teuerung ließ man allerdings die breite Öffentlichkeit im unklaren, da keine Preisindizes publiziert wurden und auch Nachrichten über Kursnotierungen der Krone auf den Devisenmärkten der Zensur unterworfen waren. Man glaubte offensichtlich, schrieb die „Neue Freie Presse“ nach dem Krieg, „durch das Verbot, die Wahrheit über den sinkenden Geldwert zu sagen, das Disagio selbst aus der Welt schaffen zu können“.

EIN INFLATIONÄRER KURS

Es kann kein Zweifel darüber bestehen, daß es möglich gewesen wäre, durch eine zielstrebige Geld- und Finanzpolitik die aus der Kriegsfinanzierung resultierenden Inflationsimpulse abzuschwächen. Da man aber einerseits den Kriegsanleihezeichnern die Begünstigung einräumte, über den Weg des Lombards jederzeit wieder zu Bargeld zu kommen, andererseits eine unverkennbare steuerpolitische Zurückhaltung an den Tag legte, konnte keine durchschlagende Abschöpfung des Geldüberhanges erreicht werden. Die Finanzverwaltung, an deren Spitze bei Kriegsausbruch August von Engel stand, befürchtete anfangs, durch ein Anziehen der Steuerschraube die Umstellung auf die Kriegswirtschaft zu stören. So ging man erst 1916 unter Engels Nachfolger Karl v. Leth zu einer konsequenteren Steuerpolitik über. Die einschneidendste Maßnahme bildete die Einführung der Kriegsgewinnsteuer im April 1916, durch die Mehreinkommen bzw. Mehrerträgnisse der Erwerbsgesellschaften seit 1914 erfaßt wurden.

DR. KARL MAREK
OKTOBER/DEZEMBER 1916
DR. ALEXANDER
v. SPITZMÜLLER 1916–1917
DR. FERDINAND v. WIMMER
1917–1918

In der zweiten Kriegshälfte schien es aber schon wegen der labilen Stimmung im Vielvölkerstaat wenig ratsam, diese ansatzweise härtere steuerpolitische Linie fortzusetzen. Die von den Finanzministern dieser Periode – Karl Marek, Alexander v. Spitzmüller und Ferdinand v. Wimmer – verfügten Maßnahmen (Erhöhungen der Staatsbahntarife, der Tabakpreis, der Post-, Telegraphen- und Telephongebühren, der Branntwein- und Biersteuer usw.) bewegten sich daher in relativ engen Grenzen, führten kaum zu einer Entlastung der Staatsfinanzen und blieben auch „in ihrer Wirkung auf das Geldwesen von geringem Einfluß“ (A. Popovics). Es entsprach wohl der inneren Logik des Systems, zwar die Wehrkraft der Bevölkerung im Interesse des bedrohten Staates auszuschöpfen, Besitz und Einkommen aber möglichst unangetastet zu lassen. Insgesamt wurden die österreichisch-ungarischen Kriegsausgaben nur zu 12,6% aus dem Steueraufkommen finanziert, hingegen zu 80,4% durch inländische und zu 7% durch ausländische Kredite.

Die schwere Zerrüttung der österreichischen Finanzen, die der Erste Weltkrieg ausgelöst hatte, spiegelt sich recht eindringlich auch in den Ziffern des Staatsvoranschlages für das letzte Kriegsjahr 1917/18 wider. Dieser sah Ausgaben von 23,8 Milliarden Kronen vor, von denen nur etwa ein Fünftel, nämlich 4,9 Milliarden Kronen, durch Einnahmen gedeckt waren.

ABBAU DER
STAATSSCHULD, ABER WIE?

Die überaus prekäre Situation der Staatsfinanzen bildete auch ein zentrales Thema in der seit 1917 einsetzenden Diskussion über die nach dem Krieg zu bewältigenden Wirtschaftsprobleme. Dabei wurde vielfach die Auffassung vertreten, daß ein Abbau der enormen Staatsschuld mit traditionellen fiskalischen Mitteln unmöglich sei. Als Ausweg aus der Finanzmisere wurde zumeist eine Ausweitung der Staatsmonopole propagiert, eine Idee, die um so naheliegender war, als die Kriegsökonomie mit ihrer Verdichtung des staatlichen Interventionismus und mit ihrer Tendenz zu betrieblicher Konzentration und Kartellbildung eine günstige Ausgangsbasis für einen solchen Schritt darstellte.

Aus der Flut der Lösungsvorschläge ragen zwei Studien heraus, die als erste Versuche einer theoretischen Durchleuchtung der gesellschaftlichen Relevanz des Staatshaus-

STEUERSTAAT ODER STAATSKAPITALISMUS

haltes gelten können und die bis heute nichts an Aktualität eingebüßt haben: Rudolf Goldscheids „Staatssozialismus oder Staatskapitalismus" und Joseph Schumpeters „Die Krise des Steuerstaates"[1]. Mit seiner 1917 erschienenen „bahnbrechenden Skizzierung der Fiskalkrise des bürgerlichen Staates" wurde Goldscheid zum Begründer der Finanzsoziologie, die er als „wechselseitigen funktionalen Zusammenhang zwischen Staatsfinanzen und gesellschaftlicher Entwicklung" definierte.

Die Krise der Staatsfinanzen, so lautete seine Ausgangsthese, sei keine zufällige, sondern eine systemimmanente. Die Geschichte des industriewirtschaftlichen Zeitalters sei gleichzeitig die Geschichte der Expropriation des Staates gewesen; komplementär zur Zusammenballung riesiger Privatvermögen habe sich die fortschreitende Staatsverarmung vollzogen. Der Staat der Gegenwart sei gezwungen, „ganz und gar im Geiste seiner Gläubiger zu funktionieren . . ."

Der Krieg habe diese Abhängigkeitsstrukturen nicht nur allgemein transparent gemacht, sondern er stelle auch einen Wendepunkt dar. Die enorme Schuldenlast des Staates müsse unausweichlich zu einer Abkehr von der bisherigen Wirtschaftsordnung führen. Die Zeiten seien endgültig vorüber, „wo man noch, behaglich über die Grenzen der Wirksamkeit des Staates philosophierend, diese möglichst eng zu stecken bemüht sein konnte. Staaten, die Träger von ungezählten Milliarden negativen Kapitals geworden sind, lassen sich nicht mehr zu einer Art Nachtwächterrolle degradieren, sie wandeln sich vielmehr mit innerer Zwangsläufigkeit von einem bloßen Gehäuse der Wirtschaft zu deren eigentlichem Motor um".

In einer brillanten Replik gab der bedeutende Nationalökonom Joseph Schumpeter zwar ebenfalls seiner Überzeugung Ausdruck, daß der Steuerstaat als Korrelat der privatkapitalistischen Konkurrenzwirtschaft im Zuge der gesellschaftlichen Entwicklung zum Absterben verurteilt sei, wandte sich allerdings gegen die Schlußfolgerung, als Konsequenz des Krieges sei der Übergang zum Staatskapitalismus notwendig. Gerade angesichts der schweren wirtschaftlichen Erschöpfung könne ein rascher Wiederaufbau am besten durch eine Rückkehr zum erprobten Prinzip des Wirtschaftsliberalismus gewährleistet werden. Die dadurch eingeleitete wirtschaftliche Erholung würde aber den Staat in die Lage versetzen, mit seinem herkömmlichen fiskalpolitischen Instrumentarium den im Krieg angehäuften Schuldenberg abzutragen.

DAS ENDE DER MONARCHIE

Aber der Staat, den Schumpeter für fähig hielt, das Problem der Kriegsverschuldung zu bewältigen, hörte im Herbst 1918 auf zu bestehen. Am 30. Oktober wurde die „Provisorische Nationalversammlung für Deutschösterreich" konstituiert; die erste deutschösterreichische Regierung unter dem Vorsitz von Karl Renner übernahm von dem drei Tage vorher gebildeten letzten kaiserlichen Kabinett unter Heinrich Lammasch (der offiziell erst am 11. November zurücktrat) die Regierungsgeschäfte. Die Leitung des Finanzministeriums ging von Josef Redlich, einem anerkannten Verwaltungsjuristen, an den deutschnationalen Staatssekretär Otto Steinwendner über. Die Geschichte der Habsburgermonarchie war zu Ende gegangen. Die Hauptlast der finanziellen Liquidation des untergegangenen Reiches fiel nun auf die am 12. November 1918 begründete Republik.

1 R. Goldscheid, Staatssozialismus oder Staatskapitalismus. Ein finanzsoziologischer Beitrag zur Lösung der Staatsschulden-Probleme (1917); J. Schumpeter, Die Krise des Steuerstaates (1918). Zusammengefaßt sind beide Arbeiten in: R. Goldscheid – J. Schumpeter, Die Finanzkrise des Steuerstaates (1976)

Die Erste Republik

Umbruch und Nachkriegsinflation

EIN SCHWERER ANFANG

Die junge Republik stand auch in ihrer staatsfinanziellen Gebarung, als deren formaler Beginn der 1. November 1918 festgesetzt wurde, vor einer äußerst schwierigen Ausgangsposition. Die endgültigen Grenzen des neuen Staates waren unbekannt, „weder Vermögen noch Einnahmen noch Ausgaben waren abschätzbar. Es mußte sozusagen ein Geschäftsunternehmen ohne Anfangsbilanz eröffnet werden". Noch der Budgetvoranschlag für das Rechnungsjahr 1919/20 war in zwei Gruppen geteilt. Die erste betraf die von Deutschösterreich tatsächlich verwalteten Gebiete unter teilweiser Berücksichtigung von Südtirol. Hingegen wurde die Budgetierung für Deutschböhmen, das Sudetenland sowie für die beanspruchten südböhmischen und -mährischen Regionen, die der Administration entzogen waren und für die auch keine Präliminaranträge der Unterbehörden vorlagen, mit einer Pauschalreserve vorgenommen. Dem Staatsvoranschlag war die Erklärung beigefügt, daß aus dieser Budgetierung keineswegs die Schlußfolgerung eines Verzichts Deutschösterreichs auf diese umstrittenen Gebiete abgeleitet werden dürfe.

Die Unübersichtlichkeit der Gebarung wurde überdies dadurch erhöht, daß die Regierung – im Gegensatz zu den übrigen Nachfolgestaaten – anfangs davor zurückscheute, einen scharfen Trennstrich zur altösterreichischen Finanzverwaltung zu ziehen. In der Erwartung, „doch noch zu einer ordentlichen finanziellen Auseinandersetzung und Abrechnung mit den übrigen Staaten zu gelangen, übernahm sie die Verpflichtung, nebst der eigenen Verwaltung auch noch die Geschäfte des alten Reiches treuhändig zu besorgen. Ja sie mußte sich sogar hüten, die verknüpften Fäden zu entwirren, um den ‚Miterben' nicht schädliche Präjudize zu liefern." (F. Klein.)

DAS ERSTE BUDGET

Die Budgeterstellung beruhte daher anfangs mehr auf Improvisation als auf realen Grundlagen. Für die erste Rechnungsperiode vom 1. November 1918 bis zum 30. Juni 1919 konnte der Abschluß erst zu Beginn des Jahres 1922 fertiggestellt werden: Die etatmäßige Gebarung war bei Ausgaben in der Höhe von 3,7 Milliarden Kronen und Einnahmen von 3,1 Milliarden Kronen zwar mit rund 600 Millionen Kronen passiv, das Defizit konnte aber, zieht man die spezifischen Umstände der Umsturzperiode ins Kalkül, in überraschend engen Grenzen gehalten werden. Dieses günstige Ergebnis war in erster Linie Ausdruck einer rigorosen Fiskalpolitik, die Finanzstaatssekretär Otto Steinwender in den ersten Nachkriegsmonaten eingeschlagen hatte. Durch eine konsequente Ausschöpfung bereits vorhandener und durch die Einführung neuer Steuern (wie der Kontokorrentzinssteuer) versuchte er mit Erfolg, wenigstens ein annäherndes Gleichgewicht im Staatshaushalt zu erzielen. Seine kompromißlose Vorgangsweise stieß aber immer wieder auf heftigste Reaktionen in der Öffentlichkeit.

DR. OTTO STEINWENDNER
1918–1919

Als beispielsweise im Jänner 1919 die Finanzbehörden begannen, Steuernachzahlungen größeren Ausmaßes einzufordern, da zahlreiche Wirtschaftstreibende während des Krieges durch die Personalknappheit in den Finanzämtern jahrelang nicht veranlagt worden waren, brachte dies geradezu eine Lawine ins Rollen. Die „Neue

Freie Presse“ etwa nahm zwei Selbstmorde Wiener Gewerbetreibender, die angeblich nach Erhalt von Vorschreibungen „ihrem unerträglich gewordenen Steuerdasein ein Ende bereitet“ hatten, zum Anlaß, um mit Schlagzeilen wie „Steuerflucht ins Jenseits“ eine wütende Polemik gegen Steinwendner zu starten; sie wies darauf hin, daß sich das Bürgertum „für eine Finanzpolitik, die den natürlichen Wunsch, die Staatskassen zu füllen, bis zur Steuerraserei übertreibt, nicht länger mißbrauchen lassen“ werde. Ende Jänner 1919 inszenierten Interessensverbände sogar Geschäftssperren, Protestversammlungen und einen Zug über die Wiener Ringstraße. Der „Österreichische Volkswirt“, die wohl bedeutendste Wirtschaftszeitung der damaligen Zeit, kommentierte diese „Mittelstandsrevolution“ mit der Bemerkung, es handle sich dabei zwar lediglich um ein Wiederaufleben des schon für die Monarchie typischen permanenten Kampfes zwischen Fiskus und Steuerzahler, aber die Organisatoren hätten nunmehr gelernt, „sich der Mittel, die die revolutionäre Bewegung in Übung gebracht hat, zur Erreichung ihrer Zwecke zu bedienen: Massenversammlungen und Umzüge, Streiks und Drohungen, vor denen früher der sogenannte ruhige Bürger zurückgeschreckt wäre“.

DR. JOSEPH SCHUMPETER
MÄRZ/OKTOBER 1919

Nach den Februarwahlen 1919 trat anstelle der bisherigen Konzentrationsregierung eine Koalition zwischen Sozialdemokraten und Christlichsozialen. Neuer Finanzminister wurde der schon damals über Fachkreise hinaus bekannte parteiunabhängige Ökonom Joseph Schumpeter. Dieser Wechsel bedeutete ein gewisses Umschwenken der Finanzpolitik von einer pragmatischen auf eine mehr programmatische Linie. Schumpeter versuchte sich im Gegensatz zu seinem Vorgänger weniger als unerbittlicher Steuereintreiber zu profilieren, sondern vor allem Problemlösungskompetenz zu demonstrieren. Besondere Hoffnungen setzte er auf die Vermögensabgabe, die er als Basiselement für eine staatsfinanzielle Konsolidierung ansah.

Der Gedanke einer einmaligen Vermögensabgabe war schon während des Krieges aufgetaucht und sofort nach dem Umbruch wieder aufgegriffen worden. Bereits im

Wenn die Reparationskommission kommt! Zeichnung von Theo Zasche

November 1918 wurde eine Enquete abgehalten, in der zwar allgemein die Notwendigkeit eines „heroischen Opfers" betont, eine sofortige Einhebung aber zumeist als nicht opportun bezeichnet wurde, da einerseits das Staatsgebiet noch nicht feststand und man andererseits keine im Vergleich zu den übrigen Nachfolgestaaten abweichende Fiskalpolitik einschlagen wollte, um nicht die Gefahr von Kapitalabwanderungen heraufzubeschwören.

Obwohl dennoch in der Folge beträchtliche Vermögenswerte in die Nachfolgestaaten und ins übrige Ausland transferiert und damit dem Zugriff der Finanzverwaltung entzogen wurden, entschloß man sich erst im März 1919, die Vorbereitung der Vermögensabgabe in Angriff zu nehmen. Wichtigste Maßnahme bildete eine Vollzugsanweisung, die den Anmeldezwang und die teilweise Sperre für Wertpapiere, Spareinlagen, Kontokorrentguthaben, Bargeldbestände in Safes, Luxusvermögen und für im Ausland befindliche Vermögenswerte verfügte. Auch diese Verordnungen blieben erwartungsgemäß nicht ohne Widerspruch. Österreich in seiner Wehrlosigkeit, wurde kritisiert, brauche die „Schaustellung der Armut", die Finanzverwaltung jedoch wolle „die Schaustellung des Reichtums vorbereiten". Es sei eine fahrige Maßnahme schrieb die „Neue Freie Presse", „wenn vor dem Friedensschluß die Aufmerksamkeit beständig auf Milliarden, die in Deutschösterreich zu holen sind ... hingelenkt wird. Wir spielen unsere letzte Karte aus und wissen vor der Unterzeichnung des Friedensvertrages nicht, wer sie stechen wird."

DER FRIEDE VON ST-GERMAIN 1919

Die Friedensverhandlungen waren im Mai 1919 begonnen worden, die endgültigen Bedingungen wurden schließlich am 2. September überreicht und am 6. September von der österreichischen Nationalversammlung unter Protest angenommen. Obwohl der endgültige Vertragstext im Vergleich zum ersten Entwurf vom 2. Juni 1919 wesentliche Milderungen enthielt, reagierte die österreichische Öffentlichkeit auf das „Diktat von St-Germain" mit einem „Schrei der Empörung", der schließlich in eine manifeste Ablehnungspsychose mündete. Neben den territorialen Verlusten wurden vor allem auch die wirtschaftlichen Klauseln des Vertrages als ruinös angesehen. Die weitverbreitete und kaum gerechtfertigte Rezeption des Vertrages als „wirtschaftlicher Vernichtungsfriede", die einerseits nur aus der massenpsychologischen Disposition der Nachkriegszeit zu verstehen ist, andererseits aber auch daraus resultierte, daß man wegen der Komplexität des Vertragswerkes das volle Ausmaß der Folgewirkungen vorerst kaum abschätzen konnte, ließ die staatsfinanziellen Konsequenzen ebenfalls in einem allzu trüben Licht erscheinen.

Der spezifische Inhalt der finanziellen Bedingungen von St-Germain kann hier nur kurz gestreift werden. Österreich bekam zwar Reparationszahlungen auferlegt, die aber niemals eingefordert wurden; 1930 wurden sie schließlich durch das Haager Abkommen endgültig annulliert. Das in St-Germain in Zusammenhang mit den Reparationen ausgesprochene Generalpfandrecht beschnitt allerdings in den ersten Nachkriegsjahren nicht unwesentlich den österreichischen Kreditspielraum. Ungünstig schnitt Österreich bei der Aufteilung der altösterreichischen Staatsschuld ab, von der die Republik (bei einem Bevölkerungsanteil von 22,2%) 36,8 Milliarden oder 46,1% übernehmen mußte.

SCHUMPETERS SANIERUNGSKONZEPT

Nach Abschluß der Friedensverhandlungen legte Schumpeter Ende 1919 dem Kabinettsrat ein Finanzkonzept vor, das in zweifacher Hinsicht Beachtung verdient. Zum einen bildete es den ersten umfassenden und konkreten Sanierungsplan in der Ära der Ersten Republik, zum anderen stellte es eine persönliche Arbeit Schumpeters dar, die er ohne Heranziehung der Beamten seines Ministeriums konzipiert hatte und die damit einen unmittelbaren Eindruck von den finanztherapeutischen Fähigkeiten dieses bedeutenden Nationalökonom vermittelt.

In seinen Ausführungen lehnte er den in der Öffentlichkeit mitunter ventilierten

Gedanken eines Staatsbankrotts ebenso kategorisch ab wie die verschiedentlich vertretene Forderung nach einem scharfen Deflationskurs. Er vertrat die Auffassung, daß zwar die inflationäre Geldschöpfung sofort beendet werden müsse, die vorhandenen Noten aber, denen sich die Volkswirtschaft allmählich angepaßt hatte, weiter in Zirkulation bleiben sollten. Ziel des Finanzplans war es, innerhalb von vier Jahren eine weitgehende Stabilisierung des Staatshaushaltes herzustellen. Ein gewisses Budgetdefizit sollte aber beibehalten werden, „denn ein in den Einnahmen und Ausgaben vollkommen ausbalanciertes Budget ist aus außenpolitischen Gründen nicht wünschenswert". (Schumpeter deutete damit an, daß ein vollkommen ausgeglichenes Budget als endgültige wirtschaftliche Konsolidierung Österreichs gewertet werden würde und die Siegermächte dann auf eine Abstattung der Reparationszahlungen dringen könnten.) Die Weichen für die Budgetsanierung sollten durch eine Erhöhung der direkten Steuern, der Gebühren, aber auch der indirekten Steuern gestellt werden, die in der Kriegs- und Nachkriegszeit aus politischen und sozialen Gründen niedrig gehalten worden waren. Als „wichtigsten Schritt auf dem Wege zur finanziellen Rettung" bezeichnete er aber insbesondere die endgültige Durchführung der Vermögensabgabe.

Das durchaus erfolgversprechende Konzept Schumpeters erhielt auch die Zustimmung im Kabinettsrat, blieb jedoch unausgeführt. Die Stellung des Finanzstaatssekretärs innerhalb der Regierung war nämlich zu diesem Zeitpunkt bereits unhaltbar geworden. Schumpeter hatte sich durch engagierte Stellungnahmen zu aktuellen politischen Fragen zunehmend in einen Gegensatz zur offiziellen Regierungspolitik, vor allem aber zu Otto Bauer, dem führenden Exponenten der Sozialdemokratie, hineinmanövriert. Schumpeter sprach sich wiederholt offen gegen den von den Sozialdemokraten und von nationalen Kreisen propagierten Anschluß aus, wandte sich unverblümt gegen die vor allem seit Beginn der Friedensverhandlungen zur Staatsdoktrin erhobenen These von der Lebensunfähigkeit Österreichs und distanzierte sich auch immer deutlicher von den Sozialisierungsabsichten, die von den Sozialdemokraten (und anfangs auch von den bürgerlichen Parteien) verfolgt wurden. Ein Ereignis im Zusammenhang mit der Sozialisierungsfrage bildete schließlich auch den endgültigen Stolperstein für den Finanzstaatssekretär. Die von der Sozialdemokratie geplante Vergesellschaftung des größten österreichischen Industrieunternehmens, der Alpine Montangesellschaft, wurde dadurch vereitelt, daß durch plötzliche Spekulationskäufe ein beträchtlicher Teil der Alpine-Aktien in italienische Hände geriet. Otto Bauer beschuldigte Schumpeter offen, die Vorgänge um die Alpine initiiert zu haben, um die Sozialisierung des Unternehmens zu sabotieren; dieser wiederum bestritt vehement jede Beteiligung an dem Börsenmanöver. Die bis heute ungeklärte „Alpine-Affäre" war jedenfalls der unmittelbare Anlaß, daß Schumpeter bei der Kabinettsneubildung im Oktober 1919 nicht mehr berücksichtigt wurde, nachdem ihm bereits vorher eine Darlegung seines Finanzplanes vor dem Hauptausschuß des Nationalrats verweigert worden war. So gelangte der authentische Inhalt des Schumpeterschen Programms auch niemals in die Öffentlichkeit.

DR. RICHARD REISCH
1919–1920

Schumpeters Nachfolger wurde Richard Reisch, ein nüchterner, praxisorientierter Finanzpolitiker, der von Anfang an auf eine umfassendere Programmatik verzichtete und es mit einer „Politik der kleinen Schritte" versuchte. Im Mittelpunkt des an sich recht dürftigen finanzpolitischen Teils der Regierungserklärung stand zwar wiederum die Vermögensabgabe, die in der Folge aber zunehmend Objekt eines fruchtlosen innenpolitischen Stellungskrieges wurde und einen der Gründe für das endgültige Auseinanderbrechen der Koalition im Juni 1920 bildete. Als die Vermögensabgabe im Sommer 1920 doch noch beschlossen wurde, stellte sie nur mehr einen lauen Kompromiß dar. Problematische Durchführungsbestimmungen und Bewertungsvor-

schriften sowie zu lange Einzahlungsfristen führten dazu, daß angesichts der rapid fortschreitenden Geldentwertung die zu leistenden Beträge ihrem Realwert nach bald ins Bedeutungslose zusammenschrumpften. Die Vermögensabgabe brachte damit nur eine kurzfristige Entlastung des Staatshaushaltes, aber keinen Beginn einer Sanierung.
Das Scheitern der Vermögensabgabe bildete eine einschneidende Zäsur in der Finanzpolitik der Nachkriegsperiode. Ab diesem Zeitpunkt begann sich immer deutlicher eine Entwicklung abzuzeichnen, die im wesentlichen durch drei Grundtendenzen charakterisiert war: durch eine wachsende Beschleunigung des Inflationsprozesses, der wiederum eine immer tiefere Zerrüttung der Staatsfinanzen nach sich zog, und durch ein totales Umschwenken in der Sanierungspolitik vom Programm einer Selbsthilfe zum Warten auf Auslandshilfe.

ZERRÜTTUNG DER STAATSFINANZEN

Die ständige Verschlechterung der staatsfinanziellen Lage spiegelt sich recht eindrucksvoll in den Budgetziffern wider. Hielt sich der Abgang für die ersten Nachkriegsmonate und noch für das Rechnungsjahr 1919/20 durchaus in Grenzen, so konnten in der Folge steigende Defizite nicht vermieden werden. 1920/21 waren die Ausgaben nur mehr zu 71,6% durch die Einnahmen gedeckt, im zweiten Halbjahr 1921 lediglich mehr zu 35,7%. Auf der Ausgabenseite machten sich dabei vor allem die neuen Anforderungen bemerkbar, die in der Nachkriegszeit an den Staat gestellt und zumeist als unvermeidliche Folgekosten des Krieges interpretiert wurden, als „Sauerstoffzufuhr für einen schwerkranken Körper“, wie die „Neue Freie Presse“ schrieb, die dazu beitragen sollte, die soziale Ordnung aufrechtzuerhalten. Dies galt im besonderen Maße für die staatlichen Zuschüsse zu den Lebensmitteln, die zu Weltmarktpreisen importiert, aus sozialen Erwägungen aber zu Inlandspreisen abgegeben wurden. Auf diese Zuschüsse entfielen 1919/20 25%, 1920/21 bereits 58% der gesamten Ausgaben. Berechnungen, die für das Frühjahr 1921 angestellt wurden, ergaben, daß beispielsweise ein Arbeiter neben seinen 300 Kronen Tageslohn weitere 100 Kronen vom Staat in Form der durch die Subventionen erniedrigten Preise erhielt. Die Wirkungen dieser Zuschüsse gingen damit aber beträchtlich über den eigentlich beabsichtigten sozialpolitischen Effekt hinaus. Nicht zuletzt durch sie konnte das relativ niedrige Lohnniveau in Österreich aufrechterhalten werden, das wiederum als entscheidende Voraussetzung für den Aufschwung der Exportwirtschaft in der Inflationsperiode fungierte.
Erhebliche Aufwendungen ergaben sich weiters aus der Demobilisierung des Heeres, der Besoldung des überbesetzten Verwaltungsapparates und aus den beträchtlichen Verlusten der staatlichen Rüstungsbetriebe, die nach dem Zusammenbruch praktisch stillstanden, nach wie vor aber einen hohen Personalstand aufwiesen; ebenso mußten die Verluste der Bundesbahnen getragen werden, die durch die neue Grenzziehung und infolge des Kohlenmangels der Nachkriegsjahre starke Einbußen erlitten. Weitere Belastungen für den Staatshaushalt bildeten anfangs auch die Beiträge zur Arbeitslosenunterstützung und der Zinsendienst für die Staatsschuld, für den 1919/20 noch 11,9% der Ausgaben verwendet werden mußten.
Alle diese Faktoren kamen aber in den einzelnen Rechnungsperioden recht unterschiedlich zum Tragen. Die Lebensmittelzuschüsse wurden – wie noch näher auszuführen sein wird – Ende 1921 sistiert, die staatlichen Beiträge zur Arbeitslosenunterstützung fielen durch die wesentliche Besserung der Arbeitsmarktverhältnisse ab 1920 kaum mehr ins Gewicht, und schließlich bedeutete die wachsende Inflation eine weitgehende Löschung der Staatsschuld. Besonders seit dem Sommer 1921, seit dem Umschlag in die Hyperinflation, war (dem Goldwert nach) eine deutliche Reduzierung des Ausgabenrahmens festzustellen. Dies geschah besonders auf Kosten der öffentlich Bediensteten, deren Bezüge immer weiter hinter der Teuerung nachhinkten.

AUF DEM WEG IN DIE INFLATION

Im allgemeinen bedarf daher die häufig vertretene Auffassung, daß die Ausgabenexplosion die staatsfinanzielle Misere der Nachkriegszeit heraufbeschworen hätte, zweifellos einer Korrektur. Die eigentliche Ursache lag vielmehr im permanenten Sinken der realen Einnahmen, in der finanzpolitischen Ohnmacht gegenüber den Problemen der rapiden Geldentwertung. Einerseits erfolgte eine starke Reduzierung der direkten Steuern durch den zeitlichen Abstand zwischen Erhebung und Entrichtung, wobei dieses zeitliche Intervall durch die Masse der Steuerzahler noch strategisch verlängert wurde, da durch den Kronenverfall eventuelle Verzugszinsen leicht zu verkraften waren. Auf diese Weise fiel die Pro-Kopf-Quote an direkten Personalsteuern, die 1913 noch 31,22 Goldkronen betragen hatte, bis 1922 auf 4,28 Goldkronen. Erst sehr spät, im Verlaufe des Jahres 1922, ging man ohne sichtbaren Erfolg zu einem recht milde gehandhabten System von Voreinzahlungen und härteren Strafen bei Säumnis über.

MASSNAHMEN GEGEN DIE GELDENTWERTUNG

Andererseits legte der Staat im Bestreben, in der Inflationsbekämpfung mit gutem Beispiel voranzugehen und nicht selbst eine neue Teuerungswelle auszulösen, eine bei Tarifen und Monopolpreisen überaus zurückhaltende Politik an den Tag, die naturgemäß seine Einnahmenbasis weiter schwächte. Das wachsende Mißverhältnis von Ausgaben und Einnahmen zwang die Finanzverwaltung, da der Fehlbetrag infolge der Erfahrungen der Banken und des Publikums mit den Kriegsanleihen durch Kreditoperationen nicht zu beschaffen war, die schon bei der Kriegsfinanzierung „bewährte" Methode der Inanspruchnahme der Notenpresse zu perpetuieren, die im Endeffekt aber die staatsfinanzielle Lage bis zur Ausweglosigkeit verschärfte. Die „auf lahmem Gaule sitzende Bürokratie vermochte mit jenem feurigen Renner" der Geldentwertung nicht Schritt zu halten, pointierte rückblickend im Jahre 1924 der als Ministerialrat im Finanzministerium über Insiderkenntnisse verfügende Hans Patzauer die dramatische Verschlechterung der Staatsfinanzen. Immer schmerzlicher wurde der Fiskus mit der Tatsache konfrontiert, daß sich, wie Patzauer schreibt, „die Krone förmlich unter der Feder entwertete" und daß „das Budget, das am Tage der Drucklegung richtig war, am Tage, als die fertigen Exemplare die Druckerei verließen, nur mehr ein lächerliches Zerrbild darstellte".

DR. FERDINAND GRIMM 1920–1921

Mitverantwortlich an diesem Finanzinfarkt war die neue finanzpolitische Orientierung, die sich seit dem Amtsantritt von Finanzminister Ferdinand Grimm im November 1920 klar abzuzeichnen begann. Im Gegensatz zu seinen Vorgängern propagierte er die große Auslandsanleihe als einzigen Weg einer staatsfinanziellen Konsolidierung. Sowohl innenpolitische wie auch ökonomische Gründe waren für diesen Kurswechsel maßgeblich. Einerseits konnte die bürgerliche Alleinregierung nach dem Auseinanderbrechen der Großen Koalition es aus parteitaktischen Erwägungen nicht mehr riskieren, durch weitere fiskalische Maßnahmen ihre potentiellen Wählerschichten zu verärgern, andererseits begann man zunehmend die „angenehmen" Seiten der Geldentwertung zu entdecken. Seit dem Herbst 1919 war eine fühlbare konjunkturelle Belebung eingetreten, die Exportwirtschaft, die mit einer beträchtlichen inflationsbedingten Exportprämie arbeiten konnte, florierte, die Nachkriegsarbeitslosigkeit war verschwunden (1920/21 herrschte zum einzigen Male in der Ersten Republik Vollbeschäftigung), und überdies befreite der Geldwertverfall den Staat von der schweren Last der Kriegsschulden. In der allgemein vorherrschenden quantitätstheoretischen Sicht, welche die über die Notenpresse finanzierten Budgetdefizite als Ursache der Geldentwertung interpretierte – tatsächlich war eher die massive in- und ausländische Spekulation gegen die Krone (die allerdings nicht zuletzt durch die abwartende Finanzpolitik immer wieder ermuntert wurde), die primäre Inflationsquelle und die Notenschöpfung nur eine Folgeerscheinung –, wurde die Notwendigkeit einer Stabilisierung der Staatsfinanzen zwar weiterhin anerkannt, der konjunkturelle Aufschwung nahm aber den Sanierungsbemühungen die unmittelbare Dringlichkeit. Auch unter dieser Perspektive schien der langwierigere Weg einer Auslandsanleihe zielführender zu sein als steuerpolitische Initiativen. Erste konkrete Ansätze ergaben sich im Frühjahr 1921, als es gelang, den Völkerbund für die österreichischen Anleihewünsche zu interessieren. Im April traf eine Völkerbunddelegation in Wien ein, um die Voraussetzungen für die Kreditgewährung zu studieren. In einem Memorandum skizzierte sie ihre Vorschläge: einen als Privatanleihe proponierten Auslandskredit; Aufbringung einer inneren Anleihe; Erhöhung der Staatseinnahmen, Verringerung der Staatsausgaben, Reform der Staatsbetriebe; Errichtung einer Notenbank. Überdies sollte Österreich eine neue Währung, den österreichischen Franc, einführen. Obwohl die österreichische Regierung in einer Antwortnote grundsätzlich diese Forderungen akzeptierte, scheiterte der Plan schließlich an der Weigerung der Signaturmächte des Friedensvertrages, auf das Generalpfandrecht zu verzichten. Die Auslandsanleihe rückte wiederum in weite Ferne.

Seit dem Sommer 1921 begann sich der Inflationsprozeß dramatisch zu verschärfen: Die Krone fiel schneller als je zuvor. Anfangs Oktober ergriff schließlich die oppositionelle Sozialdemokratie die Initiative und trat gemeinsam mit den Gewerkschaften und den Konsumvereinen mit einem Sanierungsplan an die Öffentlichkeit. Das Programm legte das Schwergewicht weniger auf den Auslandskredit als auf durchgreifende Reorganisationsmaßnahmen im Inneren. Der neue Finanzminister Alfred Gürtler, der bisher als Professor für Nationalökonomie an der Universität Graz gewirkt hatte, griff einige dieser Vorschläge auf. Im November und Dezember führte er eine Reihe von Besitzsteuern ein, dann wagte er sich an den Abbau der Lebensmittelsubventionen, der trotz recht heftigen Widerstandes in den Betrieben auch von der Sozialdemokratie gefordert wurde. Die zum Teil recht unkoordinierten Aktivitäten Gürtlers zeitigten aber nicht das erhoffte Resultat. Vor allem der Abbau der Lebensmittelzuschüsse erwies sich als Fehlschlag; er löste massive neue Preis- und Lohnsteigerungen aus und brachte auch keine Entlastung des Staatshaushalts, da den Beamten die Verteuerung ihrer Lebenshaltungskosten abgegolten werden mußte.

DR. ALFRED GÜRTLER
1921–1922

Erfolgversprechender waren die Bemühungen von Bundeskanzler Schober, die Hindernisse für die Erlangung einer großen Auslandsanleihe wegzuräumen. In zähen Verhandlungen mit den Ententemächten erreichte er Zugeständnisse, erste kleinere Kredite wurden gewährt. Doch im Frühjahr 1922 geriet die Regierung Schober in eine schwere innenpolitische Krise. Zuerst mußte Finanzminister Gürtler nach einem Mißtrauensantrag der Sozialdemokraten und der Großdeutschen zurücktreten; Johannes Schober übernahm nun selbst provisorisch die Leitung des Finanzressorts, sein Kabinett wurde aber wenige Wochen später gestürzt.

An die Spitze der Regierung trat nun jener Mann, der bisher als führender Politiker des bürgerlichen Lagers im Hintergrund die Fäden geknüpft hatte: Ignaz Seipel. Seipel, der vor seinem Amtsantritt die überaus problematische Idee einer „Finanzdiktatur“, nämlich die Einsetzung einer Kommission mit diktatorischer Gewalt zur Durchführung eines Finanzplans vertreten hatte, legte nun mit seinem Finanzminister August Ségur ein Sanierungsprogramm vor. Damit hoffte er, der sich zuspitzenden Lage (der Rücktritt Schobers hatte abermals einen Kurssturz der Krone ausgelöst) Herr zu werden. Kernpunkte des Konzepts waren die Errichtung einer Notenbank und die Durchführung einer inneren Zwangsanleihe. Das Mißlingen des Seipel-Ségur-Planes zeichnete sich bereits ab, als er Mitte Juli im Parlament verabschiedet wurde. Er scheiterte schließlich an der Weigerung der französischen und englischen Leitung der Länder- und der Anglobank, sich an der Aufbringung des Aktienkapitals für die neue Notenbank zu beteiligen.

DR. AUGUST SÉGUR
MAI/NOVEMBER 1922

Nun durchbrach die Inflation alle Dämme. Im Verlauf des Sommers sank die Krone auf ein Fünfzehntausendstel ihres Vorkriegswertes. Die Finanz- und Währungskatastrophe, die seit den Kriegstagen wie ein Damoklesschwert über Österreich gehangen hatte, war nun aktuelle Wirklichkeit geworden.

Die Genfer Sanierung

Da alle währungs- und finanzpolitischen Rettungsversuche wirkungslos geblieben waren, wandte sich die letzte Hoffnung erneut dem großen Auslandskredit zu. Anfangs August 1922 bat die Regierung abermals die in London versammelten Staatsmänner der Entente um Finanzhilfe. Die Antwort war ablehnend. Am 18. August erklärte Seipel, daß durch die Verweigerung des Kredits das finanzpolitische Problem zu einem hochpolitischen geworden, daß damit die Frage der selbständigen Existenz Österreichs aufgerollt sei. In persönlichen Gesprächen in Prag, Berlin und Verona legte er dar, daß der Status quo in Mitteleuropa auf dem Spiele stehe, falls die finanzielle Unterstützung ausbleibe. Damit traf er die Interessen der europäischen Mächte, zwang sie zum Handeln.

EINE EXISTENZFRAGE

Als Seipel in den ersten Septembertagen zum Völkerbund nach Genf kam, fand er eine völlig geänderte Einstellung vor. In einer großangelegten Rede leuchtete nochmals die Strategie der Seipelschen Politik auf: „Es hieße auch den Friedensverträgen ans Leben greifen, wenn das durch sie geschaffene neue Österreich als lebensunfähig nicht nur für den Augenblick, sondern für alle Zukunft erwiesen würde . . ., es hieße einen luftleeren Raum mitten in Europa schaffen, der mit

Seipel als „Hamlet" – Sein oder Nichtsein (1922). Karikatur von Theo Zasche

ungeheurer Saugkraft die Nachbarn erfassen und dadurch das – auch abgesehen von Österreich – nur mit großer Kunst zwischen ihnen aufrechterhaltene Gleichgewicht stören müßte ... Meine letzten Bemerkungen zeigen Ihnen wieder, wie wenig sich die politischen Erwägungen von den finanziellen trennen lassen, ja, wie sogar durch die praktische Möglichkeit und den Wert aller Lösungsversuche deren politische Kehrseite mitbestimmt wird."

Seipels Argumentation fiel bei den Siegermächten auf fruchtbaren Boden. Innerhalb kürzester Zeit konnten die bis dahin unüberwindbar scheinenden Schwierigkeiten für eine große Sanierungsanleihe beseitigt werden. Am 4. Oktober 1922 wurden die Genfer Protokolle unterzeichnet. Noch vor Abschluß der Genfer Vereinbarungen hatte die Spekulation gegen die Krone aufgehört; der galoppierende Währungsverfall kam zum Stillstand.

DIE GENFER PROTOKOLLE 1922

Es entsprach der politischen Vorgeschichte der Genfer Aktion, daß das erste der drei Genfer Protokolle ein rein politisches Dokument darstellte. In ihm mußte sich die Republik Österreich verpflichten, für zwanzig Jahre „gemäß dem Wortlaut des Artikels 88 des Vertrages von St-Germain ihre Unabhängigkeit nicht aufzugeben". Im zweiten Protokoll übernahmen die Vertragsmächte England, Frankreich, Italien und die Tschechoslowakei die Garantie für eine Anleihe, die einen Reinerlös von 650 Millionen Goldkronen erbringen sollte. Einerseits sollte damit das mit 520 Millionen Goldkronen angenommene Budgetdefizit der nächsten Zukunft gedeckt werden, der Rest war für die Rückzahlung jener Vorschüsse vorgesehen, welche im Laufe des Jahres 1922 dem österreichischen Staat bewilligt worden waren. Die Kontrolle über die Verwendung der Anleihe oblag einem vom Völkerbund bestellten Generalkommissär. Als Sicherstellung mußte Österreich die Bruttoeinnahmen aus den Zöllen und aus dem Tabakmonopol verpfänden, die ein Mehrfaches der jährlichen Annuitätenzahlungen ausmachte. Das dritte Protokoll enthielt die Bestimmung, daß binnen eines Monats ein Reform- und Sanierungsprogramm beschlossen werden müsse, um innerhalb von zwei Jahren das Gleichgewicht im Staatshaushalt herzustellen.

Der Genfer Vertrag löste in Österreich heftige politische Reaktionen aus, die in Verbalaggressionen wie Otto Bauers Schlagwort vom „Genfer Knechtungsvertrag", „Schmach von Genf" und „Finanzkolonie Österreich" ihren Niederschlag fanden. Auf leidenschaftliche Ablehnung stießen die Vereinbarungen besonders im sozialdemokratischen Lager, da die in Genf festgelegte massive Einflußnahme westlicher Finanzkreise unzweifelhaft ein außerparlamentarisches Instrument darstellte, mit dem nunmehr die bürgerlichen Mehrheitsparteien gegen die sozialdemokratische Opposition operieren konnten. Vor allem war man beunruhigt, die zahlreichen sozialen Errungenschaften der Nachkriegszeit könnten liquidiert, die unvermeidlichen Opfer der Stabilisierung einseitig der Arbeiterschaft auferlegt werden.

Andererseits war die Zerrüttung der Währung und der Staatsfinanzen so weit fortgeschritten, daß eine parlamentarische Ablehnung der Genfer Konvention für die Sozialdemokratie keine gangbare Alternative mehr darstellte. Otto Bauer trat zwar wenige Tage nach der Unterzeichnung der Genfer Protokolle nochmals mit einem Selbsthilfeprogramm an die Öffentlichkeit, fand aber nur geringe Resonanz. Im Grunde genommen herrschte wohl auch in den Reihen der Sozialdemokraten die Überzeugung vor, daß die Auslandsanleihe in der gegebenen Situation eine wirtschaftliche Notwendigkeit darstellte.

DER ZWIESPALT DER SOZIALDEMOKRATIE

Der für die Sozialdemokratie entstandene Zwiespalt offenbarte sich in der parlamentarischen Auseinandersetzung über einen zentralen Punkt des Vertragswerkes, nämlich über die ursprünglich vorgesehene teilweise Ausschaltung des Parlaments. Im dritten Protokoll war nämlich eine Bestimmung enthalten, die der Regierung die Vollmacht einräumte, ohne Zustimmung des Parlaments Maßnahmen zur Budgetsanierung durchzuführen. Der Passus erinnert fatal an die von Seipel im Frühjahr 1922 entwickelte Idee einer Finanzdiktatur und legt zumindest den Verdacht nahe, daß diese Klausel nicht unbedingt durch den Völkerbund initiiert worden war.

Im Zuge der parlamentarischen Konfrontation vertrat die Sozialdemokratie die Auffassung, die Regierungsvollmacht bedürfe als Verfassungsgesetz einer qualifizierten Zweidrittelmehrheit. Die Rechtslage war kontrovers. In dieser Situation brachte Seipel selbst den Entwurf eines Verfassungsgesetzes ein, in dem als Kompromißlösung an Stelle der Generalvollmacht ein „außerordentlicher Kabinettsrat", eine Art Parlamentsausschuß, vorgesehen war. Mit diesem Schritt schob er die Verantwortung für das Gelingen oder Scheitern der Genfer Aktion der Opposition zu, der keine andere Wahl blieb als die parlamentarische Zustimmung.

INNENPOLITISCHE GEGENSÄTZE

Auch nach der parlamentarischen Verabschiedung der Genfer Protokolle verloren die innenpolitischen Gegensätze nichts an Schärfe. Die Ereignisse des Herbstes 1922 gingen also weit über den Charakter einer bloßen Stabilisierung der Staatsfinanzen und der Währung hinaus: Sie bildeten einen politischen und sozialen Markierungspunkt von großer Tragweite. Ab diesem Zeitpunkt begann sich die tiefe und unüberbrückbare Kluft zwischen den beiden großen politischen Lagern immer deutlicher abzuzeichnen. Die Tragik des Sanierungswerkes lag nicht – wie das häufig dargestellt wurde – in den weitreichenden ausländischen Kontrolle, nicht im Verlust der Finanzsouveränität, sondern sie lag darin, daß die Parteien keinen gemeinsamen Weg, keine loyale, sachliche Verständigung fanden. Obwohl es in beiden Lagern Einsichtsvolle gab, entschied man sich für ein Gegeneinander und nicht für ein Miteinander.

Die Durchführung des staatsfinanziellen Reformprogramms, das in den Genfer Bestimmungen gefordert worden war, lag in den Händen des wohl bedeutendsten Finanzministers der Zwischenkriegszeit, Viktor Kienböck.

DR. VIKTOR KIENBÖCK
1922–1924 1926–1929

Kienböck hatte am 14. November 1922 die Leitung des Finanzressorts übernommen, nachdem sein Vorgänger Albert Ségur krankheitshalber zurückgetreten war. Mit ihm trat ein Mann auf die finanzpolitische Bühne, der nicht nur am längsten während der Ersten Republik dieses Amt bekleiden, sondern vor allem (auch als Präsident der Oesterreichischen Nationalbank 1932–1938) entscheidend die wirtschaftspolitische Orientierung der Zwischenkriegszeit prägen sollte. War Seipel der „Vater" des Genfer Sanierungswerkes, so war Kienböck dessen Vollstrecker, der in der Folge tatkräftig – wenn auch unter streng konservativen Gesichtspunkten – die Stabilisierung der Finanzen in Angriff nahm.

Ein erster einschneidender Schritt dazu wurde am 18. November 1922 vorgenommen: Ab diesem Tag verzichtete die Finanzverwaltung, weiterhin zur Notenpresse Zuflucht zu nehmen. Die Stillegung der Notenpresse bedeutete kein geringes Risiko, da zu diesem Zeitpunkt die Genfer Abmachungen von den einzelnen Garantiemächten noch nicht ratifiziert waren. Ein Scheitern der Genfer Anleihe hätte unter diesen Voraussetzungen die Staatsfinanzen vollends in ein Chaos gestürzt. Bis zum Einlangen der Anleiheerlöse mußte sich die Regierung um Überbrückungskredite bemühen, die in erster Linie von den Wiener Großbanken zur Verfügung gestellt wurden. Erst im Juni 1923 gelang es, die Sanierungsanleihe in elf Teilausgaben unterzubringen. Die effektive Verzinsung, für die Österreich aufzukommen hatte, war keineswegs günstig: Sie lag zwischen 9,5% und 10,2% jährlich.

Die Anleiheerlöse gingen auf ein Konto, von dem der Generalkommissär nach seinem Ermessen monatlich Beträge freigab, wobei er sich keineswegs an die Vorschläge der Regierung zu halten brauchte. Dieser Generalkommissär, der Holländer Alfred Zimmermann, ehemals Bürgermeister von Rotterdam, hatte am 15. Dezember 1922 sein Amt angetreten; er wurde für dreieinhalb Jahre zum mächtigsten Mann in

Österreich. Zimmermann war ein integrer, aber penibler Kommunalpolitiker, der dem ungemein diffizilen österreichischen Wirtschafts- und Sozialproblem weitgehend verständnislos gegenüberstand und es auf ein bloßes Verwaltungsproblem reduzierte. Alles, was irgendwie die Staatsfinanzen berührte, fiel in seine Kompetenz – und die Finanzen berührten sehr viele politische Entscheidungen. Die Bevölkerung merke vielleicht nicht so sehr den Einfluß des Generalkommissärs, schrieb Arthur Feiler im Jahre 1924, aber „im Parlament merkt man es um so deutlicher. Wird irgendeine Forderung gestellt, so erklärt die Regierung regelmäßig, daß sie beraten müsse. Und dann stehen draußen schon die Autos, um die Minister zu dem Generalkommissär zu fahren ..."

VERLUST DER FINANZHOHEIT

Das eigentliche Reformprogramm war im sogenannten Wiederaufbaugesetz vom 26. November 1922 zusammengefaßt. Das Grundrezept war denkbar einfach: Erhöhung der Staatseinnahmen, Senkung der Ausgaben. Die wichtigste Maßnahme bildete die Einführung der Warenumsatzsteuer am 1. April 1923, durch die in der Folge beträchtliche Summen in die Staatskassen flossen. Der Steuersatz betrug zunächst 1%, wurde aber 1924 auf 2% erhöht.

DAS WIEDERAUFBAUGESETZ 1922

Auf der Ausgabenseite erhoffte man sich vor allem durch die Verminderung des aufgeblähten Verwaltungsapparates, ein Erbe des Großreiches und des Krieges, erhebliche Einsparungen. In den Genfer Vereinbarungen war der Abbau von 100.000 Beamten festgelegt worden. Jeder Bundesangestellte, der weniger als drei Dienstjahre, und jeder über 54 Jahre, der mehr als 30 Dienstjahre aufwies, hatte den Staatsdienst zu verlassen. Obwohl in der Folge eine regelrechte „Skalpjagd" einsetzte, gelang es bis 1925 – sehr zum Mißfallen des Generalkommissärs – nur über 84.000 Beamte abzubauen. Die Situation der Staatsfinanzen wurde dadurch kaum erleichtert, da an Stelle der Gehälter nun beträchtliche Pensionslasten traten. Ähnlich mäßigen Erfolg zeitigte die Reform der Bundesbahnen, die in einen eigenen kaufmännisch geführten Wirtschaftskörper umgewandelt wurden. Auch hier konnte nur sehr langsam das chronische Defizit reduziert werden.

Die Einsparungen waren also weitaus geringer, als man geplant hatte. Daß dennoch das Ziel des Sanierungswerkes, die Herstellung des Gleichgewichtes im Staatshaushalt, rascher erreicht wurde, als selbst die kühnsten Optimisten erwartet hatten, lag an überaus hohen Einnahmensteigerungen. Bereits 1923 betrug das Defizit statt der präliminierten 185 Millionen Goldkronen nur mehr 110 Millionen Goldkronen. Ab November 1923 deckten die Einnahmen schon annähernd die Ausgaben. Infolge der überraschend günstigen Entwicklung brauchte der Völkerbundkredit nicht vollständig in Anspruch genommen zu werden: Ende 1924 blieb ein Kreditrest von 225 Millionen Goldkronen.

Den formalen Abschluß der Währungs- und Finanzrekonstruktion bildeten das Schillingsrechnungsgesetz vom 20. Dezember 1924 und das Goldbilanzengesetz vom 4. Juni 1925. An Stelle der „nach allen Richtungen schwer kompromittierten" Krone (Karl Kraus) trat nun als neue Währungseinheit der Schilling, für den ein Verhältnis von 1 Schilling = 10.000 Papierkronen festgesetzt wurde. Die Privatwirtschaft konnte den Zeitpunkt des Übergangs frei wählen, als letzter Termin galt der 1. Juli 1926. Der Bundeshaushalt mußte bis 30. Juni 1925 auf die Schillingrechnung umgestellt sein. Das Goldbilanzengesetz hatte zum Ziel, das durch die Geldentwertung heraufbeschworene Bilanzchaos zu bereinigen: Es schrieb den Unternehmungen eine Neubewertung der Aktiven und Passiven in einer in Schilling aufzustellenden neuen Bilanz vor.

DIE NEUE WÄHRUNG

Gesamtwirtschaftlich zog die Währungs- und Finanzsanierung jene krisenhaften Erscheinungen nach sich, die man als vorübergehende Anpassungsschwierigkeiten bei einer so plötzlichen Umstellung von einem inflationären auf ein stabiles Wirtschaftsklima erwarten mußte. Die Industrie verlor ihre Exportprämie, Banken, Fremdenverkehr und das Luxusgewerbe, die zuletzt fast ausschließlich von der Inflationskonjunktur gelebt hatten, wurden ebenfalls in Mitleidenschaft gezogen. Bereits im Herbst 1922 kam es zu Produktionseinschränkungen, Arbeiterentlassungen und Kurzarbeit. Bald jedoch wurde diese Krise durch zwei Ereignisse, die keineswegs mit der österreichischen Wirtschaftsentwicklung zusammenhingen, in ihren Folgen zeitweise aufgehoben. Im Jänner 1923 besetzten französische Truppen das Ruhrgebiet; die deutsche Industrie wurde zeitweilig vom Weltmarkt verdrängt, und für die österreichische Produktion ergaben sich kurzfristig neue Exportmöglichkeiten. Weitaus stärkere wirtschaftliche Ausstrahlungen zog aber die starke Börsenhausse nach sich, die im Frühjahr 1923 einsetzte. Nachdem die Spekulation gegen die Krone nach der Genfer Anleihe zusammengebrochen war, wandte sie sich nun den österreichischen Industrie- und Bankaktien zu und trieb deren Kurse ebenso wild in die Höhe, wie sie früher die Devisenkurse hinaufgetrieben hatte. Die zum Teil exorbitant hohen Börsengewinne flossen zumeist unmittelbar in den Konsum und lösten in verschiedenen Wirtschaftszweigen eine deutliche konjunkturelle Belebung aus. Andere Sektoren der österreichischen Wirtschaft profitierten allerdings von diesem „befruchtenden Regen" der zahlreichen Gewinnrealisationen nicht, in ihnen hielten die Schrumpfungserscheinungen weiter an. Diese Schattenseiten der Börsenkonjunktur trübten aber kaum den Optimismus, der vielfach Platz griff. Nach der Stabilisierung der Währung und der Staatsfinanzen, meinten viele, sei nun auch eine Sanierung der Wirtschaft unverkennbar. Der Börsenkrach im Frühjahr 1924, der durch eine mißglückte internationale Spekulation gegen den französischen Franc ausgelöst wurde, zeigte dann aber sehr drastisch, daß dieser Optimismus nur auf Sand gebaut war. Nun trat die Stabilisierungskrise mit voller Wucht zutage.

DER BÖRSENKRACH 1924

Die Kehrseite der Stabilität

Seit dem Zusammenbruch der Börsenkonjunktur im Jahre 1924 reifte allmählich die Erkenntnis, daß zwar die Sanierung der Staatsfinanzen und der Währung, nicht aber die Sanierung der Wirtschaft gelungen war, daß der stabile Schilling und das ausbalancierte Budget nur ein schöne Fassade darstellten, hinter der die Brüchigkeit des österreichischen Wirtschaftsgebäudes fortbestand. Charakteristisches Erscheinungsbild der wirtschaftlichen Schwierigkeiten war das rasche Anwachsen der Arbeitslosigkeit. Hatte während der Inflationsperiode praktisch Vollbeschäftigung geherrscht, so mußten 1924 bereits im Jahresdurchschnitt 188.000, 1925 220.000 und 1926 244.000 Arbeitslose registriert werden. Erst Ende 1926 gelangte auch Österreich zunehmend in das Strahlungsfeld der starken internationalen Hochkonjunktur. Ab diesem Zeitpunkt machte sich eine gewisse Abschwächung der wirtschaftlichen Stagnation bemerkbar, ohne daß jedoch ein echter Konjunkturaufschwung einsetzte. Dies zeigte auch die Entwicklung der Arbeitslosigkeit, die nur leicht rückläufig war: Die Arbeitslosenstatistiken weisen 1929 noch immer 192.000 Stellungssuchende aus.

EIN HEER VON ARBEITSLOSEN

Betrachtet man auf dem Hintergrund dieser konjunkturellen Tendenzen die Budgetentwicklung in der zweiten Hälfte der zwanziger Jahre, so tritt ein unverkennbar prozyklischer Grundcharakter hervor. In den Jahren 1924 und 1925, also in der Periode einer ausgeprägten Stabilisierungskrise, wies die Gebarung beide Male beträchtliche Einnahmenüberschüsse auf. Erst ab 1926, als sich die Konjunktur langsam besserte, waren – allerdings sehr geringe – Budgetdefizite zu beobachten: Zwischen 1926 und 1928 lag die Deckung der Ausgaben durch die Einnahmen

zwischen 95,4 und 98%. Der Rechnungsabschluß für 1929 ergab aber bereits wieder einen Einnahmenüberschuß von 19,7 Millionen Schilling.

Ministerpräsident Witos: Aber, Herr Bundeskanzler, wenn Sie einen holländischen Generalkommissär für die Finanzen haben, einen Schweizer als Kurator für die Nationalbank, einen Italiener für den Tabak, einen Engländer für die Eisenbahnen, warum soll sich nicht auch für einen Polen ein Posten finden?
Seipel: Aber wofür? Wofür?
Witos: Wir haben doch in Wieliczka ein Salzbergwerk. Also wie wär's mit einem polnischen Kontrollor fürs Salz?

Noch deutlicher läßt sich die prozyklische Orientierung der Budgetpolitik an den öffentlichen Investitionen ablesen. Sie waren in den Stagnationsjahren 1924 und 1925 mit 103,7 Millionen bzw. 90,6 Millionen Schilling denkbar gering und wiesen erst zwischen 1926 und 1928 mit 135,7 Millionen, 195,7 Millionen und 212,5 Millionen Schilling steigende Tendenz auf. Mit einem Anteil von 1,37% am nominellen Bruttonationalprodukt lagen die Bundesinvestitionen zwischen 1924 und 1929 wesentlich unter vergleichbaren Werten für die Zweite Republik. (So betrug etwa der Anteil der Bundesinvestitionen am nominellen Bruttonationalprodukt im Durchschnitt der Jahre 1954–1959 2,83%.) Auffällig ist, daß seit 1925 regelmäßig (wenn man von 1928 absieht) in den Voranschlägen höhere Summen für Investitionen vorgesehen waren, als dann tatsächlich verausgabt wurden.

DER OKTROYIERTE BUDGETRAHMEN

Die Budgetziffern spiegeln recht eindringlich den weitgehenden Verlust der Finanzsouveränität durch die Genfer Vereinbarung wider. Österreich war in Genf nicht nur verpflichtet worden, innerhalb von zwei Jahren ein Haushaltsgleichgewicht herzustellen, sondern es wurde auch ein (vorerst ziffernmäßig noch nicht genau festgelegter) Budgetrahmen vorgeschrieben. Eine Delegation des Finanzkommitees des Völkerbundes gelangte schließlich zur Auffassung, daß der geradezu grotesk niedrige Ausgabenrahmen von 237 Millionen Goldkronen angemessen wäre. Erst nach zähen Verhandlungen erreichte die österreichische Regierung, daß die Ausgabengrenze auf 350 Millionen Goldkronen ausgeweitet wurde. Dieses sogenannte „Reformbudget" bildete den Maßstab für die Haushaltsvoranschläge der nächsten Jahre. Es zeigte sich aber sehr bald, daß dieses Limit selbst bei größten Einsparungen nicht eingehalten werden konnte. Dies führte zu permanenten Konflikten mit dem Generalkommissär, der immer wieder auf die vereinbarten Richtlinien pochte und nur widerwillig Ausgabenerhöhungen zustimmte. Unter diesen Umständen fehlten naturgemäß alle Voraussetzungen für eine auch nur ansatzweise expansive Budgetpolitik. Als am

30. Juli 1926 der Generalkommissär Alfred Zimmermann Österreich verließ, bedeutete dies keineswegs eine Wiedergewinnung der vollen Finanzsouveränität; auch nach der Aufhebung der Finanzkontrolle blieb Österreich in einem Gestrüpp von Abhängigkeiten verhaftet. Der Völkerbundrat bestimmte nämlich in Abänderung des Genfer Vertrages, daß innerhalb von zehn Jahren die Kontrolle jederzeit wieder eingeführt werden könne, falls „das Gleichgewicht im Staatshaushalt ernstlich gefährdet" sei.

Interessante Aufschlüsse gibt eine Analyse der Ausgabenstruktur dieses Zeitraumes. Den mit Abstand expansivsten Sektor stellte die Land- und Forstwirtschaft dar. Diese Entwicklung kennzeichnet einprägsam die Priorität der damaligen Wirtschaftspolitik, die auch von der oppositionellen Sozialdemokratie im wesentlichen nicht in Frage gestellt wurde. Auch sie anerkannte die Notwendigkeit, durch einen Ausbau der landwirtschaftlichen Produktion einen möglichst hohen Selbstversorgungsgrad des Kleinstaates anzustreben. Ein starkes Wachstum wies auch der Bautensektor auf, wobei allerdings der äußerst niedrige Ausgangswert dieses Budgetpostens ins Kalkül zu ziehen ist. Der dritte Sektor, der überdurchschnittlich wuchs, war der Bereich der sozialen Verwaltung: Hier fielen insbesondere die steigenden Aufwendungen für die Arbeitslosenfürsorge ins Gewicht.

AUSBAU DER LANDWIRTSCHAFT

Bei den Staatseinnahmen hatte das überraschend günstige Ergebnis des Jahres 1923 zur Folge, daß man 1924 und besonders 1925 dem Drängen der Wirtschaft nach steuerlichen Erleichterungen Rechnung trug. Bei der allgemeinen Erwerbssteuer wurde der Steuersatz von 2 bis 10% auf 1 bis 7,7% herabgesetzt, bei der Körperschaftssteuer von 36 auf 25%. Bei der Einkommensteuer wurde der Höchstsatz von 60 auf 45% vermindert und die Steuerfreigrenze erhöht. Erleichterungen gab es auch bei der Effekten-, Valuten- und Bankumsatzsteuer. In der zweiten Hälfte der zwanziger Jahre erfolgten dann weitere Steuerermäßigungen und -befreiungen durch zahlreiche Spezialgesetze, z. B. durch die Gesetze zur Förderung lebenswichtiger Unternehmungen (Wasserkraft, Elektrizität, Luftverkehr, Erdöl), der Bautätigkeit (Bauaufwandsbegünstigung), der Investitionstätigkeit, der Rationalisierung usw. Neu eingeführt wurde lediglich die Zinsgroschensteuer im Jahre 1929, deren Einnahmen zur Wohnbauförderung herangezogen wurden.

LOCKERUNG DER STEUERSCHRAUBE

Trotz dieser erheblichen steuerlichen Erleichterungen verstummten die Klagen der Wirtschaft über den zu großen Steuerdruck und die zu hohen Sozialleistungen nicht. Immer wieder wurde betont, daß die österreichische Produktion dadurch ihre Konkurrenzfähigkeit gegenüber dem Ausland einbüße, das Außenhandelsdefizit weiter steigen werde und letztlich auch die Arbeitslosigkeit nicht verringert werden könne. Die Interessenverbände der Arbeitgeber forderten vehement eine durchgreifende Steuerreform, die vor allem „bei dem sich immer mehr als unhaltbar erweisenden System der Personalsteuern" ansetzen sollte. Bereits 1925 hatten allerdings die beiden Völkerbundexperten W. T. Layton und Ch. Rist nachgewiesen, „daß die soziale Belastung in Österreich diejenige der anderen Länder nur dann übersteigt, wenn die Arbeitslosigkeit eine bestimmte Ziffer überschreitet", und daß die Steuerquote als „verhältnismäßig niedrig" anzusehen sei im Vergleich zu den Prozentsätzen, „welche die französischen, deutschen oder italienischen Steuerträger aufzubringen haben . . ." Die Steuerbelastung sei jedenfalls kein „wirkliches Hindernis für die industrielle Konkurrenzfähigkeit". Wie gering die Steuersätze in der Zwischenkriegszeit waren, läßt sich daraus ablesen, daß die gesamten Bundeseinnahmen im Durchschnitt der Jahre 1925 bis 1929 nur 15,7% des Bruttonationalprodukts betrugen.

Zweifellos gingen von der Finanzpolitik in der zweiten Hälfte der zwanziger Jahre so gut wie keine Impulse aus, um die wirtschaftlichen Probleme und vor allem die hohe

153

Vorhergehende Seite: Die Front des Winterpalais vom Hauptportal zum ehemaligen Bibliothekstrakt.
Oben: Motiv aus der Einfahrt (Vestibül) mit der Brunnenfigur des Meergottes.

Das berühmte Detail aus dem großen Gemälde von der Schlacht bei Turin, 1706, im Schlachtenbildersaal: der kaiserliche Meldereiter entkommt einem feindlichen Detachement – auf dem Fahrrad!

Das Deckengemälde im Minister-Zimmer, eine Allegorie von Peter Strobel, 1720.

Detail aus dem Deckenfresko im Blauen Salon:. Herkules bezwingt den nemeischen Löwen.

Oben: Die kostbaren geschnitzten Dekorationen an Türen und Wänden wurden in langwieriger Arbeit z. T. nachgeschnitzt und komplett neu blattvergoldet.
Linke Seite: Zwei Beispiele für das hohe dekorative Können, die souveräne Raumaussnützung und die Fabulierlust, die die Grotesken Jonas Drentwetts auszeichnen.

Die Prunkräume des Winterpalais dienen heute nicht bloß der Repräsentation; wie zu Zeiten des großen Savoyers sind sie auch den schönen Künsten gewidmet. Unser Bild zeigt eine Veranstaltung des Zyklus „Hausmusik bei Prinz Eugen“.

Arbeitslosigkeit zu mildern. Die Kritik, daß „nichts unternommen wurde, um der Gefahr einer Deflation zu begegnen, die bei jeder Währungsstabilisierung droht" (K. Ausch), läßt allerdings zum Teil unberücksichtigt, daß der finanzpolitische Spielraum durch die Genfer Abmachungen denkbar begrenzt war. Ein bezeichnendes Schlaglicht auf die Leichtfertigkeit, mit der man in Genf hinsichtlich der für Österreich so bedeutsamen Frage der öffentlichen Investitionen zu Werk gegangen war, wirft eine Bemerkung Viktor Kienböcks in seinem Buch „Das österreichische Sanierungswerk" auf. Die Aufmerksamkeit wäre so sehr auf den Budgetausgleich gerichtet gewesen, schrieb er 1925, „daß es zu einer Behandlung der Investitionsprobleme gar nicht kam".

WÄHRUNGSSTABILISIERUNG UND DEFLATION

Diese Vorgangsweise kann nicht – wie dies verschiedentlich getan wurde – dadurch gerechtfertigt werden, daß man vor der „Keynesianischen Revolution" die Bedeutung öffentlicher Investitionen zur Bekämpfung der Arbeitslosigkeit nicht erkannt hätte. Tatsächlich gehörte auch schon damals die Arbeitsbeschaffung durch öffentliche Aufträge zum traditionellen Instrumentarium der Wirtschaftspolitik. So forderten beispielsweise bürgerliche Kreise in der Umbruchsphase 1918/19 große staatliche Ausgaben zur Bekämpfung der Nachkriegsarbeitslosigkeit, um das revolutionäre Klima zu entspannen. Der neue Staat Deutschösterreich dürfe nicht sparen, urgierte die „Neue Freie Presse" im November 1918, „seine erste Lebenszeit darf nicht durch eine unglückselige, sozial gefährliche Periode der Arbeitslosigkeit und der Wirtschaftskrise eingeleitet werden". In den einzelnen Staatsämtern wurden in der Folge umfangreiche Investitionsprogramme zur Eindämmung der Arbeitslosigkeit ausgearbeitet, die aber wegen der raschen Besserung auf dem Arbeitsmarkt nicht realisiert werden mußten. Die Problematik der Genfer Sanierung lag vielmehr darin, daß man sie nach dem Vorbild liberaler Wirtschaftssysteme des Westens ausrichtete und die divergenten österreichischen Erfordernisse weitgehend ignorierte. Es entsprach durchaus nicht den Genfer Intentionen, daß schließlich aus der Völkerbundanleihe ein Resterlös blieb, der dann vor allem zur Elektrifizierung der Bundesbahnen verwendet wurde. Die letzten 50 Millionen Schilling des Kreditrestes mußten allerdings 1929 auf „Anregung" des Finanzkomitees zur Rückzahlung auf die Darlehensschuld des Bundes an die Nationalbank verwendet werden, statt sie produktiven Zwecken zuzuführen.

Der Hinweis auf die Einflüsse von außen, denen die österreichische Finanzpolitik ausgesetzt war, soll nicht zum Ausdruck bringen, daß bei einem größeren Freiheitsraum die finanzpolitische Linie eine grundlegend andere gewesen wäre. Die Deflationsgesinnung wurzelte zweifellos – und dies sollten die dreißiger Jahre zeigen – auch in der österreichischen Wirtschaftspolitik selbst. Aber auch bei einem anderen finanzpolitischen Wollen wären die realen Möglichkeiten bescheiden gewesen.

KREDITPOLITISCHE KNEBELUNG

Wie groß die kreditpolitische Knebelung Österreichs in der Zwischenkriegszeit war, läßt sich am Beispiel der 1927 einsetzenden Bemühungen um eine ausländische Investitionsanleihe demonstrieren. Zuerst war die Zustimmung des Kontrollkomitees und damit jener Mächte notwendig, die 1922 die Genfer Anleihe garantiert hatten. Dieses Kontrollkomitee wurde aber wiederum vom Finanzkomitee des Völkerbundes beraten. Dort aber entschied die amerikanisch-englische Hochfinanz souverän darüber, ob ein Land eine Anleihe bekam oder nicht. Doch darüber hinaus gab es für Österreich noch andere Bindungen. Man brauchte die Einwilligung der Reparationskommission, und man brauchte schließlich auch die Zustimmung jener Länder, die nach dem Weltkrieg Lebensmittelkredite zur Verfügung gestellt hatten. Alle Welt mußte also mit dem österreichischen Anleiheersuchen einverstanden sein, und das zu erreichen, war nicht nur langwierig, sondern mitunter auch mit Komplikationen verbunden. Zur Illustration nur eine Episode am Rande: Bundeskanzler Ignaz Seipel

Die 1927 einsetzenden Bemühungen Österreichs um eine große Investitionsanleihe wurden auch durch Heimwehrunruhen empfindlich gestört

wandte sich Anfang März 1928 in einer Rede wieder einmal gegen die Einschränkung der Rechte der Deutschen in Südtirol durch Italien. Mussolini war beleidigt. Er drohte, die Anleihe für Österreich zu blockieren. Und es dauerte über ein Jahr, bis er sich eines Besseren besann. Mit der Beseitigung des italienischen Widerstandes war aber die Passion der österreichischen Investitionsanleihe noch lange nicht zu Ende. Vor allem Amerika zögerte, und erst 1930 gelang es, alle Formalitäten zu erfüllen.

Den Finanzministern dieser Periode bereitete aber nicht nur die massive ausländische Kontrolle Schwierigkeiten, sondern sie gerieten auch durch eine Reihe anderer Ereignisse immer wieder in den Blickpunkt der Öffentlichkeit. Im November 1924 trat Ignaz Seipel nach verschiedenen Kontroversen innerhalb der christlichsozialen Partei zurück. Eine erhebliche Rolle spielte dabei die Auseinandersetzung mit den Ländern über die Frage des Finanzausgleichs. Regierungschef wurde nun der bisherige Salzburger Abgeordnete Rudolf Ramek, das Finanzressort übernahm Jakob Ahrer, ein enger Vertrauter des steirischen Landeshauptmanns Anton Rintelen. Bereits wenige Monate nach seinem Amtsantritt tauchten Gerüchte auf, er sei in zweifelhafte Geschäfte der staatlichen Postsparkasse verwickelt; diese Gerüchte verdichteten sich, als im Jänner 1926 Ahrer unter fadenscheinigen Begründungen durch Josef Kollmann abgelöst wurde.

DR. JAKOB AHRER 1924–1926
JOSEF KOLLMANN JÄNNER/OKTOBER 1926

Erst im September 1926 jedoch warfen Presseenthüllungen Licht in das Dunkel der Geschehnisse rund um die Postsparkasse. Das renommierte, 1883 auf Anregung des damaligen Handelsministers Frh. v. Pino durch Georg Coch gegründete Institut, das vor dem Krieg die „zentrale Geldschaltstelle der Donaumonarchie" (W. Fremuth) gewesen war, hatte nach dem Umsturz nur unter größten Schwierigkeiten die

Umstellung auf den drastisch verkleinerten Geschäftsbereich vollziehen können und war immer stärker in den Bannkreis des berüchtigten Inflationsritters Sigmund Bosel geraten. Durch gewagte Spekulationen, aber auch durch politisch motivierte Hilfsaktionen für nahestehende Banken hatte es schließlich enorme Verluste erlitten. Um einen völligen Zusammenbruch zu vermeiden, leitete der Bund eine Sanierungsaktion ein und stellte 2,5 Milliarden Schilling zur Verfügung. Jakob Ahrer, mit dessen Billigung einige der undurchsichtigen Finanztransaktionen der Postsparkasse durchgeführt worden waren, sollte vor einem parlamentarischen Untersuchungsausschuß aussagen. Aber inzwischen hatte er sich auf eine Weltreise begeben; er kehrte erst wieder 1927 nach Österreich zurück, als sich die ersten Wogen der Erregung geglättet hatten. (Einen späten und nicht sehr überzeugenden Rechtfertigungsversuch unternahm Ahrer in seinen 1930 erschienenen Memoiren.)

DIE POSTSPARKASSE

Die Affäre um die Postsparkasse gab den Anlaß zu deren völliger Neuorganisation. Sie wurde nunmehr als Anstalt öffentlichen Rechts mit eigener Rechtspersönlichkeit eingerichtet; der Amtscharakter sowie die bisherige Unterstellung unter den Handelsminister wurden beseitigt. Als Aufsichtsbehörde fungierte ab diesem Zeitpunkt allein das Bundesministerium für Finanzen im gleichen Sinne wie gegenüber den Sparkassen auf Grund des Sparkassenregulativs. Auf dieser neuen Grundlage erlebte die Postsparkasse in der Folge einen raschen Aufschwung, der auch in den krisenhaften dreißiger Jahren anhielt.

Während des nationalsozialistischen Regimes in die Deutsche Reichspost integriert, nahm die Postsparkasse unmittelbar nach Kriegsende – als erstes Kreditinstitut Wiens – wiederum ihre Tätigkeit auf. Sie wurde erneut in den Kompetenzbereich des Finanzministeriums eingegliedert, erhielt allerdings ihren ursprünglichen Status als selbständige Anstalt öffentlichen Rechts erst durch das Postsparkassengesetz des Jahres 1969 zurück. Volkswirtschaftlich sollte das Institut während der Zweiten Republik noch größere Relevanz erlangen als in der Zwischenkriegszeit. Es stellt heute als Sammelbecken kurzfristigen Geldes einen wichtigen Geldmarktfaktor dar und übt überdies (durch Gewährung von Taggeldern, Besorgung des Reeskonts und des Lombards) eine bedeutsame Funktion im kommerziellen Vorfeld der Notenbank aus.

Doch nach diesem Exkurs über die mit der Geschichte des Finanzministeriums eng verbundene Institution der Postsparkasse zurück zu den Ereignissen der zwanziger Jahre.

In die Amtszeit Josef Kollmanns fiel noch ein anderer spektakulärer Bankenkrach, nämlich jener der Zentralbank der Deutschen Sparkassen. Aus ähnlichen Gründen wie die Postsparkasse war auch dieses Institut in zunehmende Schwierigkeiten geraten, auch hier mußte im Sommer 1926 der Bund eine Stützungsaktion vornehmen.

Im Oktober 1926 trat Ignaz Seipel erneut an die Spitze der Regierung; er betraute abermals Viktor Kienböck mit der Leitung des Finanzministeriums. In seiner zweiten Amtsperiode stand Kienböck allerdings weit weniger im Mittelpunkt des öffentlichen Interesses als seinerzeit in der Periode der Genfer Sanierung. Die leichte konjunkturelle Besserung, die seit Ende 1926 einsetzte, vor allem aber die sich verschärfende Krise der österreichischen Demokratie, die seit dem Justizpalastbrand vom Juli 1927 immer offenkundiger wurde, rückten Finanz- und Wirtschaftsfragen vorübergehend in den Hintergrund.

Die bürgerkriegsähnlichen Zustände zogen allerdings im Ausland einen wachsenden Vertrauensschwund in die wirtschaftliche Stabilität Österreichs nach sich. Als im Sommer 1929 die innenpolitische Lage sich weiter zuspitzte, Zusammenstöße der paramilitärischen Verbände an der Tagesordnung waren und die Heimwehren offen mit dem Marsch auf Wien drohten, begannen bei den Banken Kündigungen kurzfristiger Auslandskredite einzusetzen. Diese Entwicklung besiegelte das Schicksal der zweitgrößten österreichischen Bank, der Bodenkreditanstalt, die schon vorher durch Verluste während der Inflationszeit und durch eine problematische Geschäftspolitik stark in Mitleidenschaft gezogen war. Bundeskanzler Schober, nach dem Rücktritt Seipels im Mai 1929 und dem Übergangskabinett Streeruwitz – das Finanzressort leitete in diesen Monaten Josef Mittelberger – Ende September wieder mit der Regierungsbildung betraut, sah sich kurz nach seinem Amtsantritt mit der Erklärung des Bankinstituts konfrontiert, daß es seine Schalter schließen müsse, wenn nicht staatliche Hilfe gewährt werde. Da für erfolgsversprechende Stützungsmaßnahmen die Schulden der Bank zu groß waren, stellten Schober und Finanzminister Otto Juch in einer Blitzaktion die Weichen für eine Fusion mit dem größten österreichischen Bankinstitut, der Creditanstalt für Handel und Gewerbe. Damit schien die drohende Gefahr für die österreichische Wirtschaft gebannt; doch bald sollte es sich zeigen, daß nur ein neuer Krisenherd geschaffen worden war.

DER KRACH DER BODENKREDITANSTALT

Im Schatten der Weltwirtschaftskrise

Der Ausbruch der Weltwirtschaftskrise, die mit dem spektakulären Krach an der New Yorker Börse vom 24. Oktober 1929 ihren Auftakt nahm, bedeutete eine dramatische Konjunkturwende. Die Kette depressiver Erscheinungen, vom Preisverfall über Produktionseinschränkungen bis zur Massenarbeitslosigkeit, griff rasch auch auf Österreich über und löste hier besonders nachhaltige Wirkungen aus, da der Kleinstaat die wirtschaftliche Anpassung an die neuen Verhältnisse nach 1918 nur unzulänglich vollzogen hatte. Ihren katastrophalen Höhepunkt erreichte die Krise im Jahre 1933. Das Bruttonationalprodukt war zu diesem Zeitpunkt im Vergleich zu 1929 um 23%, die Industrieproduktion um 38%, die der Bauwirtschaft sogar um 53% gesunken; die schon in der zweiten Hälfte der zwanziger Jahre hohe Zahl von Arbeitslosen war auf 557.000 Stellensuchende angewachsen.

Obwohl sich der Konjunktureinbruch bereits Ende 1929 abzuzeichnen begann, zuerst in der Schwerindustrie spürbar wurde und schließlich alle Wirtschaftszweige erfaßte, glaubte man in Österreich vorerst noch an eine kurzfristige Rezession und registrierte den Konjunkturabschwung ohne tiefere Besorgnis. An krisenhafte Erscheinungen in der Wirtschaft war man ebenso gewöhnt wie an Massenarbeitslosigkeit – und die Staatsfinanzen und die Währung waren nach wie vor intakt. Im Frühjahr 1931 jedoch trat zu den von außen wirkenden Einflüssen der internationalen Krise ein Ereignis, das die österreichische Wirtschaftssituation drastisch verschärfen sollte: der Zusammenbruch der bedeutendsten Bank des Landes, der Creditanstalt für Handel und Gewerbe. Das 1855 gegründete Institut war der größte Aktionär und Kreditgeber der österreichischen Wirtschaft und kontrollierte etwa 70% aller österreichischen Aktiengesellschaften. Die wesentlichsten Ursachen der Creditanstalt-Katastrophe sind rasch aufgezählt: das Streben der Bank, auch nach der Auflösung des Habsburgerreiches ihr mitteleuropäisches Finanzimperium aufrechtzuerhalten und weiter auszubauen, wobei immer häufiger kurzfristige Auslandskredite für langfristige Investitionen verwendet wurden, weiters die Zwangsfusion mit der Bodenkreditanstalt und schließlich die Auswirkungen der Weltwirtschaftskrise.

DER ZUSAMMENBRUCH DER CREDITANSTALT

Am 8. Mai 1931 wandte sich die Direktion der Creditanstalt um Hilfe an die Bundesregierung: Die Aufstellung der Bilanz für das Geschäftsjahr 1930 hatte den enormen Verlust von 140 Millionen Schilling ergeben.

Redaktion, Administration, Druckerei:
I., Schubertring, Fichtegasse Nr. 9—11.

Telephon-Nummern:
Redaktion U-18-5-95.
Administration U-17-0-35.
Inseratenabteilung U-17-4-41.

Geschäftsstelle für die Czechoslowakische Republik:
Prag, XII., Orlicka 4. Tel. Nr. 542-41.
Administration für die Slowakei:
M. Weiss, Bratislawa, Fischertorgasse 8.

Strassenverkauf durch die Kolporteure der Firma Goldschmiedt, I., Wollzeile 11.

Bezugsbedingungen im Innern des Blattes.

Neue Freie Presse.

Morgenblatt.

Preis in Wien: 32 Groschen.

Inseraten-Annahme laut aufliegendem Tarif in unseren Bureaux:
I., Schulerstrasse 1—3, Tel. R-21-3-80,
I., Fichtegasse 9—11. Tel. U-17-4-41.
„Kleiner Anzeiger" und Chiffrebriefe-Abt. I., Schulerstrasse 1—3, Tel. R-21-3-80, und bei allen Inseraten-Bureaux des In- und Auslandes.

Für die an Agenten, Austräger oder Verschleisser bezahlten Beträge leisten wir keine Garantie.

Nr. 23381 — Wien, Donnerstag, den 17. Oktober — 1929.

Im redaktionellen Teil (Kleine Chronik, Lokalbericht, Theaternachrichten, Economist) enthaltene entgeltliche Mitteilungen sind durch ein vorgesetztes E (E) kenntlich gemacht.

Die Debatte über den Krach der Bodenkreditanstalt.

Dr. Bauer gegen den Präsidenten Reisch. — Vorwürfe ohne Selbsterkenntnis.

Wien, 17. Oktober.

Solche Debatten können nützen, wenn sie, von hohen Gesichtspunkten ausgehend, der öffentlichen Kritik die Wege weisen. Wir können nicht finden, daß irgendein neues Moment im Nationalrat aufgetaucht ist, wir können nicht finden, daß der Führer der Opposition, Dr. Bauer, auch nur im geringsten etwas zu sagen wußte, was finanzielle Vertiefung beweist und jenen hohen Ernst, der angemessen ist der Furchtbarkeit dieses Falles. Insbesondere war sein Vorstoß gegen Dr. Reisch ganz auf eine Volksversammlung berechnet, nicht aber auf ein Forum, wo so bedeutende Interessen zu wahren sind. Der Präsident der Nationalbank unterliegt selbstverständlich dem Tadel ebenso wie irgendein anderer Würdenträger. Aber Doktor Otto Bauer hätte nicht vergessen dürfen, daß er unmöglich die Eskomptepolitik der Bank und das Interview des Präsidenten Reisch so schrankenlos verurteilen kann, ohne zugleich eine Diskussion zu eröffnen, die gewiß alles eher denn nützlich ist für dieses Land in seiner ungemessenen Bedrängnis. Die Politik Montagu Normans in England begegnet gewiß außerordentlich heftigen Anwürfen, ein Agitator hat sich zu der Aeußerung verstiegen, der Gouverneur der Bank verdiene, hingerichtet zu werden für die Erhöhung des Zinsfußes. Aber wir haben noch nicht vernommen, daß im House of Commons jemals auch nur mit einem Sterbenswörtchen von Regierung oder Opposition in Gegenwart oder Vergangenheit so heikle, so gefährliche Dinge besprochen worden wären. Was würde ein Mann wie Otto Bauer für Anklagen erheben, wenn in Oesterreich ein schwarzer Freitag hervorgebracht würde unter offener Mitwirkung des Bankpräsidenten, mögen auch seine Absichten dabei durchaus berechtigt gewesen sein? Wie würde er sprechen, wenn in Oesterreich so wie jetzt in Frankreich der Notenumlauf in vierzehn Tagen um zwei Milliarden anstiege? Die Notenbank zu beschuldigen, auch nur im leisesten Ausmaße inflationistische Politik zu treiben, das ist nicht mehr ein Prozeß Dr. Otto Bauer-Richard Reisch, das ist ein Prozeß beinahe gegen den Schilling. Wir halten den Führer der Sozialdemokraten doch für viel zu klug, er kennt auch viel zu genau die Hölle des Mißtrauens, die er im Inlande und Auslande heraufbeschwören würde, er ist auch zu genau orientiert über das, was die Arbeiterschaft zu erdulden hätte, wenn erst einmal die Quadern des Geldwertes sich lockern, als daß er wirklich meinen könnte, was er durch seine Worte angedeutet hat. Nein, Dr. Bauer hat sich durch seine Lust an heftiger Rede fortreißen lassen, er hat die Gewohnheit, immer mehr zu sagen, als er sagen will, und immer weniger zu sagen, als er müßte.

Die Polemik, ob es richtig oder falsch gewesen ist, die Bodenkreditanstalt solange zu stützen, ihr die Mittel zum Ultimo vorzustrecken, sie kurz vor dem Zusammenbruch noch als solvent zu bezeichnen, diese Diskussion mag notwendig sein, aber sie ist zur Unfruchtbarkeit verurteilt. Denn sie löst ja nicht das Wesen des Problems, sie behandelt nicht die Grundfrage: Durfte die Leitung der Bodenkreditanstalt fortwursteln und wieder fortwursteln, hätte sie sich nicht entschließen müssen, vor langer Zeit tabula rasa zu machen, den Strich unter die Rechnung zu ziehen und durch Abwerfen des nötigen Ballastes wenigstens mit den Resten des Flugschiffes den Hafen zu erreichen? Nehmen wir an, dies wäre geschehen. Was aber hätte Dr. Otto Bauer in diesem Falle getan? Er hätte höchstwahrscheinlich Beschwerde erhoben über die Schärfe der Restriktionen, über die Grausamkeit des Abbaues, über die Geringfügigkeit der Abfindungen, über die Unbarmherzigkeit einer Leitung, die nicht an das Schicksal der Entlassenen, an das Unglück der brotlos Gemachten sich mahnen läßt. Möge Dr. Bauer doch begreifen: Solche Zusammenbrüche sind nicht nur verschuldet durch unzulängliche Führung, nicht nur durch den Mangel an der richtigen Schätzung der Eigenkräfte, nicht nur durch das ungemessene Vertrauen auf den Einfluß und auf die Autorität des Leiters, sie entstammen nicht nur aus dem allgemeinen Schrumpfungsprozeß der österreichischen Wirtschaft, sie sind gewiß auch verursacht durch die Unvernunft in der Steuerpolitik, gewiß auch gezeitigt durch ein Uebermaß an personellen Wünschen, die, wenn sie auch dem Einzelnen nur karges Auskommen gewähren, doch im ganzen eine Bürde schaffen, die selbst den Mächtigsten niederpreßt.

Otto Bauer braucht nur den Lastenkoeffizienten der österreichischen Banken zu vergleichen mit jenem der anderen Staaten und er wird zu Zahlen gelangen, die mit Ausnahme von Deutschland von keinem Lande der Welt übertroffen werden. Es ist eben unmöglich, bei finanzieller Proletarisierung, bei dem Versiegen der überall vorhandenen Quellen des Verdienstes, bei Passivität des inneren Geschäftes, bei rückgängigem Einfluß nach außen, sich auf einen Standard einzustellen, der nicht mehr den tatsächlichen Verhältnissen gemäß ist. Die Leitung Dr. Sieghart war

Feuilleton.

Die Duse aus Texas.

Novelle von **Ann Tizia Leitich**.

(Siehe Nr. 23377 der „Neuen Freien Presse" vom 13. Oktober 1929.)

Tatsächlich begann sie an jenem Abend zu schreiben. Sie hatte nun, im zweiten Jahr ihres Newyorker Daseins, die Schule aufgegeben, da ihr das Geld ausgegangen war. Von einem Engagement war noch keine Rede gewesen; sie war auch nicht erstaunt darüber und kaum enttäuscht; und sie selbst war überzeugt, daß für die Rollen, die sie am Anfang hätte bekommen können, andere viel besser taugten. „Hübsch sein", sagten ihr die Agenten, „reden und sich bewegen können, mein Gott, das ist nichts. Zu wenig S. A. (sprich Es-Ae) mein Kind; zu verdammt wenig Sex appeal; das zieht nicht." Es dauerte einige Zeit, bis Jesse verstand; sie hatte also nicht jenes gewisse Etwas, das das männliche sowohl wie das weibliche Publikum anzieht, jenes Magnetische, das auf die Sinne unmittelbar wirkt. Sie sah, da war eine Mauer, die scheinbar unübersteiglich war. Trotz dieses beharrlichen Nichterfolges jedoch dachte sie nicht einen Augenblick daran, in eine kaufmännische Stellung zurückzugehen, sondern blieb magisch festgehalten auf Broadway, wo sie sich eine bescheidene Stellung als Theaterkassierin gesichert hatte, die sie bald für eine als „usher" (Platzanweiserin) im Theater vertauschte. Für diese Arbeit nahmen die Amerikaner, die hübsche Mädchen immer gern dekorativ verwerten, gewöhnlich nur ganz junge, frische Dinger; da Jesse aber zart und von jener herben Blondheit war, die immer Jahre verheimlicht, wurde sie gern akzeptiert und konnte nun nach Herzenslust jeden Abend Theaterluft atmen.

Seit sie Walter Hampden in einem Ibsen-Stück gesehen, hatte sie sich an die Lektüre der europäischen Dramatiker gemacht. Und jenen Abend setzte sie sich hin und schrieb einige Szenen glatt herunter, die sie um eine Gestalt gruppierte, in die sie alles das preßte, was hinter ihren Schläfen seit Jahren gepocht hatte. Sie wußte selbst nicht, wie es kam, daß Papier und Feder ihr plötzlich dazu verhalfen, sich auszudrücken; hatte sie doch ans Schreiben nie vorher gedacht; vielleicht deswegen nicht, weil das bloße Schreiben ihr, der Tochter von Tatmenschen, nicht lebendig genug schien. Nun aber lernte sie mit Staunen, daß sich Leben durch bloßes Schreiben in schöpfergleicher Glut fassen und formen ließ.

Sie schrieb wie eine Besessene; wenn sie aus dem Theater um 12 Uhr nachts nach Hause kam, das Rauschen Broadways noch in allen Poren, dann ging es am besten. Als sie fertig war, erzählte sie einmal gesprächsweise dem ersten Kartenkontrollor, der in Smoking und steifem Hut beim Eingang stand, sie wüßte nicht, was mit dem Drama anfangen. Dies war nun jener Glückszufall, wie er jedem begegnet, der zum Erfolg gelangt, und ohne den er oft auf der Straße verdursten würde; der aber nicht verfehlt, auf-

Jugend-Beilage der „Neuen Freien Presse".

Seite 11 und 12.

„Das Alter an die Jugend." Von Marianne Hainisch.

„Bilder aus den Dolomiten." Von Falk Schrott.

„Der Traum von der Mutter." Von Walter Katz.

„Schlotterbein." Von Kurt Jentzsch.

„Cäsar." Von Grete Koronai.

„Schuurli!" Von Emmy Protiwinsky.

„Die Eltern, wie wir sie sehen." Von Hugo Reiskin.

„Wir und Hugo v. Hofmannsthal." Von Robert Breuer.

Fliegen Sie

in 8 STUNDEN von

Wien nach Paris

zur Kolonialausstellung

CIDNA

WIEN I., KÄRNTNERRING Nr. 7

TELEPHON R 20-3-63

Preis in Wien: 32 Groschen.

Neue Freie Presse.

Morgenblatt.

Empress of Britain 42 500 Tonnen

nach AMERIKA

Kürzeste Überfahrt 3½ Tage auf offener See. 5 Tage insgesamt

CANADIAN PACIFIC

I. Opernring 6 • Telef: R 27-0-53

Nr. 23944 — Wien, Dienstag, den 12. Mai — 1931.

MAURICE CHEVALIER

in dem Tonfilm

„Der grosse Teich"

(Big Pond)

mit

Claudette Colbert

Heute und täglich

Ur- und Alleinaufführung im:

Eine abgewendete Finanzkatastrophe.

Verluste der Credit-Anstalt von hundertvierzig Millionen. Intervention von Regierung, Nationalbank und Haus Rothschild. Die Rettung gesichert.

Wien, 12. Mai.

Gutes Material für Genf. Ein herrlicher Beweis für das Wohlergehen in Oesterreich, das manchen Parlamentariern des Auslandes noch immer bemerkenswert erscheint. Die Credit-Anstalt, die bisher mächtigste und stärkste Bank von Oesterreich mit vertrauungswürdiger Führung, sie muß Verluste von hundertvierzig Millionen Schilling im Jahre

Es wäre heute gänzlich sinnlos, wollte man in dieser Beziehung etwa Kritik üben. Wir stehen vor einer Situation, die mit scharfen Umrissen unabänderlich gegeben ist, wir können nur unter der Wirkung einer so nervenerschütternden Krise und mit dem schmerzlichen Anteil an dem Schicksal eines so ehrwürdigen Unternehmens, wir können heute nur die Genugtuung äußern, daß es in dreitägigen Verhandlungen geglückt ist, einer unnennbaren, gar nicht zu

Nach dem Rücktritt Schobers im September 1930 hatte der bisherige Heeresminister Karl Vaugoin eine Minderheitsregierung gebildet, die sich jedoch nur etwas mehr als zwei Monate halten konnte. Im Dezember 1930 wurde der bisherige Vorarlberger Landeshauptmann Otto Ender Bundeskanzler. Die Leitung des Finanzressorts war von diesen Regierungswechseln nicht berührt; sie blieb in den Händen von Otto Juch. Bundeskanzler Ender und Finanzminister Juch waren sich dessen bewußt, daß ein vollständiger Zusammenbruch dieser Großbank – ihre Bilanzsumme war nicht viel kleiner als der gesamte Staatshaushalt – die heimische Wirtschaft in ein unübersehbares Chaos stürzen mußte. In fieberhaften Verhandlungen, die unter strikter Geheimhaltung geführt wurden, suchte man nach einem Ausweg. Am 11. Mai trat man mit einem Sanierungsplan an die Öffentlichkeit, die damit erstmals von den Schwierigkeiten der Creditanstalt erfuhr. Drei Tage später, am 14. Mai 1931, verabschiedete der Nationalrat das erste Creditanstalt-Gesetz, das eine Stützungsaktion vorsah, an der der Bund mit 100 Millionen Schilling, die Nationalbank und das Haus Rothschild mit je 30 Millionen Schilling beteiligt waren.

Doch die beabsichtigte Wirkung blieb aus. Ein Run auf die Kassen der Creditanstalt setzte ein, und von Tag zu Tag verdichtete sich die Gefahr einer Kündigung der beträchtlichen Auslandsguthaben. Unter dem Druck der Auslandsgläubiger übernahm im Juni 1931 der Staat die Generalhaftung für alle Verbindlichkeiten der Creditanstalt in der Höhe von 1,2 Milliarden Schilling. Das Problem der größten österreichischen Bank war damit identisch geworden mit dem Schicksal der österreichischen Wirtschaft, der Finanzen des Bundes und der Währung.

Als Mitte Juni 1931 der Kampf um die Creditanstalt seinen Höhepunkt erreichte, trat das Kabinett Ender zurück. Dieser Schritt wurde durch die Demission des

Preis im Einzelverkauf an Wochentagen 18 Groschen an Sonn- u. Feiertagen 24 Groschen

Bezugspreis für die Bundesländer: Monatlich . . . . S 4·20

Für das Ausland: Deutschland . . . RM 3·— Tschechosl. Republik Kč 22·— Polen . . . . . . Zl. 7·— Jugoslawien . . Din. 60·— Alle sonstigen dem Weltpostverein angehörenden Länder Oesterr. Schilling 7·—

Arbeiter-Zeitung

Zentralorgan der Sozialdemokratie Deutschösterreichs

Erscheint täglich um 6 Uhr morgens, Montag um 1 Uhr mittags

Schriftleitung Verwaltung Druckerei u. Versand: V. Rechte Wienzeile 97 Telephon: B 29-5-10 Serie

Alleinige Anzeigenannahme: „Annorella" Annoncen-, Reklame- u. Verlags-Gesellschaft I. Schulerstraße 13 Tel. R 23-5-70 bis 73 und R 20-1-70 bis 71.

Bezugsbedingungen für Wien: In allen Verschleißstellen u. b. Zusendung durch die Post: Monatlich . . . . S 4·20

Nr. 131. Wien, Dienstag, 12. Mai 1931. 44. Jahrgang.

Die Kreditanstalt muß vom Staat gestützt werden

Verluste von 140 Millionen Schilling – Der Nationalrat einberufen

Amtlich wird mitgeteilt: Die Direktion der Oesterreichischen Kreditanstalt für Handel und Gewerbe hat der Bundesregierung mitgeteilt, daß, wie sich bei der Aufstellung der Bilanz für das Geschäftsjahr 1930 ergeben hat, außerordentliche Verluste in der Höhe von insgesamt 140 Millionen Schilling eingetreten sind. Diese Verluste sind zurückzuführen auf die Fusion mit der Boden- reichische Wirtschaft, sagt er, hat in den letzten Tagen

„einen Ritt über den Bodensee"

gemacht. Was geschehen wäre, wenn es nicht gelungen wäre, diese Katastrophe aufzuhalten, ist unübersehbar. Die Regierung hat vor drei Tagen von der Situation der Kreditanstalt erfahren und keinen Augenblick gezögert, mit einer kräftigen Hilfsaktion einzusetzen. Die Verhandlungen haben Tag und Nacht ge- eine Kapitalvermehrung vornehmen. Sie wird zu den 94 Millionen alter Aktien noch 91 Millionen neuer Aktien, also im ganzen ein Aktienkapital von 185 Millionen haben. Der Bund zahlt die neuen Aktien zum vollen Preis ein und muß, wie gesagt, außerdem noch mehr als 50 Millionen à fond perdu (unwiederbringlicher Verlust) einzahlen. Dafür hat sich der Bund, wie der Finanzminister mitteilt, erhöhte Dividenden gegenüber den alten Aktionären gesichert. Die Details dieser Verein-

Die Krise auf dem Höhepunkt!

Staatsaktion zur Stützung der Rothschild-Bank.

Die österreichische Wirtschaftskrise hat ihren Höhepunkt erreicht. Was vor kurzem noch niemand für möglich gehalten hätte, ist geschehen: Die Kreditanstalt muß vom Staat gestützt werden!

Die Kreditanstalt ist die älteste und die größte unter den österreichischen Banken. Ein Rothschild hat sie im Jahre 1855 gemeinsam mit den Größten des österreichischen Feudaladels, mit den Schwarzenberg, Auersperg und Fürstenberg, gegründet. Sie ist die Großbank Rothschilds geblieben; ein Rothschild ist heute noch ihr Präsident! Wer hätte je geglaubt, daß sich die Rothschild-Bank hilfesuchend an den Staat werde wenden müssen?

Die Kreditanstalt war bis zum Kriege eine der allergrößten und allermächtigsten

Innenministers Winkler, eines Landbündlers, ausgelöst, der die Verantwortung für die Übernahme der Bundeshaftung nicht mittragen wollte. Neuer Bundeskanzler wurde schließlich der bisherige niederösterreichische Landeshauptmann Karl Buresch, nachdem ein Versuch Ignaz Seipels, gemeinsam mit den Sozialdemokraten eine Konzentrationsregierung zu bilden, an deren Ablehnung gescheitert war. Die Leitung des Finanzministeriums übernahm Josef Redlich, der bereits in der letzten kaiserlichen Regierung Lammasch diese Funktion innegehabt hatte. Redlich amtierte auch diesmal nur kurze Zeit und wurde bereits vier Monate später durch den Christlichsozialen Emanuel Weidenhoffer ersetzt.

DR. JOSEPH REDLICH
OKTOBER/NOVEMBER 1918,
JUNI/OKTOBER 1931

DR. EMANUEL
WEIDENHOFFER 1931–1933

Der Zusammenbruch der renommierten Rothschild-Bank, des bedeutendsten Finanzierungsinstitutes Mitteleuropas, zog internationale und nationale Weiterungen nach sich: Er bildete einerseits den Ausgangspunkt für die schwere Bankenkrise, die seit 1931 Deutschland und andere europäische Länder erfaßte, er erschütterte andererseits auch auf das nachhaltigste die beiden Grundpfeiler der österreichischen Wirtschaftspolitik, nämlich die stabile Währung und den ausgeglichenen Staatshaushalt.

Auf dem Währungssektor war im Gefolge der Creditanstalt-Krise eine sprunghafte Steigerung des Wechselportefeuilles der Nationalbank zu beobachten, das zwischen Ende 1930 und Ende 1931 von 148 Millionen auf 907,8 Millionen Schilling anwuchs. Die Bereitwilligkeit der Nationalbank, Mobilisierungswechsel zu übernehmen, trug zweifellos wesentlich dazu bei, die durch den Abzug von Krediten und durch Kapitalflucht ins Ausland abströmende Geldmenge zu kompensieren und das Auftreten einer Geldknappheit mit einer damit verbundenen Verschärfung der deflationistischen Tendenzen zu verhindern. Gleichzeitig büßte die Notenbank einen Großteil ihres bedeutenden Gold- und Devisenvorrates ein: Die valutarische

Deckung, die anfangs 1931 noch 83,5 Prozent betragen hatte, erreichte im Oktober 1932 mit 17,6 Prozent einen absoluten Tiefpunkt.

KURSVERFALL DES SCHILLINGS

Diese Entwicklungen konnten nicht ohne Rückwirkung auf den Außenwert des Schillings bleiben. Der Kurs des Schillings in Zürich, der bis 1930 nur innerhalb der Goldpunkte geschwankt hatte, fiel im Durchschnitt des Jahres 1931 auf 99,5 Prozent seiner Parität, 1932 auf 83 Prozent und 1933 auf 78,8 Prozent. Durch die Einführung der Devisenbewirtschaftung im Oktober 1931 sowie durch bilaterale Clearingverträge (die allerdings bald durch den Privatclearing in ihrer Bedeutung zurückgedrängt wurden) versuchte man – ohne wesentlichen Erfolg – dieses Kursverfalles Herr zu werden. Auch den Maßnahmen Viktor Kienböcks, der im Februar 1932 anstelle von Richard Reisch an die Spitze der Nationalbank trat und eine ausgeprägt restriktive Kreditpolitik und eine deflationistische Währungspolitik einschlug (und damit entscheidend zur weiteren Zuspitzung der österreichischen Wirtschaftskatastrophe beitrug), gelang es nicht, das angestrebte Ziel, die Aufrechterhaltung der Goldparität des Schillings, zu erreichen. Im April 1934 mußte man sich schließlich zu einer formellen Anerkennung der bereits eingespielten Abwertung entschließen, indem man die Goldbestände der Nationalbank um 28 Prozent aufwertete.

Ähnlich wie die Währungspolitik zeigte auch die Finanzpolitik in den Anfangsphasen der Depression expansive Ansätze, die zwar keine bewußte Konjunkturpolitik darstellten, aber dennoch eine gewisse Milderung der schweren Deflationskrise nach sich zogen. 1930 stiegen im Vergleich zu den Vorjahren die Gesamtausgaben des Bundes um rund 15 Prozent, und dieses hohe Ausgabenniveau wurde auch 1931 beibehalten; mit 261,6 Millionen und 322,1 Millionen Schilling waren in diesen beiden Jahren die höchsten Budgetdefizite seit der Genfer Sanierung zu registrieren. (Mit einer Deckung der Ausgaben durch die Einnahmen von 88,6 Prozent bzw. 86,2 Prozent waren die Budgetdefizite 1930 und 1931 teilweise größer als in der Zweiten Republik in den Rezessionsjahren 1958 und 1967 – 86,8 bzw. 90,2 Prozent – in denen eine bewußte antizyklische Steuerung vorgenommen wurde.) Dieser starken Ausweitung des Ausgabenrahmens lagen unterschiedliche Ursachen zugrunde. 1930 ermöglichte es das Einfließen der Investitionsanleihe, jene öffentlichen Aufträge zu vergeben, die zum Teil schon für das Jahr 1929 geplant waren. Der Rechnungsabschluß wies auch mit 248,4 Millionen Schilling die höchsten Bundesinvestitionen in der Periode der Ersten Republik auf. 1931 hingegen stand das Anwachsen der Staatsausgaben im Zusammenhang mit den Ereignissen um die Creditanstalt. Die für Investitionen verwendeten Mittel betrugen nur noch 98,4 Millionen Schilling.

KRISE DER WIRTSCHAFT

Besonders die krisengeschüttelte Wirtschaft, die nachdrücklicher denn je Steuererleichterungen forderte, um die prekäre Situation leichter verkraften zu können, reagierte auf die steigenden Budgetdefizite mit heftigen Unmutsäußerungen. Man solle doch endlich zu sparen beginnen, hieß es, und „Schach den Kapitalsteuern". Namhafte Volkswirtschaftler und Politiker stimmten in den Chor ein, sprachen von einer „wüsten Vergeudung", die das Kennzeichen der Finanzwirtschaft sei, und betonten die Notwendigkeit drastischer Einschränkungen, damit „die private Initiativen wieder neu erweckt werden und neues Leben in die verödete Wirtschaft einziehen" könne. Die Regierung begegnete dieser Kritik vorerst nur mit einer dilatorischen Geste: Sie setzte einen „Einsparungskommissär" ein.

Als sich 1931 die Budgetlage weiter verschlechterte, die Einnahmenausfälle immer größer wurden und die Mittel aus der Investitionsanleihe aufgebraucht waren, verfiel man wieder auf jenen Ausweg, der schon zehn Jahre vorher, 1922, die drohende Finanzkatastrophe abgewendet hatte: auf die Hilfe des Völkerbundes. Die Schwierigkeiten, die diesen Bemühungen entgegenstanden, waren allerdings beträchtlich. Einerseits war durch die depressionsbedingte Zerrüttung des internationalen Kapitalmarktes eine Sanierungsanleihe schwer zu plazieren, andererseits hatte sich Österreich durch einen politischen Schritt den Unwillen einiger Großmächte zugezogen: durch den Plan einer deutsch-österreichischen Zollunion.

DEUTSCH-ÖSTERREICHISCHE ZOLLUNION

Das Projekt einer Zollunion war schon in den zwanziger Jahren ventiliert worden; konkrete Formen nahm es jedoch erst seit Ausbruch der Wirtschaftskrise an. Verhandlungen zwischen Johannes Schober, der als Außenminister in der Regierung Ender fungierte, und dem deutschen Außenminister Julius Curtius verliefen positiv und führten am 19. März 1931 zur Unterzeichnung eines Vertrages. Prompt legten Frankreich, Italien und die Tschechoslowakei, die schon nach Kriegsende den österreichischen Anschlußbestrebungen entgegengetreten waren, energischen Protest ein. Vor allem Frankreich warf seinen Einfluß in die Waagschale und benützte die österreichische Kreditnot im Gefolge der Creditanstalt-Krise, um eine Revision des Zollunionvertrages zu erzwingen. Am 3. September 1931 gaben Österreich und Deutschland vor dem Völkerbund eine Verzichterklärung ab. Zwei Tage später lag auch das Urteil des internationalen Gerichtshofes in Den Haag vor, das die Unvereinbarkeit der Zollunion mit dem Genfer Abkommen von 1922 feststellte. Kurz darauf traf eine Völkerbunddelegation in Wien ein, um die Voraussetzungen für die Gewährung eines neuerlichen Sanierungskredites zu prüfen. Ihre Forderungen waren angesichts der bisherigen Erfahrungen unschwer abzuschätzen: einsparen, einschränken.

DAS BUTGETSANIERUNGSGESETZ VON 1931

Als unmittelbare Konsequenz der Verhandlungen mit der Völkerbunddelegation wurde am 3. Oktober 1931 durch den Nationalrat ein Budgetsanierungsgesetz verabschiedet, das in der Tat „ein trauriges Musterbeispiel einer prozyklischen Budgetpolitik“ (A. Fiebich) darstellte. Die Gesamtausgaben wurden um 17,4% reduziert, die Bezüge der öffentlich Bediensteten um 4,5% bis 6% gekürzt und Sonderzahlungen gänzlich gestrichen. Die ohnehin bescheidenen Bundesinvestitionen wurden bis zur Bedeutungslosigkeit eingeschränkt. (Laut Rechnungsabschluß 1932 betrug der Investitionsaufwand lediglich 12,5 Millionen Schilling und erreichte damit einen einsamen Tiefpunkt.) Zur Erhöhung der Einnahmen diente ein bis Ende 1933 auferlegtes Krisenopfer, das aus einem Zuschlag zur Einkommensteuer, einer Ledigensteuer und einer zusätzlichen Vermögensteuer bestand.

Bundeskanzler Buresch erklärte in der Parlamentsdebatte über das Budgetsanierungsgesetz, daß „die auf dem Gleichgewicht des Bundeshaushaltes beruhende Sicherheit der Währung als das oberste Gebot der Stunde“ erachtet werden müsse. In ähnlicher Weise begründete auch Otto Bauer, der Führer der oppositionellen Sozialdemokratie, die Zustimmung seiner Partei. Auch er betonte, daß dem Gleichgewicht im Staatshaushalt absolute wirtschaftspolitische Priorität eingeräumt werden müsse. Wenige Tage später verteidigte er in einem Vortrag vor Vertrauensmännern der Postgewerkschaft diese Haltung mit dem Hinweis, eine Defizitwirtschaft würde nur eine neue Inflation auslösen, und die Folge wäre „die schwerste Verelendung der Massen“.

AUF RESTRIKTIONSKURS

In diesen Äußerungen klingt deutlich eines der Hauptmotive für den konjunkturpolitisch so fatalen Restriktionskurs an, den man im Herbst 1931 einschlug: die Inflationsangst. Die mangelnde analytische Rezeption der Nachkriegsinflation, als deren Ursache man im Sinne der Quantitätstheorie die „Mißwirtschaft“ des Staates ansah, führte in den dreißiger Jahren immer wieder zu der ebenso einfachen wie fehlerhaften Formel: Budgetdefizit = Inflation. Zwar tauchten auch in Österreich seit 1931, seitdem in Deutschland der Woytinsky-Plan der deutschen Gewerkschaften heftig diskutiert wurde, verschiedentlich Stimmen auf, die für eine verstärkte Ankurbelung der Wirtschaft über den Staatshaushalt plädierten; sie stießen aber auf eine über alle Parteigrenzen hinweggehende Mauer der Ablehnung.

Neben der Furcht vor einer neuen Inflation spielten zweifellos auch Bedenken eine Rolle, durch eine Entbalancierung des Budgets das Mißtrauen des Auslandskapitals heraufzubeschwören, ohne dessen Hilfe man nicht auszukommen glaubte. Unter diesen Umständen konnte trotz gegensätzlicher wirtschaftsideologischer Perspektiven ein weitgehender Konsens zwischen Bürgertum und Sozialdemokratie in der Frage der Krisenstrategie entstehen. Im bürgerlichen Lager dominierte die liberale Doktrin, die an die Selbstheilungskräfte der Wirtschaft glaubte und jegliche staatliche Steuerung als unzulässige und nicht zielführende Störung ansah. In dieser Sicht bestand die Aufgabe des Staates lediglich darin, seinen Haushalt dem durch die Depression geschrumpften Wirtschaftsvolumen anzupassen. Die Sozialdemokratie wiederum stand unter dem Eindruck der klassischen marxistischen Auffassung, daß schwere Krisen als Ausdruck des immanenten Widerspruches im kapitalistischen System letztlich unvermeidlich seien, und beurteilte die Krisenbekämpfung mehr aus einem sozial- als aus einem wirtschaftspolitischen Blickwinkel. Da man die Macht der Gewerkschaften in der konkreten Situation der dreißiger Jahre für nicht groß genug hielt, im Falle eines neuerlichen inflationären Auftriebs schwerwiegende Reallohnminderungen für die Arbeiterschaft zu verhindern, erschien auch für sie die Stabilität des Schillings und des Staatshaushaltes als vorrangiges Ziel.

UM DIE STABILITÄT DES SCHILLINGS

Andererseits muß – ähnlich wie für die zweite Hälfte der zwanziger Jahre – festgestellt werden, daß selbst bei einer anderen finanzpolitischen Orientierung ein ausgeprägter Expansionskurs kaum realisierbar gewesen wäre. Die Möglichkeiten einer Defizitfinanzierung bewegten sich angesichts der Deroute der in- und ausländischen Kapitalmärkte in engen Grenzen, der konjunkturpolitisch effizienteste Weg einer Defizitabdeckung durch Notenbankdarlehen war durch die Statuten der Nationalbank, die Auswirkungen des Zusammenbruches der Creditanstalt, durch den Druck des Auslandes, vor allem aber durch das unbewältigte Inflationstrauma versperrt. Restriktionsmaßnahmen wären unter diesen Bedingungen wohl so oder so unumgänglich gewesen, sie wurden aber in Österreich aber mit geradezu fanatischer Konsequenz durchgeführt. Eine weniger rigide Vorgangsweise im Budgetvollzug, im besonderen eine stärkere Investitionsneigung des Bundes, hätte für die Gesamtwirtschaft eine Entlastung bedeutet, ohne die angestrebte Sanierungsanleihe zu gefährden. So aber wies der Rechnungsabschluß für 1932 eine mehr als 99%ige Deckung der Ausgaben durch die Einnahmen aus. Der Effekt dieses finanzpolitischen Gewaltaktes und der seit dem Amtsantritt Kienböcks eingeschlagenen Notenbankpolitik läßt sich unschwer auch aus der Volkseinkommenstatistik ablesen: Das Bruttonationalprodukt schrumpfte 1932 wesentlich stärker als in den beiden Jahren vorher, nämlich real um 10,3%.

SCHRUMPFUNG DES BRUTTO-NATIONALPRODUKTS

Mit der Verabschiedung des Budgetsanierungsgesetzes im Oktober 1931 hatte man in Österreich gehofft, das letzte Hindernis für eine rasche Gewährung der Auslandsanleihe weggeräumt zu haben. Doch die Kredithilfe ließ weiter auf sich warten. Im Mai 1932 löste der bisherige Landwirtschaftsminister Engelbert Dollfuß Karl Buresch als Bundeskanzler ab, der später – im Oktober 1933 – an Stelle Emanuel Weidenhoffers das Finanzministerium übernahm. Das Kabinett Dollfuß konnte sich nur auf die hauchdünne Mehrheit von einer Stimme im Parlament stützen. Der neue Kanzler brauchte also dringend einen Prestigeerfolg und proklamierte – ähnlich wie Ignaz Seipel zehn Jahre vorher – die Völkerbundanleihe zur Schicksalsfrage für Österreich. Die labile innenpolitische Situation und auch das von Österreich angedrohte Transfermoratorium (Einstellung des Zinsen- und Tilgungsdienstes für Auslandsschulden) mögen dazu beigetragen haben, daß man sich nun in Genf entschlußfreudiger gab. Bereits zwei Monate nach seinem Regierungsantritt gelang es Dollfuß, praktisch im Alleingang, die Anleihe unter Dach und Fach zu bringen. Am 15. Juli

DR. KARL BURESCH
1933–1935

1932 wurde das Lausanner Protokoll unterzeichnet. Es sah einen Kredit von 300 Millionen Schilling vor.

DIE HILFSAKTION VON LAUSANNE 1932

Die Lausanner Bestimmungen waren im wesentlichen den Genfer Vereinbarungen nachgezeichnet, die Hilfsaktion wurde auch offiziell als „Aufrechterhaltung des wirtschaftlichen und finanziellen Wiederaufbauwerkes von 1922" definiert. Damit verbunden war die neuerliche Erstellung eines wirtschaftlichen und finanziellen Reformprogrammes durch die österreichische Regierung. Abermals wurde ein Kontrollapparat installiert, wiederum wachte ein Generalkommissär, diesmal der Holländer Rost van Tonningen, über die österreichische Finanzgebarung. Es dauerte aber noch ein Jahr, bis die Anleihe von den beteiligten Staaten ratifiziert und sie auf dem internationalen Kapitalmarkt untergebracht werden konnte. Inzwischen schritt der wirtschaftliche Niedergang weiter voran.

DAS ENDE DER DEMOKRATIE

Auf dem Höhepunkt der Wirtschaftskrise kam das Ende der österreichischen Demokratie. Im Zuge einer parlamentarischen Auseinandersetzung über die Bundesbahnbediensteten, deren Bezüge nur noch in Raten ausbezahlt werden konnten, nützte Dollfuß eine Kurzschlußhandlung der drei Nationalratspräsidenten, die nach einer Kontroverse über die Gültigkeit eines Stimmzettels zurücktraten, zur Ausschaltung der Volksvertretung, deren Mehrheit ihm immer mehr entglitten war. Die Sistierung des demokratischen Systems muß nicht zuletzt im Kontext mit der ökonomischen Situation gesehen werden. Die Wirtschaft lag darnieder, die Staatskassen waren leer, die Kritik über die Insuffizienz der Wirtschaftspolitik wurde immer lauter. Mit Notverordnungen ließ es sich leichter regieren, mit einer Pressezensur konnte man jede Kritik im Keime ersticken. „Zusammen mit dem Kanzler und Kienböck", schrieb der Völkerbundkommissär Rost van Tonningen in seinem Tagebuch, „haben wir die Ausschaltung des österreichischen Parlaments für notwendig gehalten, da dieses Parlament die Rekonstruktionsarbeit sabotierte."

Die Finanzpolitik des autoritären Regimes

AUS DER DEPRESSION IN DIE STAGNATION

Im Gegensatz zu anderen Ländern, wo sich seit 1933/34 deutliche konjunkturelle Aufschwungstendenzen bemerkbar machten, mündete in Österreich die Depression in eine hartnäckige Stagnation. 1937 lag das Bruttonationalprodukt noch immer 14% unter dem Niveau von 1929, die Industrieproduktion um 21%, die der Bauwirtschaft um 36%. Die Arbeitslosenzahlen gingen bis zur Okkupation Österreichs durch Hitler nur unmerklich zurück. 1937 waren nach wie vor im Jahresdurchschnitt 464.000 Beschäftigungslose registriert. Der Lebensstandard der Bevölkerung sank weiter. So verringerte sich beispielsweise der durchschnittliche Stundenverdienst eines Facharbeiters in der Wiener Metallindustrie, der im Jahre 1929 S 1,39 betragen hatte, auf S 1,33 im Jahre 1933 und auf S 1,28 im Jahre 1937, obwohl die Lebenshaltungskosten seit 1933 im wesentlichen konstant geblieben waren.
Die andauernde wirtschaftliche Lähmung war nicht zuletzt auch Ergebnis eines jeder Änderung widerstrebenden währungs- und finanzpolitischen Konzepts. Kann man die Finanzpolitik in der zweiten Hälfte der zwanziger Jahre und in der Depression bis 1933 noch damit rechtfertigen, daß der Spielraum für eine wirkungsvolle Bekämpfung der Arbeitslosigkeit zu gering war, so besitzt dieses Argument für die Periode des autoritären Regimes kaum mehr Gültigkeit. Zu einer Zeit, als in anderen Ländern (wie etwa in den USA und in Deutschland) das Budgetgleichgewicht als oberstes finanzpolitisches Dogma immer mehr in Frage gestellt und zu einer aktiven Konjunkturpolitik übergegangen wurde, hätte man auch Österreich – trotz der

Finanzkontrolle – einen solchen Schritt wohl nicht mehr verbieten können. Überdies wären dem Staat aufgrund der zunehmenden Liquidität der Banken im Gefolge der endgültigen Konsolidierung dieses Sektors 1934/35 größere Möglichkeiten für eine Defizitfinanzierung auf dem heimischen Kapitalmarkt zur Verfügung gestanden. Der Restriktionskurs während des Ständestaates war nicht mehr primär Ausfluß objektiver Zwänge, sondern ergab sich aus dem starren Festhalten an traditionellen finanzpolitischen Methoden.

Zwar gab es unter dem Druck der ausländischen Beispiele auch in Österreich temporäre Ansätze zu einer aktiveren Beschäftigungspolitik, sie blieben aber immer in sehr engen Grenzen und brachten demgemäß nur unzureichende Ergebnisse. Die sehr zurückhaltenden Initiativen zu einer Arbeitsbeschaffung wurden überdies immer wieder von ausgeprägt deflationistischen Maßnahmen überlagert. Insgesamt ergibt sich für die Finanzpolitik in den letzten Jahren der Ersten Republik ein Bild der Inkonsequenz und der Ratlosigkeit.

EINE DEFLATIONISTISCHE FINANZPOLITIK

Kennzeichnend für die finanzpolitische Grundhaltung war bereits die Verwendung der aus der Lausanner Anleihe einfließenden Gelder. Nachdem Österreich jene Kredite zurückgezahlt hatte, die von England und der Bank für Internationalen Zahlungsausgleich 1931 im Zusammenhang mit der Creditanstaltkrise gewährt worden waren, blieb noch ein beträchtlicher Anleiherest übrig. Dieser wurde nun für die Begleichung kurzfristiger Schulden des Bundes und der Bundesbahnen herangezogen, also für eine Transaktion, die eindeutig deflationistischen Charakter trug. Beträchtliche Mittel wurden damit brachgelegt, fielen für die so notwendige Finanzierung öffentlicher Investitionen aus.

Vergebens hatte die Sozialdemokratie, die seit der Machtübernahme Hitlers immer klarer die politische Sprengkraft der Massenarbeitslosigkeit erkannte und vehementer als früher staatliche Arbeitsbeschaffungsmaßnahmen urgierte, eine Heranziehung der Lausanner Anleihe für Investitionsmaßnahmen gefordert. Im Juli 1933 legte Otto Bauer in einem Referat vor der Reichskonferenz der Freien Gewerkschaften ein Arbeitsbeschaffungskonzept für 200.000 Menschen vor, in dem er neben einem Präferenzzollsystem mit den Nachfolgestaaten und der Einführung der 40-Stunden-Woche die Verwendung der Anleihe für produktive Zwecke in den Mittelpunkt seiner Überlegungen stellte. Denn Arbeit, führte er aus, sei „eine viel wirksamere Bekämpfung der faschistischen Gefahr als alle Polizeimaßregeln".

Die Regierung Dollfuß ging jedoch andere Wege. Allerdings wurde ein Teil der ebenfalls in Lausanne festgelegten Inlandsanleihe, durch die ursprünglich der Bund die Schulden der Creditanstalt bei der Nationalbank abdecken sollte, für öffentliche Arbeiten verwendet. Diese sogenannte „Trefferanleihe" (ihr Name kam daher, weil

DIE TREFFERANLEIHE

– um sie attraktiver zu gestalten – jährlich unter den Zeichnern Gewinne ausgelost wurden), brachte 266 Millionen Schilling, also nicht viel weniger als der Völkerbundkredit. Ein Teil davon wurde für die Elektrifizierung der Nordrampe der Tauernbahn, für den Bau der Großglockner-Hochalpenstraße, der Wiener Reichsbrücke und für andere Vorhaben eingesetzt. Konjunkturpolitisch gesehen waren diese und spätere inländische Staatsanleihen jedoch insofern nicht unproblematisch, weil der expansiven Wirkung der erhöhten Staatsausgaben die kontraktive Wirkung der Geldabschöpfung bei Privaten gegenüberstand, welche die Mittel für den privaten Konsum weiter einschränkte.

1935 ließ Bundeskanzler Schuschnigg (er war nach der Ermordung von Engelbert Dollfuß bei einem nationalsozialistischen Putschversuch im Juli 1934 an die Spitze der Regierung getreten) abermals ein Arbeitsbeschaffungsprogramm durchführen, das unter großem propagandistischen Aufwand als „Arbeitsschlacht" in Szene gesetzt wurde. Zur Finanzierung diente die österreichische Arbeitsanleihe von 1935. Auch sie brachte allerdings keine echten Impulse für eine konjunkturelle Belebung. Der Ausgang der „Arbeitsschlacht“ stand in deutlichem Mißverhältnis zur lautstarken Propaganda: Ein Blick in die Arbeitslosenstatistiken genügt, um den geringen Erfolg der Aktion abschätzen zu können. Der Mißerfolg war auch deshalb so eklatant, da ein beträchtlicher Teil der Anleihe ebenfalls zur Konsolidierung kurzfristiger Kreditoperationen verwendet wurde, die zur Bedeckung des Budgetdefizits für das Jahr 1934 notwendig geworden waren. Der Gebarungsabgang war in erster Linie durch Mehraufwendungen für die Exekutive im Zusammenhang mit der Niederwerfung der Sozialdemokratie im Februar 1934 entstanden.

Im Budgetvoranschlag für 1936 waren auch die ohnehin unzureichenden beschäftigungspolitischen Ansätze der Vorjahre nicht mehr vorhanden, die Restriktionsabsichten traten wieder in voller Schärfe zutage. In einem Vortrag vor dem Niederösterreichischen Gewerbeverein motivierte der damalige Finanzminister Ludwig Draxler diese Kehrtwendung und kleidete das unglückselige Dogma der österreichischen Finanzpolitik in geradezu klassische Formulierungen. „Ein ausgeglichenes Budget“, führte er aus, „ist die Grundlage nicht nur einer geordneten Volkswirtschaft, sondern auch einer gesunden Währung, die selbst wieder unerläßliche Voraussetzungen gesunden Wirtschaftens ist. Nicht minder wichtig ist weiters die möglichste Anpassung des Ausgabenniveaus der öffentlichen Haushalte an die Möglichkeiten der Volkswirtschaft. Je schwächer die Wirtschaft ist, umso niedriger muß die Budgetsumme sein . . . Es darf aber auch nicht übersehen werden, daß ebenso wie Subventionen auch staatliche Arbeitsbeschaffungsaktionen, da sie bis zu einem gewissen Grad den Mechanismus des Marktes ausschalten, künstliche und überdies mit bedeutenden Opfern verbundene Eingriffe des Staates in die Wirtschaftsgestaltung darstellen. Derartigen Maßnahmen haften alle Nachteile nicht organischer Förderungsmaßnahmen an. Abgesehen von der Gefahr von Fehlinvestitionen, die mit dem System der sogenannten Arbeitsbeschaffung immer verbunden ist, ergibt sich auch aus einer einfachen wirtschaftstheoretischen Erwägung, daß ‚Arbeitsbeschaffung‘ niemals selbständiges Ziel einer Wirtschaftspolitik sein kann; denn die Arbeit ist in der Wirtschaft nicht Endziel, sondern nur ein Mittel zur Gütererzeugung und zur Bildung von Einkommen . . .“

DR. LUDWIG DRAXLER
1935–1936

Draxlers finanzpolitische Sicht stand in offenkundiger Übereinstimmung mit jener des Nationalbankpräsidenten Viktor Kienböck, der zweifellos als eine Schlüsselfigur in der österreichischen Wirtschaftspolitik der dreißiger Jahre anzusehen ist, da er nicht nur der Währungs- und Kreditpolitik seinen Stempel aufdrückte, sondern nach wie vor auch einen starken Einfluß auf das Finanzministerium besaß. Die Finanzminister des Ständestaates – Karl Buresch, Ludwig Draxler und Rudolf Neumayer – standen ebenso im Schatten seiner Autorität wie andere führende Wirtschaftspolitiker. Auch Viktor Kienböck trat immer wieder nachdrücklich für eine Beibehaltung der orthodoxen wirtschaftspolitischen Orientierung ein. „Währung, Budget und Kreditwesen“, legte er beispielsweise im Jänner 1936 in einem Vortrag dar, „verhalten sich zur Wirtschaft dienend. Sie sind die Voraussetzungen, die gegeben sein müssen, damit erfolgreich gewirtschaftet werden könne, nicht aber der Zweck der Wirtschaft. Ebenso ist, um einen Vergleich zu gebrauchen, in jedem größeren Betrieb eine geordnete Buchführung Voraussetzung für ein ordentliches und erfolgreiches Arbeiten. Natürlich kann die Ordnung in den Büchern nicht den fehlenden Wirtschaftserfolg ersetzen. Diese Ordnung ist dazu da, den Wirtschaftserfolg zu ermöglichen, nicht um ihn selbst zu schaffen. Die Mißverständnisse entstehen durch Irrlehren. Wenn nämlich die Lösung der Wirtschaftsprobleme schwierig wird, kommt es vor, daß man sich mit finanziellen Kunststücken über den Sachverhalt hinwegtäuschen will. Die falschen Propheten, die keinen ernsten Rat für

DR. RUDOLF NEUMAYER
1936–1938

„EINE GEORDNETE BUCHFÜHRUNG FÜR DEN STAAT …“

den Kern der Wirtschaftsfragen wissen, biegen auf das Gebiet der Finanzpolitik aus. Sie wollen das Volk glauben machen, daß seine Leiden durch Kunstgriffe auf dem Gebiet der Währung oder durch zwangsmäßige Eingriffe in das Kreditwesen oder ungedeckte Ausgaben der Staatsverwaltung geheilt werden können. Derlei Irreführungen müssen die verantwortlichen Finanzpolitiker abwehren. Ein erschütterter Wirtschaftsbetrieb wird ja nicht dadurch geheilt, daß man die Bücher fälscht . . .“

1937 unternahm man nochmals einen zögernden Anlauf, durch Arbeitsbeschaffungsmaßnahmen die Massenarbeitslosigkeit einzudämmen. In diesem Jahr wurde erneut eine Investitionsanleihe im Nennwert von 180 Millionen Schilling begeben. Davon wurden allerdings 54 Millionen wiederum zur Konsolidierung kurzfristiger Schulden verwendet und nur der Rest kam öffentlichen Investitionen sowie der technischen Ausrüstung des Heeres zugute.

Im allgemeinen blieb auch 1937 die staatliche Investitionstätigkeit in zu engen Grenzen, um befruchtende Wirkungen auf die Gesamtwirtschaft auszuüben. Die eingesetzten Mittel waren immer nur ein Tropfen auf heißem Stein.

Siehe Schaubild Seite 264

Die Budgetziffern der Jahre 1933 bis 1937 spiegeln den deflationistischen Grundcharakter der Finanzpolitik einprägsam wider. Der Ausgabenrahmen blieb während der ganzen Periode deutlich niedriger als etwa in den Jahren 1930 und 1931. Noch charakteristischer ist die Entwicklung der Bundesinvestitionen. Lagen diese im Durchschnitt der Jahre 1924 bis 1930 immerhin noch bei 162 Millionen Schilling, so sanken sie im Zeitraum von 1933 bis 1937 auf durchschnittlich 70 Millionen Schilling.

DIE INVESTITIONEN DES BUNDES SINKEN

Besonders auffällig war auch die Veränderung der Ausgabenstruktur, die im Ständestaat eintrat. Bildete zwischen 1923 und 1929 die Land- und Forstwirtschaft den expansivsten Sektor, so wiesen nun die Aufwendungen für die Landesverteidigung die mit Abstand höchsten Steigerungsraten auf: Sie erhöhten sich zwischen 1932 und 1937 um nahezu 200%.

Daß sich die orthodoxe Finanzpolitik mit ihren folgenschweren Wirkungen auf die Gesamtwirtschaft auch zu einem Zeitpunkt ungehindert entfalten konnte, zu dem im Ausland vielfach bereits neue wirtschaftspolitische Wege eingeschlagen wurden, war wohl nur im Klima eines autoritären Regimes möglich, in dem oppositionelle Meinungen und wirtschaftspolitische Alternativen nicht zum Tragen kommen konnten. Seit ungefähr 1936 tauchten allerdings auch in regierungsnahen Zeitungen und Zeitschriften immer wieder Stimmen auf, die in vorsichtiger, häufig verklausulierter Form eine Modifizierung der bisherigen wirtschaftspolitischen Linie empfahlen. So veröffentlichte beispielsweise 1937 Gottfried Kunwald, der im Jahre 1922 als finanzpolitischer Berater Seipels fungiert und damals auch in einem Nahverhältnis zu Viktor Kienböck gestanden hatte, einen Artikel, in dem er seine Skepsis über den bisherigen Weg zum Ausdruck brachte. „Allerdings gibt es höhere Güter“, stellte er fest, „als die wirtschaftlichen Güter der Sicherheit der Währung und der Verläßlichkeit der Finanzwerte. Zu diesen höheren Gütern gehört vor allem die wirtschaftliche Verknüpfung der Einzelnen mit dem Staat in einem Augenblick, da der Staat den Kampf um seine eigene Bevölkerung führt. Aus diesem politischen Gesichtspunkt, nicht aus dem wirtschaftlichen können sich, was nicht geleugnet werden darf, im derzeitigen Zeitpunkt gewichtige Bedenken ergeben.“

Kunwald deutete damit zu Recht die enorme politische Brisanz des österreichischen Deflationskurses an, der mit dazu beitrug, die staatliche Selbständigkeit Österreichs in Frage zu stellen. Das wirtschaftliche Elend und die Hoffnungslosigkeit, die sich unter der Bevölkerung breitmachte, boten der nationalsozialistischen Anschlußpropaganda eine wirkungsvolle Angriffsfläche. Der um seine Existenz kämpfende Mittelstand, das Kleinbürgertum, stellenlose und nicht entsprechend ihrer Ausbildung beschäftigte Angehörige von Intelligenzberufen sowie immer breitere Schichten der Arbeiterschaft verfielen den Verheißungen des Nationalsozialismus. Der Ständestaat, der auf der einen Seite politisch alles tat, um sich den Zugriffen Hitler-Deutschlands zu entziehen, trug auf der anderen Seite durch seine starre wirtschaftspolitische Haltung viel dazu bei, die innere Widerstandskraft der Bevölkerung zu lähmen. Bis zum bitteren Ende hielt man jedoch unbeirrt an den wirtschaftspolitischen Dogmen fest. So skizzierte Bundeskanzler Schuschnigg am 24. Februar 1938 in seiner Rede vor dem Bundestag, in der er noch einmal den Willen der Regierung bekundete, „mit allen Kräften die unversehrte Freiheit und Unabhängigkeit des österreichischen Vaterlandes zu erhalten", die unveränderten Leitlinien der österreichischen Währungs- und Finanzpolitik: „Die Regierung ist entschlossen, bei ihrer konstruktiven Wirtschaftspolitik zu beharren. Die günstigen Vorbedingungen hierfür sind gegeben. Das österreichische Budget, das der vollen Kontrolle der Öffentlichkeit zugänglich ist, befindet sich im Gleichgewicht. Die Auslandsschulden sind in den letzten fünf Jahren um mehr als die Hälfte gesunken. Der Bestand der Notenbank an Gold und Devisen hat im Jahre 1937 um 57 Millionen Schilling zugenommen . . . Die Politik, die Österreich auf staatsfinanziellem und währungspolitischem Gebiet in den letzten Jahren gemacht hat, hat sich somit durchaus bewährt. Sie hat uns in schwierigen Zeiten aufwärts geführt. An dieser Politik wird nichts Grundsätzliches geändert".

STARRE WIRTSCHAFTSPOLITISCHE HALTUNG DES STÄNDESTAATS

Als kaum mehr als zwei Wochen später, am 12. März 1938, die Hitler-Truppen in Österreich einmarschierten, bedeutete der gewaltsame Anschluß für viele Österreicher, auch für solche, die dem Nationalsozialismus nicht nahestanden, zweifellos einen Hoffnungsschimmer. Ihnen schien der Nationalsozialismus ein kleineres Übel zu sein als das Dahinsiechen in sozialem und wirtschaftlichem Elend. Das Finanzministerium, das traditionsreiche Gebäude in der Himmelpfortgasse, in dem das triste Wirtschaftsgeschehen der Zwischenkriegszeit nicht unwesentlich mitbestimmt worden war, teilte das österreichische Schicksal: Es wurde zu einer Dependance des Dritten Reiches.

DAS ENDE DER ERSTEN REPUBLIK

Die Zweite Republik 1945–1955

Die Überwindung des Nachkriegschaos

DAS ERBE DES KRIEGES

Während nach dem Ersten Weltkrieg das Bewußtsein überwog, zu den Ausgestoßenen, zu den Enterbten eines großen Vielvölkerreiches zu gehören, woraus das geringe Vertrauen zum eigenen Staat und zu seiner Wirtschaft resultierte, kam es nach dem Zweiten Weltkrieg zur Ausprägung eines starken Staatsbewußtseins, zu gesteigerter Arbeitsfreude und zum Willen, die neue staatliche und wirtschaftliche Souveränität zu behaupten. Die nahezu vollkommene Vernichtung der ökonomischen Basis, die soziale Nivellierung im Zuge der Nachkriegsinflation, die Priorität elementarster Existenzprobleme wirkten etwa vorhandenen Klassenantagonismen entgegen und ließen ideologische hinter pragmatischen Fragen zurücktreten. Selbst die heikle Frage der Verstaatlichung der wirtschaftlichen Schlüsselsektoren wurde nach 1945 primär als ökonomisches und weniger als politisches Problem gestellt. In beiden großen politischen Lagern Österreichs gewannen – geprägt durch das gemeinsame Erlebnis der Okkupationszeit – die Vertreter einer pragmatischen Richtung die Oberhand. Die Strukturprobleme durch den Zerfall des organisch gewachsenen Wirtschaftsgebietes der Monarchie waren 1918 schwieriger als jene, die 1945 durch die Herauslösung aus der Wirtschaft des „Dritten Reiches" entstanden. Hingegen erreichten 1945 die unmittelbaren Kriegsschäden ein wesentlich größeres Ausmaß.

Die Ausgangssituation war allerdings denkbar ungünstig: große Verluste an Menschenleben, gewaltige Zerstörungen und materielle Einbußen stellten Substanzverluste dar, die sich allein durch wirtschaftspolitische Maßnahmen kurzfristig nicht beseitigen ließen. Die Wirtschaft bot ein Bild der Desorganisation; das Sozialprodukt war gegenüber 1937 um rund ein Drittel gesunken und erreichte auch in den folgenden Jahren nicht das Vorkriegsniveau. Die Industrie hatte den Großteil ihrer Kapazität eingebüßt; zu den Kriegsschäden kamen ungeklärte Eigentumsverhältnisse und umfangreiche Demontagen und Beschlagnahmungen durch die Besatzungsmächte, welche die Wiederaufnahme der Arbeit erschwerten. Die Energiewirtschaft, das Verkehrsnetz und das Versorgungswesen waren vollkommen zusammengebrochen. Zu all diesen Schwierigkeiten kamen noch die auf dem Währungssektor, denn Österreich hatte aus der Konkursmasse des „Dritten Reiches" eine gewaltige Banknotenmenge geerbt, eine Folge der rückgestauten Inflation während der Kriegsjahre.

WIRTSCHAFTSPOLITISCHE AUFGABEN

Die Aufgaben der Wirtschafts- und Sozialpolitik wurden damit gleichsam vom Zwang der Verhältnisse diktiert; ihre Möglichkeiten waren zunächst auf die Bewältigung elementarster Existenzprobleme eingeengt, wobei sich etwa folgende Probleme als Schwerpunkte herauskristallisierten: 1. Sicherung der wirtschaftlichen Souveränität, 2. Bereitstellung der rechtlichen und administrativen Rahmenbedingungen, 3. Bewältigung der Versorgungsprobleme und 4. Ordnungsmaßnahmen auf dem Währungssektor.

Die Wirtschaftspolitik mußte zunächst auf die Sicherung der Einheit des Wirtschaftsraumes gerichtet sein, denn der Alliierte Rat fungierte praktisch als oberste politische Instanz des Landes, und die Teilung und Abschließung des Landes in vier Besatzungszonen führte dazu, daß die Wirtschaft Österreichs weitgehend ihren inneren Zusammenhang und einheitlichen Charakter verloren hatte. Der Spielraum für wirtschaftspolitische Entscheidungen war damit für die obersten österreichischen Organe äußerst eingeengt. Ein weiteres akutes Problem bildeten das infolge der Marktdesintegration bestehende Preisgefälle innerhalb Österreichs und das durch die mangelhafte Preiskontrolle begünstigte Entstehen „grauer" und „schwarzer Märkte", auf denen ein Vielfaches der legalen Preise galt.

Auf dem Währungssektor setzte bereits die provisorische Staatsregierung erste Schritte mit dem Notenbanküberleitungsgesetz, dem Schaltergesetz und dem Kreditlenkungsgesetz. Damit wurde die Notenbank wieder in ihre Funktion eingesetzt, die Kreditinstitute nahmen zumindest in beschränktem Umfang ihren Geschäftsverkehr wieder auf, gleichzeitig erfolgte ein teilweises Einfrieren der Spargelder; diese währungspolitischen Initiativen wurden ergänzt durch das Kreditlenkungsgesetz, das eine planmäßige Steuerung des öffentlichen wie des privaten Kredits vorsah. Die Knappheit der Ressourcen in der öffentlichen wie in der privaten Wirtschaft, die eingeschränkten Möglichkeiten einer gezielten Kapitaldisposition stärkten die Position des Staates. So wurde das Kreditlenkungsgesetz zu einem Schlüsselgesetz des österreichischen Wiederaufbaus, denn die damit verbundenen ordnungspolitischen Vorstellungen sollten sich – insbesondere in Verbindung mit der späteren Verteilung der ERP-Mittel – als langfristig bedeutsam für den Kurs der Nachkriegswirtschaft erweisen. Staatliche Stellen erhielten damit die Möglichkeit, planend in das Wirtschaftsgeschehen einzugreifen und mittels der Kreditgewährung dirigistische Ziele zu verfolgen. Diese Intentionen wurden in der Folge durch die 1946 und 1947 erfolgte Verstaatlichung der Grundstoffindustrie, der Elektrizitätswirtschaft sowie der drei

So sah die zeitgenössische Karikatur Metternichs hastige Abreise aus dem Wien des Revolutionsjahres 1848.

Um die Mitte des 19. Jahrhunderts waren die Eisenbahnen Sinnbild des technischen Fortschritts und der industriellen Weiterentwicklung. Nach einer Periode privaten Unternehmertums setzt in Österreich der Staat die Akzente zum Ausbau des Eisenbahnnetzes.
Affiche der k. k. Staats-Eisenbahn Mürzzuschlag–Cilli, der Anschlußstrecke zur Semmeringbahn.

Aus dem Großen Zeitalter der Eisenbahnen: „Bahnhofshalle mit Reisepublikum“, Gemälde von Karl Karger, 1875.

Der große Krach 1873 und seine Folgen: Betrauert vom Genius Österreichs, ziehen Handel, Industrie, Gewerbe, die Hoffnung und das Baugeschäft ins Grab, über dessen Eingang steht: Hier ruhet Österreichs Wohlstand.
Karikatur von E. Juch, 1877.

Die Bedingungen des Friedensvertrages von St-Germain wurden in Österreich als äußerst drückend empfunden. – Staatskanzler Renner war der Leiter der österreichischen Delegation zu den Friedensverhandlungen. Karikatur aus dem „Kikeriki“ vom 15. Juni 1919.

Die österreichische Nationalökonomie hatte Weltgeltung. Zwei ihrer bedeutendsten Vertreter standen auch an der Spitze der österreichischen Finanzverwaltung: Eugen von Böhm-Bawerk und (oben) Joseph Schumpeter, der 1919 das erste Sanierungskonzept der jungen Republik erstellte.

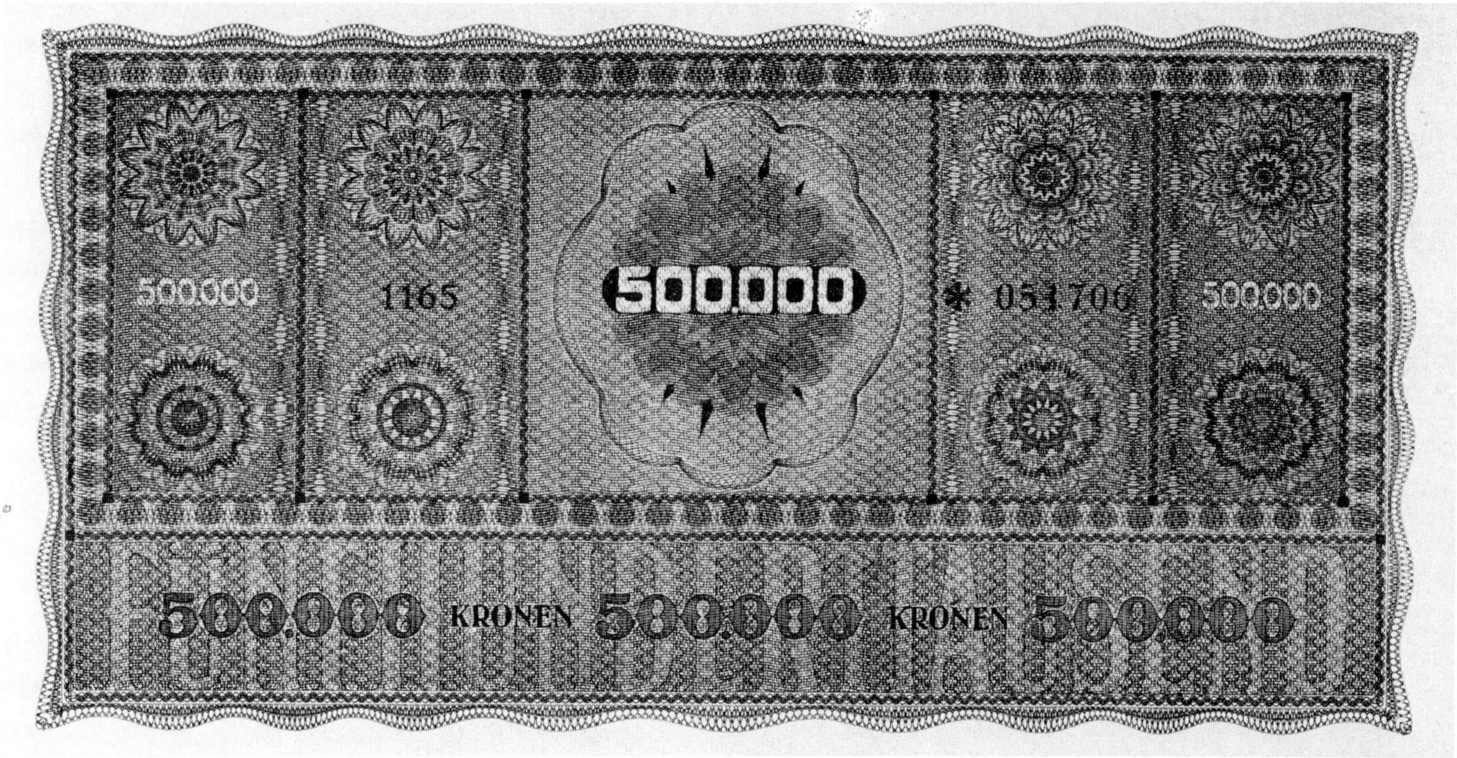

Die Inflation nahm in den Jahren 1921 und 1922 bestürzende Ausmaße an; die Nationalbank mußte am laufenden Band immer neue, auf jeweils noch höhere Beträge lautende Banknoten drucken lassen, ohne mit der laufenden Geldentwertung Schritt halten zu können.

Linke Seite: Erst ein dramatischer Appell des Bundeskanzlers Dr. Ignaz Seipel an die Siegermächte, daß die Existenz Österreichs auf dem Spiel stehe, gab den Ausschlag zur Gewährung der Völkerbund-Anleihe des Jahres 1922 zur Sanierung der österreichischen Staatsfinanzen.
Unser Bild: Dr. Seipel verläßt in Begleitung des österreichischen Botschafters in Bern, Leo di Pauli, das Völkerbund-Gebäude in Genf.
Oben: Die Bedingungen, an die die Gewährung der Völkerbund-Anleihe geknüpft war, stellten Österreich auf Jahre hinaus unter ausländische Finanzkuratel.
Unser Bild: Der Holländer Alfred Zimmermann, Völkerbundkommissär in Österreich „zur Überwachung der widmungsgerechten Verwendung der Sanierungsanleihe", bei seinem Antrittsbesuch bei Bundespräsident Dr. Michael Hainisch.

Das Gebäude der Postsparkasse am Georg-Coch-Platz, Wien I, mit dem Denkmal ihres Begründers.
Im Gefolge einer Neuordnung ihrer Geschäfte wurde die Anstalt 1926 dem Verfügungsbereich des Finanzministeriums eingegliedert.

Die wirtschaftlichen Schwierigkeiten, mit denen Österreich unausgesetzt zu kämpfen hatte, wollte Außenminister Johannes Schober (zweiter von links) durch eine Zollunion mit dem Deutschen Reich lösen. Die mit Außenminister Curtius (ganz rechts) schon sehr weit gediehenen Verhandlungen mußten 1930 aufgrund eines Machtspruchs der Siegermächte eingestellt werden.

Der Zusammenbruch der Credit-Anstalt für Handel und Gewerbe, des größten österreichischen Bankinstituts, im Jahre 1931 erschütterte Österreich bis in die Grundfesten und hatte auch Auswirkungen auf dem internationalen Kapitalmarkt. Unser Bild: Baron Alfons Rothschild, einer der Hauptaktionäre der Bank, auf dem Rennplatz.

Die „dreißiger Jahre“ sind in Österreich gekennzeichnet durch innenpolitischen Hader und bittere wirtschaftliche Not.
Vorhergehende Seite: Bettelnde Arbeitslose gehörten zum Straßenbild.

Teeküchenaktion des Bundesheeres im Winter.
Folgende Seite, oben: Straßenmusikanten waren ein Teil der Wiener Szene.
Folgende Seite, unten: Warten auf die Arbeitslosen-Unterstützung.

ALTE GEIGEN
EINKAUF VERKAUF
REPARATUREN
TELEPHON
MUSIK
INSTRUMENTEN
WERKSTÄTTE FÜR
REPARATUREN
STREICH-
ZITHER

großen Banken, der Creditanstalt-Bankverein, des Österreichischen Credit-Instituts und der Österreichischen Länderbank, aber auch durch die extensive Beibehaltung der noch aus der Kriegszeit stammenden Bewirtschaftungspolitik deutlich unterstrichen.

Durch das Schillinggesetz vom 30. November 1945 wurden die endgültige Währungstrennung und eine weitere Reduzierung des Kaufkraftüberhanges vollzogen. Die Neubildung eines Geldüberhanges ergab sich jedoch fast zwangsläufig aus dem expansiven Charakter des Wiederaufbaues und aus den horrenden Besatzungskosten, die zeitweise rund ein Drittel des Budgets ausmachten; erst mit dem Währungsschutzgesetz Ende 1947, in dem eine neuerliche Kontenstreichung sowie ein Notenumtausch im Verhältnis 3 : 1 erfolgte, wurde die Gefahr einer „galoppierenden Inflation" wie nach dem Ersten Weltkrieg gebannt.

DIE WÄHRUNGSREFORM 1947

Die Möglichkeiten für eine geordnete Finanzpolitik waren naturgemäß unmittelbar nach Kriegsende äußerst eingeschränkt. Der Einflußbereich der provisorischen Staatsregierung unter Dr. Karl Renner reichte anfangs kaum über die sowjetische Besatzungszone hinaus. Die einzelnen Bundesländer betrieben eine weitgehend autonome Wirtschaftspolitik, aber auch späterhin war die Souveränität der österreichischen Regierung in vielfacher Weise durch den Alliierten Rat beschränkt. Immerhin gingen in den verschiedenen Besatzungszonen die einzelnen Finanzverwaltungen bald daran, das Chaos zu ordnen. Es war unter diesen Umständen unmöglich, einen halbwegs zutreffenden Voranschlag für einen längeren Zeitraum zu erstellen. Der Bericht des Österreichischen Instituts für Wirtschaftsforschung für 1945/46 stellt dazu nur lakonisch fest: „Eine Aufgliederung der Einnahmen nach ihrer Herkunft und der Ausgaben nach ihrem Verwendungszweck kann derzeit noch nicht gegeben werden." Die laufende Gebarung des Rumpfjahres 1945 schloß mit einem Defizit von 360 Millionen Schilling ab, eine außerordentliche Gebarung existierte noch nicht. Ohne festen Haushaltsplan wurden Notenvorschüsse der sowjetischen Militärverwaltung und der Nationalbank ausgegeben. Der Bundesvoranschlag 1946 wurde erst um die Jahresmitte erstellt; dabei versuchte man in den realen Wertansätzen an das letzte Budget von 1938 anzuschließen. Die Budgetierungsmethode selbst schloß allerdings 1946 nicht an das 1938 verfolgte Prinzip des durch ein kleines Investitionsprogramm ergänzten Gesamtbudgets an, sondern verfolgte wie 1933–1935 eine Trennung des Budgets in eine ordentliche und eine außerordentliche Gebarung, wobei letztere auch das staatliche Investitionsprogramm einschloß.

Der außerordentliche Haushalt enthielt jene Ausgaben, die als unmittelbare Kriegsfolge eingestuft wurden und nur vorübergehenden Charakter aufwiesen. Obwohl vier Fünftel der voraussichtlichen Besatzungskosten gar nicht im ordentlichen Haushalt enthalten waren, betrug dennoch der Gesamtgebarungsabgang rund 1 Milliarde Schilling. Immerhin war der Haushaltsvoranschlag von 1946 der erste, der für das gesamte Staatsgebiet erstellt werden konnte.

DR. GEORG ZIMMERMANN 1945–1949

Finanzminister Dr. Georg Zimmermann leitete in dieser schwierigen Übergangsphase das Finanzressort. Er sah sich vor allem mit dem Problem konfrontiert, das insbesonders von den Besatzungskosten verursachte Defizit durch verschiedene kurzfristige Kredite und Inanspruchnahme von Kassenbeständen zu decken und dabei nach Möglichkeit den Rückgriff auf die Notenpresse zu vermeiden. Dennoch war es immer wieder notwendig, die Hilfe der Nationalbank zu beanspruchen. Bereits 1946 wurden für 812 Millionen Schilling Schatzscheine ausgegeben, welche in das Portefeuille der Nationalbank eingingen, und die Kassenbestände wurden erheblich verringert. Gleichzeitig entstand eine Darlehensschuld gegenüber der Notenbank als „Gegenwert" für die ab Dezember 1945 neu ausgegebenen Schillingnoten. Dank der Anstrengungen der Finanzverwaltung gelang es 1947, das Defizit entscheidend zu verringern, denn erstens wuchsen infolge der wirtschaftlichen Belebung die Steuereinnahmen, zweitens verzichtete die amerikanische Besatzungsmacht auf die Erstattung der ihr zukommenden Besatzungskosten.

PROBLEME DES STAATSHAUSHALTS

Zieht man einen Vergleich mit 1918, so wich die finanzpolitische Situation im Jahre 1945 in einigen wesentlichen Punkten von der Situation nach dem Ersten Weltkrieg ab. Wenn man die Besatzungskosten und die notwendige Flüchtlingsvorsorge als außerordentliche Belastungen ausklammert, so konnte der Staatshaushalt nach 1945 so weit im Gleichgewicht gehalten werden, daß ein massiver Rückgriff auf die Währung unterbleiben konnte. Vom Staatshaushalt her wäre damit (ohne die Erstattung der Besatzungskosten) die notwendige Vorbedingung für ein monetäres Gleichgewicht und damit für eine rasche Stabilisierung der wirtschaftlichen Verhältnisse von Beginn an vorhanden gewesen. Die österreichische Finanzpolitik bemühte sich daher besonders um eine Senkung der Besatzungskosten; diese wurden ab Juni 1946 in die Disposition der Finanzverwaltung einbezogen, indem sie durch die Aufnahme kurzfristiger Verbindlichkeiten gedeckt wurden, so daß der Geldumlauf gegen jede inflatorische Vermehrung von dieser Seite her abgeschirmt war. Angesichts der enormen Schwierigkeiten nach Kriegsende ist dieser Erfolg der Finanzpolitik nicht hoch genug einzuschätzen: „Man kann heute rückblickend sagen, daß aus dem Chaos der ersten Nachkriegsjahre heraus der Staatshaushalt zu jenem ersten ruhenden Pol sich entwickelt hat, von dem aus die Stabilisierung schrittweise auf das gesamte übrige Wirtschafts- und Staatsleben übergegriffen hat." (A. Gratz.)

MITTEL FÜR DEN WIEDERAUFBAU

Der Wiederaufbau erforderte bedeutende finanzielle Mittel; angesichts der geringen Sparneigung der Bevölkerung und des völligen Darniederliegens des Kapitalmarktes kam dem Staat bei der Mittelbeschaffung eine führende Rolle zu. Die im Zuge des Wiederaufbaus ansteigende Investitionstätigkeit des Staates führte allerdings dazu, daß das Defizit bald wieder wuchs. Durch Steuererhöhungen und dank der anlaufenden amerikanischen Hilfe in Form des Marshallplans konnte jedoch das Defizit in den folgenden Jahren in einem engeren Rahmen gehalten werden.

Die Form des Zwangssparens mittels Steuern mußte anbetracht der relativ hohen Steuerbelastung (die hohen Steuerpräliminare der Jahre 1946–1948 konnten nur durch eine fast unveränderte Beibehaltung des rigorosen deutschen Kriegssteuersystems erreicht werden, dem außerdem noch die alte österreichische Gebührensteuer und einige weitere frühere Steuern hinzugefügt wurden) vorsichtig dosiert werden. Bedenklich war auch, daß letztlich sämtliche laufende Einnahmen einschließlich der ausdrücklich für den Wiederaufbau bestimmten Steuerzuschläge für die Ausgaben der Hoheitsverwaltung und zur Deckung der Defizite öffentlicher Unternehmungen verwendet werden mußten, während die eigentlichen produktiven Investitionen überwiegend durch Kredite bzw. aus Mitteln des Marshallplans finanziert wurden.

Wiederaufbau im inflationären Klima

DER MARSHALLPLAN

Die Eingliederung Österreichs in den Marshallplan war letztlich die entscheidende Initialzündung, welche die Wirtschaft wieder in Gang setzen sollte. Die ERP-Hilfe umfaßte in Österreich die Periode vom 1. Juni 1948 bis zum 31. Dezember 1953. In dieser Zeit stellten die Vereinigten Staaten 962 Millionen Dollar in Form direkter Zuwendungen und Kredithilfen zur Verfügung. Doch selbst als die ERP-Hilfe ausgelaufen war, bildeten die rückfließenden Zinsen und Tilgungsraten eine wichtige Finanzierungsquelle für weitere Investitionen. Die einzelnen Jahresvorhaben – am Anfang handelte es sich noch um eine reine Notstandshilfe, später wurden die Mittel dann für den Aufbau der Grundstoffindustrie, der Energieversorgung und des Fremdenverkehrs eingesetzt – wurden dabei sinnvoll durch ein langfristiges Investitionsprogramm ergänzt, wobei vor allem strukturelle Verbesserungen im Vordergrund standen. Die Auslandshilfe an Österreich war nach 1945 etwa sechsmal so hoch wie die legendäre Völkerbundanleihe von 1922. Die endgültige Vergabe der Marshallplan-Gelder oblag der Kreditlenkungskommission, der damit eine zentrale Funktion für die Finanzierung des Wiederaufbaus zukam. Der Wiederaufbau in Österreich hatte damit seine finanzielle Basis im Zusammenwirken verschiedenster Geldmittel: Budgetgelder, ERP-Kredite, Vorschüsse des Kreditapparates und später in wachsendem Umfang auch Selbstfinanzierung der Wirtschaft.

DIE LOHN-PREIS-SPIRALE

Die Währungsreform von 1947 hatte zwar für den Augenblick eine partielle Abschöpfung des Geldüberhanges gebracht, ein Stillstand der Lohn-Preis-Spirale trat jedoch damit nicht ein. Ein neuerlicher Kaufkraftüberhang ergab sich schon aus dem Mißverhältnis zwischen Einkommensteigerungen und der nach wie vor unbefriedigenden Güterproduktion. Die inflationistische Tendenz der Periode 1948 bis 1951 wurde jedoch in erster Linie durch den expansiven Charakter des Wiederaufbaus selbst genährt. Das Budget leistete insofern einen Inflationsbeitrag, als der Ausgabenrahmen insgesamt stark anwuchs und dieser von Jahresbeginn an mit Krediten vorfinanziert wurde, die sich dann im Laufe des Jahres über steigende Preise und höhere Steuer- und Tarifeinnahmen wieder abdecken ließen und auf diese Weise das ursprüngliche Defizit verringerten. Ein Problem waren vor allem die laufenden Preissteigerungen, die sich auch durch das erste zwischen den Sozialpartnern abgeschlossene Lohn-Preis-Abkommen und den mit dem Währungsschutzgesetz durchgeführten Währungsschnitt von 3 : 1 nicht bremsen ließen; zwar erfolgte durch das Hineinwachsen in die höhere Steuerprogression des Einkommen- und Körperschaftssteuertarifs eine vermehrte Kaufkraftabschöpfung, aber nahezu ein Viertel der öffentlichen Abgaben zog mit der Preisbewegung überhaupt nicht mit. Hinzu kam noch, daß vor allem auch die Länderhaushalte Defizite auswiesen, die die Wirkung des Budgetdefizits verstärkten. Die zunächst an den Tag gelegte sparsame Budgetpolitik war angesichts der steigenden Anforderungen an den Staat nicht länger aufrechtzuhalten.

Siehe Schaubild Seite 264

Mit Hilfe öffentlicher Finanzierungsmittel wurden großteils reale Ausgaben von Unternehmungen oder Haushalten bestritten, die nicht kommerziell finanziert werden konnten und die ohne Beiziehung öffentlicher Mittel wohl überhaupt unterblieben wären.

MAN LEBT ÜBER DIE VERHÄLTNISSE

Das Grundproblem lag letztlich darin, daß die Österreicher eigentlich über ihre Verhältnisse lebten, selbst der bescheidene relative Wohlstand dieser Jahre nur erborgt war. Man verwendete die Erlöse der ERP-Lieferungen auch für konsumtive Zwecke. Dadurch war es zwar möglich, mittels Importsubventionen, Preisstützungen und das Diktat mehr oder weniger fiktiver Lohn-Preis-Relationen stets höhere Ansprüche an das Sozialprodukt zu stellen als die Produktivität der österreichischen Wirtschaft rechtfertigte. Auf der anderen Seite führte dies zu einer dauernden Lohn-Preis-Spirale, die auch in Form von fünf zwischen den Sozialpartnern abgeschlossenen Lohn- und Preisabkommen gleichsam zum offiziell anerkannten Prinzip erhoben wurde. Die Subventionierung ganzer Bereiche, vor allem der Landwirtschaft, führte dazu, daß der Fiskus bald nicht mehr imstande war, diese außerordentlichen Belastungen aus den laufenden Steuereinnahmen zu decken. Für den Finanzminister lag die Versuchung nahe, die Budgetlücke mit Hilfe der Notenpresse zu stopfen, womit aber die Gefahr eines erneuten Inflationsschubes drohte. Man war sich über die Notwendigkeit eines ausgeglicheneren Budgets einig, 1949 war jedoch ein Wahljahr, was langfristige Maßnahmen erschwerte.

Einen Ausweg sah man in einem kurzfristigeren Budgetausgleich, im Abbau von Subventionen sowie in verschiedenen Maßnahmen zur Dämpfung der Lohn-Preis-Spirale. Parallel dazu erfolgten partielle Tariferhöhungen und die Verhängung eines 20%igen Sonderzuschlages zur Einkommensteuer in Form des sogenannten Besatzungskostenzuschlags. Infolge der gleichzeitig vorgenommenen Änderung der Steuersätze wurden die kleinen Einkommenbezieher davon kaum berührt, so daß diesen Maßnahmen auch ein Umverteilungseffekt beizumessen war. Den wirtschaftlich schwächeren Bevölkerungsschichten sollten überdies die durch Preis- und Tariferhöhungen entstandenen Einkommenseinbußen durch Anhebung der Löhne und der Kinderbeihilfen abgegolten werden. Hingegen erfuhren die Bezieher mittlerer und höherer Einkommen infolge der starken Steuerprogression oft nicht nur relativ, sondern auch absolut eine Einkommensminderung.

DR. EUGEN MARGARETHA
1949–1952

Durch diese Maßnahmen wollte Finanzminister Dr. Eugen Margaretha zumindest eine Teilsanierung des Staatshaushaltes erreichen. Im November 1949 wurde auch eine Schillingabwertung und gleichzeitig eine Neuregelung der Devisenbewirtschaftung durchgeführt. Damit kam einige Ordnung in das Chaos, das bisher den Kauf und Verkauf ausländischer Währungen gekennzeichnet hatte. Der von den Besatzungsmächten festgelegte Wechselkurs hatte in keiner Weise mehr den ökonomischen Realitäten entsprochen, der ohnedies bescheidene österreichische Außenhandel war durch die fiktive Festsetzung eines überhöhten Wechselkurses gleichsam in ein Prokrustesbett gezwängt worden.

Die Abwertung und die schrittweise Einführung des 1950 in einem Abkommen mit der europäischen Zahlungsunion vereinbarten multilateralen Zahlungsverkehrs waren ganz wesentliche Voraussetzungen dafür, daß Österreich an der Hochkonjunktur im Gefolge des Koreabooms vorteilhaft partizipieren konnte. Überdies stiegen auch die Einnahmen des Fremdenverkehrs sprunghaft an, wodurch eine wesentliche Verbesserung der Zahlungsbilanz eintrat.

SCHWIERIGKEITEN IN DER BUDGETPOLITIK

Die mit dem Wiederaufbau verbundenen übermäßigen finanziellen Anstrengungen, aber auch die Grenzen der Belastbarkeit der Wirtschaft, zeigten sich bereits an Hand des Staatshaushaltsvoranschlages für 1949. Bewußt optimistische Einnahmenschätzungen, die Nichtberücksichtigung einiger Ausgabenposten, darunter immerhin so wichtige wie die Besatzungskosten und der 13. Monatsbezug der Beamten, sowie steigende soziale Lasten und Aufwendungen verhinderten eine ordentliche Haushaltsplanung. Die Aufwendungen für Investitionen mußten entscheidend gekürzt werden, laufende Aufwendungen wurden in das außerordentliche Budget transferiert, wobei das Defizit mit 19,1% der Gesamtausgaben größer als in allen vorhergegangenen Jahren war. Einige wichtige Ausgabenposten hingen völlig in der Luft, darunter auch die Investitionsfinanzierung für den Wohnhauswiederaufbau, für die verstaatlichte Industrie, sowie die Bedeckung von deren Abgang und verschiedene Lebensmittelsubventionen. Zugleich war die Steuerlast erheblich gewachsen. Dennoch sah sich die Regierung vor einem Dilemma: einerseits mußte sie weitere Steuererhöhungen in Erwägung ziehen, andererseits aber auch entsprechende Anreize für die Unternehmer setzen. Die Budgetpolitik wurde damit zum politischen Zankapfel zwischen den beiden großen Parteien, es zeigte sich deutlich, daß vor allem das drohende Auslaufen der Marshallplan-Hilfe das bisherige Investitionsklima in Frage stellte. Die Diskussion entbrannte vor allem über die Frage, ob diese Investitionsrate mittels größerer öffentlicher Aufwendungen und damit über weitere Abgaben- und Tariferhöhungen zu halten sei oder durch die Erschließung des Kapitalmarktes im In- und Ausland, was aber wiederum ernsthaftere Stabilisierungsanstrengungen als bisher voraussetzte.

Zur Verwaltungsreform konnte man sich nicht entschließen, doch aus budgetären

Gründen mußten die staatlichen Subventionen gesenkt und wiederholt einzelne Tarife erhöht werden, was in Form der erwähnten fünf Lohn- und Preisabkommen geschah. Gleichzeitig wurden auch einige Steuern und die Sozialversicherungsbeiträge hinaufgesetzt. Trotzdem erreichte man keine Reduktion des Budgetabganges. Auch in den beiden folgenden Jahren schloß sowohl der laufende Haushalt ausgeglichen ab, der außerordentliche blieb jedoch nahezu unbedeckt, und die Lücke wurde vornehmlich mit Counterpartmitteln aus den Marshallplan-Geldern geschlossen. Diese schon angedeutete, teilweise zweckentfremdete Verwendung der Dollarhilfe führte jedoch 1952 dazu, daß sich die amerikanischen Stellen weigerten, die Gegenwertsmittel in vollem Umfange freizugeben, sofern nicht auch die österreichische Regierung entschiedenere Anstrengungen unternehme, das Budgetdefizit auszugleichen und die inflationsfördernde Kreditexpansion zu bremsen. Es galt insgesamt, die österreichische Wirtschaft wieder konkurrenzfähig zu machen, den Wettbewerb auf dem Weltmarkt aufzunehmen und den Anschluß an die internationale Konjunktur- und Wachstumsentwicklung zu finden.

Wirtschaftspolitische Kurswende

SCHLEICHENDE GELDENTWERTUNG

Die auch durch die fünf Lohn- und Preisabkommen nicht gestoppte Geldentwertung verhinderte im Inland den Aufbau eines geordneten Kapitalmarkts und führte damit wiederum zu einer Erhöhung der öffentlichen Ausgaben, während sie nach außen hin zum chronischen Handelsbilanzdefizit beitrug. Durch das relativ hohe Preis- und Lohnniveau waren die Konkurrenzbedingungen der heimischen Wirtschaft auf dem Weltmarkt außerordentlich beeinträchtigt. Eine wirtschaftspolitische Neuorientierung war nötig.

MASSNAHMEN ZUR STABILISIERUNG

Im Herbst 1951 kam es nun zu einer bemerkenswerten Aktion der Sozialpartner in Form eines temporären Verzichts auf weitere Lohnforderungen und einer freiwilligen Preissenkungsaktion des Handels und der gewerblichen Wirtschaft. Zusätzlich wurde die Kreditvergabe durch die Banken einer schärferen Kontrolle unterzogen; zum ersten Mal nach dem Krieg setzte die Nationalbank auch das konventionelle Mittel einer Diskontsatzerhöhung ein, um den Geldkorb höher zu hängen. Parallel zu diesen kreditpolitischen Eingriffen und Maßnahmen erfolgte ein Ausgleich und struktureller Umbau des öffentlichen Haushalts. Die staatlichen Ausgaben wurden einer radikalen Kürzung unterzogen, gleichzeitig die Einnahmen durch neuerliche Tarif-, Zoll- und Steuererhöhungen angehoben. So konnte das Budgetdefizit entscheidend reduziert werden, und somit fiel ein wesentlicher Inflationsimpuls weg.
Die stabilitätsbewußtere Haltung trug bald Zinsen. 1952 war nicht nur die Inflation gebremst, sondern man hatte darüber hinaus sogar eine gewisse Entspannung auf dem Preissektor erzielt. Gegenüber der Lizitationspolitik und den Preissteigerungsraten der Jahre vorher war jedenfalls eine beachtenswerte Trendumkehr festzustellen.
Dieses an sich erfreuliche Bild wurde allerdings getrübt durch eine Verlangsamung des wirtschaftlichen Wachstums und durch einen Anstieg der Arbeitslosenrate auf 8%. Es zeigte sich insgesamt, daß der eingeschlagene Stabilisierungskurs, der zeitlich überdies mit der Einstellung der amerikanischen Dollarhilfe zusammenfiel, einen tiefen Einschnitt in das Wirtschaftsgefüge darstellte. Die im Zusammenhang mit der Stabilisierung der Preis-Lohn-Entwicklung aufgetretenen negativen Aspekte waren für die Regierung mit ein Grund, einen neuen wirtschaftspolitischen Kurs zu überlegen, um in dem „magischen Dreieck" der Wirtschaftspolitik – Vollbeschäftigung, Wirtschaftswachstum und Währungsstabilität – einen möglichst optimalen Ausgleich zu finden.

Vor allem wurde auch in der Diskussion die Rolle des öffentlichen Haushaltes als zentrale wirtschaftspolitische Instanz immer deutlicher, die mit ihren Ausgaben, Einnahmen und Finanzierungen maßgeblich die kurzfristige Entwicklung der Gesamtwirtschaft beeinflußt, wobei dem Bund mit nahezu der Hälfte der Ausgaben aller öffentlicher Haushalte der Hauptanteil zukam.

DR. REINHARD KAMITZ 1952–1960

Die folgenden acht Jahre österreichischer Nachkriegswirtschaftsentwicklung sind eng mit dem Namen des Finanzministers Reinhard Kamitz verbunden, der in einer wirtschaftspolitisch äußerst prekären Situation in die Regierung berufen wurde. Seine Hauptaufgabe sah er zunächst in der Sanierung des Staatshaushalts, in einer allgemeinen Kurskorrektur, zu der er insbesonders auch strikte Kürzungen der staatlichen Ausgaben und eine Investitionsförderung über Steuerbegünstigungen vorsah. In starker Anlehnung an die Ideen von John Maynard Keynes entwickelte Kamitz ein spezifisch österreichisches Konzept der sozialen Marktwirtschaft und eine Reihe entsprechender wirtschafts- und finanzpolitischer Maßnahmen, wozu in erster Linie die Stabilisierung der Währung, die Budgetsanierung, der Gedanke der antizyklischen Konjunkturpolitik, die Exportförderung und nicht zuletzt der Wiederaufbau des Kapitalmarktes gehörten.

EIN NEUER WIRTSCHAFTSPOLITISCHER KURS

Der neue wirtschaftspolitische Kurs zeichnete sich in der Folge durch eine stark pragmatische, bewußt konjunkturorientierte Politik aus. Er überließ die Lenkung der Produktion und die Preis- und Einkommensbildung den Prinzipien des Marktmechanismus, belebte durch finanz- und kreditpolitische Maßnahmen die Investitionen, förderte durch eine Änderung des Wechselkurses und eine bewegliche Außenhandelspolitik den Export und trachtete die Konkurrenzverhältnisse zu verbessern. Gerade die Exportwirtschaft war namhaft an dem Konjunkturaufschwung beteiligt, der 1953/54 einsetzte, und, unterstützt durch massive öffentliche Investitionen, zur Hochkonjunktur der späteren Jahre überleitete. Aus der Entwicklung der Budgetsalden läßt sich erkennen, daß sich in den fünfziger Jahren die finanzpolitischen Konzeptionen mehrfach änderten und daß auch die Kamitzsche Finanzpolitik einer durchaus dynamischen Entwicklung unterlag.

DIE STABILISIERUNG 1952

Es lassen sich dabei etwa drei Abschnitte unterscheiden: 1952, als die Währung stabilisiert war, und in den beiden nachfolgenden Jahren steuerte die Budgetpolitik ein zumindest ausgeglichenes Gesamtbudget an. Der Saldo im Sinne der volkswirtschaftlichen Gesamtrechnung als Ergebnis des ordentlichen und außerordentlichen Haushalts sowie der Anlehensgebarung, ohne Rücklagen und Schuldengebarung, betrug von 1952 bis 1954 durchschnittlich + 800 Millionen Schilling pro Jahr.

Dieser „harte“ Kurs in der Budgetpolitik ließ sich in der Folgezeit nicht durchhalten; von 1955 bis 1957 entstand ein mäßiges Defizit im Gesamthaushalt, welches dann in der Rezession von 1958 mit dem Übergang zur antizyklischen Konjunkturpolitik sprunghaft anstieg; im Konjunkturzyklus 1958 bis 1961 zeichnete sich ein durchschnittliches Defizit von 2,3 Milliarden pro Jahr ab.

Eine Reihe steuerlicher Maßnahmen, wie die zweimalige Senkung der Einkommen- und Lohnsteuer, Steuerbegünstigungen für Wertpapier- und Versicherungssparer sowie die Möglichkeit der vorzeitigen Abschreibung für bewegliche und unbewegliche Wirtschaftsgüter schuf die rechtlichen und psychologischen Voraussetzungen für die Wiederherstellung der Investitionsbereitschaft, aber auch für den langfristigen öffentlichen und privatwirtschaftlichen Kredit. Durch eine entsprechende Steuerpolitik wurde auch das individuelle Sparen in den verschiedensten Formen des Geld-, Versicherungs- und Wertpapiersparens gefördert, was wiederum eine wesentliche Bedingung für die Schaffung eines aufnahmebereiten funktionstüchtigen Kapitalmarktes war. Insbesonders bemühte man sich auch darum, die Kreditwürdigkeit Österreichs im Ausland wiederherzustellen. Die großen Erfolge der Stabilisierungsmaßnahmen 1952, die Regelung der österreichischen Vorkriegsschulden und die neue

Wechselkurspolitik führten dazu, daß in der Folge wichtige Sektoren der heimischen Wirtschaft mit Hilfe langfristiger Auslandskredite ausgebaut werden konnten. Obwohl sich die Auslandsschuld insgesamt von 1952 bis 1958 um rund 10 Milliarden Schilling erhöhte, kamen diese Kredite in erster Linie der Verbesserung der österreichischen Wirtschaftsstruktur zugute und dienten vor allem Investitionszwekken. Durch die Reorganisation des Kapitalmarktes wurden die Möglichkeiten einer langfristigen Veranlagung eines Teiles des Sozialprodukts für die Finanzierung wichtiger Projekte zum Ausbau der Produktivkräfte und der Infrastruktur geschaffen.

AUSLANDSKREDITE UND ANLEIHEN

Die Gewinnung weiterer Finanzierungsmittel in Form in- und ausländischer Anleihen erlaubte die Erfüllung zusätzlicher Ausgabenwünsche. Die Forderung nach einem jährlichen Budgetausgleich wurde in der Folge auf den ordentlichen Haushalt beschränkt und der außerordentliche zumindest teilweise mit Hilfe von Anleihen finanziert. Von 1955 bis 1957 entstand daher ein Defizit von durchschnittlich 400 Millionen Schilling pro Jahr. Eine konjunkturpolitische Orientierung der Budgetsalden wurde allerdings noch nicht angestrebt; der Übergang von leicht positiven zu leicht negativen Salden vollzog sich im Hochkonjunkturjahr 1955.

Siehe Schaubild Seite 265

ANSTIEG DER INVESTITIONEN DES BUNDES

In den ersten Jahren nach der Geldwertstabilisierung wurde die Investitionstätigkeit des Bundes nahezu sprunghaft ausgeweitet: 1953 um 28% und in den beiden folgenden Jahren um je 40%. Diese Steigerung hat dem Investitionsboom der Jahre 1953/55 zusätzlichen Auftrieb gegeben. 1956 erfolgte dann allerdings ein Rückgang um 17%; diese Investitionseinschränkungen gingen allerdings nicht auf konjunkturpolitische Entscheidungen zurück, sondern wurden durch die Anhebung der Beamtengehälter und verschiedene Sozialleistungen erzwungen. Ab 1957 verliefen die Bundesinvestitionen weniger sprunghaft und mehr konjunkturgerecht; es wurde in Zeiten der Tiefkonjunktur ein größeres Defizit in Kauf genommen.

ANTIZYKLISCHE KONJUNKTURPOLITIK

Wie bereits erwähnt, wurden bei der Neuausrichtung der Wirtschaftspolitik in Österreich neben dem Prinzip der sozialen Marktwirtschaft auch die Gedanken des englischen Nationalökonomen John M. Keynes wirksam, der zur Sicherung der Vollbeschäftigung eine antizyklische staatliche Konjunkturpolitik propagierte. Der Staat nimmt dabei zur Sicherung des Beschäftigungsvolumens Ausgaben über seinen durch die Einnahmen vorgezeichneten Budgetrahmen hinaus vor, entweder direkt durch Investitionen oder indirekt in Form von Steuererleichterungen, um auf diese Weise eine gesteigerte Nachfrage herbeizuführen. Das solcherart entstandene Budgetdefizit ist als eine Art Vorgriff auf künftige Einnahmen des Staates gedacht, damit der Wiederbelebung der Wirtschaft mehr Steuergelder einfließen und auf diese Weise wieder ein Ausgleich erzielt werden kann. Eines der Prinzipien der Kamitzschen Finanzpolitik war es, den wachsenden Anteil des öffentlichen Sektors am Sozialprodukt mittels Steuersenkungen auszugleichen. Diese gesellschaftspolitische Zielvorstellung kam insbesondere einer dreimaligen Senkung der direkten Steuern zum Ausdruck; 1954 und 1958 kam die Steuersenkung durch die Milderung der Steuerprogression den kleineren und mittleren Einkommenbeziehern zugute, 1955 trug die lineare Senkung der direkten Steuern in erster Linie produktionspolitischen Belangen Rechnung und sollte die Kapitalbildung fördern. Ein Kernstück dieser Finanzpolitik war das Gesetz zur Bewertungsfreiheit 1953, womit die vorzeitige Abschreibung der Wirtschaftsgüter des betrieblichen Anlagevermögens geregelt wurde. Durch diese Investitionsförderung wurde ein langfristiger Wachstumsimpuls der Wirtschaft ausgelöst.

Staatsausgaben und -einnahmen ließen an sich keinen sehr engen Zusammenhang mit der Konjunkturentwicklung erkennen. Die durchschnittliche Jahressteigerungsrate der Staatsausgaben lag mit durchschnittlich 10,4% in den fünfziger Jahren nur ganz knapp über dem nominellen Wachstum des Bruttonationalprodukts mit 8,8% pro Jahr, wobei die jährlichen Steigerungsraten zwischen 2% (1959) und 22% (1955) schwankten. Besonders kräftig war der Anstieg 1955 bis 1958, wobei der allmählich sich wieder entwickelnde Kapitalmarkt die Möglichkeit einer Defizitfinanzierung bot.

Auch die Einnahmen des Bundes stiegen etwas stärker als das nominelle Nationalprodukt, wobei die Zuwächse auffallend wenig schwankten. Im allgemeinen hinkten jedoch die Einnahmen der Konjunktur nach; in typischen Aufschwungjahren wie 1954 und 1960 schlug sich das Wachstum des Nationalprodukts nicht in entsprechenden Einnahmensteigerungen nieder, und umgekehrt wurden auch bei verlangsamtem Wirtschaftswachstum durchaus noch durchschnittliche Einnahmensteigerungen erzielt. Dies hing auch zusammen mit mehrfachen Änderungen der Lohn- und Einkommensteuertarife (1954, 1955, 1958 und 1962), der Einführung der Bewertungsfreiheit 1953, deren zeitweilige Aufhebung 1956 und ihrer allmählich geringer werdenden Wirkung; hinzu kamen noch das Schillingeröffnungsbilanzgesetz, die Pauschalierung im Kleingewerbe, Umsatzsteuerrückvergütungen für Exportlieferungen, Ausgleichssteuererhöhungen, Änderungen im Zolltarif und viele andere steuerliche Maßnahmen, was insgesamt bewirkte, daß sich in den Steuereinnahmen kein einhelliger Trend abzeichnete.

HOCHKONJUNKTUR

Ab Mitte 1953 setzte in Österreich eine ausgesprochene Hochkonjunkturphase ein, die Gefahr der Arbeitslosigkeit war gebannt, und nach Jahren der Währungsunsicherheit zeigten auch die Preise seit dem Einsetzen der Stabilisierungsmaßnahmen eine ruhigere Tendenz. Vor allem kam es zu einer erfreulichen Belebung der Exporttätigkeit und damit zu einer Verbesserung der Handels- und Zahlungsbilanz. Das Ausfuhrförderungsgesetz 1953 enthielt wichtige Bestimmungen zur vorzeitigen Abschreibung und Übernahme von Exportrisikohaftungen durch den Bund, während die Schaffung von österreichischen Außenhandelsstellen in vielen Ländern ebenfalls zur Entwicklung der Exporte beitrug. Für den Konjunkturanstieg war neben den eigenen wirtschaftlichen Anstrengungen auch die ausgeglichene internationale Konjunkturlage verantwortlich.

DER STAATSVERTRAG VOM 15. MAI 1955

Die Krönung des politischen und wirtschaftlichen Wiederaufbaus brachte der Staatsvertrag vom 15. Mai 1955, der Österreich nicht nur die langersehnte politische Unabhängigkeit brachte, sondern mit der Übertragung des gesamten bisher in sowjetischer Verwaltung stehenden Wirtschaftskomplexes auch die volle ökonomische Souveränität. Aus dem Staatsvertrag ergaben sich aber auch besondere finanzielle Lasten und Verpflichtungen, die sowohl das Budget als auch den lang- und kurzfristigen Kreditbereich berührten. Zur Ablöse der seinerzeit unter dem Titel Deutsches Eigentum an die Sowjetunion übereigneten Industriebetriebe wurde Österreich zu Warenlieferungen im Werte von 150 Millionen Dollar verpflichtet, die in den folgenden sechs Jahren in einer jährlichen Quote von rund 615 Millionen Schilling getilgt werden sollten, wobei dieser Betrag im Budget untergebracht werden mußte.

Weiters war Österreich verhalten, durch zehn Jahre hindurch eine Million Tonnen Rohöl jährlich an die Sowjetunion zu liefern sowie eine einmalige Ablöse in Höhe von zwei Millionen Dollar für die DDSG zu leisten. Zu diesen Erfordernissen kamen noch eine Reihe weiterer Leistungen, ferner die Aufwendungen für die industriellen und landwirtschaftlichen Notstandsgebiete in der bisherigen östlichen Besatzungszone sowie die Kosten für die Neuaufstellung des Bundesheeres und anderer Einrichtungen, für die das selbständige und neutrale Österreich nunmehr aufkommen mußte. Vor allem die Eingliederung der bisher unter sowjetischer Verwaltung stehenden USIA-Betriebe in die verstaatlichte Industrie löste nicht nur eine innenpolitische Kontroverse aus, welche 1956 in einer teilweisen Reprivatisierung durch Ausgabe von „Volksaktien" einen Niederschlag fand, sondern war vordringlich ein strukturpolitisches Problem, dessen Lösung große finanzielle Investitionen nach sich zog, so daß die Bundesausgaben in den Jahren 1955 bis 1958 in diesem Bereich geradezu sprunghaft anstiegen.

Der weltweite wirtschaftliche Aufschwung begann in den meisten Ländern gegen Ende 1956 abzuklingen; mit einer gewissen zeitlichen Verzögerung machte sich die Konjunkturflaute auch in Österreich geltend; hier wurde im März 1958 der Tiefpunkt erreicht. Seit Beginn der 1958er Rezession ließ sich im Saldo des Bundeshaushaltes eine antizyklische Wirkung erkennen. Das Defizit war dabei im Durchschnitt eines Konjunkturzyklus merklich höher als in den vorhergegangenen Jahren, in denen ein jährlicher Ausgleich des Gesamthaushalts oder zumindest des ordentlichen Haushalts angestrebt wurde. Der Finanzminister setzte Budgetmittel und eine Lohnsteuersenkung im Sinne einer aktiven Konjunkturpolitik ein und nahm dabei ein Defizit von 5,5 Milliarden Schilling und eine sprunghafte Zunahme der Staatsschulden von elf Milliarden auf 15,6 Milliarden in Kauf. Die Staatsschuld war bis zu diesem Zeitpunkt sowohl im Vergleich zu anderen Ländern als auch im Verhältnis zum Sozialprodukt gering gewesen. Durch die Defizite des Bundeshaushalts wuchs jedoch nunmehr die Staatsschuld in eine Dimension, die eine Ausrichtung der Schuldenpolitik auf die gesamtwirtschaftlichen Zielsetzungen notwendig machte. Die 1958er Rezession riß auf diese Weise ein Loch in den Staatssäckel, und schon im darauffolgenden Jahr erlitt die antizyklische Budgetpolitik einen Schiffbruch, als es trotz kräftigem Konjunkturanstieg nicht gelang, das Defizit nennenswert zu verringern. Kamitz, der sich vom Beginn seiner Tätigkeit an zu einer Stabilitätspolitik bekannt hatte, war sich der Notwendigkeit eines Budgetausgleichs über mehrere Jahre bewußt. Die vermehrten Aufgaben des Staates, vor allem auf dem Gebiet der Sozialpolitik, engten jedoch die Flexibilität des öffentlichen Haushalts immer mehr ein und erschwerten damit eine konjunkturgerechte Haushaltsführung. Das Wirtschaftsforschungsinstitut wies in diesem Zusammenhang eindringlich darauf hin, daß das Wesen der konjunkturorientierten Budgetpolitik nicht nur darin bestehen könne, daß der Staat in Zeiten schwacher Konjunktur die private Nachfrage durch vermehrte öffentliche Aufträge und Steuersenkungen stützt, sondern auch umgekehrt in Zeiten lebhafter Konjunktur durch eine vorsichtige Ausgabenpolitik, nötigenfalls auch durch Steuererhöhungen dafür Sorge tragen müsse, die konjunkturellen Auftriebskräfte zu regulieren und Überschüsse zu bilden, aus denen die zusätzlichen Staatsschulden, die in Zeiten schwacher Konjunktur aufgenommen wurden, zumindest teilweise getilgt werden können. Es erwies sich in der österreichischen Finanzpolitik zunehmend, daß eine konjunkturorientierte Politik zwar theoretisch und volkswirtschaftlich richtig, aber politisch praktisch undurchführbar war, denn sie drohte zur Einbahnstraße zu werden, indem sie nicht mehr ausgleichend zwischen guten und schlechten Konjunkturjahren, sondern nur noch stimulierend wirkte, und zwar auch in guten Konjunkturjahren, und damit zu einer Gefahr für die innere und äußere Stabilität der Wirtschaft zu werden drohte. Eine konjunkturorientierte Finanzpolitik wurde aber auch dadurch erschwert, daß die Steuererträge, die weitaus wichtigste Einnahmequelle des Bundes, durchaus nicht konjunkturkonform verliefen, teils weil die zahlreichen Änderungen in den steuerlichen Bestimmungen nur zum Teil auf die jeweilige Konjunktur Bedacht nahmen, teils weil die Erträge aus den veranlagten Steuern um etwa eineinhalb Jahre der Entwicklung der Unternehmereinkommen nachfolgten. Diese zeitliche Verschiebung im Steueraufkommen führte letztlich dazu, daß das Steuersystem nicht automatisch konjunkturstabilisierend, sondern zum Teil sogar konjunkturverschärfend wirkte.

DIE REZESSION VON 1958

DAS DILEMMA DER KONJUNKTURORIENTIERTEN FINANZPOLITIK

Auch die öffentlichen Investitionen konnten nur unzureichend an der jeweiligen Investitionsgüterkonjunktur orientiert werden. Dennoch waren zumindest seit 1958 die Bundesinvestitionen konjunkturgerechter als die des übrigen öffentlichen Haushalts, die zum Teil ausgesprochene prozyklische Tendenz aufwiesen.

Wenn auch Vergleiche zwischen den einzelnen Budgetjahren – insbesondere nach Kriegsende – zeitlich, wertmäßig und aufgabenmäßig problematisch erscheinen, so zeigt doch die Budgetentwicklung insgesamt eine sprunghaft ansteigende Linie: 1946 beliefen sich die öffentlichen Ausgaben auf 3,7 Milliarden Schilling, 1951 auf 21,45 Milliarden und 1960 bereits auf 45,18 Milliarden Schilling, während die Verbraucherpreise in der gleichen Zeit von 1945 = 100 auf 700 im Jahresdurchschnitt 1951 und 900 im Herbst 1960 gestiegen waren. Wesentlichen Anteil an diesem Ansteigen hatten die ständig wachsenden gesetzlichen Verpflichtungen, also Personalausgaben, der Verwaltungsaufwand im engeren Sinn, Subventionen und Kürzungen sowie der Aufwand aus zweckgebundenen Einnahmen und aus sachlichen Betriebsausgaben der Monopole und Bundesbetriebe. Dieser Anteil betrug laut Bundesrechnungsabschluß 1959 bereits 87,9%. Diese in gewissem Sinne gegebene Erstarrung des Staatshaushalts in einzelnen Bereichen hatte, wie gesagt, zur Folge, daß in Zeiten der Hochkonjunktur keine wesentlichen Ausgabeneinschränkungen möglich waren, während auch in Zeiten einer rückläufigen Konjunktur der Zwang bestehen blieb, diese gesetzlichen Verpflichtungen notfalls auch mittels Defiziten zu decken.

DAS BUDGET STEIGT AN

Damit waren jedoch wichtige Prinzipien des Kamitzschen wirtschaftspolitischen Kurses in Frage gestellt, die Tage des so erfolgreichen Regierungsteams Raab-Kamitz, das einer ganzen wirtschaftsgeschichtlichen Ära der Zweiten Republik sein Gepräge verliehen hatte, waren gezählt. Von einem ausgeglichenen Budget, einst das Herzstück der Kamitzschen Finanzpolitik, konnte nicht länger die Rede sein. Nach den Wahlen von 1959 schied Finanzminister Kamitz aus der Regierung. Nach achtjähriger Tätigkeit als Finanzminister übersiedelte er aus der Himmelpfortgasse auf den Otto-Wagner-Platz, wo er fortan als Präsident der Nationalbank fungierte und auch hier die Nachfolge seines Amtsvorgängers Eugen Margaretha antrat.

DAS ENDE DES RAAB-KAMITZ-KURSES

Aufbruch zum Sozialstaat

STABILE KONJUNKTUR

Die österreichische Wirtschaftssituation der sechziger Jahre war durch eine relativ stabile Konjunktur mit nur geringen Wachstumsschwankungen gekennzeichnet. Die reale Zuwachsrate, die durchschnittlich bei 4,8% lag, sank lediglich 1962 und 1967 unter 3% (2,6 bzw. 2,4%). Die andauernde Hochkonjunktur war allerdings von deutlichen Preisauftriebstendenzen begleitet, die – obwohl sie bei weitem nicht das Ausmaß der siebziger Jahre erreichten – im Mittelpunkt der wirtschaftspolitischen Reaktionen standen.

Die österreichischen Stabilisierungsbemühungen waren dabei nicht zuletzt durch außenwirtschaftliche Erwägungen bestimmt. Seit Beginn der sechziger Jahre hatte die europäische Wirtschaftsintegration bedeutsame Fortschritte gemacht. Im Mai 1960 war als Gegengewicht zur 1958 konstituierten Europäischen Wirtschaftsgemeinschaft (EWG) die Europäische Freihandelsassoziation (EFTA) gegründet worden, der sich (neben Großbritannien, Dänemark, Norwegen, Portugal, Schweden, der Schweiz und Finnland) auch Österreich anschloß. Angesichts der zunehmenden Liberalisierung zwischen den europäischen Staaten war es für Österreich, das in der ersten Hälfte der sechziger Jahre zumeist einen über den OECD-Durchschnitt liegenden Preisanstieg registrieren mußte, vordringlich, wenigstens eine relative Stabilität anzustreben, um in der „Inflationsgemeinschaft" der Industriestaaten zumindest keine stärkere Geldentwertung aufzuweisen als seine Handelspartner.

So stand auch die Finanzpolitik während nahezu der gesamten Periode der sechziger Jahre unter dem Primat der Geldwertstabilität, und nur temporär traten andere Zielsetzungen konjunktur-, wachstums- und strukturpolitischer Art stärker in den Vordergrund. Das Postulat „Erhaltung der Kaufkraft des Schillings" wurde zwar von allen politischen Parteien als oberste finanzpolitische Maxime anerkannt, besonders in der Zeit der großen Koalition führten aber die „gegensätzlichen, in praxi jedoch vielfach kumulativ angewendeten wirtschaftspolitischen Konzepte der beiden Regierungsparteien (Forderung der ÖVP nach Steuersenkung und der SPÖ nach Staatsausgabenerhöhung)"[1], immer wieder zu heftigen Konflikten über die konkrete Ausrichtung der als notwendig erachteten „sparsamen Budgetgebarung".

ERHALTUNG DER KAUFKRAFT DES SCHILLINGS

Solche Spannungen machten sich schon zu Beginn der sechziger Jahre bemerkbar, als es galt, das seit der Rezession 1958 stark angewachsene Budgetdefizit wiederum abzubauen. Der Haushaltsvoranschlag für 1960 zielte darauf ab, durch eine Einschränkung der Ermessenskredite den Budgetausgleich sicherzustellen und gleichzeitig die sich abzeichnenden konjunkturellen Überhitzungserscheinungen partiell zu dämpfen. Beim Vollzug des Bundesfinanzgesetzes stellte sich allerdings heraus, daß die Investitionskürzungen, vor allem weil sie sich auf wenige Bereiche (Bahn, Post) konzentrierten, nicht durchgehalten werden konnten. Das Budgetdefizit (inlandswirksamer Saldo: zwei Milliarden Schilling) war schließlich wesentlich größer, der restriktive Effekt wesentlich geringer als geplant.

BUDGETÄRE SCHWIERIGKEITEN

Die zunehmenden budgetären Schwierigkeiten ließen nach dem Ausscheiden von Reinhard Kamitz aus der Regierung die Nachfolge im Finanzressort nicht gerade als erstrebenswertes Erbteil erscheinen. Bundeskanzler Raab bot sogar – trotz parteiinterner Widerstände – das traditionell von der Österreichischen Volkspartei besetzte Amt vergeblich dem sozialistischen Koalitionspartner an. Schließlich wurde der bisherige Sektionschef im Finanzministerium, Eduard Heilingsetzer, mit der Leitung des Ressorts betraut.

DR. EDUARD HEILINGSETZER 1960–1961

Die Verhandlung über das Budget 1961 lösten im Herbst 1960 eine Regierungskrise aus, da insbesondere für die Rentenregulierung keine Bedeckung gefunden werden konnte und sich überdies aus der Einführung des „Grünen Plans" für die Landwirtschaft neue Ausgabenbelastungen ergaben. Als auf Aufforderung von Bundespräsident Schärf die Gespräche weitergeführt wurden, einigte man sich darauf, im Gegensatz zum früheren Kamitz-Grundsatz eine Ausweitung indirekter Steuern vorzunehmen. Als neue Abgaben wurden die Wertzuwachssteuer, das Erbschaftsteueräquivalent und die Schaumweinsteuer eingeführt, die Mineralölsteuer und die Beförderungssteuer wurden angehoben. Nach den Erfahrungen des letzten Jahres verzichtete man hingegen auf eine rigorose Kürzung der Investitionsausgaben; es wurde lediglich ein Drittel der Kredite gebunden, eine Freigabe durfte erst nach Sicherstellung der Finanzierung erfolgen.

Die tatsächliche Budgetentwicklung ergab dann aber im Vergleich zu 1960 ein völlig konträres Bild. Vorwiegend durch eine hohe Steigerungsrate bei den Einnahmen bildete sich im Gegensatz zur expansiven Grundtendenz des Voranschlages ein ausgeprägter Kontraktiveffekt. Dies kam auch im inlandwirksamen Budgetsaldo zum Ausdruck, der zum einzigen Mal im Verlauf der sechziger Jahre einen Überschuß (640 Millionen Schilling) auswies. 1961 habe man, kommentierte das Wirtschaftsforschungsinstitut dieses Ergebnis, „einen Schlußstrich unter ein finanzpolitisches Experiment gezogen, das 1958 aus konjunkturellen Erwägungen begonnen wurde".

In diesem Jahr kam es erneut zu einem Wechsel im Finanzministerium. Nach dem Rücktritt von Bundeskanzler Julius Raab im Februar 1961 bildete Alfons Gorbach

1 Untersuchungen über Zentralprobleme der österreichischen Bundesfinanzen, hrsg. von W. Weber (1966), S. 73

ein neues Kabinett, in das er den bisherigen Salzburger Landeshauptmann Josef Klaus als Finanzminister berief. Josef Klaus betonte bei der Budgeterstellung für das Jahr 1962 besonders das Prinzip des „konjunkturneutralen" Haushalts, d. h., das Budgetdefizit sollte nicht höher sein als das Ausmaß der Schuldentilgungen. Der Voranschlag ging dabei von der Voraussetzung aus, daß die Hochkonjunktur der beiden Vorjahre anhalten würde. Tatsächlich machte sich jedoch 1962 ein starker Konjunkturabschwung geltend: Das reale Bruttonationalprodukt wuchs lediglich um 2,6% (1960: 8,2%, 1961: 5,6%).

EIN „KONJUNKTURNEUTRALER" HAUSHALT

Die konjunkturelle Verflachung löste allerdings (im Unterschied zu 1958/59 und 1967) keine finanzpolitischen Reaktionen aus. Das im Rechnungsabschluß ausgewiesene Budgetdefizit (inlandswirksamer Saldo: 0,98 Milliarden Schilling) war zwar etwas höher als präliminiert, es war aber keineswegs Resultat aktiver Stützungsmaßnahmen, sondern wurde vor allem durch den konjunkturbedingten Einnahmenausfall sowie die ab Jahresmitte wirksame, durch den Gewerkschaftsbund bereits seit dem Frühjahr 1961 urgierte Einkommensteuersenkung hervorgerufen. Die Priorität der Geldwertstabilität vor konjunkturpolitischen Überlegungen trat damit 1962 besonders deutlich zum Vorschein. Die Einkommensteuernovelle wurde vielfach als Hindernis in den Bemühungen um eine Preisdämpfung kritisiert, man hoffte jedoch, die „nachfrageinflatorischen" durch „kostenstabilisierende" Effekte kompensieren zu können, da man als Folge der Progressionsmilderung eine „Mäßigung bei den Interessengruppen in der Auseinandersetzung um die Verteilung des Sozialprodukts"[1] erwartete. Diese Hoffnung war um so naheliegender, als auf Sozialpartnerebene durch das Raab-Olah-Abkommen vom Jänner 1962 Initiativen gesetzt worden waren, die Stabilisierungsbestrebungen auch von der einkommenspolitischen Seite her stärker abzustützen.

Die restriktive Orientierung, die seit 1960 die österreichische Finanzpolitik prägte, konnte allerdings in der Folge nicht aufrechterhalten werden. Die Erstellung des Staatshaushalts für 1963 gestaltete sich äußerst schwierig, da sich wegen der Vorverlegung der Nationalratswahlen auf den Herbst 1962 bereits im Sommer das Parlament aufgelöst hatte und eine fristgerechte Verabschiedung des Bundesfinanzgesetzes unmöglich wurde. Da nach den Novemberwahlen die Koalitionsgespräche nur sehr mühsam voranschritten, kam es erst im März 1962 gemeinsam mit dem Abschluß des neuen Koalitionsabkommens zu einer Einigung über das künftige Budget. Die Durchführung oblag allerdings nicht mehr Josef Klaus, der aus der Regierung ausschied und durch den langjährigen Generalsekretär der Bundeswirtschaftskammer, Franz Korinek, ersetzt wurde.

DR. FRANZ KORINEK 1963–1964

Das Ergebnis des zähen Ringens auch um budgetäre Fragen war eine nicht unbeträchtliche Ausweitung auf der Ausgabenseite. Da sich andererseits die Konjunktur nur langsam erholte und daher nur mit geringen Einnahmensteigerungen zu rechnen war, versuchte man, durch ein Bündel von Maßnahmen wenigstens einigermaßen eine Ausbalancierung des Haushalts zu erreichen. Dazu zählten die Erhöhung der Stempel- und Rechtsgebühren, der Ausgleich-, Kraftfahrzeug- und Biersteuer sowie eine befristete Sonderabgabe vom Vermögen; weiters wurde eine 20%ige Kürzung der Anlagen- und Förderungskredite verfügt, und überdies zog man die Länder und Gemeinden zur Budgetsanierung heran. Nach einigem Zögern erklärten sie sich zu einem einmaligen Notopfer von 350 Millionen Schilling bereit und stimmten zu, aus der Endabrechnung 1962 einen Betrag von 170 Millionen Schilling bis Februar 1964 zinsfrei zu stunden. All diese Maßnahmen wurden, wie die „Wiener Zeitung" am 22. März 1963 schrieb, als „Folge von Aufwendungen, für die keine Bedeckung vorhanden war und deren Erfüllung über die Leistungskraft der österreichischen Wirtschaft hinausgegangen ist", gerechtfertigt.

1 Monatsberichte des Österreichischen Instituts für Wirtschaftsforschung (1962), S. 374

Besonders problematisch war die Kürzung von Investitionsausgaben, da zwar die Konsumgüterproduktion in diesen Jahren eine Prosperität erlebte, hingegen der Investitionsgüterbereich vor allem seit 1961 weitgehend stagnierte. Finanzminister Korinek sprach in seiner Budgetrede in diesem Zusammenhang vom Phänomen der „gespaltenen Konjunktur" und deutete an, daß stärkere wachstumspolitische Aktivitäten in Zukunft unerläßlich seien. Nachhaltigere Impulse seitens des Bundes wurden aber erst 1964 gesetzt, als durch eine starke Vermehrung der Investitionsausgaben (um 20,9%) eine unübersehbare Belebung der Investitionstätigkeit eingeleitet werden konnte.

DR. WOLFGANG SCHMITZ
1964–1968

1964 kam es erneut zu einem Revirement im Finanzministerium. Josef Klaus, der im Februar dieses Jahres Alfons Gorbach als Regierungschef ablöste, betraute mit der Führung des Ressorts Wolfgang Schmitz, den bisherigen Leiter der wirtschaftspolitischen Abteilung der Bundeskammer. Die hohen Budgetdefizite der Vorjahre (1963 schloß mit einem inlandswirksamen Abgang von 1,91 Milliarden Schilling, 1964 von 2,90 Milliarden Schilling) sowie der wiederum zunehmende Preisauftrieb, der 1965 die als Hochwassermarke empfundene 5%-Grenze erreichte, veranlaßten den neuen Finanzminister, das 1962 von Klaus proklamierte Prinzip des „währungsneutralen" Budgets wiederum stärker als finanzpolitischen Maßstab zugrunde zu legen. Hinsichtlich der angestrebten Prioritätenskala verwies Schmitz in seiner Budgetrede auf die Regierungserklärung vom April 1963, in der dazu festgestellt wurde: „Eine wesentliche Voraussetzung für die Erhaltung der Kaufkraft des Schillings ist eine sich nach den Einnahmen orientierende Gebarung im ordentlichen Haushalt, die wiederum in der gegenwärtigen Situation ohne größte Sparsamkeit und ohne Zurückstellung vorläufig unerfüllbarer Forderungen nicht denkbar ist. Darüber hinaus hat die Finanz- und Budgetpolitik die Aufgabe, den Wachstumsprozeß der österreichischen Wirtschaft zu fördern." Zwar gelang es in der Folge, den beabsichtigten Kontraktiveffekt weitgehend zu realisieren; der Preis dafür war allerdings eine investitionspolitische Kehrtwendung, die in einer Reduzierung der Investitionsausgaben um 5,6% im Vergleich zum Vorjahr ihren Niederschlag fand.

Einen bedeutsamen sozialpolitischen Fortschritt stellte das bei den Budgetberatungen erzielte Übereinkommen der beiden Regierungsparteien über die Einführung einer Pensionsdynamik dar. Das 1965 verabschiedete Pensionsanpassungsgesetz schuf eine langfristige Regelung, durch die das Schicksal der Pensionisten aus dem parteipolitischen Tagesstreit herausgelöst werden konnte. Das bis dahin alljährlich eintretende politische Tauziehen über die absolute Höhe der Bundeszuschüsse im Rahmen der Budgetverhandlungen wurde durch die Neuregelung ausgeschaltet.

Im Herbst 1965 zerbrach endgültig die Klammer, die Österreichs Innenpolitik zwanzig Jahre lang zusammengehalten hatte; die Bundesregierung sah sich außerstande, den Budgetentwurf für 1966 termingerecht vorzulegen, und demissionierte. Wieder einmal war eine Regierung über den Stolperstein des Budgetvoranschlages zu Fall gekommen. Nach einem zeitweise überhart geführten Wahlkampf erreichte die Österreichische Volkspartei die absolute Mehrheit: Josef Klaus bildete die erste Alleinregierung der Zweiten Republik.

DIE ALLEINREGIERUNG KLAUS

Finanzpolitisch bedeutete diese innenpolitische Wende keine markante Zäsur; Finanzminister blieb weiter Wolfgang Schmitz, der auch für das Budget 1966 am Grundsatz der „Währungsneutralität" festhielt. Die Kaufkrafterhaltung sollte allerdings durch ein „längerfristiges Konzept der Wachstumsförderung" ergänzt werden. In diesem Sinne waren die in diesem Jahr beschlossenen „Wirtschaftswachstumsgesetze" gedacht, die eine Reihe von steuerlichen Begünstigungen für Investitionen vorsahen und die Kapitalbildung erleichtern sollten, allerdings nur zum Teil die erhofften Wirkungen brachten. Innerhalb des Budgets versuchte man vor allem durch

Umstrukturierungen, wie etwa den für 1967 vorgesehenen „sozial abgeschirmten Abbau" von Preisstützungen den Spielraum für wachstumspolitische Initiativen zu vergrößern und den Trend der überproportional wachsenden konsumfördernden Ausgaben zugunsten zusätzlicher Mittel für öffentliche Investitionen und investitionsfördernde Maßnahmen zu korrigieren.

Außerdem wurde Ende 1966 eine als „Big Bargain" deklarierte Übereinkunft zwischen dem Finanzminister, der Notenbank und den Sozialpartnern geschlossen, in der sich der Gewerkschaftsbund zu einer Reduktion der eingebrachten Lohnwünsche bereit erklärte, die Bundeskammer der gewerblichen Wirtschaft auf weitere Preiserhöhungen verzichtete und der Finanzminister sich zu einer Vorverlegung der erst für 1968 geplanten Lohn- und Einkommensteuerreform verpflichtete.

Das Budget für das Jahr 1967 ging von einer prognostizierten realen Wachstumsrate des Bruttonationalprodukts von 4% aus und war wiederum als „währungsneutrales" Konzept angelegt. Die Prämisse „Wachstumsförderung ohne Kaufkraftgefährdung" wurde als „mittlerer Kurs" zwischen einer Wachstumsförderung um jeden Preis auf Kosten der Geldwertstabilität und einer Geldwertstabilisierung mit Bildung von Budgetüberschüssen propagiert, welche die Bedeutung des Wachstums und letztlich auch der Kaufkrafterhaltung übersehe und die Vollbeschäftigung gefährde.

Angesichts des unvermutet eintretenden Konjunkturabschwunges (der reale Anstieg des Bruttonationalprodukts von 2,4% im Jahre 1967 bedeutete den geringsten Zuwachs während der sechziger Jahre) mußten diese Intentionen gegenüber konjunkturpolitischen Erwägungen zurückgestellt werden, die damit zum einzigen Male in der dargestellten Periode als bestimmende Komponente hervortraten. Trotz der rückläufigen Einnahmen wurden die Investitionsausgaben im weiteren Sinn (Bruttoinvestitionen, Instandhaltung und Investitionsförderung) im Vergleich zum Vorjahr um 2,6 Milliarden Schilling erhöht; dies entsprach einer Steigerung des Investitionsvolumens des Bundes um 30,3%, wodurch die bis zu diesem Zeitpunkt stärkste Investitionsausweitung des Rezessionsjahres 1958 noch übertroffen wurde.

DEFICIT-SPENDING

Die bewußte Deficit-spending-Politik des Bundes trug (gemeinsam mit den kreditpolitischen Maßnahmen) wesentlich dazu bei, daß der wirtschaftliche Rückschlag in Grenzen gehalten und ähnliche Schrumpfungserscheinungen wie etwa in der benachbarten Bundesrepublik Deutschland vermieden werden konnten. Die Konjunkturflaute des Jahres 1967 zog überdies auch eine unverkennbare Vertiefung des wirtschaftspolitischen Problembewußtseins nach sich. In beiden großen politischen Lagern versuchte man, durch eine verstärkte programmatische Orientierung längerfristige Strategien zu entwickeln, die anstelle der bisherigen wirtschafts- und finanzpolitischen Ad-hoc-Entscheidungen treten sollten.

DER KOREN-PLAN

Das von der Österreichischen Volkspartei 1968 vorgelegte wirtschaftspolitische Konzept („Koren-Plan") legte besonderes Schwergewicht auf die Wachstums- und Strukturpolitik und sah innerhalb des Kompetenzbereiches des Finanzressorts eine Ausweitung der Investitionsfinanzierung, die Schaffung eines Entwicklungs- und Erneuerungsfonds, eine verstärkte Konzentrations-, regionale Entwicklungs- und Forschungsförderung sowie ein fünfjähriges Investitionsprogramm des Bundes vor. Das im selben Jahr beschlossene Wirtschaftsprogramm der Sozialistischen Partei betonte ebenfalls nachhaltig die Notwendigkeit einer effizienten Investitionspolitik, unterstrich aber im besonderen den Aspekt einer Neuorientierung der Budgetpolitik, in der im Sinne einer verstärkten gesamtwirtschaftlichen Koordination der Staatshaushalt „den Kern einer modernen Rahmenplanung" und das Instrument gesellschaftspolitischer Steuerung bilden sollte.

Für 1968 stand die Finanzverwaltung aber vor der kurzfristig zu bewältigenden Aufgabe, angesichts des im Vorjahr entstandenen inlandswirksamen Gebarungsabganges von 4,74 Milliarden Schilling (der allerdings in Relation zum Bruttonationalprodukt geringer war als 1958) künftig wiederum deckungspolitischen Überlegungen stärkere Aufmerksamkeit zuzuwenden, zumal es sich bereits bei der Rezessionsbekämpfung 1958/59 gezeigt hatte, wie schwierig sich der Abbau eines derartigen Budgetdefizits gestalten konnte. Da sich außerdem trotz des konjunkturellen Rückschlages auch die inflationistischen Tendenzen keineswegs verringert, sondern durch den Subventionsabbau und durch Tariferhöhungen neue Nahrung erhalten hatten, mußte auch versucht werden, den Preisauftrieb nicht über das Budget anzuheizen. Andererseits war zum Zeitpunkt der Budgeterstellung die weitere wirtschaftliche Entwicklung nicht eindeutig absehbar, so daß die Notwendigkeit weiterer Deficit-spending-Maßnahmen nicht ausgeschlossen werden konnte; überdies schien eine Fortsetzung der wachstumspolitischen Initiativen in Anbetracht der schwachen privaten Investitionsneigung ebenfalls geboten. Es waren daher zum Teil widersprüchliche Anforderungen, die bei der Konzipierung des Budgets für 1968 berücksichtigt werden mußten. Der angestrebte Zielkompromiß in diesem „Staatshaushalt der harten Realität" sollte, wie Finanzminister Schmitz vor dem Nationalrat feststellte, durch eine „maximale Ausschöpfung der Kreditmöglichkeiten, eine optimale Ausschöpfung der Kürzungsmöglichkeiten und eine minimale Erschließung neuer Einnahmen" erfolgen.

EIN „STAATSHAUSHALT DER HARTEN REALITÄT"

Um eine Fortsetzung des antizyklischen Kurses zur Konjunkturankurbelung sicherzustellen, wurde ein Eventualbudget mit einem Ausgabenrahmen von 2,39 Milliarden Schilling vorgesehen, das – da sich eine Konjunkturbelebung nur zögernd einstellte – schließlich anfangs März 1968 zur Hälfte freigegeben wurde. Durch selektive Ausgabenkürzungen und Steuererhöhungen sollte andererseits das drohende Budgetdefizit von brutto 11 Milliarden Schilling auf ein vertretbares Maß zurückgeschraubt werden. Diese Budgetsanierung wurde aber bereits durch einen neuen Finanzminister durchgeführt. Im Zuge einer Regierungsumbildung im Jänner 1968 wurde Wolfgang Schmitz durch den Wirtschaftswissenschaftler Stephan Koren abgelöst, seit April 1967 im Bundeskanzleramt als Staatssekretär für Wirtschaftskoordination und Strukturpolitik zuständig. Am 1. September 1968 trat eine 10%ige Sondersteuer für Alkoholika und Personenkraftwagen (Neuanschaffungen) sowie eine Erhöhung der Tabaksteuer in Kraft; gleichzeitig wurden verschiedene Befreiungsbestimmungen im Beförderungssteuergesetz aufgehoben. Mit Jahresbeginn 1969 wurden ein zeitlich befristeter 10%iger Zuschlag zur Lohn-, Einkommen-, Körperschaft- und Kapitalertragsteuer und ein 50%iger Zuschlag zur Vermögensteuer eingeführt.

DR. STEPHAN KOREN
1968–1970

Teils durch diese Steuererhöhungen, teils durch den raschen Konjunkturaufschwung, der seit Mitte 1968 einsetzte und vor allem von der Exportwirtschaft ausging, trat 1969 eine deutliche budgetäre Entlastung ein. Durch einen „mild restriktiven"[1] Kurs gelang es, eine weitgehende Konsolidierung im Staatshaushalt einzuleiten; der inlandswirksame Abgang von 970 Millionen Schilling war der geringste seit 1965.

Neue stabilitätspolitische Probleme schuf im Herbst 1969 die Aufwertung der deutschen Mark. Österreich folgte dieser Aufwertung von 9,25% nicht, der österreichische Schilling wurde daher im Vergleich zur DM abgewertet. Die Folge war, daß auf Grund der starken wirtschaftlichen Verflechtung mit der Bundesrepublik eine Verteuerung zahlreicher Importwaren drohte; die Regierung beschloß deshalb in Übereinstimmung mit der Nationalbank und den Oppositionsparteien, durch sogenannte „flankierende Maßnahmen" diese Gefahr abzufangen. Das Maßnahmenpaket bestand aus gezielten Zollsenkungen sowie aus Importausgleichsteuersenkungen und -befreiungen. In der Tat schlugen sich dann die Auswirkungen der DM-Aufwertung wesentlich weniger auf die Verbraucherpreise nieder, als man ursprünglich befürchtet hatte.

PROBLEME IM GEFOLGE DER DM-AUFWERTUNG

1 *OECD-Bericht (1970), S. 29*

Siehe Schaubild Seite 265

In einer finanzpolitischen Gesamtbilanz der sechziger Jahre überwiegen letztlich trotz mancher Schwierigkeiten die positiven Aspekte. Sowohl eine Analyse der Budgetsalden als auch komplexe Modellstudien über die Budgeteffekte in dieser Periode bescheinigen der österreichischen Finanzpolitik eine relative Konjunkturorientierung, wobei „das konjunkturpolitische Engagement des Bundes dazu beigetragen (hat), daß die Konjunkturschwankungen der stark außenhandelsabhängigen österreichischen Wirtschaft geringer waren als in vielen großen Industrieländern"[1]. Weniger erfolgreich gestalteten sich die investitionspolitischen Bemühungen. Obwohl immer wieder wachstumspolitische Zielsetzungen propagiert wurden, stiegen zwischen 1960 und 1969 die Investitionsausgaben des Bundes mit durchschnittlich 7,6% wesentlich langsamer als das nominelle Bruttonationalprodukt (8,5%) und die privaten Investitionen (9,7%). Auffällig waren dabei die starken Schwankungen im Umfang der Bundesinvestitionen: Jahre einer starken Ausweitung (1964 und 1967) wechseln unvermittelt mit ausgeprägten Einbrüchen (1961 und 1965). Diese Fluktuationen waren primär Ausdruck des „ungelösten Konfliktes zwischen einer stabilisierungs- und wachstumsorientierten Investitionspolitik" (E. Matzner), wobei sich die öffentlichen Investitionen vielfach „als Restgröße aus den jeweiligen Einnahmen (korrigiert um den angestrebten Budgetsaldo) und gesetzlichen Verpflichtungen" ergaben.

AUSBAU DER SOZIALEN SICHERHEIT

Ein kennzeichnendes Merkmal der sechziger Jahre war aber vor allem der Ausbau des Systems der sozialen Sicherheit, ein Prozeß, der sich auch aus der Veränderung der funktionellen Gliederung des Staatshaushaltes explizit ablesen läßt. So wiesen die Aufgabenbereiche Gesundheit und Soziale Wohlfahrt die mit Abstand höchsten Expansionsraten auf. Ihr Anteil an den Gesamtausgaben, der 1960 bei 21,4% lag, stieg bis 1969 auf rund 25%. Besonders ausgeprägt waren dabei die wachsenden Leistungen des Bundes an die Sozialversicherungsträger: So erhöhte sich der Bundesanteil an deren Gesamtausgaben zwischen 1956 und 1970 von 7,2% auf 25,9%. Infolge dieser Entwicklungstendenzen kam es zu einer sich deutlich abzeichnenden Umschichtung in der Ausgabenstruktur der öffentlichen Hand. Das Gewicht des früher bei den Gebietskörperschaften dominanten öffentlichen Konsums verringerte sich allmählich, die laufenden Einkommensübertragungen, „eine für den Wohlfahrtsstaat kennzeichnende neue Ausgabenart"[2], gewannen an Bedeutung. Aber selbst innerhalb des öffentlichen Konsums war eine Akzentverschiebung in Richtung verbesserter Gesundheitspflege und verbesserten Unterrichtswesens zu registrieren. Die Idee des Sozialstaates fand damit in den sechziger Jahren eine erste festere Verankerung.

Finanzpolitik zwischen Konjunktur und Krise

DR. HANNES ANDROSCH SEIT 1970

Das Jahr 1970 brachte mit dem Wahlsieg der Sozialistischen Partei eine innenpolitische Wende. In die SPÖ-Alleinregierung (die sich vorerst nur auf eine relative, seit den Neuwahlen im Herbst 1971 dann auf eine absolute parlamentarische Mehrheit stützen konnte) wurde zum Leiter des Finanzressorts Hannes Androsch berufen, bei seinem Amtsantritt mit 32 Jahren der jüngste Finanzminister der österreichischen Geschichte; er sollte der am längsten amtierende in der Ära der Republik werden.
Diese personelle Konstanz in der Finanzpolitik stand in einem deutlichen Gegensatz zur wirtschaftlichen Entwicklung der siebziger Jahre, die durch ein überaus wechselvolles konjunkturelles Verlaufsmuster gekennzeichnet war. In der ersten Phase bis Mitte 1974 herrschte eine stürmische Hochkonjunktur, in der reale

1 Bericht über die Lage der Finanzen der Republik Österreich (1972), S. 83
2 Reform der österreichischen Wirtschaft. Wirtschaftsprogramm der SPÖ (1968), S. 23

Die turbulenten ersten Nachkriegsjahre waren die große Zeit des Schwarzhandels. Wenn auch die Besatzungsmächte, wie auf obigem Bild, oft gegen die Schwarzhändler durchgriffen, so waren es andererseits auch sie selber, die neben anderen den schwarzen Markt mit Waren belieferten.

Der Marshallplan setzte die Weichen zum Wiederaufbau Westeuropas. Auch Österreich wurde Nutznießer der amerikanischen Wirtschaftshilfe. Unser Bild: Bundespräsident Dr. Adolf Schärf (Mitte) und Außenminister Dr. Karl Gruber (rechts) bei der Unterzeichnung des Vertrages am 2. August 1948. Links der Vertreter der Vereinigten Staaten, John G. Erhardt.

In den vierziger und zu Beginn der fünfziger Jahre war das Kraftwerk Kaprun das Symbol für den Aufbauwillen des wiedererstandenen Österreich. Unser Bild: Die Drossensperre von Osten gegen die Moserbodensperre.

Bundeskanzler Julius Raab (ganz rechts) und Finanzminister Dr. Alfred Kamitz (ganz links), die Proponenten des „Raab-Kamitz-Kurses", der die Politik der fünfziger Jahre prägte, bei der Eröffnung eines Teilstücks der Westautobahn, April 1958.

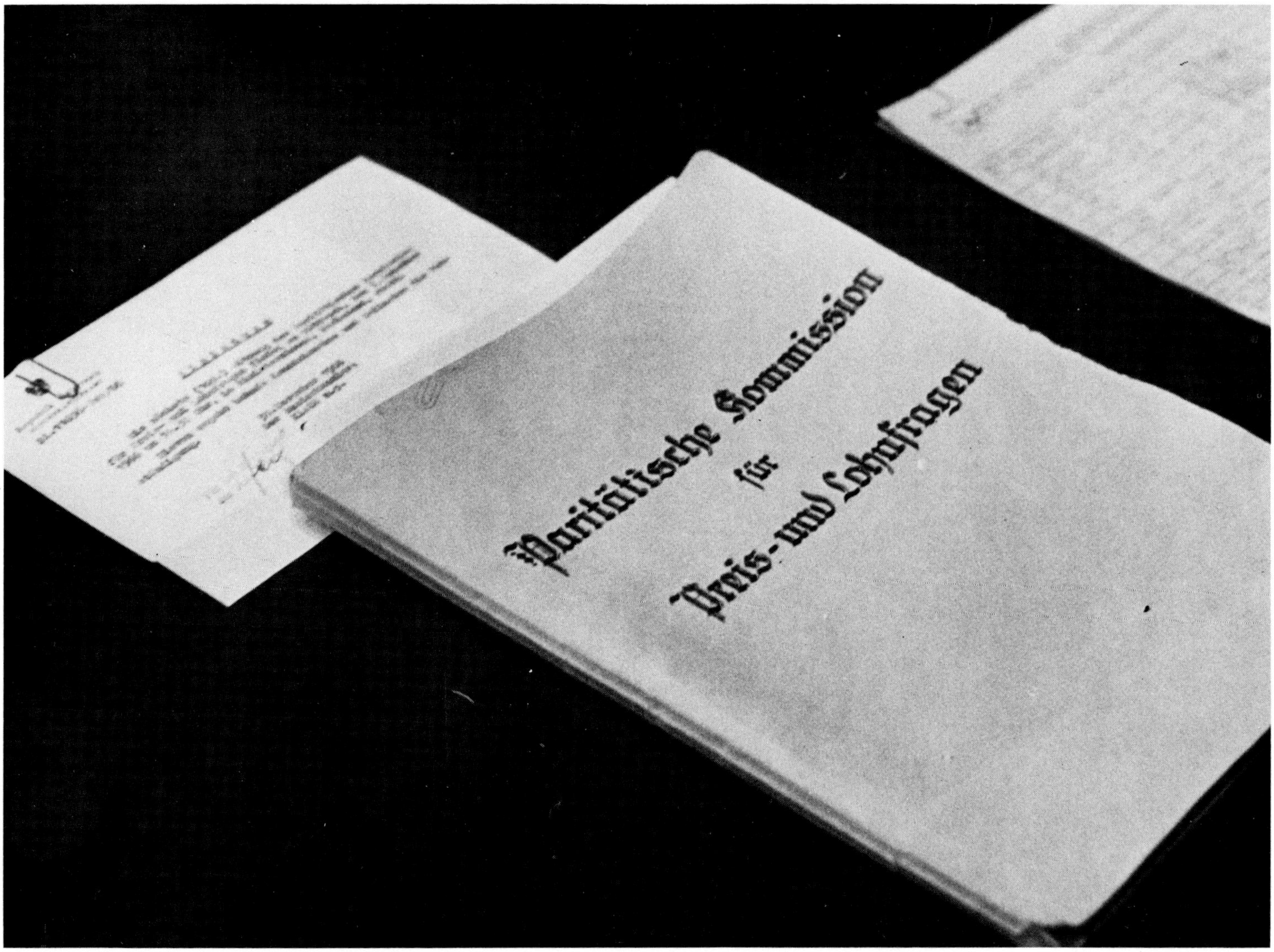

In der „Paritätischen Kommission für Preis- und Lohnfragen" wurden – und werden auch heute – im Konsens zwischen den Vertretern von Arbeitgebern und Arbeitnehmern wirtschafts- und sozialpolitische Fragen abgesprochen.

Eine Institution, um die Österreich von vielen Staaten der Freien Welt beneidet wird und die es im juridischen Sinn gar nicht gibt: die vielzitierte „Sozialpartnerschaft", durch keinerlei Paragraphen oder Verordnungen verankert, sondern rein auf der Vernunft, dem Verantwortungsbewußtsein und der Verhandlungsbereitschaft der Partner (Österreichischer Gewerkschaftsbund, Bundeskammer der gewerblichen Wirtschaft, Kammer für Arbeiter und Angestellte, Präsidentenkonferenz der Landwirtschaftskammer) beruhend. Das Funktionieren der Sozialpartnerschaft war stets Garant für Frieden an der sozialen Front.

Sozialpartner gestern und heute:
Linke Seite: Die großen alten Männer der Nachkriegsjahre – Julius Raab (außen) und Gewerkschaftspräsident Johann Böhm (innen).
Oben: Die großen Männer der siebziger Jahre: Gewerkschaftspräsident Anton Benya (rechts) und Kammerpräsident Anton Sallinger (links).

Einen Schritt hin zur Integration Europas erfolgte am 22. Juli 1972 mit der Unterzeichnung eines Vertrages, in dem fünf EFTA-Staaten, darunter auch Österreich, sich einer erweiterten europäischen Freihandelszone mit der EWG anschlossen.

Unser Bild: Handelsminister Dr. Staribacher (links) und Bundeskanzler Dr. Kreisky (dritter von links) bei der Unterzeichnung.

Wachstumsraten von durchschnittlich über 6% zu verzeichnen waren. Der rasche Konjunkturabschwung seit dem Sommer 1974 mündete dann 1975 in die schwerste Wirtschaftskrise seit den verhängnisvollen dreißiger Jahren: Erstmals seit diesem Zeitpunkt (wenn man von den andersgearteten Schrumpferscheinungen während des Zweiten Weltkriegs absieht) gestaltete sich das österreichische Bruttonationalprodukt rückläufig. Die dritte Phase begann 1976 mit einer unverkennbaren wirtschaftlichen Erholung, die allerdings nicht anhielt und seit 1977 in ein verlangsamtes Wachstumstempo überging. Diese starken Konjunkturschwankungen stellten naturgemäß auch die österreichische Finanzpolitik vor besondere Aufgaben. Das Finanzministerium, das vor allem in der Zweiten Republik gleichsam die Funktion eines Wirtschaftsministerium eingenommen hatte, rückte damit mehr denn je in den Mittelpunkt wirtschaftspolitischer Entscheidungsprozesse.

STARKE KONJUNKTURSCHWANKUNGEN

Für die Budgetpolitik bedeutete die veränderte innenpolitische Situation seit 1970 keinen wesentlichen „Strukturbruch" (D. Bös); die seit 1968 eingeschlagene Orientierung wurde weitgehend beibehalten, fiskal-, wachstums- und stabilitätspolitische Überlegungen blieben vorrangig. Im Sinne einer antizyklischen Budgetgestaltung wurde angesichts der Hochkonjunktur ein restriktiver Kurs gesteuert, der 1971 und 1972 in nicht unbeträchtlichen inlandswirksamen Gebarungsüberschüssen seinen Niederschlag fand. Unter diesen Umständen machte die budgetäre Konsolidierung rasche Fortschritte. So wurde die Finanzschuld des Bundes, gemessen am verfügbaren Güter- und Leistungsvolumen, von 13,6% im Jahre 1968 auf 10,6% im Jahre 1972 verringert (bis 1974 erfolgte eine weitere Reduzierung auf 10,0% des Bruttonationalprodukts) und durch eine forcierte Rücklagenbildung der budgetpolitische Spielraum erweitert.

Siehe Schaubild Seite 265

INVESTITIONSPROGRAMM 1971

Einen wachstumspolitischen Akzent setzte das im Juni 1971 vorgelegte zehnjährige Investitionsprogramm des Bundes, das als konzeptive Zielsetzung eine Steigerung der Bundesinvestitionen über den durchschnittlichen Zuwachs des nominellen Bruttonationalprodukts deklarierte. Als erster Schritt wurde bereits 1971 und 1972 eine kräftige Ausweitung des Investitionshaushaltes vorgenommen: Die Bruttoinvestitionen des Bundes expandierten in diesen beiden Jahren um 13,5 bzw. 20,6%. (Im Rahmen dieses Programms wurden bis 1977 insgesamt 170 Milliarden Schilling durch den Bund investiert.) Zunehmende Engpässe im Infrastrukturbereich führten überdies zu einer verstärkten Projektfinanzierung durch Sondergesellschaften; diese Vorgangsweise wurde verschiedentlich als Einschränkung der Flexibilität und Transparenz des Staatshaushaltes kritisiert, da diese Investitionen nur zum Teil und meist mit zeitlicher Verzögerung im Budget als Finanzierungsausgaben aufscheinen.

Die günstige Einnahmenentwicklung ermöglichte aber auch eine stärkere Betonung verteilungspolitischer Aspekte. Besonders durch die Schülerfreifahrten und Schulfahrtbeihilfen sowie durch die Einführung der Gratisschulbücher kam es zu einer Erhöhung der Realtransfers, die sich erstmals im Rechnungsjahr 1972 voll auswirkte.

STABILITÄTSPOLITIK

Im Zentrum der wirtschaftspolitischen Aktivitäten während der Konjunkturperiode stand aber vor allem die Stabilitätspolitik. Da sich seit 1972 die Preisspirale wieder schneller zu drehen begann (der Anstieg der Verbraucherpreise betrug in diesem Jahr 6,3 gegenüber 4,4 und 4,7% in den beiden Vorjahren), versuchte man mit dem Instrumentarium des „policy mix" durch einkommens-, preis-, geld- und finanzpolitische Maßnahmen gegen die zunehmenden Preisauftriebstendenzen anzukämpfen. Im November 1972 wurde zwischen dem ÖGB und der Bundeskammer eine halbjährige Lohn- und Preispause vereinbart (Benya-Sallinger-Abkommen); ferner wurden Kreditrestriktionen und der Übergang zu einer Hartwährungspolitik beschlossen. Der finanzpolitische Stabilisierungsbeitrag bestand darin, daß bereits kurz nach Verabschiedung des Budgetvoranschlages für 1973 eine Revision durch die Bindung und Verschiebung von Ausgaben, die Verlangsamung der Auftragsvergabe und durch Einschränkungen bei der Gewährung öffentlicher Darlehen und Subventionen verfügt wurde. Dieser ersten Etappe des Stabilisierungsprogramms folgten im Juni und im November 1973 zwei weitere, die eine zusätzliche Blockierung und Zurückstellung von Bundesausgaben, eine restriktive Handhabung bei neuen Ausgabenverpflichtungen sowie bei den Kredit- und Bürgschaftsaktionen des Bundes vorsahen. In besonderm Maße wurden die Bauinvestitionen reduziert. Nach einigen Monaten zeichneten sich erste Ergebnisse dieser Stabilisierungsanstrengungen ab, der Index der Verbraucherpreise begann im Sommer 1973 tatsächlich zu sinken. Im Herbst jedoch brachte der im Gefolge des Ölpreisdiktats der OPEC einsetzende übermächtige internationale Preisdruck auch in Österreich einen neuerlichen Inflationsschub. 1974 erreichte die Teuerungsrate mit 9,5% den höchsten Wert seit der Währungsstabilisierung 1952. Daß die österreichischen Bemühungen dennoch nicht erfolglos waren, läßt sich sehr einprägsam aus einem internationalen Vergleich ablesen. Im Gegensatz zu den sechziger Jahren, in denen sich der inländische Preisauftrieb meist über dem OECD-Durchschnitt bewegte, gelang es diesmal (wie auch in den übrigen siebziger Jahren), ihn unter diesem Niveau (OECD-Bereich: 13,6%, OECD-Europa: 13,3%) zu halten.

ERFOLG DER STABILISIERUNGS-MASSNAHMEN

Dies war um so bemerkenswerter, als verschiedene Einflüsse, insbesondere die umfassenden und tiefgreifenden Änderungen des Steuerrechts, den stabilitätspolitischen Intentionen entgegenwirkten und die Finanzpolitik bei der Findung eines möglichst optimalen Zielkompromisses vor schwierige Probleme stellten. Die Einführung der Mehrwertsteuer war unmittelbare Konsequenz des österreichischen Arrangements mit den Europäischen Gemeinschaften, das nach mehr als zehnjährigen Bemühungen 1972 endlich realisiert werden konnte. Der Übergang zur Mehrwertsteuer bedeutete eine notwendige Angleichung an das Steuersystem der EWG-Länder und beseitigte einen potentiellen Konfliktstoff, der immer wieder bei den Verhandlungen zutage getreten war.

STEUERPOLITISCHE UMSTRUKTUIERUNGEN

Ein Gesetzesentwurf zur Umstellung der geltenden Umsatzsteuer auf die Mehrwertsteuer war erstmals 1967 angekündigt worden; zur Vorlage eines begutachtungsreifen Entwurfes kam es aber erst im Februar 1971. Nach ausführlichen, 16 Monate dauernden Diskussionen und Beratungen konnte das neue Umsatzsteuergesetz schließlich im Juni 1972 vom Nationalrat verabschiedet werden; die Umstellung erfolgte mit Jahresbeginn 1973. Der Regelsteuersatz betrug ursprünglich 16% und wurde 1976 auf 18% angehoben. Für eine Reihe von im Gesetz taxativ aufgezählten Umsätzen wurden ermäßigte Steuersätze bzw. Befreiungen festgelegt. Auf den Preisindex (des Bruttonationalprodukts) für das Jahr 1973 schlug sich die Einführung der Mehrwertsteuer nach Schätzungen des Instituts für Wirtschaftsforschung mit etwa 1,25% nieder; damit waren die Folgen auf das inländische Preisgefüge allerdings wesentlich geringer, als dies verschiedentlich prophezeit und befürchtet worden war.

Nicht ohne Rückwirkungen auf das Preisniveau konnte auch das neue Einkommensteuergesetz bleiben, das ebenfalls mit Jahresbeginn 1973 in Kraft trat und durch die darin vorgenommene Progressionsmilderung die private Nachfrage verstärkte. Das Gesetz enthielt aber nicht nur eine in Zeiten steigender Inflations- und hoher realer Wachstumsraten unvermeidliche Anpassung der Steuersätze, sondern darüber hinaus eine grundlegende Systemreform. Den einen Schwerpunkt bildete der Übergang auf die Individualbesteuerung an Stelle der bisherigen Haushaltsbesteuerung, die mit Ende des Zweiten Weltkrieges aus dem deutschen Einkommensteuerrecht übernommen worden war. In konsequenter Weiterführung dieses Ansatzes wurde dann durch die Einkommensteuernovelle 1974 die Steuergruppe A, die vor allem für jüngere, ledige Steuerzahler galt, sistiert und eine einheitliche Steuergruppe geschaffen. Der zweite Schwerpunkt lag in der Ersetzung der Steuerfreibeträge, die für Bezieher niedriger Einkommen eine Benachteiligung dargestellt hatten, durch Steuerabsetzbeträge. Weitere Aspekte des neuen Einkommensteuergesetzes waren eine Steuererstattungsregelung (Prämienregelung) an Stelle der bisherigen Berücksichtigung von Bausparbeiträgen als Sonderausgaben, eine verbesserte Sparförderung für Konten- und Wertpapiersparen in Aktien sowie ein wesentlicher Ausbau der steuerlichen Investitionsbegünstigungen.

EINNAHMENAUSFÄLLE

Die steuerpolitischen Umstrukturierungen des Jahres 1973 machten sich in recht nachhaltiger Weise durch Einnahmenausfälle für den Bund bemerkbar. Verschärft wurde dieser Effekt noch durch den neuen Finanzausgleich, der eine Erhöhung der Anteile der Länder und Gemeinden zu Lasten des Bundes festlegte, und durch die im Zusammenhang mit dem EWG-Abkommen notwendigen Zollsenkungen. Unter diesen Umständen sank die Einnahmenquote (Anteil der bereinigten Bundeseinnahmen am Bruttonationalprodukt), die 1972 noch bei 25,1% gelegen war, 1973 auf 23,6%. Das Bruttodefizit des Bundeshaushaltes schnellte gegenüber dem Vorjahr von 7,7 Milliarden Schilling auf 12,8 Milliarden Schilling empor (inlandswirksamer Saldo: 2,98 Milliarden Schilling). Berücksichtigt man ferner, daß anläßlich der Mehrwertsteuereinführung der Finanzminister ermächtigt wurde, Kreditaufnahmen zur Finanzierung der Mehrwertsteuerlücke bis 8,9 Milliarden Schilling in den ordentlichen Einnahmen zu verrechnen und von dieser Ermächtigung im Umfang von 4 Milliarden Schilling Gebrauch gemacht wurde, so erhöht sich der Gesamtabgang für das Jahr 1973 auf 16,8 Milliarden Schilling.

Durch ein niedriges Aufkommen bei den dem Bund verbleibenden Abgabenerträgen war auch das Rechnungsjahr 1974 gekennzeichnet. Obgleich die Ausgabenquote (bereinigte Ausgaben ohne Schuldentilgung) mit 24,9% unter dem durchschnittlichen Niveau der sechziger Jahre gehalten werden konnte, entstand ein Bruttodefizit von 18,5 Milliarden Schilling und ein inlandswirksamer Ausgabenüberhang von 5,8 Milliarden Schilling. Der Gebarungserfolg dieses Jahres war allerdings – wenn auch noch nicht in entscheidendem Maße – durch die sich anbahnende Konjunkturwende beeinflußt. Die Finanzpolitik, die mit der 1974 geschaffenen Neugliederung des Staatshaushalts in ein Grundbudget sowie eine Stabilisierungsquote und ein Konjunkturbelebungsbudget (diese Funktion erfüllte seit 1971 der sogenannte Konjunkturausgleichsvoranschlag, der allerdings wegen der andauernden Hochkonjunktur nie verwirklicht worden war) über ein verfeinertes konjunkturelles Planungsinstrumentarium verfügte, reagierte man in Österreich auf diese Konjunkturveränderung rascher, als dies in anderen Staaten der Fall war: Bereits Mitte 1974 wurden, „früher als anderswo"[1], zusätzliche konjunkturstützende Ausgaben für die Bau-, Waggon- und Fahrzeugindustrie getätigt.

DIE WIRTSCHAFTSKRISE 1975

1975 verdichtete sich der Konjunkturabschwung zu einer der schwersten globalen Wirtschaftskrisen unseres Jahrhunderts. Die Schockwirkung über die Schrumpfung des Sozialproduktes und das sprunghafte Ansteigen der Arbeitslosigkeit war um so größer, als durch einen exorbitanten „Kollektivirrtum der Wirtschaftsprognostiker"[2] das Ausmaß der Rezession unterschätzt worden war. Auch in Österreich wurde der Staatshaushalt für 1975 noch unter der Annahme eines realen Wirtschaftswachstums von 4% erstellt; der heftige Konjunktureinbruch zwang jedoch zu einer völligen Abkehr von der ursprünglichen Budgetkonzeption, was um so schwerer wog, als sich der Bundeshaushalt durch die budgetäre Entwicklung seit 1973 in einer ungünstigen Ausgangsposition befand. Im Vergleich zum Voranschlag ergab der Rechnungsabschluß Minderungseinnahmen von 8,6 Milliarden Schilling und Mehrausgaben von

1 H. Androsch, Staat, Steuern, Gesellschaft. Wirtschaftspolitik als Gesellschaftspolitik in der Welt von morgen (1978), S. 225
2 Wirtschaft und Gesellschaft (1976), Heft 4, S. 3

12,2 Milliarden Schilling; der Gebarungsabgang erhöhte sich dadurch von präliminierten 16,3 Milliarden auf 37,2 Milliarden Schilling, das inlandswirksame Defizit von 7,1 Milliarden auf 26,1 Milliarden Schilling.

GEGENMASSNAHMEN

Diese Zahlen dokumentieren die bisher massivste konjunkturpolitische Gegensteuerung in der österreichischen Finanzgeschichte. Als gezielte, „diskretionäre" Maßnahmen wurden die teilweise Aktivierung der Stabilisierungsquote im Umfang von 2,2 Milliarden Schilling im April sowie die Freigabe des restlichen Eventualbudgets von 4,5 Milliarden Schilling im Juli 1975 gesetzt. Einen positiven Effekt zeitigte auch die 1974 (unabhängig von konjunkturpolitischen Erwägungen) beschlossene und 1975 in Kraft getretene Lohn- und Einkommensteuersenkung, obwohl sie durch das erhöhte Vorsichtssparen der privaten Haushalte nur partiell zu einer Ausweitung der privaten Nachfrage beitrug. Der Großteil des konjunkturellen Budgetdefizits war jedoch auf sogenannte „automatische Stabilisatoren" (Auswirkungen der Konjunktur auf den Bundeshaushalt bei gegebener Rechtslage) zurückzuführen, zu denen neben dem konjunkturbedingten Rückgang der Steuereinnahmen Mehraufwendungen für die Arbeitslosenversicherung, den Familienlastenausgleich und für die Pensionsversicherung zu zählen sind.

Der expansive Kurs wurde auch 1976 fortgesetzt. Das Bruttodefizit erhöhte sich auf 44 Milliarden Schilling, der inlandswirksame Gebarungsabgang auf 26,5 Milliarden Schilling. Insgesamt gingen auch in diesem Jahr vom Bundeshaushalt etwa gleich starke Nachfragewirkungen wie 1975 aus. In diesen fiskalischen Impulsen, die vorwiegend vom Bund getragen werden, da die Länder und Gemeinden ein eher prozyklisches Verhalten demonstrierten, ist zweifellos ein konstitutiver Faktor zu sehen, daß Österreich die Rezessionsphase besser überwand als die meisten anderen Industriestaaten. Dies kommt weniger in der Entwicklung des Bruttonationalprodukts zum Ausdruck, das mit real 2% stärker schrumpfte als im OECD-Durchschnitt (wobei durch die vermehrten Staatsausgaben ein weiterer Rückgang von etwa 1¹/₃% verhindert werden konnte), als vielmehr in der Stabilität der Beschäftigungslage, die in einem auffälligen Gegensatz zum raschen Anstieg der Arbeitslosigkeit in vielen anderen Ländern stand.

Trotz dieser erfolgreichen Krisenstrategie löste die Rezession auch in Österreich eine gewisse wirtschaftspolitische Ernüchterung aus. Der weitverbreitete Glaube an die „Machbarkeit" von Konjunkturen wurde erschüttert, an seine Stelle trat eine unverkennbare „Unsicherheit über die Möglichkeiten und über die Effizienz der Steuerung der Wirtschaftsabläufe"[1]. Ein wesentliches Element dieser wirtschaftspolitischen Verunsicherung bildete die beträchtliche Ausweitung der Staatsverschuldung.

AUSWEITUNG DER STAATSVERSCHULDUNG

Die Finanzschuld des Bundes wuchs von 61,4 Milliarden Schilling im Jahre 1974 auf 100,4 Milliarden Schilling 1975 und 133,8 Milliarden Schilling 1976. Während zwischen 1969 und 1974 der Anteil der Finanzschuld am Bruttonationalprodukt von 13,1 auf 10% verringert werden konnte, erhöhte er sich bis 1976 auf 18,4% und wies auch in der Folge steigende Tendenz auf.

Obwohl die österreichische Staatsverschuldung im internationalen Vergleich keineswegs als hoch anzusehen ist (Ende 1977 lag Österreich mit einer öffentlichen Verschuldung von 3700 DM je Einwohner international gesehen im unteren Drittel), gab diese Entwicklung bei der traditionell „puritanischen Haushaltsgesinnung" (E. Hofbauer) in Österreich zu einer finanzpolitischen Diskussion Anlaß, wie sie in dieser Intensität zuletzt wohl während des Ersten Weltkrieges und in der Periode der Nachkriegsinflation geführt worden war und in der wie damals das Staatsschuldenproblem, die „Krise des Steuerstaates" im Mittelpunkt der Erörterungen stand. Die Argumente waren infolge der divergenten wirtschaftstheoretischen und politischen Standpunkte naturgemäß kontrovers. Auf der einen Seite wurden die Probleme des

1 Androsch, a. a. O., S. 96

Staatshaushalts als „Krise der Budgetpolitik"[1], als Resultat mangelnder Spargesinnung kritisiert, wobei diese Kritik nicht selten in eine Explikation konservativer gesellschaftspolitischer Grundsätze mündete. Durch die Rezession sei auch die Krise des Wohlfahrtsstaats, „der ein Steuer- und Abgabenstaat" geworden sei, offenkundig geworden. Der Sozialstaat sei an einem Scheideweg angelangt, der konjunkturelle Rückschlag habe die Grenzen seiner Finanzierbarkeit aufgezeigt; eine weitere Ausdehnung der ohnehin zu hohen Staatsquote sei aber nur um den Preis einer Entfremdung des einzelnen vom Staat und einer zunehmenden Reglementierung und Einschränkung der Eigenverantwortung möglich und würde letztlich eine Gefährdung der Demokratie heraufbeschwören.[2] (Tatsächlich liegt Österreich auch bezüglich des Anteils der öffentlichen Abgaben am Bruttonationalprodukt im internationalen Vergleich nur im Mittelfeld. Einen höheren Anteil innerhalb der OECD weisen beispielsweise Belgien, Dänemark, Frankreich, die BRD, Island, Italien, Holland, Norwegen, Schweden und Großbritannien auf. Ein ähnliches Bild ergibt sich bei einem Vergleich des Anteils von Steuern und Sozialversicherungsabgaben am Bruttonationalprodukt.) Auf der anderen Seite wiederum wurde im Sinne Joseph Schumpeters argumentiert, daß die drohende Finanzkrise des Steuerstaates nicht eine Krise der Finanzen sei, sondern „eine Krise der bestehenden Formen, gesellschaftliche Aufgaben zu erfüllen" (E. Matzner).

DIE KRISE DES WOHLFAHRTSSTAATS

Für die konkrete Finanzpolitik ergab sich nach der Überwindung der unmittelbaren Rezession die Aufgabe, zum Teil widersprüchliche wirtschaftspolitische Anforderungen in Einklang zu bringen. Einerseits mußte weiterhin wegen der nach wie vor bestehenden Unsicherheit der Weltkonjunktur auf die gesamtwirtschaftliche Nachfrage Bedacht genommen werden, anderseits galt es, durch einen Abbau des Haushaltsdefizits eine Erweiterung des budgetpolitischen Spielraums zu erreichen. Mit dem Budget 1977, das unter dem Motto: „Wachstum durch Stabilität, Vollbeschäftigung durch Wachstum" stand, wurde daher ein vorsichtig restriktiver Kurs eingeschlagen. Tatsächlich konnte gegenüber den beiden Vorjahren das Bruttodefizit (41,9 Milliarden Schilling) wie auch der inlandswirksame Gebarungsabgang (23,1 Milliarden Schilling) reduziert werden. Eine ähnlich rasche Budgetkonsolidierung wie nach den Rezessionen 1958 und 1967 gelang allerdings nicht. Dies lag zum einen an der Schwere des Konjunkturrückschlages und dem damit verbundenen höheren Defizit, zum anderen aber vor allem daran, daß diesmal eine durchschlagende Wirtschaftsbelebung nicht eintrat.

Siehe Schaubild Seite 265

Die beschäftigungspolitischen Initiativen und die Nachfragestimulierung während der Krise schufen jedoch noch ein weiteres Folgeproblem: die Verschlechterung der Leistungs- und Zahlungsbilanz, die primär aus der Wachstumsdifferenz zwischen der heimischen und der Weltwirtschaft resultierte. Die weltweiten Krisenerscheinungen erschwerten den österreichischen Export und beeinträchtigten den Fremdenverkehr, während die vergleichsweise hohe heimische Nachfrage Warenimporte und Auslandsreisen förderte. Dazu kam, daß die schwache internationale Konjunktur viele ausländische Unternehmungen veranlaßte, sich stärker auf dem österreichischen Markt zu engagieren.

VERSCHLECHTERUNG DER LEISTUNGS- UND ZAHLUNGSBILANZ

Das im Herbst 1977 vorgelegte und ab Jahresbeginn 1978 wirksame Maßnahmenpaket der Regierung war von der Absicht getragen, eine selektive Nachfragedämpfung bei Importgütern einzuleiten und gleichzeitig die Basis für eine Budgetsanierung zu erweitern. Die wichtigsten Punkte des Maßnahmenkatalogs bestanden in der Einführung eines Mehrwertsteuersatzes von 30% für bestimmte Güter des gehobenen Bedarfs, eines Straßenverkehrsförderungsbeitrages ab Juli 1978 sowie in einer Erhöhung des Pensionsbeitrages der Bundesbeamten in vier Etappen; auf der Ausgabenseite sollten eine Reduzierung der Bundeszuschüsse zur Pensionsversiche-

DAS MASSNAHMENPAKET 1978

1 St. Koren, Budgetkrise – Krise der Budgetpolitik, in: Wirtschaftspolitische Blätter (1975), Heft 6, S. 24
2 H. Krejci, Staatsquote als Demokratiegefährdung, in: Zukunft (1978), Heft 12, S. 16 ff.

rung sowie Einsparungen bei der Verwaltung, den Bundestheatern, der Schulbuchaktion usw. zu einer Entlastung des Staatshaushaltes beitragen. Das 2. Abgabenänderungsgesetz 1977, das unter anderem die steuerliche Investitionsbegünstigung für betrieblich genutzte Kraftfahrzeuge einschränkte, zielte ebenfalls auf eine Verbesserung der Zahlungsbilanz und des budgetären Spielraums ab.

Neben beschäftigungs-, deckungs- und stabilitätspolitischen Initiativen sowie den Bemühungen um ein außenwirtschaftliches Gleichgewicht traten seit 1977 auch wachstums- und strukturpolitische Aspekte stärker in den Vordergrund, zumal sich in der Passivierung der Zahlungsbilanz auch unleugbare Strukturschwächen der österreichischen Wirtschaft widerspiegelten. Obwohl zwischen 1970 und 1976 die Bruttoanlageinvestitionen in Österreich mit durchschnittlich 5,7% jährlich wesentlich stärker zunahmen als in den sechziger Jahren und damit auch die europäische OECD-Zuwachsrate erheblich übertroffen wurde, unternahm man weitere Anstrengungen, durch einen konzeptiven Einsatz öffentlicher und eine intensivierte Förderung privater Investitionen den strukturellen Anpassungsprozeß und die Modernisierung der österreichischen Wirtschaft zu beschleunigen. Unter diesem Blickwinkel wurde ein neues zehnjähriges Investitionsprogramm des Bundes erstellt, das bis 1986 Investitionen in der Höhe von rund 577 Milliarden Schilling vorsieht. Innerhalb dieses Rahmens wurde ein 5-Jahre-Bereich stärker ins Detail durchgeplant.

Trotz der weltwirtschaftlichen Schwierigkeiten, von denen auch Österreich nicht unberührt bleiben konnte, hat die österreichische Wirtschafts- und Finanzpolitik der siebziger Jahre zweifellos eine überaus beachtliche Erfolgsbilanz aufzuweisen, die auch immer wieder internationale Anerkennung fand. So verlieh beispielsweise die renommierte Londoner Financial Times Österreich bereits für das Jahr 1973 den „Wirtschafts-Oscar“ für die günstigste Wirtschaftsentwicklung unter allen westlichen Industrieländern. Auch seit der Rezession wurden die in Österreich erzielten konjunktur-, beschäftigungs- und stabilitätspolitischen Ergebnisse immer wieder in ausländischen Kommentaren – nicht selten mit Erstaunen – hervorgestrichen.

WIRTSCHAFTS-OSCAR FÜR ÖSTERREICH

Das reale Bruttonationalprodukt wuchs zwischen 1970 und 1977 mit durchschnittlich 4,5% jährlich deutlich schneller als in den übrigen europäischen OECD-Ländern (3,3%). Die Teuerungsrate lag im selben Zeitraum – nicht zuletzt bedingt durch die konsequente Hartwährungspolitik – mit 6,7% ebenfalls erheblich unter der OECD-Marke (9,4%). Besonders augenfällig waren aber vor allem die Erfolge der Vollbeschäftigungspolitik. Die österreichische Arbeitslosenrate war während der siebziger Jahre mit 1,9% wesentlich niedriger als im übrigen europäischen OECD-Bereich (3,4%); die seit der Rezession in vielen Ländern auftretende Jugendarbeitslosigkeit konnte zur Gänze vermieden werden.

Aus dem statistischen Datenmaterial läßt sich aber auch ablesen, daß der österreichische Lebensstandard nahe an das Niveau der traditionellen europäischen Industriestaaten herangeführt werden konnte. Lag noch zu Beginn der siebziger Jahre das österreichische Bruttonationalprodukt je Einwohner um 22% unter dem EG-Durchschnitt und um 8% unter dem Durchschnitt der europäischen OECD-Staaten, so überholte Österreich 1973 die OECD-Staaten und 1976 die EG-Staaten. 1977 war das Bruttonationalprodukt pro Kopf bereits um 12 bzw. 5% höher als im Durchschnitt der europäischen OECD-Länder bzw. der EG-Staaten.

WIRTSCHAFTLICHE TENDENZWENDE

In einer längerfristigen wirtschaftshistorischen Perspektive können die siebziger Jahre wohl schon jetzt – trotz der geringen zeitlichen Distanz zu den Geschehnissen – zu den bemerkenswertesten Perioden unseres Jahrhunderts gerechnet werden. Die wirtschaftliche Tendenzwende, die sich mit dem Zusammenbruch des in Bretton-Woods inaugurierten Weltwährungssystems, mit der zunehmenden ökonomischen Machtposition der Rohstoffproduzenten und in Zweifeln über die bisher vorherrschende Wachstumsideologie abzuzeichnen begann, erfuhr durch die schwere Krise von 1975 eine dramatische Zuspitzung. Man kann bereits heute absehen, daß diese nicht als bloße Rezession einzustufen ist, sondern vielmehr als eine tiefe Zäsur in der weltwirtschaftlichen Entwicklung seit dem Zweiten Weltkrieg.

„DIE WIRTSCHAFT AUF DER ÜBERHOLSPUR" – EINE TATSACHE

In Anbetracht dieser weltweiten Probleme muß der Aufholprozeß der österreichischen Wirtschaft um so erstaunlicher anmuten. Das in den sechziger Jahren vielbemühte Schlagwort von der österreichischen Wirtschaft auf der „Überholspur" wurde zur unbestreitbaren Realität. Die psychologische Internalisierung dieser unverkennbaren Wohlstandssteigerung findet in einem wachsenden wirtschaftlichen Selbstbewußtsein der Österreicher ihren Niederschlag. Das die Erste Republik so sehr beherrschende Trauma von der österreichischen Lebensunfähigkeit war zwar spätestens seit den fünfziger Jahren verblaßt, nunmehr scheint aber auch der latente „Größenpessimismus", der in der Kleinstaatlichkeit Grenzen der wirtschaftlichen Entfaltung erblickte, endgültig überwunden.

Die Ursachen dieser erstaunlichen wirtschaftlichen Selbstbehauptung können nur einer ersten, keineswegs abschließenden Analyse unterzogen werden. Unzweifelhaft und ungeachtet aller wirtschaftsideologischen Positionen muß der Wirtschafts- und Finanzpolitik ein wesentlicher Anteil eingeräumt werden, deren Flexibilität und Effizienz sich in dem rasch verändernden Konjunkturklima bewährt hat. Der auffällige Erfolg gegenüber anderen Ländern kann jedoch aus dem Wirken der für die Wirtschaftspolitik Verantwortlichen allein wohl nicht ausreichend erklärt werden.

STEUERUNGSMASSNAHMEN UND IHRE EFFIZIENZ

Die Effektivität von Steuerungsmaßnahmen resultiert letztlich nicht nur aus deren Richtigkeit und Rechtzeitigkeit, sondern bedarf auch institutioneller Rahmenbedingungen. Anders ausgedrückt: Es muß ein relativ ruhiges, gleichsam reguliertes sozioökonomisches Binnengewässer ohne allzu starke Gegenströmungen und Turbulenzen vorhanden sein, das ein Halten des angepeilten Kurses ermöglicht. In dieser Sicht sind die Institution der Sozialpartnerschaft und der große verstaatlichte Bank- und Industriesektor, durch die stärker als in vergleichbaren westlichen Ländern die Tendenz zum „Wirtschaftsverwaltungsstaat" zum Ausdruck kommt, nicht zuletzt aber auch die Alleinverantwortlichkeit einer monokoloren Regierung, welche die Entscheidungsprozesse bei allem Konsenswillen wesentlich erleichtert, kausale Faktoren, daß wirtschaftspolitische Maßnahmen in Österreich offensichtlich umfassender und wirksamer greifen als in vielen anderen Staaten.

Bei allen Erfolgen harren auch weiterhin schwierige Aufgaben auf die österreichische Wirtschafts- und Finanzpolitik. Infolge der nach wie vor unübersichtlichen konjunkturellen Lage kann von einer Entwarnung an der Konjunkturfront nicht die Rede sein, so daß auch in Hinkunft eine besondere wirtschafts- und finanzpolitische Präsenz erforderlich sein wird. Ferner wird es gelten, auch in Zeiten eines verlangsamten Wachstumstempos den erreichten sozialstaatlichen Standard zu halten und zu festigen. Das Haus in der Himmelpfortgasse wird daher auch künftig im besonderen Blickpunkt der Öffentlichkeit stehen. Seine Geschichte beleuchtet in signifikanter Weise den sozialen und politischen Wandel seit den Tagen Prinz Eugens: vom Winterpalais des habsburgischen Feldherrn über das Finanzressort eines Großreiches zur wirtschaftspolitischen Schaltstelle eines Kleinstaates, der mehr als seine Lebensfähigkeit bewiesen hat, von einer Stätte adeliger Erbauung zum Sitz eines Ministeriums, dem eine entscheidende Funktion für die soziale Sicherheit und Wohlfahrt aller zukommt.

GUNTHER TICHY

Das Winterpalais als Schaltstelle moderner Wirtschaftspolitik

Nach der Stabilisierung der österreichischen Währung und der darauf wohl unvermeidlich folgenden Stabilisierungskrise wurde in Österreich – wie auch in den meisten anderen Industriestaaten – das Instrumentarium der keynesianischen Wirtschaftpolitik übernommen und – was viel weniger bewußt ist – gerade hierzulande entscheidend weiterentwickelt. Träger dieser Politik war zum weitaus überwiegenden Teil die „Himmelpfortgasse", das Finanzministerium. Es war 1848 in das Winterpalais eingezogen und hatte damit neben zwei Hypotheken offenbar auch ein Geheimnis übernommen: Neben der Hypothek der Finanzierung der rasch aufeinanderfolgenden Kriege, die nach dem Abtreten des großen Savoyers nur noch selten erfolgreich, dafür aber um so teurer waren, und der Hypothek des mehrmals erweiterten, dementsprechend verwinkelten und für ein Verwaltungszentrum äußerst unzweckmäßigen Gebäudes, das Geheimnis des Erreichens und der Ausübung der Macht, das offenbar in den dunklen Winkeln weitergelebt hatte; dieses Geheimnis führte das Finanzministerium zu einer Machtfülle, die weit über seine streng formalen Kompetenzen hinausgeht. Die Stellung der Himmelpfortgasse ging immer schon – insbesondere seit der Allerhöchsten, nie veröffentlichten Entschließung seiner k. k. Apostolischen Majestät vom 13. Juni 1863 und der darauf beruhenden „Verordnung des Finanzministeriums und der Obersten Rechnungs-Controllbehörde vom 17. Oktober 1863, giltig für das ganze Reich, womit die Grundsätze für die Verfassung des Staatsvoranschlages, für die Gewährung mit den eröffneten (Ausgabs-)Krediten und für die Einrichtung des Staats-Rechnungsabschlusses festgesetzt werden"[1] – weit über die eines bloßen Schatzministeriums oder – in der Terminologie des österreichischen Wirtschafts-Boulevards – eines bloßen Staatssäckelwarts hinaus.

DIE FAKTISCHE MACHTFÜLLE DES FINANZMINISTERS

Die Frage, woher diese starke Stellung stammt – wenn man auf das Weiterwirken des Eugenschen Geistes zuwenig vertraut – ist, nicht leicht zu beantworten. Am wenigsten noch läßt sie sich aus der formalen Kompetenz des Finanzministers erklären, die ihn weder zum Überminister noch generell zum Wirtschaftspolitik-Minister stempelt, nicht zuletzt deswegen, weil unsere Verfassung Wirtschaftspolitik überhaupt nicht kennt. Eher schon mag es die geschichtliche Entwicklung gewesen sein: Die – in der Regel verlorenen – Kriege der letzten sieben Jahrzehnte der Monarchie und der ersten drei Jahrzehnte der Republik ließen einen riesigen Finanzbedarf entstehen, der – wenn nicht ohnedies inflatorisch – nur durch besonders raffinierte Transaktionen zu decken war und dem jeweiligen Finanzminister neben schlaflosen Nächten auch eine bedeutende Stellung brachte. Als zweiter Grund ist sicherlich – damit zusammenhängend – die Kraft der Persönlichkeiten zu erwähnen, die mit diesen schwierigen Aufgaben betraut wurden, und die – viel mehr als andere Regierungsmitglieder, an Stellung nur den Ministerpräsidenten oder Bundeskanzlern vergleichbar – in die Geschichte eingegangen sind: Freiherr von Bruck, Plener, Dunajewsky, Böhm-Bawerk, Schumpeter, Kamitz. Sie alle fühlten sich für eine kraftvolle und längerfristig konzipierte Wirtschaftspolitik verantwortlich, nicht bloß als Staatsbuchhalter, sondern als Politiker – die sie meist auch schon vorher und/oder

1 *Blaha 1970*

nachher waren. Insbesondere in der Zweiten Republik konnten die Kompetenzen des Finanzministers auch durch relativ lange Amtsperioden (Kamitz 1952–1960, Androsch seit 1970) ausgeweitet werden, wogegen in der Zwischenkriegszeit 15 Finanzminister zusammen bloß 20 Jahre regierten. Ein dritter Grund für die starke und zunehmende Bedeutung der Position des Finanzministers liegt zweifellos in dem steigenden Gewicht des Budgets und der steigenden Bedeutung der Wirtschaftspolitik. Daß die wirtschaftspolitischen Aufgaben aber gerade vom Finanzminister wahrgenommen wurden, gründet sich wiederum auf eine Fülle von Einzelermächtigungen, die in mühevoller Kleinarbeit von den Finanzministern und ihren Beamten zusammengetragen wurden, um Informationen sammeln zu können und den Entscheidungsspielraum zu schaffen, den die effiziente Führung moderner Wirtschaftspolitik erfordert. Die formal doch relativ schwache Basis ließ eine effiziente Wirtschaftspolitik allerdings in der Regel nur dann zu, wenn es eine starke Achse zwischen Bundeskanzleramt und Finanzministerium gab und der Bundeskanzler entweder selbst von Wirtschaftspolitik viel verstand oder dem Finanzminister weitgehend freie Hand ließ.

Die steigende Bedeutung der Wirtschaftspolitik im modernen Staat

ANWACHSEN DER WIRTSCHAFTSPOLITISCHEN AKTIVITÄT

Der wohl wichtigste Einzelgrund für die große und – verglichen zu früher – zunehmende Bedeutung und Macht des Finanzministeriums ist die enorme Zunahme der wirtschaftspolitischen Aktivität. Selbst wenn sich ein Finanzminister heute wirtschaftspolitisch abstinent verhalten wollte, könnte er das gar nicht: Bei einem Anteil der öffentlichen Hand am Bruttonationalprodukt von rund zwei Fünfteln (1913 ein Achtel) ist eine wirtschaftspolitische Neutralität des Staates unmöglich; jede staatliche Maßnahme muß weitreichenden Einfluß ausüben. Dazu kommt, daß die öffentliche Hand teils freiwillig, teils unfreiwillig die Verantwortung für ein ganzes Bündel wirtschaftspolitischer Ziele übernommen hat, deren wichtigste miteinander bloß beschränkt vereinbar sind und die daher auch als Magisches Fünfeck bezeichnet werden: Wachstum, Vollbeschäftigung, Preisstabilität, gerechte Einkommensverteilung sowie Konkurrenzfähigkeit gegenüber dem Ausland und Erhaltung eines ausreichenden Niveaus an Währungsreserven. Neben den dafür nötigen Maßnahmen, die in der Regel als Ablaufspolitik – als Steuerung des geregelten Ablaufs der Wirtschaft – bezeichnet werden, erwiesen sich weitere Maßnahmen als notwendig, um die Marktwirtschaft funktionsfähig zu erhalten: Die Geburtsstunde der sozialen Marktwirtschaft wie der modernen Ordnungspolitik schlug, als man erkannte, daß die unkontrollierte Marktwirtschaft die Starken eher stärker und die Schwachen noch schwächer macht, und zwar Unternehmungen wie Individuen. Das Funktionieren der Marktwirtschaft bedarf daher ordnungspolitischer Maßnahmen der Wettbewerbs- wie der Sozialpolitik.

DAS MAGISCHE FÜNFECK

Trotz der großen Bedeutung der Wirtschaftspolitik und obwohl ein dominierender Teil des politischen Handelns wirtschaftspolitische Tatbestände betrifft, gibt es weder in der Verfassung noch auf einfach-gesetzlicher Ebene entsprechende Regelungen. Im Gegensatz zu den USA, der Bundesrepublik Deutschland oder sogar der Schweiz fehlen in Österreich Vorschriften über die anzustrebenden Ziele und ihre Rangordnung, über die Kompetenzaufteilung zwischen Parlament und Regierung im Bereich der Wirtschaftspolitik und – wie gleich gezeigt werden wird – auch detailliertere Vorschriften insbesondere über die ablaufspolitischen Kompetenzen innerhalb der Regierung. In der gelebten Verfassung hat sich ein gewisses Dominieren der

WIRTSCHAFTSPOLITIK OHNE FORMELLE KOMPETENZEN?

Legislative im Bereich der Ordnungspolitik herausgebildet, mit einer gewissen Dominanz des Finanzministers im Bereich von Währungs-, Kreditwesen und Finanzierung sowie einem erheblichen faktischen Mitspracherecht überall dort, wo erhebliche Kosten involviert sind. Die Ablaufspolitik wird de facto im Einvernehmen von Regierung, Sozialpartnern und Notenbank geführt, wobei das jeweilige Kräfteverhältnis mit der Stärke der Regierungspartei im Nationalrat und der Stärke der jeweiligen Persönlichkeiten in den Spitzenpositionen abhängt. Die Schwäche des Parlaments und der jeweiligen Opposition im Bereich der Ablaufspolitik ergibt sich aus denselben Überlegungen, mit denen auch die Bedeutung des Finanzministeriums auf diesem Gebiet erklärt werden kann: dem großen Bedarf an Informationen und geschulten Fachleuten zur Diagnose der Lage sowie zur Vorbereitung und Durchführung der Maßnahmen.

Die formellen Kompetenzen des Bundesministeriums für Finanzen

Verglichen mit den Aufgaben, mit denen es laufend konfrontiert ist, sind die formellen Kompetenzen des Finanzministeriums relativ beschränkt, so daß die Reichweite der Wirtschaftspolitik und ihre Verteilung auf mögliche Träger nennenswert von der Stärke des jeweiligen Hausherrn im Winterpalais und von seiner Koordination mit dem Ballhausplatz abhängt. Gemäß Bundesgesetz vom 11. Juni 1973 über die Zahl, den Wirkungsbereich und die Einrichtungen der Bundesministerien erstreckt sich die Zuständigkeit des Bundesministeriums für Finanzen auf:

DAS BUNDESMINISTERIENGESETZ 1973

1. Angelegenheiten der Finanzverfassung einschließlich des Finanzausgleichs.
2. Angelegenheiten der Bundesfinanzen, insbesondere Erstellung des Bundesfinanzgesetz-Entwurfes samt Anlagen und Führung des Bundeshaushaltes, Angelegenheiten der öffentlichen Abgaben und Beiträge, soweit diese von den Abgabenbehörden des Bundes verwaltet werden, Zollwesen einschließlich der Angelegenheiten des Dienstbetriebes, der Zollwache sowie organisatorische Angelegenheiten der Abgabenverwaltung des Bundes.
3. Angelegenheiten des Finanzwesens einschließlich der Finanzpolitik, insbesondere Währungs-, Kredit-, Sparkassen-, Bank- und Börsewesen, Angelegenheiten des Kapital- und Zahlungsverkehrs, der Vertragsversicherungs-Aufsicht, des Punzierungswesens und der Postsparkasse.
4. Angelegenheiten der Wirtschaftspolitik, soweit sie nicht in die Zuständigkeit eines anderen Bundesministeriums fallen, unbeschadet der Zuständigkeit des Bundeskanzleramtes zur wirtschaftlichen Koordination.
5. Angelegenheiten des Familienlastenausgleiches.
6. Angelegenheiten staatlicher Monopole einschließlich Errichtung und Verwaltung von Bauten und Liegenschaften des Bundes, die Zwecken der staatlichen Monopole gewidmet sind.
7. Angelegenheiten des Bundesvermögens, soweit sie nicht in die Zuständigkeit eines anderen Bundesministeriums fallen, insbesondere auch die Verwaltung der Anteilsrechte des Bundes an den verstaatlichten Banken und der Donaudampfschiffahrtsgesellschaft, Angelegenheiten des Staatskredits, der Staatshaftungen und der Staatsschulden.
8. Angelegenheiten der Wirtschaftstreuhänder auf dem Gebiet der Beratung und Vertretung in Abgaben- und Finanzstrafsachen.
9. Finanzielle Kriegsschadensangelegenheiten einschließlich der Rückstellungs- und Rückgabeangelegenheiten.

10. Pensionsrecht öffentlich Bediensteter und finanzielle Angelegenheiten des Dienstverhältnisses öffentlich Bediensteter.
11. Angelegenheiten der öffentlichen Verwaltung und öffentlichen Aufsicht einschließlich der Verwertung unter öffentlicher Verwaltung oder unter öffentlicher Aufsicht stehender Vermögensschaften.
12. Verhandlungen über die Aufnahme von Anleihen bei der Internationalen Bank für Wirtschaftsförderung und Wiederaufbau oder bei sonstigen Völkerrechtsobjekten. Verhandlungen über die Gewährung von Staatskrediten. Angelegenheiten internationaler Finanzinstitutionen und des Rates für die Zusammenarbeit auf dem Gebiet des Zollwesens sowie des Verkehrs mit diesem.
Es ist offensichtlich, daß Formulierungen wie unter Punkt 4: „Angelegenheiten der Wirtschaftspolitik, soweit sie nicht in die Zuständigkeit eines anderen Bundesministeriums fallen, unbeschadet der Zuständigkeit des Bundeskanzleramtes zur wirtschaftlichen Koordination" alles und nichts sagen, dem mächtigen Wirtschaftspolitiker helfen, aber die Kompetenzen des schwachen nicht schützen können. Wirtschaftlich konkurrierende, wirtschaftspolitische Kompetenzen finden sich gemäß dem Bundesministeriumsgesetz insbesondere

KONKURRIERENDE KOMPETENZEN

– beim *Bundeskanzleramt* in bezug auf die wirtschaftliche Koordination einschließlich der zusammenfassenden Behandlung der Angelegenheiten der Strukturpolitik, Angelegenheiten der Entwicklungshilfe, der OECD, der verstaatlichten und staatseigenen Unternehmungen, soweit sie nicht in die Zuständigkeit des Finanz- oder Handelsministeriums fallen;
– beim *Bundesministerium für Bauten und Technik* soweit sie Angelegenheiten des Bau-, Wohnungs- und Siedlungswesens betreffen sowie die wirtschaftlich-technische Forschung;
– beim *Bundesministerium für Handel, Gewerbe und Industrie* betreffend Angelegenheiten des Gewerbes und der Industrie, der Wirtschafts- und Strukturpolitik auf Sachgebieten, die in die Zuständigkeit des Bundesministeriums für Handel, Gewerbe und Industrie fallen, Ordnung des Binnenmarktes, der Preisregelung, Wettbewerbsangelegenheiten, Angelegenheiten des Fremdenverkehrs, Wahrnehmung der Handels- und Wirtschaftspolitik gegenüber dem Ausland;
– beim *Bundesministerium für Inneres* soweit sie das Konkurs- und Ausgleichsrecht betreffen sowie
– beim *Bundesministerium für Land- und Forstwirtschaft* in bezug auf alle Agrarangelegenheiten.

Berücksichtigt man, daß es, wie erwähnt, keinen verfassungs- und/oder einfachgesetzlichen Auftrag über die Art der Führung der Wirtschaftspolitik gibt und das Bundeskanzleramt de facto über keinen größeren Stab wirtschaftspolitisch geschulter Beamten verfügt, ist zu vermuten, daß die Kompetenz des Finanzministeriums in nahezu allen Fragen der Ablaufspolitik besteht bzw. wahrgenommen werden kann, mit Ausnahme der Handhabung der rein geldpolitischen Instrumente, die nach dem Notenbankgesetz der Oesterreichischen Nationalbank zustehen; das Finanzministerium kann also die Konjunkturpolitik im weitesten Sinn wahrnehmen, die Wirtschaftsplanung und kürzerfristige Verteilungsfragen, im Bereich der Ordnungspolitik insbesondere auch Währungsfragen, Fragen des Kreditapparats und der Finanzierung, des Finanzausgleichs, der Spar- und Investitionsförderung und in letzter Zeit zunehmend auch der Strukturpolitik.

EINFLUSSNAHME DES FINANZMINISTERIUMS IN DER ABLAUFSPOLITIK

Infolge der wenig aussagekräftigen Formulierungen des Bundesministeriengesetzes ist es jedoch notwendig, Ausmaß und Basis der weitgehend selbstgewählten Aufgabenstellungen zu untersuchen.

Das Finanzministerium als Zentrale der Ablaufspolitik

DIE STEUERUNG DES WIRTSCHAFTSABLAUFS

Die Steuerung des Wirtschaftsablaufs gehört seit den Erfahrungen der Weltwirtschaftskrise und den darauf basierenden Erkenntnissen von Keynes zu den – trotz Unterschieden im Detail – weitgehend unbestrittenen Zielen der staatlichen Wirtschaftspolitik; insbesondere gilt es einen möglichst hohen Beschäftigungsgrad und eine möglichst niedrige Inflationsrate zu sichern und die Konjunkturschwankungen in Grenzen zu halten. Entsprechende gesetzliche Verpflichtungen bestehen wie erwähnt in den USA, in der Bundesrepublik Deutschland und in der Schweiz; in Österreich fehlen sie vollkommen. De facto wird hierzulande die gesamte Ablaufspolitik vom Finanzministerium geführt, das über die Budgetpolitik und einige kreditpolitische Instrumente verfügt bzw. mit der Notenbank als Träger der Geldpolitik und den Sozialpartnern als Träger der Einkommenspolitik koordiniert. Das Fehlen eines gesetzlichen Auftrages und der Mangel an verschiedenen Instrumenten erschweren die Tätigkeit jedoch erheblich. So etwa kann nur das Bundesbudget zur Konjunktursteuerung eingesetzt werden, nicht auch die Budgets der Länder und Gemeinden, wodurch rund die Hälfte der möglichen Effizienz (an den Investitionen gemessen sogar zwei Drittel) verlorengeht; durch die restriktive Interpretation des Artikels 18 des Bundesverfassungsgesetzes durch den Verfassungsgerichtshof werden die Möglichkeiten der Verwaltung, rasch zu reagieren, erheblich eingeschränkt. Finanzminister und Beamten mußten sich daher in zäher Kleinarbeit durch eine Fülle von Einzelbestimmungen, die im folgenden noch genauer dargestellt werden, die rechts- und machtpolitische Basis für ihre gesamtwirtschaftlich nötigen Aktionen sammeln. Das ist allerdings seit Maria Theresias Zeiten eigentlich fast immer recht gut gelungen. Insbesondere seit dem Zweiten Weltkrieg gingen alle wirtschaftspolitisch bedeutsamen Maßnahmen – weit über den Bereich der Ablaufspolitik im engen Sinn – vom Finanzministerium aus. Als wichtigste Beispiele seien in diesem Zusammenhang das System der Investitions- und Sparförderung erwähnt, das unter dem Finanzminister Kamitz konzipiert und seither vom Finanzministerium laufend weiterentwickelt wurde, das Reformprogramm des Koren-Plans oder die wechselkurs- und strukturpolitischen Initiativen von Finanzminister Androsch. Auch die Koordination der Wirtschaftspolitik der Regierung dürfte immer mehr auf das Finanzministerium übergegangen sein. Vom Finanzministerium scheinen die entscheidenden wirtschaftspolitischen Initiativen auf den Regierungsklausuren auszugehen, vom Finanzminister, dem Notenbankpräsidenten und dem Leiter des Wirtschaftsforschungsinstitutes stammen die entscheidenden Sachbeiträge auf den wirtschaftspolitischen Aussprachen zwischen Regierung und Sozialpartnern, und selbst die letzten Struktur- und Investitionsprogramme wurden vom Finanzministerium vorgelegt.

Bei der Ablaufspolitik im engen Sinn stützt sich das Bundesministerium für Finanzen insbesondere auf die Instrumente der Budget- und Geldpolitik, die im folgenden genauer durchleuchtet werden sollen.

Budgetpolitik – Ausgangspunkt und Kernstück der wirtschaftspolitischen Macht des Finanzministeriums

DIE BUDGETS DES PRINZEN EUGEN

Die ersten budgetmäßigen Zusammenstellungen in Österreich gehen auf die Zeit des Prinzen Eugen zurück: 1701 ist ein Voranschlag pro militare, bald darauf ein solcher pro camerali, 1721 ein beide verbindender Voranschlag bekannt; 1720 wurde das erste

– von der Finanznot diktierte – längerfristige Budgetkonzept für die Jahre 1721 bis 1731 erstellt.[1] Die ersten Budgets gehen also der Errichtung einer eigenen Hofrechenkammer (1761) um ein beträchtliches voraus. In seiner rund 250jährigen Geschichte hat sich das Budget von Aufzeichnungen rein buchhalterischer Art über eine Selbstbindung der Verwaltung zu einem gesamtwirtschaftlichen Steuerungsinstrument gewandelt. Die Rechtslage ist hinter diesen Fakten weit zurückgeblieben: Es gibt nicht nur – wie bereits erwähnt – keine gesetzlichen Grundlagen im Bereich der Wirtschaftspolitik, sondern bisher nicht einmal ein einheitliches Haushaltsrecht; statt dessen gelten verstreute Bestimmungen aus der Zwischenkriegszeit und zum Teil sogar aus der Monarchie. Deswegen und wegen der beschränkten Verordnungsermächtigung in der Verfassungsgerichtshof-Interpretation der österreichischen Verfassung ist das jeweilige Bundesfinanzgesetz zu einem mehr als 20spaltigen Konvolut von 27 Artikeln mit jeweils bis zu 13 Absätzen angewachsen, um die im Einzelfall detaillierten und jeweils beschränkten Ermächtigungen an den Finanzminister zu formulieren. Das macht zwar einerseits die Rechtsanwendung schwerfällig, erleichtert aber andererseits die Rechtsfortbildung von Jahr zu Jahr.

FEHLEN EINES HAUSHALTSRECHTES

Die wichtigste Kompetenz des Finanzministeriums in diesem Bereich ist die Erstellung des Entwurfes des Bundesfinanzgesetzes. Aus dem Wort „*Er*stellung" (nicht *Zusammen*stellung) und aus dem Verwaltungsentlastungsgesetz 1925 ergibt sich, daß bei Nichteinigung zwischen Ressort und Finanzministerium der Voranschlag des Finanzministeriums eingebracht wird.

ERSATZ: BUDGETRICHTLINIEN . . .

Um die Absichten des Finanzministeriums klarzumachen, gibt dieses bereits vor den Beamtenverhandlungen über das Budget sogenannte Budgetrichtlinien heraus, in denen auf rund 30 Seiten von der Darstellung der Wirtschaftslage ausgehend Richtlinien für die Ressortbudgets in bezug auf Personalaufwand, laufenden Aufwand und Investitionen gegeben werden und in denen auch die entsprechenden Fristen für die Vorlegung der Ressortvoranschläge gesetzt werden. Auch hat das Finanzministerium schon frühzeitig begonnen, durch Budgetvorschauen auf den begrenzten Handlungsspielraum bei Ausgabenerhöhungen auch zahlenmäßig hinzuweisen; es ist ja geradezu eine Ironie der Geschichte, daß die Stände um das Budgetbewilligungsrecht kämpften, um den Monarchen zur Sparsamkeit zwingen zu können, wogegen jetzt der Finanzminister der Ausgabenbereitschaft des Parlaments Zügel anzulegen versucht. In den fünfziger Jahren gelang das noch durch systematische Unterschätzung der Einnahmen – das „Körberlgeld" im Jargon des Wirtschafts-Boulevards; derzeit muß der Finanzminister durch Budgetvorschauen und Hinweise auf den begrenzten Finanzierungsspielraum dasselbe versuchen, was dem gegenwärtigen Finanzminister den Spitznamen „Hannes mit der leeren Tasche" eingetragen hat. Seine größte Bedeutung aber erhält das Finanzministerium bei der Durchführung des Budgets, die heutzutage viel wichtiger geworden ist als der Voranschlag: Unmittelbar nach der Beschließung des Budgets erläßt der Finanzminister im Amtsblatt der Finanzverwaltung Durchführungsbestimmungen. Ein besonders effizientes Steuerungssystem besteht in den sogenannten Monatshaushalten, in denen der Finanzminister den Ressorts gemäß der sogenannten Préalable-Verordnung[2] Monatshöchstausgabebeträge im Rahmen der bewilligten Ansätze vorschreibt.[3] Der Finanzminister kann den Ressorts Mehrausgaben bis 25% der Ansätze genehmigen,[4] er muß seine Zustimmung bei der Bildung und Auflösung von Rücklagen geben, und er kann die Ausgaben der Ressorts kürzen, falls Mehrausgaben bei den Personal- oder gesetzlich gebundenen Ausgaben das erforderlich machen.[5] Zur Konjunktursteuerung kann der Finanzminister bei Vorliegen bestimmter Bedingungen das Konjunkturausgleichsbudget freigeben, dessen Stabilisierungsquote zur Bekämpfung sektoreller oder regionaler, dessen Konjunkturbelebungsprogramm zur Bekämpfung

. . . UND DURCHFÜHRUNGSBESTIMMUNGEN

1 Blaha 1970, S. 290
2 1925, Bundesgesetzblatt 330
3 Blaha 1976, S. 83
4 Artikel V, Bundesfinanzgesetz
5 Artikel II, Bundesfinanzgesetz

gesamtwirtschaftlicher Konjunktureinbrüche vorgesehen ist. Durch alle diese Maßnahmen gelang es, den Budgetvollzug deutlich antizyklisch zu gestalten: Da zum Zeitpunkt der Budgeterstellung der Bedarf an konjunkturstabilisierenden Maßnahmen oft noch nicht vorhergesehen werden konnte, entsprachen die Bundesvoranschläge den konjunkturpolitischen Notwendigkeiten – wie sie sich im nachhinein darstellen – in der Regel viel weniger als die Rechnungsabschlüsse.[1]

So wichtig die antizyklische Budgetpolitik in Österreich war, so sollten doch einige Probleme nicht übersehen werden: Ihre per saldo inflatorische Wirkung, weil die in der Rezession notwendigen Defizite in der Hochkonjunktur in der Regel nicht genügend rasch und genügend stark zurückgeführt werden konnten,[2] die psychologische Aversion der Bevölkerung gegen das Anwachsen der Staatsschulden, das der jeweiligen Opposition billige Argumente liefert, die Grenzen der Steuerung über die Ausgaben, die sich aus deren beschränkter Variierbarkeit und branchenmäßiger Konzentration ergeben[3] bis zum Widerstand der Betroffenen, der zur Flucht aus dem Budget führt.[4]

GESTALTUNG DER AUSGABEN UND EINNAHMEN

Ging es bei den bisherigen Überlegungen vor allem um die konjunkturgerechte Gestaltung der Ausgaben, liegen auch in der Gestaltung der Einnahmen erhebliche wirtschaftspolitische Möglichkeiten. Ermächtigungen für den Finanzminister, die Einnahmen durch konjunkturelle Zu- und Abschläge zu variieren, wie das etwa das deutsche Stabilitätsgesetz vorsieht, fehlen in Österreich völlig. Abgaben können nur durch Gesetz verändert werden. Die Kompetenz des Finanzministers in Abgabenangelegenheiten bedeutet jedoch, daß im Finanzministerium die entsprechenden Maßnahmen initiiert und vorbereitet werden müssen; durch Mangel an Fachpersonal im Parlament und bei der jeweiligen Opposition bringt das eine erhebliche Vorrangstellung mit sich. So sind in den letzten Jahren wichtige Strukturänderungen unseres Steuersystems, wie etwa die Verlagerung des Schwerpunktes von den direkten auf ein System de facto progressiv gestalteter indirekter Steuern in Initiative wie endgültiger Gestaltung direkt auf das Finanzministerium zurückzuführen. Dasselbe gilt auch für die Versuche der stärkeren Heranziehung von Gebühren zur Budgetfinanzierung durch deren Dynamisierung.

STEUERBEGÜNSTIGUNGEN

Noch deutlicher zeigt sich die gestaltende Kraft des Finanzministeriums bei den *Steuerbegünstigungen:* Das weitentwickelte System der steuerlichen Investitionsförderung wurde ebenso wie das System der Sparförderung vom Finanzministerium entwickelt, weiterentwickelt und abgeändert. Schließlich sei noch erwähnt, daß das Finanzministerium auch die *Finanzausgleichsverhandlungen* über die Gestaltung der finanziellen Beziehungen zwischen Bund, Ländern und Gemeinden zu führen hat. Wiederum fehlt es jedoch an einer konkreten Gestaltung der Machtbefugnisse: Der Finanzminister kann – anders etwa als in der BRD – keinen Einfluß auf die konjunkturelle Gestaltung der Ausgaben der Länder und Gemeinden nehmen. Er hat bloß eine Gestaltungsmöglichkeit bei bestimmten Verschuldungsformen (Teilschuldverschreibungen und Auslandsschulden). Wiederum wurde eine Möglichkeit in der Steuerung jedoch dadurch gefunden, daß sich der Bund an Großprojekten der anderen Gebietskörperschaften finanziell beteiligt und dadurch Einflußmöglichkeiten gewinnt.[5]

Geld- und finanzpolitische Instrumente – die weitestreichende Ergänzung

Sichert die spezielle Kompetenz des Finanzministeriums zur Budgetpolitik gemeinsam mit der allgemeinen für Wirtschaftspolitik eine relativ starke Stellung des Finanzministers im Kabinett und gegenüber den übrigen Gebietskörperschaften, so führt die Kompetenz für Angelegenheiten des Finanzwesens einschließlich der

1 Seidel 1972, S. 80; Schwab 1976, S. 98
2 Seidel 1978, S. 72
3 Lehner 1976, S. 64 ff.
4 Smerkal 1976, S. 70 ff.
5 Ruppe 1978, S. 82

Finanzpolitik zu einer womöglich noch stärkeren Stellung gegenüber Kreditapparat und Wirtschaft.

Obwohl es in Österreich seit 1816 eine Notenbank gibt, blieben dem Bund sehr erhebliche Kompetenzen auf dem Gebiet der Geld- und Währungspolitik. Das Interesse der Finanzminister in diesem Bereich läßt sich nicht zuletzt dadurch demonstrieren, daß vier der acht österreichischen Finanzminister seit 1945 Präsidenten der Oesterreichischen Nationalbank wurden. Auf dem Gebiet der *Geldpolitik im engen Sinn* verfügt das Finanzministerium über *Instrumente der Kreditbegrenzung* von der Passivseite (Begrenzung der Kredite als Prozentsatz der Einlagen) wie von der Aktivseite (Festsetzung einer höchstzulässigen Kreditzuwachsrate), wenn auch beide Instrumente neuerdings (Kreditwesengesetz 1978) erst nach Erschöpfung der Möglichkeiten der Notenbank eingesetzt werden dürfen. Die Steuerungsmöglichkeiten im Bereich des nicht titrierten Kredits (Buchkredit) werden durch die Emissionskontrolle auf den Bereich des titrierten Kredits ausgedehnt. *Einfluß auf die Zinspolitik* hat das Finanzministerium gemäß dem Kreditwesengesetz auf die Einlagezinsen und gemäß dem Emissionsgesetz auf die Kapitalmarktzinsen; schließlich sollten auch die zinspolitischen Möglichkeiten nicht unterschätzt werden, die sich aus der Stellung des Bundes als größter Emittent ergeben. *Einfluß auf die Liquidität des Kreditapparates* kann der Finanzminister bei seinen Einlagen- und Verschuldungstransaktionen nehmen: Der Bund darf seine Einlagen (de facto) sowohl bei der Postsparkasse als auch bei der Notenbank halten. Schichtet er von der Postsparkasse zur Notenbank um, entzieht er dem Kreditapparat Liquidität und vermindert dessen Fähigkeit, Kredite zu gewähren, schichtet er in umgekehrter Richtung um, schafft er Liquidität. Im Wege der Veränderung der Struktur seiner Schulden kann der Bund dem Kreditapparat und der Wirtschaft Liquidität – sogar gegen den Willen der Notenbank– zuführen, wenn er sich im Ausland oder bei der Notenbank verschuldet (letzteres ist allerdings durch das Notenbankgesetz auf 5% der Einlagen begrenzt). Schichtet er hingegen von Auslandsschulden zu inländischen Anleihen um, wirkt er restriktiv.[1]

GELDPOLITIK

Ganz erhebliche konjunkturelle Wirkungen konnte der Finanzminister in den letzten Jahren weiterhin durch *Einsatz der Wechselkurspolitik* erzielen, die – wie noch gezeigt werden wird – zwar entgegen früheren Ansichten doch mit Erfolg, nicht als Leistungsbilanz-, sondern als Preispolitik eingesetzt wurde.

Erheblichen Einfluß gewinnt das Finanzministerium direkt und indirekt aus seiner Kompetenz zur Regelung und Überwachung des *Kreditwesens*. Neben dem Einfluß auf die rechtliche Gestaltung dieses Gebietes durch Initiierung und Vorbereitung der entsprechenden legislativen Maßnahmen sind vor allem die Staatskommissäre, Beamte des Finanzministeriums, die an allen entscheidenden Sitzungen der jeweiligen Kreditinstitute teilnehmen, ein Instrument von unschätzbarem Einfluß. Zwar hat der Staatskommissär nur ein aufschiebendes Veto, doch liegt sein Wert viel stärker in den Informationen, nicht nur über das Kreditinstitut selbst, sondern vielmehr auch über seine Kunden, die so für die Wirtschaftspolitik nutzbar gemacht werden können.

KONTROLLE DES KREDITWESENS

Der dritte wichtige Komplex in diesem Zusammenhang ist der Einfluß des Finanzministeriums auf die *direkte Finanzierungstätigkeit* der Unternehmungen. Neben dem indirekten Einfluß über die Investitionsförderung via vorzeitige Abschreibung und Kreditkontrolle, die den Finanzminister zum Partner jeder größeren Investitionsentscheidung macht, gibt es noch direkte Einflüsse über Kredite aus dem Budget, Zinssubventionen, deren Ausmaß gerade in der jüngsten Rezession sehr stark zugenommen hat, Beteiligungen der öffentlichen Hand und Haftungen. Gerade die Finanzierungsstruktur der Wirtschaft war in den letzten beiden Jahrzehnten von besonderem Interesse für die Finanzminister. Die Reihe der Maßnahmen

1 *Tichy 1969, S. 6 ff.*

reicht von den schon erwähnten steuerlichen Investitionsbegünstigungen über die Milderung der Doppelbesteuerung der Aktien bis zur Gründung oder Förderung von Spezialkreditunternehmungen für die Bereitstellung von längerfristigen Krediten, Eigenkapital oder Haftungen. Allerdings bleibt gerade auf dem Gebiet der Schaffung der Voraussetzungen für die steuerlich neutrale Zuführung von Eigenkapital von außen noch viel zu tun.[1]

Unter dem Schlagwort Finanzierung ist abschließend noch das österreichische System der Exportfinanzierung zu erwähnen, das in enger Zusammenarbeit des Finanzministeriums mit der ihm nahestehenden Kontrollbank erarbeitet und laufend weiterentwickelt wurde.

Das Finanzministerium als Innovator in der Konjunkturpolitik

Das Fehlen von konkreten ablaufspolitischen Aufträgen an die Regierung und die Notwendigkeit, sich auch die Instrumente Stück für Stück zu erarbeiten, hatte neben offensichtlichen Nachteilen auch den einen Vorteil, daß auch unkonventionelle Lösungen durchdacht und versucht werden konnten, ja vielfach sogar versucht werden mußten. Eine dieser Besonderheiten liegt darin, daß Instrumente in Österreich in der Regel nicht isoliert, sondern als *Maßnahmenpaketе* eingesetzt wurden, um jedes einzelne Instrument schwächer dosieren zu können – was die politische Durchsetzbarkeit erleichtert und die unerwünschten Nebenwirkungen in Grenzen hält. Die andere Besonderheit ist der *Einsatz von Instrumenten für unkonventionelle Zwecke:* Zwei Beispiele für solche unkonventionelle Maßnahmenkombinationen sollen genauer besprochen werden: die einkommenspolitische Absicherung steuerpolitischer Instrumente und der Einsatz der Wechselkurspolitik als Instrument zur Preisstabilisierung. *Die einkommenspolitische Absicherung steuerpolitischer Maßnahmen* erwies sich in Österreich wegen der starken Sozialpartnerschaft als notwendig. Üblicherweise schreibt ja die theoretische Fiskalpolitik in der Hochkonjunktur Steuererhöhungen vor, um die Nachfrage abzuschöpfen, und in der Rezession Steuersenkungen, um die private Nachfrage anzuregen. Die österreichische Praxis der Wirtschaftspolitik erkannte jedoch schon in den sechziger Jahren, was der Theorie erst nach und nach bewußt wurde, daß nämlich Steuererhöhungen in der Hochkonjunktur in der Regel überwälzt werden und daher nicht Nachfrage abschöpfen, sondern das Preisniveau erst recht steigen lassen, Steuerermäßigungen in der Rezession hingegen häufig nicht zu zusätzlichen Ausgaben, sondern zu zusätzlichem Sparen führen. Dementsprechend verhielt sich die österreichische Wirtschaftspolitik fast konträr zu den theoretischen Vorschriften: Österreich senkte in der Hochkonjunktur die Steuern, indem es progressionsbedingt ohnedies nötige Steuersenkungen vorzog, um dadurch drohende Lohnrunden zu verschieben oder zu mäßigen; umgekehrt versuchte man aus ähnlichen Überlegungen in der Rezession eher die Ausgaben zu erhöhen als die Steuern zu senken, was zumindestens kurzfristig die stärkeren konjunkturellen Wirkungen hat.

MASSNAHMENPAKETE

EINKOMMENSPOLITIK

Vielleicht noch unkonventioneller war die Wahl der Instrumente zur Bekämpfung der Rezession um die Mitte der siebziger Jahre. Grundsätzlich war die Kombination von expansiver Fiskalpolitik zur Nachfragestützung mit restriktiver Geldpolitik zur Preisstabilisierung, die in Österreich gewählt wurde, nicht einmalig, sie findet sich auch in anderen Kleinstaaten etwa zur selben Zeit. Eine österreichische Spezialität war jedoch der *Einsatz der Wechselkurspolitik nicht als Leistungsbilanz-, sondern als Preisstabilisierungspolitik.* Kurzfristig war diese Politik trotz widriger äußerer

1 Tichy 1978 A, S. 75 ff.

233 Das Stadtpalais des Prinzen Eugen in der Himmelpfortgasse. Aquarell von Rudolf v. Alt (1887).
Wien, BM f. Finanzen (Leihgabe der Österreichischen Galerie, Wien).

Poeten im Bereich des Fiskus.
Oben links: Franz Grillparzer (1791–1872), Österreichs größter Dramatiker.
Aquarell von Moritz Daffinger. Historisches Museum der Stadt Wien.
Oben rechts: Eduard v. Bauernfeld (1802–1890), der gefeierte Autor von
Gesellschaftskomödien. Aquarell von K. v. Saar (um 1830). Historisches Museum
der Stadt Wien.

In dieser Amtsstube des Hofkammerarchivs, deren originale Einrichtung noch erhalten ist, diente Franz Grillparzer dem Staate. Hier schrieb er auch, nachdem er sich verbittert von der Bühne zurückgezogen hatte, seine Alterswerke, die erst nach seinem Tode zur Aufführung gelangten: den „Bruderzwist in Habsburg", die „Jüdin von Toledo" und „Libussa".

Dem Finanzministerium oblag im Namen des Kaisers die Vergebung von Privilegien im Bereich von Handel und Gewerbe. Das Bild zeigt die Verleihungsurkunde der lombardo-venezianischen Eisenbahn, 1838.

237 In der alten Monarchie trugen die Finanzbeamten eine dunkelgrüne Uniform.

Rechts: Das Arbeitszimmer des Ministers im Palais in der Himmelpfortgasse – Wirkungsstätte bedeutender Männer, von denen manche den Kurs der österreichischen Politik entscheidend beeinflußten, wie (in dieser Reihenfolge von links oben nach rechts unten) Karl Ludwig Frh. v. Bruck, 1855–1860; Julian v. Dunajewski, 1880–1891; Viktor Kienböck, 1922–1924, 1926–1929; Reinhard Kamitz, 1952–1960.

Dkfm. Dr. rer. oec. Hannes Androsch, Vizekanzler, seit 1970 als Bundesminister
für Finanzen Hausherr im Palais in der Himmelpfortgasse.

Umstände (schlechte Weltkonjunktur und stark restriktive Wirtschaftspolitik unserer Handelspartner) recht erfolgreich und erste Versuche einer Quantifizierung haben gezeigt, daß unter den österreichischen Voraussetzungen der Preiseffekt einer Wechselkursänderung – entsprechende Begleitmaßnahmen vorausgesetzt – eher größer ist als der Leistungsbilanzeffekt.[1] Allerdings blieb – wegen gleichzeitiger Strukturschwächen und der schwachen Nachfrage im Ausland – ein stark negativer Effekt auf die Leistungsbilanz nicht aus und zeigte die Grenzen der wirtschaftlichen Autonomie eines außenhandelsorientierten Kleinstaates.

WECHSELKURSPOLITIK ALS PREISSTABILISIERUNGS-POLITIK

Wachstums- und Strukturpolitik: „Schütt aus – hol zurück" auf österreichisch

VORZEITIGE ABSCHREIBUNG

Wachstumspolitische Zielsetzungen haben in Österreich seit dem Ende des Zweiten Weltkrieges eine besondere Rolle gespielt; galt es doch den Wachstumsrückstand aus der Zeit der späten Monarchie und vor allem der Zwischenkriegszeit aufzuholen. Es war das Finanzministerium, das sich von Anfang an der Wachstumspolitik annahm und das eine speziell österreichische Form der Wachstumsförderung in den fünfziger Jahren, das System der vorzeitigen Abschreibung, schuf. Es fand damit eine besonders raffinierte Form, die mit relativ niedrigen staatlichen Aufwendungen ein Maximum an Wachstumsförderung erzielt.[2] In den sechziger Jahren wurden erste Mängel dieses Systems durch die Einführung des Investitionsfreibetrages und der Investitionsrücklage gemildert. Weitere wachstumspolitische Initiativen setzte das Finanzministerium durch Vorschläge zur Schwerpunktsetzung in den ERP-Programmen, die einen erheblichen Beitrag zur Modernisierung der österreichischen Wirtschaftsstruktur leisteten. In weiterer Folge verlagerte sich das Schwergewicht der Wachstums- und Strukturpolitik auf die Exportförderung: Derzeit dürfte Österreich über eines der am weitesten ausgebauten Systeme der Exportfinanzierung und -garantie verfügen.

EXPORTFÖRDERUNG

Da auch wirtschaftspolitische Innovationen im Zeitverlauf altern, erwies sich das System der vorzeitigen Abschreibung im Laufe der siebziger Jahre zunehmend den strukturpolitischen Erfordernissen nicht mehr gewachsen und wurde durch ein Ad-hoc-System von zusätzlichen Förderungen und Finanzierungen ergänzt, ohne daß dieses neue System bis jetzt in befriedigender Form systematisiert werden konnte. Vor allem gelang es auch hierzulande nicht – wie auch in allen anderen Staaten –, strukturerhaltende Maßnahmen zugunsten von strukturverbessernden entsprechend zurückzudrängen.[3] Als Beispiel für die Breite der Förderungsmaßnahmen sei das zweite Strukturprogramm der Bundesregierung erwähnt, das weitgehend im Finanzministerium erarbeitet und im Jänner 1979 dem Nationalrat vorgestellt wurde. Ergänzend zu den zahlreichen bereits bestehenden und zum Teil schon schwer überschaubaren Förderungsmaßnahmen initiiert es folgende weitere: Streichung der Investitionssteuer (die bei der Einführung der Mehrwertsteuer als Übergangslösung eingeführt worden war), zusätzliche Förderungsmaßnahmen für den Fremdenverkehr (160 Millionen Schilling) und das Gewerbe (155 Millionen Schilling), für die Modernisierung der Textilindustrie (400 Millionen Schilling), Investitionszuschüsse für industrielle Betriebsneugründungen (3 Milliarden Schilling), Beteiligung des Bundes an einem geplanten Zellstoffwerk (200 Millionen Schilling), Hilfe für die Strukturanpassung im Edelstahlbereich (1 Milliarde Schilling) sowie die Bereitstellung weiterer Mittel für die Exportförderung (1 Milliarde Schilling).

STRUKTURPOLITISCHE FÖRDERUNGSMASSNAHMEN

Das große Interesse, das die österreichischen Finanzminister wachstums- und strukturpolitischen Fragen entgegenbrachten, kann auf zwei Wurzeln zurückgeführt

1 Tichy 1978 B, S. 26 ff.
2 Streißler 1972, S. 56 ff.
3 Tichy 1979

werden: Einerseits die (vor Förderung) hohe österreichische Steuerbelastung, die Investitionen ohne „Kostenbeteiligung" des Finanzministers stark erschwert, andererseits die frühe, nie aufgegebene und wohl auch richtige Überzeugung von Finanzministern und Finanzbeamten, daß die Aufwendungen für wachstums- und strukturpolitische Zwecke früher oder später wieder als Steuern zurückkehren, die österreichische Version des hierzulande sonst nicht sonderlich forcierten Schütt-aus-Hol-zurück-Prinzips.

Verteilungspolitik – des Finanzministeriums teuerstes Kind

VERTEILUNGSPOLITIK

Die Verteilungspolitik hat in Österreich mehrere Träger: Die Sozialpartner, den Finanzminister und die Sozialversicherung. Die Sozialpartner haben sich bei der sogenannten Primärverteilung (Verteilung des Volkseinkommens auf Löhne und Gewinne) unausgesprochen auf eine Verteilungskonstanz (strukturbereinigt) geeinigt und führen die Lohn- und Preisverhandlungen demgemäß. Die zweite Stufe der Umverteilung, die Sekundärverteilung durch Steuern, hält das Parlament mit der Beschlußfassung bzw. der Finanzminister in der Vorbereitung; die dritte Stufe, Umverteilung durch Sozialversicherungsbeiträge und -zahlungen, halten die Träger der Sozialversicherung. Es ist nun kaum übertrieben zu behaupten, daß die Verteilungsgegensätze zwischen den Sozialpartnern geringer sind als zwischen Sozialpartnern und Finanzminister; die beiden Hauptstreitpunkte sind Zeitpunkt und Ausmaß der wachstums- und inflationsbedingt periodisch notwendigen Steuersenkungen in dem progressiven System und die Höhe der Zuschüsse zur Sozialversicherung.

Wie schon in der Budgetpolitik ist die Stellung des Finanzministers auch auf diesem Gebiet von der Papierform her recht schwach. Durch rasches Handeln, hartes Verhandeln und die Verfügung über den vorbereitenden Stab geschulter Fachbeamter konnte der Finanzminister jedoch auch hier Initiativen setzen und ihnen zum Durchbruch verhelfen; im Gegensatz zur Kontinuität in der Konjunktur- oder Wachstumspolitik waren die Initiativen auf diesem Gebiet allerdings von Minister zu Minister verschieden.

Das Finanzministerium und die Ordnungspolitik

ORDNUNGSPOLITIK

Die Unterscheidung zwischen Ablaufs- und Ordnungspolitik ist in der theoretischen Literatur leichter und klarer zu ziehen als in der Praxis. Etwas überspitzt ließe sich sagen, daß Ordnungspolitik in der Praxis das ist, worüber zwar heftig diskutiert wird, was aber dann im Wege kleiner ablaufspolitischer Änderungen nahezu unbemerkt eingeführt wird. In diesem Sinne hat das Finanzministerium auf verschiedenen Gebieten erheblich an der Gestaltung der österreichischen Wirtschaftsordnung mitgewirkt, obwohl im strengen Sinn die Regierung natürlich keine ordnungspolitischen Gestaltungsmöglichkeiten hat. Beispiele für solche ordnungspolitische Konsequenzen ablaufspolitischer Maßnahmen sind die Erhöhung der Steuerbelastung bei gleichzeitig kräftiger Förderung von Investitionen und Sparen, die Umgestaltung des Steuersystems auf fast durchwegs gemeinschaftliche Abgaben im Wege des Finanzausgleiches, die Tendenz Steuerfreibeträge durch Absetzbeträge oder Prämien zu ersetzen und sie dadurch von der Einkommen-(Steuer-)Höhe unabhängig zu machen.

Über erhebliche ordnungspolitische Gestaltungsmöglichkeiten verfügt das Finanzministerium ferner im Bereich des Kredit- und Finanzierungswesens.
Das Winterpalais als Zentrum nicht mehr militärischer, sondern wirtschaftspolitischer Macht – die Bestandsaufnahme zeigt neben beachtlichen Erfolgen eine Fülle ungelöster Probleme der österreichischen Wirtschaftsverfassung. Die modernen wirtschaftspolitischen Aufgaben des Staates sind von unserer Verfassung noch nicht zur Kenntnis genommen worden. Natürlich können Gesetzgeber und Exekutive zusammen alles regeln, doch dabei wird zweierlei übersehen: Für ordnungs- und strukturpolitische Maßnahmen reichen die vierjährigen Legislatur- und einjährigen Budgetperioden in der Regel nicht aus und es bestehen beim gegenwärtigen System geringe rechtliche Möglichkeiten und noch weniger politisches Interesse über den jeweiligen Zeitraum hinaus zu planen. Für ablaufspolitische Maßnahmen andererseits sind die Verzögerungen, die sich aus der Befassung des Parlamentes ergeben, viel zu lang, so daß allzuoft antizyklisch gemeinte Maßnahmen letztlich prozyklisch wirken, weil sie erst wirksam werden, wenn sich die Konjunkturlage bereits geändert hat.

UNGELÖSTE PROBLEME

Es erschiene daher zweckmäßig, Auftrag und Kompetenz zur Erstellung längerfristiger wirtschaftspolitischer Konzeptionen gesetzlich zu regeln und im Bereich der Ablaufspolitik den Handlungsspielraum der Regierung – unbeschadet nachträglicher Genehmigung und Kontrolle durch das Parlament – zu erweitern. Die deutschen und schweizer Regelungen könnten als Ausgangspunkt solcher Überlegungen genommen werden.
Rein sachlich ist das österreichische Finanzministerium, das mehr aus Verantwortungsbewußtsein denn aus gesetzlichen Auftrag die wirtschaftspolitischen Aufgaben wahrgenommen hat, mit den beschränkten rechtlichen Regelungen recht gut zu Rande gekommen, die Ökonomen können zufrieden sein. Allerdings war dieses ökonomisch erfolgreiche Wirken von rechtlichen Konflikten mit dem Verfassungsgericht und dem Rechnungshof überschattet, die unnötig Energien und Fachkräfte banden. Schließlich kann die gegenwärtige Regelung auch nicht vermeiden, daß das Finanzministerium zeitweise in einen nestroy'schen Konflikt des „Wer ist stärker – I oder I?" gerät, wenn es sich selbst als Interessent und Kontrollbehörde gegenübersteht. Da aber in Österreich bekanntlich nichts haltbarer ist als Provisorien, bleibt es unklar, was man sich als Österreicher eher wünschen sollte: bessere Gesetze oder weiterhin starke Persönlichkeiten im Winterpalais.

ALFRED PALISEK

Poeten im Bereich des Fiskus

Ein uns allen liebgewordenes Klischee will uns weismachen, daß Dichter und Schriftsteller – Poeten eben – erstens arm und verkannt sind und zweitens in bürgerlich ungeordneten Verhältnissen leben. Wir alle halten an diesem Klischee fest, das der Biedermeiermaler Carl Spitzweg in seinem Bild „Der arme Poet" auf das liebenswürdigste dargestellt hat – obwohl wir genau wissen, daß es nicht stimmt. Goethe war Minister, Schiller Universitätsprofessor, Stifter Schulinspektor – und Franz Grillparzer Hofrat im k.k. Finanzministerium. Und in der Tat war Grillparzer gewiß der bedeutendste, aber lange nicht der einzige Poet, den das Haus in der Himmelpfortgasse und seine Dependancen beherbergten. Auch war er nicht der erste.

Die Gebrüder Collin

EIN VERGESSENER DICHTER

Zu den unverdient in Vergessenheit geratenen österreichischen Dichtern gehört Heinrich Josef von Collin, 1771–1811. Nach absolviertem Studium trat er in die Finanzhofkammer ein, wo er es bis zum Hofrat bei der Geheimen Credit-Hofkommission brachte. Außerdem aber war er einer der erfolgreichsten Dramatiker seiner Zeit, dessen Werke mit denen Schillers und Goethes verglichen wurden. Der tüchtige Finanzbeamte machte im Amt rasch Karriere. Mit 37 Jahren war er bereits Hofrat; Graf O'Donnell, der Finanzminister, schätzte ihn wegen seines Eifers und seiner Kenntnisse. Hohe Orden wurden ihm verliehen.

Trotz seiner anstrengenden dienstlichen Tätigkeit fand Collin – allerdings während der Nachtstunden – Zeit für die Dichtkunst. Seine Dramen, von denen als erstes „Regulus" 1801 am Wiener Burgtheater aufgeführt wurde – sind von strengem klassischem Zuschnitt – man hat Collin den „österreichischen Corneille" genannt. Seine Themen bezog er aus der griechischen und römischen Antike: „Regulus", „Coriolan", „Mäon", „Horatier und Curatier". Doch der Inhalt seiner Stücke war gegenwartsbezogen. Voll patriotischem Pathos feierte er die staatsbürgerlichen Tugenden, als deren Beispiel und Vorbild er das antike Heldentum sah. Beethoven war von diesen Staatsdramen beeindruckt; 1809 schrieb er die Coriolan-Ouvertüre. Und in der Tat ist uns Heutigen der Name des einst so gerühmten Dichters, wenn überhaupt, nur noch auf dem Umweg über Beethovens beliebtes und viel gespieltes Musikwerk geläufig.

Auch als Balladendichter („Kaiser Max in der Martinswand") erntete Collin Ruhm, vor allem aber mit seinen „Liedern österreichischer Wehrmänner" (Landwehrlieder, 1809), die begeisterte Zustimmung fanden. In einer Zeit, da der Schatten Napoleons über Europa lastete, sprach der Patriotismus des österreichischen Beamten die Herzen aller an. Den Begriff des übernationalen Vaterlandes, wie ihn das österreichische Kaisertum repräsentierte, fand man verwirklicht in den beiden Institutionen, die diesen Staat trugen: der kaiserlichen Beamtenschaft und der Armee. Daher auch die ideelle Kraft, die von Bürokratie und Militär auf das ganze österreichische Volk wirkte.

Als Staatsdiener und Dichter gleichermaßen bestrebt, sein Bestes zu geben, nahm Collin wenig Rücksicht auf seinen ohnehin nicht sehr stabilen Gesundheitszustand. Erholung gönnte er sich kaum, seinen ersten Urlaub erst nach neun Dienstjahren. Noch nicht vierzigjährig, starb Heinrich Collin an einem Nervenfieber, dem sein verbrauchter Körper keinen Widerstand entgegenzusetzen vermochte.

Noch bevor Heinrich von Collin seinen „Regulus" beendet hatte, gab sein jüngerer Bruder Matthäus (1779–1824) sein erstes lyrisches Schauspiel in Druck. Sein poetisches Talent entwickelte der jüngere größtenteils unter der Leitung des älteren Bruders (dessen Werke er später herausgab), wenn er auch an dessen Erfolge nicht herankam.

Matthäus von Collin studierte neben den Rechtswissenschaften auch Literatur und Philosophie, was ihm 1808 einen Lehrstuhl für Ästhetik an der Universität Krakau eintrug. Später wurde er Universitätsprofessor in Wien und trat, wieder dem Beispiel seines Bruders folgend, als Hofkonzipist in den Dienst des Finanz-Departements.

Mehrere Jahre hindurch diente Collin im Finanz-Departement, bis 1815 vom Kaiserlichen Hof der ehrenvolle Auftrag an ihn erging, die Erziehung des Herzogs von Reichstadt zu übernehmen. Collin erwarb sich in diesem verantwortungsvollen Beruf die Liebe des Prinzen und die Zufriedenheit des kaiserlichen Hofes.

In seinen historischen Dramen, etwa in den Stücken „Der Tod Friedrich des Streitbaren“ und die „Kuenringer“, bevorzugte Matthäus Collin Stoffe aus der österreichischen Geschichte.
Auch diese Stücke sind, wie die seines Bruders, heute auf dem Spielplan der Bühnen nicht mehr vertreten; doch eine seiner Balladen, „Der Zwerg“, ist von Franz Schubert vertont worden und so der Nachwelt erhalten geblieben.

Franz Grillparzer (1791–1872)

Daß Franz Grillparzer zum berühmtesten Finanzbeamten am deutschen Dichterhimmel wurde, war die Folge widriger Umstände. Sein Vater, ein Rechtsanwalt, starb früh und ließ die Familie praktisch mittellos zurück. Der älteste der vier Söhne des Verstorbenen, Franz, der Philosophie und Rechtswissenschaften studiert hatte, fand nur eine unbesoldete Stelle als Praktikant bei der Hofbibliothek. Da griff der Vizepräsident der Finanzhofkammer, Graf Herberstein, ein. Er bestellte den jungen Grillparzer zu sich ins Amt. Lassen wir den Dichter berichten:
„Als ich kam, machte er mir die Hölle heiß, erinnerte mich an die Pflicht, für meine Mutter und Geschwister zu sorgen, und fügte bei, daß, wenn ich mich ihm anvertraue und zu den Finanzen übertreten wollte, die Sorge für mein Fortkommen seine Sache sein werde . . . Die neue Aussicht schien verlockend und ich willigte ein.“

ABSCHIED VON DER HOFBIBLIOTHEK

Abschied von der Hofbibliothek
Für den Kopf, ich muß es sagen,
sorget ihr recht sehr,
doch ich hab auch einen Magen
und den ließt ihr leer . . .

1813 wurde das Aufnahmegesuch positiv erledigt; 1815 erfolgte die Ernennung Franz Grillparzers zum Konzeptpraktikanten bei der Allgemeinen Hofkammer. Von 1832 bis zu seiner Pensionierung 1856 war er Direktor des Hofkammerarchivs.
Zwei Menschen haben dem Leben des jungen Grillparzer eine entscheidende Wende gegeben: einerseits auf dem beruflichen Sektor der energische Vizepräsident der Finanzhofkammer, anderseits der Dramaturg des Hofburgtheaters Joseph Schreyvogel, der die außergewöhnliche Begabung des angehenden Dichters erkannte und förderte.
Grillparzer hatte gerade, damals 26jährig, das Trauerspiel „Die Ahnfrau“ vollendet. An eine erfolgreiche Aufführung wagte er nicht zu denken. Schreyvogel setzte sich für das Stück ein. Am 31. Jänner 1817 gelangte „Die Ahnfrau“ im Theater an der Wien zur Aufführung. Bauernfeld, damals Gymnasiast bei den Schotten, erinnert sich: „Ganz Wien war elektrisiert von dem Gespensterstück, welches mir Tag und Nacht nicht aus dem Sinn kam . . .“

FRÜHER RUHM

Nun trat der Konzeptbeamte aus dem Schatten der Allgemeinen Hofkammer. Die Kollegen in seinem Amte bewunderten oder beneideten ihn. Der mächtigste Mann im Staate, Fürst Metternich, empfing den Erfolgsautor mit Zuvorkommenheit und großer Freundlichkeit. Der Finanzminister Graf Stadion, der, solange er lebte, stets schützend die Hand über den Beamten Grillparzer hielt, nahm ihn in sein Ministerium und teilte ihm persönlich mit, daß die Hoftheaterleitung ihn auf fünf Jahre zum Theaterdichter bestellt habe.
In der Folge standen dem Dramatiker die Bühnen Deutschlands offen. Das Burgtheater brachte 1818 „Sappho“, 1821 die Trilogie „Das goldene Vlies“, 1825

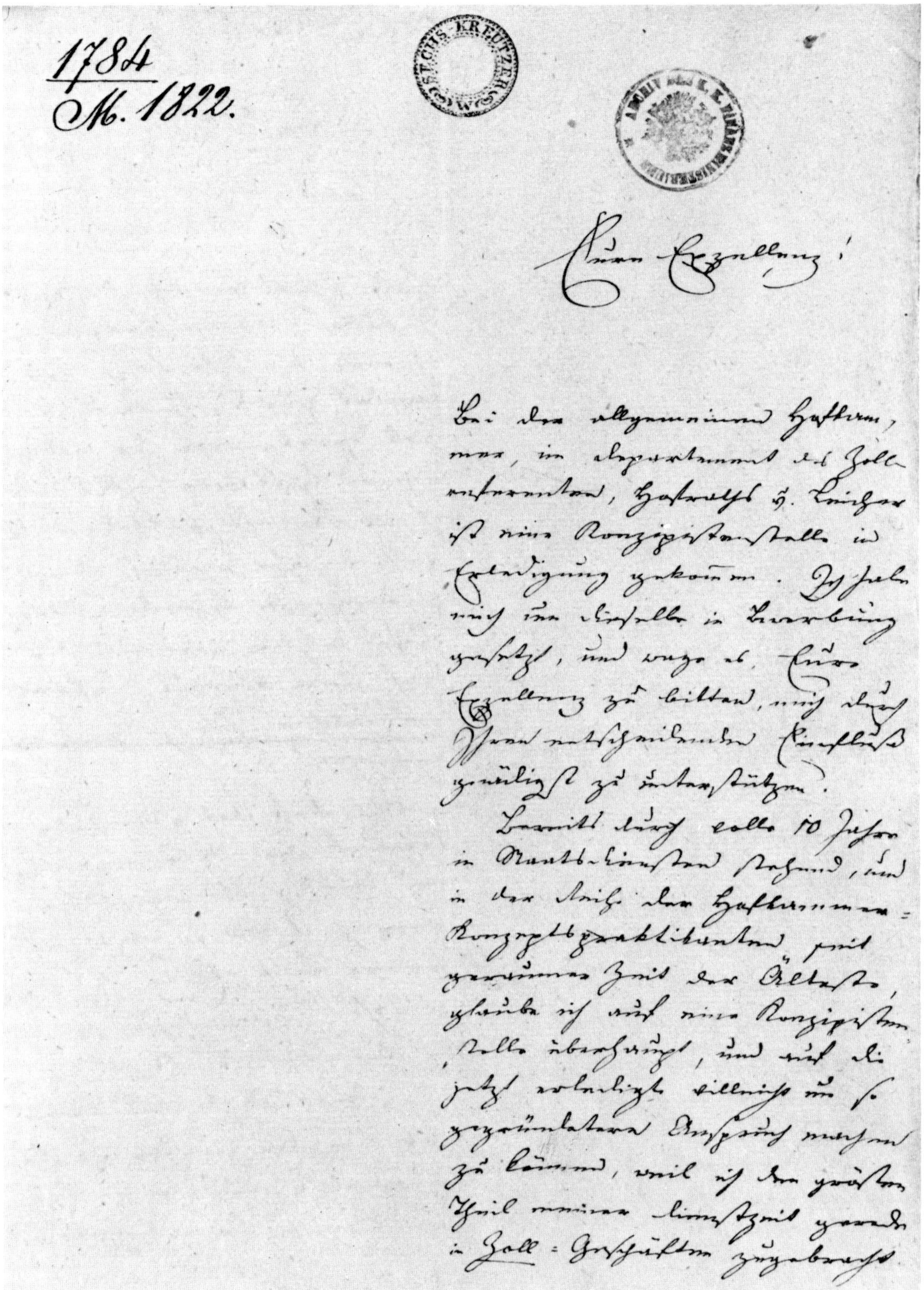

1784
M. 1822.

Euer Exzellenz!

Bei der allgemeinen Hofkam-
mer, im Departement des Zoll-
[illegible], [illegible] H. [illegible]
ist eine Konzipistenstelle in
Erledigung gekommen. Ich habe
mich um dieselbe in Bewerbung
gesetzt, und wage es, Euer
Exzellenz zu bitten, mich durch
Ihren entscheidenden Einfluß
gnädigst zu unterstützen.
Bereits durch volle 10 Jahre
in Staatsdiensten stehend, und
in der Reihe der Hofkammer-
Konzeptspraktikanten seit
geraumer Zeit der Älteste,
glaube ich auf eine Konzipisten-
stelle überhaupt, und auf die
jetzt erledigte billig um so
gegründetere Ansprüche machen
zu können, weil ich den größten
Theil meiner Dienstzeit gerade
in Zoll-Geschäften zugebracht.

Handschriftliche Bewerbung Franz Grillparzers um eine Konzipistenstelle. 1822

„König Ottokars Glück und Ende", 1828 „Ein treuer Diener seines Herrn", 1831 „Des Meeres und der Liebe Wellen" und 1834 „Der Traum ein Leben" zur Aufführung. Als freilich 1840 sein feinsinniges Lustspiel „Weh dem, der lügt" von Kritik und Publikum abgelehnt wurde, zog sich der schwer gekränkte Dichter, von Natur aus schwierig und grüblerisch, aus der literarischen Öffentlichkeit zurück und verschloß seine weiteren Werke im Schreibtisch.

Vorerst aber öffneten die literarischen Erfolge Grillparzer die Salons der gebildeten Welt und führten ihn mit den hervorragendsten Persönlichkeiten seiner Zeit zusammen, mit Beethoven in Wien, mit Goethe in Weimar. Schließlich verdankte der Finanzbeamte seinem Dichterruhm auch die Ernennung zum Archivdirektor (1832) und anläßlich seiner Pensionierung die Verleihung des Titels eines k. k. Hofrates. So erfolgreich sich der Dichter Franz Grillparzer auf der Bühne des In- und Auslandes durchzusetzen vermochte, so wenig beachtet und kaum gewürdigt fühlte sich der Beamte der Allgemeinen Hofkammer. Nachdem er wieder einmal bei einer Beförderung übergangen worden war (die Stelle eines Hofkonzipisten bekam „der gänzlich unfähige Bruder eines allerdings sehr fähigen Hofrates"), beschloß Grillparzer, den Staatsdienst zu verlassen. Der verständnisvolle Finanzminister, Graf Stadion, hielt seinen Schützling von einem solchen unbedachten Schritt ab. Er meinte, wie der Dichter berichtet, „bei den obwaltenden Zensur- und sonstigen Verhältnissen sei es in Österreich für jemanden von meiner Richtung unmöglich, von der Literatur zu leben. Ich solle ausharren, für meine Beförderung werde er sorgen."

BERUFLICHE ENTTÄUSCHUNGEN

1823 erhielt dann Grillparzer endlich die Stelle eines Hofkonzipisten beim Finanzministerium. Doch bereits ein Jahr später, 1824, verlor der Dichter mit dem Tode Stadions seinen Rückhalt im Amt. Der bevorzugte Beamte mußte wieder untergeordnete Dienstleistungen verrichten. Der verstorbene Finanzminister, von der Diplomatie kommend, hatte, wie er selbst gestand, nur geringe Kenntnisse des Finanzwesens. Um so mehr Verständnis brachte er dem genialen Dichter entgegen, den die Ungunst der Verhältnisse ins Finanz- und Kameralfach verschlagen hatte. Für Grillparzer war der Graf einer der charaktervollsten Männer seiner Zeit. „Und es freut mich", fügt er verdrossen hinzu, „Personen Gerechtigkeit widerfahren zu lassen, die mir wohlgewollt haben; der Übelwollenden waren ohnedies die größere Zahl."

Objektiv betrachtet gewährte die Hofkammer auch nach dem Tode Stadions dem Beamten Grillparzer im Hinblick auf seine literarische Tätigkeit außergewöhnliche Vergünstigungen. Und diese sind von Grillparzer nach Ansicht mancher seiner Vorgesetzten oft über Gebühr ausgenützt worden. Zahlreiche ausgedehnte Urlaube und Auslandsreisen wurden trotz Verlängerung überschritten und eigenmächtig fortgesetzt. Der erzürnte Hofrat antwortete darauf mit der Übergehung Grillparzers bei Beförderungen.

In einem Rechtfertigungsschreiben an seine Vorgesetzten wegen eigenmächtiger Verlängerung des Urlaubes teilte Grillparzer mit:

„. . . Ich bin kein Müßiggänger, kein fahrlässiger Büroflüchtling, der die Stunden, die er dem Dienst stiehlt, in Vergnügungen und Unterhaltungen zubringt – ganz Deutschland weiß, daß und wie ich mich beschäftige . . . Ich habe mir Ehre gemacht und meinem Vaterlande, und meine Arbeiten sind nicht von der Art derjenigen, die ein glücklicher Augenblick unvorbereitet gebiert . . ."

Tatsächlich arbeitete der Dichter während seines eigenmächtigen Urlaubs an der Trilogie „Das goldene Vlies" und an seinem vaterländischen Drama „König Ottokars Glück und Ende".

DICHTER UND BEAMTER

Gerade hier wird das Dilemma in Grillparzers Leben erkennbar: Pflichtgefühl und Korrektheit des Beamten auf der einen Seite, der innere Zwang, seinem künstlerischen Genius zu folgen, auf der anderen. Der Humanist Stadion sah in Grillparzer in erster Linie den großen Dramatiker und hatte Verständnis. In seinen Augen stand eben der Dichter über dem Beamten.

Gegen Ende seiner Beamtenlaufbahn, im März 1855, resümiert Grillparzer:

> Hier sitz ich unter Faszikel dicht,
> Ihr glaubt, verdrossen und einsam,
> Und doch, vielleicht, das glaubt ihr nicht,
> Mit den ewigen Göttern gemeinsam.

In der nüchternen Amtsstube des Hofkammerarchivs, die heute noch so erhalten ist wie zu Grillparzers Zeiten, entstand manches der Werke seiner reifen Schaffens-

periode. Hier schloß er möglicherweise die „Jüdin von Toledo" ab. Auch die Dramen „Ein Bruderzwist in Habsburg" und „Libussa" sowie die Novelle „Der arme Spielmann" dürften ebenfalls nach und nach während der Amtsstunden entstanden sein.
Diese letzten Werke der Vollendung des Dichters, Dramatikers und Menschen Franz Grillparzer kommen Selbstbildnissen gleich, so eindringlich, so tiefgründig wie kaum in den Werken früherer Schaffensperioden. In dem historischen Trauerspiel „Ein Bruderzwist in Habsburg", mit dessen Stoff sich der Dichter beinahe ein Menschenalter beschäftigte, vollzieht sich in der Person Rudolf II., des Träumers auf dem Kaiserthron, eine menschliche Tragödie. Auch Grillparzer selbst war bisweilen ein Träumer, zur Schwermut neigend, zweifelnd an sich selbst. In seinem Testament verlangte er die Vernichtung des Dramas. Der Nachlaß gab den „Bruderzwist" frei, eine Ergänzung zur Biographie des Menschen Franz Grillparzer.

„... Ich hielt die Welt für klug, sie ist es nicht.
Gemartert vom Gedanken droh'nder Zukunft,
Dacht ich die Zeit von gleicher Furcht bewegt,
Im weisen Zögern sehnd die einz'ge Rettung.
Allein der Mensch lebt nur im Augenblick,
Was heut ist kümmert ihn, es gibt kein Morgen ..."

Eduard von Bauernfeld (1802–1890)

Die Wiener Schriftstellerin Karoline Pichler, in deren Haus die geistige Elite des Bürgertums der damaligen Zeit verkehrte, vermerkte um 1830: „Sonderbar ist es, daß, vielleicht zufälligerweise, mir so viele Dichter bekannt sind, die im finanziellen oder Kameralfache ihre Berufsarbeit suchten und fanden ..."
Sie verweist dabei auf die Brüder Collin, auf Grillparzer und auf Eduard von Bauernfeld, den gefeierten Lustspieldichter, von Beruf Beamter der Hofkammer.
„Ich glaube, daß mein Verdienst nicht in dem besteht, was ich als Dichter geleistet, sondern darin, daß ich mit meinen Zeitgenossen gegen die Bedrückung der Geister gekämpft habe", zog Bauernfeld zu seinem 70. Geburtstag die Bilanz seines Lebens.

EIN POLITISCH ENGAGIERTER MENSCH

Und dieses politische Engagement ließ er in seinen Lustspielen zu Wort kommen – soweit ihm dieses Wort nicht von der Zensur im Vormärz abgeschnitten wurde. Bauernfeld verabscheute den Polizeistaat des wiedererstandenen Absolutismus; denn dieser verkörperte die Furcht vor dem Geist, die Negation des Geistes und als Folge davon einen absoluten Stillstand. Die Bedeutung der zahlreichen Lustspiele Bauernfelds liegt vor allem darin, daß sie über eine Zeitspanne von mehreren Jahrzehnten hinweg eine fast lückenlose Geschichte der Wiener Gesellschaft liefern – vom sorglosen Biedermeier über die bewegten Zeiten des Vormärz bis zum Ende der liberalen Ära.
Über sich und sein Werk sagt Bauernfeld:
„Man hat mir häufig den Vorwurf gemacht, daß meine Lustspiele ... die Wiener Lokalfarbe mehr oder minder zur Schau trügen – ich leugne das nicht! ... Die Lustspieldichter aller Zeiten, von Aristophanes, Terenz, Plautus bis auf den französischen Moliere, den Dänen Holberg und den kleindeutschen Kotzebue haben dasselbe getan wie ich: sie haben ihre nächste Umgebung und darin ihre Zeit abgeschildert ... Ich kann und will in meinen Lustspielen ... nichts bringen, als die Anschauungen eines Deutschösterreichers, der unsere Zustände, wie sie ihm erschei-

nen, im Ernst und im Scherz, sine ira et studio, wahrheitsgetreu darzustellen sich zur Aufgabe gemacht hat."

Im Gegensatz zu den Brüdern Collin und Grillparzer entsprach das Elternhaus Bauernfelds durchaus nicht den bürgerlichen Vorstellungen seiner Zeit. Eduard von Bauernfeld kam als außereheliches Kind eines preußisch-schlesischen Studenten der Medizin zur Welt. Der Vater heiratete jedoch nicht die Mutter Eduards, eine Witwe, sondern deren Tochter aus erster Ehe. Diese desolaten Familienverhältnisse haben sicher das Leben Bauernfelds beeinflußt. Obwohl weiblichen Reizen durchaus nicht abgeneigt, blieb er ledig (ebenso wie übrigens Grillparzer, der personifizierte Hagestolz).

UNORDENTLICHE VERHÄLTNISSE

Auf der Universität suchte Bauernfeld neben der rechtswissenschaftlichen auch die philosophische Fakultät. Nach dem Studium blieb ihm, mittel- und gönnerlos, wie er war, nichts anderes übrig, „als in irgendeinem Amt unterzukriechen". Der Gedanke erfüllte ihn keineswegs mit Befriedigung. „Ich war lange unschlüssig, zögerte, wartete ab. Die Poesie und das Burgtheater standen als Zukunftslockungen vor mir, und Platens Verse drangen in mein Ohr:

Wandle keiner, der den Dichterlorbeer tragen will, davon,
Morgens zur Kanzlei mit Akten, Abends auf den Helikon!
Was hast du zu eilen, ein Sklave zu werden!, rief ich mir zu –
du bist jung und hast ein ganzes Leben vor dir! . . ."

Im September 1826 schrieb Bauernfeld in sein Tagebuch: „Gestern hab' ich mein Anstellungsdekret erhalten – es ist mir, als sollt ich gehängt werden!"

Nach Dienstleistungen bei der nö. Regierung riet ihm ein Freund aus dem Schubert-Kreis, zur Hofkammer überzutreten. Bauernfeld legte die hierfür erforderliche Finanzprüfung ab. 1830 erhielt er sein Aufnahmedekret. Fast zwanzig Jahre verbrachte er im Dienst bei der Hofkammer, zuletzt als Leiter des Lottogefälles, der Verrechnungsstelle der staatlichen Lotteriedirektion.

Zunächst aber fand der neue Beamte in jener Abteilung Verwendung, in der das Budget für die gesamte Monarchie erstellt wurde. Dabei stellte Bauernfeld verwundert fest, daß der Staat damals ein kleiner Krösus war. Um so unverständlicher erschien ihm die karge Bezahlung der kleinen Beamten:

KLEINE BEAMTE

Kleine Beamte
Im Stillen untergräbt den Staat,
Wird gegen ihn sich rüsten
Das neue Proletariat:
Verheiratete Kopisten.
Sie sind eine Macht, sie sind ein Heer
Sie trotzen allen Gwalten,
Und unzufrieden sind sie sehr
Mit ihren kleinen Gehalten.
Sie zeugen Kinder, hohl und bleich,
Die zum Bureau Verdammten;
Zittre, du großes Österreich,
Vor deinen kleinen Beamten!

„Das Burgtheater, dem ich seit Jahren gegenüber wohne, schaute mich so einladend an. Wie aber auf die heißersehnten Bretter gelangen?" Diese Frage beantworteten dem jungen aufstrebenden Dichter Joseph Schreyvogel und Franz Grillparzer. Grillparzer stellte dem jungen Freund seine Erfahrung und Unterstützung zur Verfügung. Der Dramaturg des Burgtheaters, Schreyvogel, gab einem modernen Lustspiel Erfolgschancen.

Neben diversen Dienstprüfungen, die der Beamte ablegen mußte, arbeitete der Dichter eifrig an seinen ersten Lustspielen. Grillparzer half beratend, Schreyvogel kritisierte und drängte.

Endlich war es soweit. 1828 brachte das Burgtheater „Die Brautwerber", ein Lustspiel in Alexandrinern zur Aufführung. Das Stück wurde kühl aufgenommen, der Autor war enttäuscht.

ERFOLG AUF DER BÜHNE

1831, am Vorabend seines 29. Geburtstags, stellte sich mit dem Konversationsstück „Leichtsinn aus Liebe" endlich der durchschlagende Erfolg ein. Nach einem weiteren Lustspiel „Das Liebesprotokoll", das gleichfalls großen Beifall fand, wußte Bauernfeld, welchen Weg er bei seinen Bühnenstücken einzuschlagen hatte. Er schrieb künftig vorwiegend Konversationsstücke. Er transferierte die Gespräche in den Wiener Salons auf die Bühne. In ungezwungenem Plauderton kamen aktuelle Themen zur Sprache – auch solche, die unter Metternichs Staatsvormundschaft verboten waren. Um der Zensur zu entgehen, bediente sich Bauernfeld bei heiklen Themen der Umschreibung und Anspielung, eine Kunst, die er virtuos beherrschte.

Schreyvogel erkannte Bauernfelds Begabung: seine satirische Ader und den Sinn für Aktualität. Von den Konversationsstücken hatten jene den größten Erfolg, in denen die Konflikte heiter und mit leichter Satire präsentiert wurden, wie beispielsweise in „Bürgerlich und romantisch". Die Zeit des Vormärz, in der Bauernfeld die Wiener

Neues Lustspiel.

Montag den 7. September 1835 wird in dem k. k. Hofburgtheater

von den k. k. Hof = Schauspielern

aufgeführt

zum ersten Mahle:

Bürgerlich und Romantisch.

Lustspiel in vier Aufzügen, von Bauernfeld.

Personen.

Präsident von Stein — — —	Hr. Wilhelmi.
Baron Ringelstern, Gutsbesitzer — —	Hr Korn.
Rath Zabern — — —	Hr Costenoble.
Die Räthinn, seine Frau — —	Mad. Koberwein.
Cäcilie,) deren Kinder — —	Dlle. Pistor.
Fritz,) deren Kinder — —	Fanny Matras.
Sittig, Badecommissär — —	Hr. Fichtner.
Katharine von Rosen — — —	Dlle. Peche.
Ernestine, ihr Kammermädchen — —	Dlle. Wildauer.
Unruh, Lohnlakei — — —	Hr. Herzfeld.
Samuel, Bedienter des Baron — —	Hr. Mittell.
Babette, Dienstmädchen im Hause des Raths —	Dlle. Weber.
Kammerdiener des Präsidenten — —	Hr. Hennig.

Die Handlung spielt an einem Brunnen- und Badeort, und dauert drey Tage.

Dlle. Müller, Hr. Carl La Roche und Hr. Mayerhofer sind unpäßlich.

In diesem k. k. Hoftheater ist vor einigen Tagen, auf den gesperrten Sitzen im ersten Parterre, oder beym Eingange, ein Fächer von Schildkröte mit Stahl verziert, verloren gegangen. Der Finder beliebe denselben in die k. k. Hoftheaterkanzley, gegen eine Belohnung, zurückzustellen.

Der Anfang ist um 7 Uhr.

Theaterzettel zur Erstaufführung von Eduard von Bauernfelds „Bürgerlich und Romantisch", 1835 mit seinen Bühnenstücken amüsierte und mit geschickt gesetzten Bonmots das Metternichsche System verurteilte, fand im Revolutionsjahr 1848 ihr Ende. Das Volk, Bürger und Studenten, erhob sich gegen das drückende Joch des erstarrten Absolutismus. Bauernfeld schloß sich unverzüglich diesen Bestrebungen an; bald stand er in vorderster Linie. An der Spitze einer Abordnung überreichte er Metternich eine Denkschrift gegen die Zensur. Mit Gleichgesinnten schlug der Revolutionär in der Hofburg die Konstitution als Mittel zur Rettung des Staatswesens vor. Der gewöhnlich korrekt gekleidete Beamte bei der Hofkammer demonstrierte in diesen Tagen auch in seiner äußeren Erscheinung, auf welcher Seite er stand: Unrasiert, mit grauer Bluse, schmutzigen Stiefeln, einem Stock und mit einem Proletarierhut auf dem Kopf drang er in die verbarrikadierte Hofburg ein. Dort übergab der Volksvertreter den versammelten Fürsten, Grafen und Generälen eine Denkschrift. In seinem Tagebuch bekennt Bauernfeld: „. . . Ich schilderte die allgemeine Auflösung, sprach von Freiheit und Menschenrechten, hieb wohl in der Fieberhitze hie und da über die Schnur . . .“

DIE REVOLUTION 1848

Bauernfelds älterer Freund Franz Grillparzer nahm die Ereignisse des Revolutionsjahres eher gelassen hin:

> Als liberal einst der Verfolgung Ziel,
> jetzt nennt der Freiheitstaumel mich servil;
> nicht hier, nicht dort in den Extremen zünftig,
> ich glaube fast, ich bin vernünftig.

Mit den Märztagen 1848 endete die Beamtenlaufbahn Bauernfelds. Der Tenor seines Pensionsgesuchs war „konstitutionell“: nach einem Rückblick auf seine bisherige Laufbahn setzte es scharfe Seitenhiebe auf das Protektionswesen und auf die Begünstigung, deren sich die Mittelmäßigkeit in Österreich von jeher zu erfreuen hatte und noch hätte.
Der gutmütige Finanzminister Philipp von Krauss nahm das Gesuch seines Beamten nachsichtig entgegen. Die offene Sprache Bauernfelds dürfte ihm sogar imponiert haben, denn er erwirkte für seinen scheidenden Untergebenen eine höhere Pension, als diesem zustand. So endete das Dienstverhältnis Bauernfelds bei der Hofkammer mit einer versöhnlichen Geste.
Nun konnte er, von keinen Lottozahlen bedrängt, sich ganz seiner schriftstellerischen Tätigkeit widmen. Der Erfolg blieb ihm treu: Als Hausdichter des Wiener Burgtheaters beherrschte er nahezu sechs Jahrzehnte lang den Spielplan dieser Bühne – in der gewiß nicht armen Theatergeschichte Wiens ein Phänomen.

DER HAUSDICHTER DES BURGTHEATERS

Die größte Wirkung erzielten Bauernfelds Konversationsstücke allerdings in dem alten kleinen Hofburgtheater am Michaelerplatz. In dessen intimen Rahmen kam der feine Plauderton seiner Stücke besonders zur Geltung, während er in dem prunkvollen riesigen neuen Haus am Ring viel an seiner Wirkung verlor.
Als das alte Burgtheater 1888 seine Tore schloß, war auch die Zeit des Lustspieldichters Bauernfeld zu Ende. Er hat mit seinen Werken dem Geist der Zeit entsprochen. Zwei Jahre später starb er, Chronist einer Epoche, die zu überleben ihm bestimmt war.

Carl Costa (1832–1907)

Der erfolgreiche Wiener Volksschriftsteller Carl Costa verdankte seine Karriere im Grunde genommen zwei Männern: einem bekannten Dichter und einem tüchtigen Theaterdirektor. In der altösterreichischen Hafenstadt Triest lernte der damalige Offizial der Lottodirektion den Dichter Robert Hamerling kennen. Dem gefiel der Humor seines Landsmannes. Vor allem erkannte er aber dessen poetische Ader, und er ermunterte ihn zu schriftstellerischen Arbeiten. Wenig später lernte Costa den Theaterdirektor Johann Fürst kennen. Fürst, selbst ein erfolgreicher Theaterschriftsteller, gab dem künftigen Lustspielautor ein „unfehlbares" Rezept für das Stückeschreiben:

EIN UNFEHLBARES REZEPT

„. . . Seg'n S', dö Hauptsach von an Stück is der Anfang, daß glei in der ersten Szen' was G'spaßig's g'schicht und nacha der Schluß, daß de Leut net d'raufkummen, wia's ausgeht; dö Mitt'n nacha, dö gibt sich dann schon von selba."

Carl Costa wurde 1832 in Wien geboren. Er war für den geistlichen Beruf bestimmt; doch da kam das Revolutionsjahr 1848 dazwischen. Costa mußte sein Studium abbrechen und bewarb sich um Aufnahme in den Staatsdienst. 1850 wurde er als Praktikant bei der Lottodirektion angestellt.

Nach dem probaten Rezept des Theaterdirektors schrieb Costa 1864 seinen ersten Einakter „Eine Rittergeschichte" und „Maler und Farbenreiber". Franz von Suppé, dem die Stücke des jungen Costa gefielen, bestellte bei ihm Operettenstoffe. Costa schrieb Libretti zur „Leichten Kavallerie", „Freigeister" und „Frau Meisterin".

Mit der abendfüllenden Parodie „Wiener Zugstücke", die sensationellen Erfolg hatte, machte sich Costa künstlerisch selbständig. Die Posse „Aufwärts von Stufe zu Stufe" trug dem Dichter außer einem Bühnenerfolg auch eine ernste Rüge im Amte ein. „Es ließe sich nicht mit seiner dienstlichen Stellung in der Lotto-Gefällsdirektion vereinbaren, einen ‚komischen' Minister auf die Bühne zu bringen", hieß es amtlicherseits.

EIN BEAMTER ALS POSSENSCHREIBER?

Die beiden großen Bühnen der Haupt- und Residenzstadt, das Theater an der Wien und das Carl-Theater, blieben Costa vorerst verschlossen. Er mußte sich mit dem Josefstädter Theater und der Strampferbühne begnügen, wo seine trefflichen Volksstücke und Parodien ein dankbares Publikum fanden. Endlich nahmen auch die beiden berühmten Bühnen die Stücke Costas in ihren Spielplan auf. Seine beiden Stücke „Ein Blitzmädel" und „Ihr Korporal" erzielten monatelang volle Häuser. Das Publikum liebte die Possen und Volksstücke des gutmütigen Spaßmachers. Er schrieb seine Bühnenstücke nach dem Geschmack seiner Zeit, mit dezentem Spott und gesundem Humor gewürzt.

ABSCHIED AUS DEM STAATSDIENST

Auf dem Höhepunkt seines künstlerischen Schaffens schied Costa aus dem Staatsdienst. Als rangältester Beamter wäre ihm die Beförderung zum Oberoffizial zugestanden. Seine Stelle bekam aber ein junger Beamter, der als guter Sänger und Klavierspieler die Vorgesetzten für sich gewinnen konnte. Über diese ungerechte Vorgangsweise verstimmt, stand Costa eines Tages unvermutet von seinem Schreibtisch auf, nahm seinen Hut und eilte zur Tür. „Wohin gehen Sie?" wollte sein Abteilungsleiter wissen. „Fort", entgegnete Costa. „Und wann kommen Sie wieder?" „Nie!" verabschiedete sich Costa bestimmt. Nach über 20 Dienstjahren wurde der Offizial Costa auf eigenes Ansuchen in den dauernden Ruhestand versetzt. In seinem Stück „Das Blitzmädel" prangerte er die Protektionswirtschaft an, deren Leidtragender er selbst gewesen war.

Der Abschied von der Finanzverwaltung sollte Costa übel bekommen. Er ließ sich auf das Abenteuer ein, die Direktion des Theaters in der Josefstadt zu übernehmen, und büßte dabei nahezu sein ganzes Vermögen ein. Zur Befriedigung der Forderungen seiner Gläubiger mußte Costa literarische Fronarbeit leisten: Er schrieb Zeitungsromane und bearbeitete fremde Stoffe. Seine eigenen Bühnenstücke wurden nur noch selten gespielt.

Der alte Mann erlebte noch einen letzten großen Erfolg: 1894 kam „Bruder Martin" heraus, ein Volksstück mit Gesang, das auch heute noch zum eisernen Bestand des volkstümlichen Theaters gehört und den Namen Carl Costa nicht in Vergessenheit geraten läßt.

Fritz Stüber-Gunther (1872–1922)

EIN KLASSIKER DER WIENER SITTENSCHILDERUNG

Fritz Stüber-Gunther gehört zu jener Gruppe von Wiener Erzählern, wie Vinzenz Chiavacci, Rudolf Stürzer und Eduard Pötzl, die aus der „Schule“ des Vaters der Urwiener Sittenschilderung, Friedrich Schlögl, hervorgegangen sind. In Romanen, Schauspielen, Jugendschriften und vor allem in Erzählungen und Skizzen schrieb Stüber gleichsam die Geschichte seiner Stadt und seiner Zeit.

Fritz Stüber wurde 1872 in Wien als Sohn eines Ministerialbeamten geboren. Schon in der Mittelschule wurde seine schriftstellerische Begabung offenbar, doch der Gymnasialzeit folgte eine bittere Enttäuschung: Der Oberrechnungsrat im Finanzministerium Friedrich Stüber weigerte sich, seinem Sohn Fritz das ersehnte Hochschulstudium zu ermöglichen.

„Wenn es mir genügt hat, Beamter zu sein“, meinte er, „dann wird es auch meinem Herrn Sohn genügen müssen, daß er dem Staate dienen darf.“

BEAMTER WIDER WILLEN

Nach der Matura trat Stüber als Praktikant in ein Rechnungsdepartement des Finanzministeriums ein. In eine Form dieses Dienstes, die ihn, wie später sein Sohn berichtete, „unglücklich machte sein ganzes Leben, über das ein eingesargter Herzenswunsch nunmehr seine Schatten warf“.

Der junge Praktikant im Finanzministerium unternahm einen letzten Versuch, neben seinem Beruf auch an der Hochschule zu studieren. Zunächst Jus, dann Philosophie. Nach kurzer Zeit mußte Stüber erkennen, daß er ohne Unterstützung sein Studienziel nicht erreichen könne. Er gab sein begonnenes Studium auf, fügte sich somit dem Schicksal und dem Wunsch seines Vaters, die ihn für die Beamtenlaufbahn bestimmt hatten.

Fritz Stüber-Gunther, obwohl gewiß nicht der „geborene Beamte“, erledigte seine dienstlichen Obliegenheiten zufriedenstellend. Immerhin brachte er es bis zum Rechnungsdirektor und schied als Regierungsrat aus dem Staatsdienst.

Einen Ausgleich zu seinem ungeliebten Beruf, Erfüllung und Inhalt seines Lebens, fand er in der schriftstellerischen Tätigkeit, der er sich immer mehr zuwandte.

Neben Romanen und Bühnenstücken schrieb Fritz Stüber-Gunther eine beachtliche Anzahl von humoristischen Erzählungen und Wiener Skizzen, mit denen er in weitesten Kreisen bekannt und beliebt wurde.

WIENER SKIZZEN

In den Wiener Skizzen offenbart uns Stüber-Gunther seine eigentliche Mission, im Spiegel des unter Tränen lachenden Humors sich zu seiner Vaterstadt zu bekennen, wie Franz Karl Ginzkey treffend bemerkt. In Stüber-Gunthers eigenen Worten: „Der bloß zum Lachen reizt, ist nicht der rechte – Humor aus Ernst geboren ist der echte.“ Mit Vorliebe charakterisierte der Wiener Poet das Milieu der unteren Schichten oder das behäbige Wiener Kleinbürgertum, über das er die Geißel seines sarkastischen Humors schwang, der traf, aber nie verletzte. Der Humorist hatte seine eigene „Note“: die wienerische, die lokale, die heitere. Diese kurzen Arbeiten entstanden im Verlaufe von drei Jahrzehnten und sind zumeist als Feuilletons in Wiener Zeitungen erschienen. Sie zeichnen sich durch die knappe Ausdrucksform der sachlichen Beobachtung aus. Dadurch sind jene kleinen Lebensbilder entstanden, die in ihrer Urwüchsigkeit und Lebendigkeit auch heute noch wirken und beeindrucken. In seinen Erzählungen blitzt der Wiener Witz hervor, schlägt hin und wieder gesunder Spott durch. Behagliche Wiener Gemütlichkeit wechselt mit leiser Raunzerei.

Im Jahre 1922 ermöglichten die Bestimmungen des Beamtenabbaues dem Rechnungs-

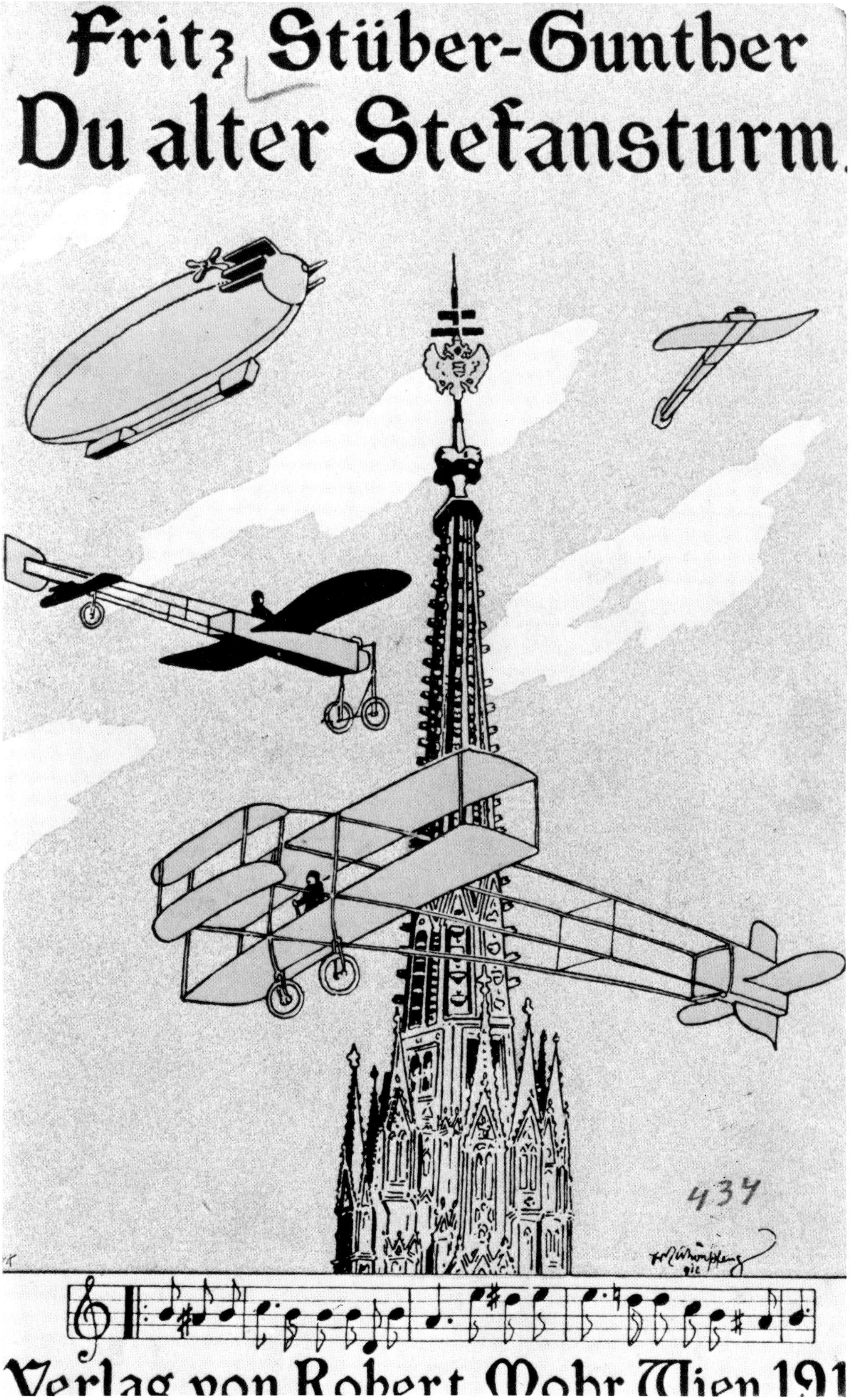

Titelblatt von Fritz Schönpflug. 1912

direktor Stüber-Gunther, den staatlichen Dienst zu quittieren. Der Fünzigjährige ließ sich sofort in den Ruhestand versetzen, um endlich ein Leben nach seinen Vorstellungen zu führen, sich ganz den literarischen Arbeiten widmen zu können. Ein früher Tod, wenige Monate nach seiner Pensionierung, hinderten den Dichter an der Ausführung seiner Pläne.
Der bescheidene Mensch und Künstler Fritz Stüber-Gunther hat äußere Ehren nie gesucht. Trotzdem bereitete ihm der Bauernfeld-Preis, den er 1910 gemeinsam mit Eduard Pötzl und Vinzenz Chiavacci erhielt, eine große Freude. Seine erfolgreiche künstlerische Tätigkeit, die öffentliche Anerkennung, entschädigten ihn wohl ein wenig für den Beruf, der ihm nie Berufung war.

Beinahe wäre der Kreis der Poeten im Finanzministerium auch um Franz Karl Ginzkey (1871–1963) bereichert worden – wenn da nicht der Offizial Wondracek gewesen wäre. Doch lassen wir den Dichter selbst zu Wort kommen:

FRANZ KARL GINZKEY

Besuch im Finanzministerium

Als junger Offizier trug ich mich mehrmals mit dem Gedanken, meine Lebensstellung zu ändern und einen Beruf zu suchen, der mit meiner schriftstellerischen Betätigung leichter zu vereinbaren wäre. Die merkwürdigste Erfahrung, die ich dabei machte, war mein Besuch im Finanzministerium.
Eine mir befreundete Baronin, eine lebenskluge Dame in reiferen Jahren, der ich von meiner Absicht sprach, hatte mir nämlich ein Briefchen mitgegeben an den allmächtigen Sektionschef Grafen R. in eben jenem Ministerium. Ich zählte zu den Besuchern ihres Salons, in dem sich nebst einigen älteren Herren aus der höheren Beamtenschaft auch allerlei junges Künstlervolk zusammenfand.
„Diese Zeilen werden Sie zweifellos an das Ziel Ihrer Wünsche bringen", sagte die Baronin. „Graf R. ist mir ein lieber, alter Freund, grüßen Sie ihn herzlich von mir!"
Mit dem zierlichen rosa Briefchen bewaffnet und nicht wenig zuversichtlich, rückte ich am nächsten Vormittag gegen das Finanzministerium vor. Der Namen des Sektionschefs wirkte Wunder. Türen flogen auf, Amtsdiener verbeugten sich, über Steintreppen gelangte ich auf Teppichfluchten und stand alsbald im Vorzimmer des Allmächtigen. Sein Sekretär, ein noch auffallend junger Herr mit gestutztem Schnurrbärtchen, verschwand mit meinem Briefe durch die Tür und kam auch gleich mit dem verbindlichsten Lächeln wieder zurück. Seine Exzellenz war bereit, mich zu empfangen.
Ich habe es zeitlebens als erquicklichste Eigenschaft meines Wesens verspürt, in entscheidenden Augenblicken von einer merkwürdigen Objektivität erfüllt zu sein, die mir erlaubte, wichtige Ereignisse sozusagen als Außenstehender zu betrachten und ihre bildliche Erscheinung fast höher zu werten als die Bedeutsamkeit des Augenblicks. Und so kam es, daß ich auch diesmal, obgleich es sich um etwas sehr Wesentliches für mich handelte, mich in merkwürdig visionärer Eingebung plötzlich selbst eintreten, mich selbst mich stramm verbeugen sah in meinem rosa passepoilierten Waffenrock, und mich auch mein eigenes Anliegen vorbringen hörte, nachdem ich erst noch die Grüße der Baronin übermittelt hatte.
Seine Exzellenz war entzückend. Alle liebenswürdigen, so unendlich disziplinierten Eigenschaften des altösterreichischen Aristokraten schienen von ihm auszustrahlen. Er duldete nicht, daß ich vor ihm stehenblieb, er ließ mich im rotgoldenen Fauteuil ihm gegenüber Platz nehmen, und sah mich durch das Einglas, mit dem er auf die

Welt gekommen zu sein schien, derart tröstlich ermutigend und weltbrüderlich an, daß ich mich, des Schicksalsaugenblicks ungeachtet, zusehends wohler, ja alsbald wie gänzlich bei ihm zu Hause zu fühlen begann.

Und indes ich nun seine durchaus zweckentsprechenden und diskret vorgebrachten Fragen nach Herkunft und Vorstudien beantwortete, begann ich, ich kann es nicht anders sagen, in meiner angeregten Phantasie auf seltsam hochstaplerische Wege zu geraten. Ich sagte plötzlich zu mir selbst: Du, der du hier so stattlich auf dem seidigen Empirestuhl sitzt, du bist am Ende gar nicht der kleine stellensuchende Leutnant! Du bist Seiner Exzellenz durchaus ebenbürtig, bist Militärattaché einer befreundeten Macht, du tauschest eben Hochachtungsbezeigungen mit seiner Exzellenz aus, den Ernst der Regierung im Rücken, du warst ja auch sonst bereits mit ihm zusammen, zum Beispiel unlängst auf der Jagd, du verehrst ja mit Exzellenz zusammen auch die reizvolle Komtesse Dodo, Himmel, das ist doch eigentlich alles sehr vergnüglich!

Ich mußte mich dabei, dem vornehmen Milieu zuliebe, so angelegentlich in meine vornehme Verwandlung vertieft haben, daß ich längere Zeit verweilte, als die Notwendigkeit erforderte.

Doch ließ sich Exzellenz nichts merken. Sie stand nur auf und bat mich, mir die Hand reichend, in ihrer bestrickend freundlichen Art, ich möge es ja nicht versäumen, der Frau Baronin respektvolle Grüße in aller Ehrerbietung zu überbringen. Zugleich drückte Seine Exzellenz auf den Klingelknopf ihres Schreibtisches.

Im Augenblick erschien auch schon der Sekretär. „Wollen Sie, bitte“, sagte Seine Exzellenz, „den Herrn Leutnant zum Herrn Hofrat führen, damit dort alles in die richtigen Wege geleitet wird.“ Ein huldvoller Wink mit der Hand, und ich war entlassen.

Die Kanzlei des Herrn Hofrats befand sich nur etliche Türen weit. Ich wurde ohne weiteres vorgelassen und stand vor einem leicht ergrauten, fast nicht minder eleganten Herrn, als Seine Exzellenz es war. Er hätte auch ein höherer Militär sein können, der Strammheit seiner Haltung, seiner kurzangebundenen Rede nach. Er forderte mich auf, in dem lederüberzogenen Lehnstuhl Platz zu nehmen, der neben seinem Schreibtisch stand. „Ihr Wunsch ist durchaus berechtigt“, nickte er freundlich. „Ich glaube, daß wir tüchtige Beamte jederzeit brauchen können. Ich bin nur leider im Augenblick derart beschäftigt, daß ich Sie bitten muß, sich zum Herrn Kanzleidirektor zu begeben, dort werden Sie die nötigen Aufklärungen ganz nach dem Wunsche Seiner Exzellenz erhalten.“

Er begleitete mich wohlwollend bis zur Tür und wies den Amtsdiener an, mich im Auftrage Seiner Exzellenz zum Kanzleidirektor zu führen.

Den Mann, vor dem ich nun stand, kennen wir so ziemlich alle, die wir noch dem alten Österreich zugehörten. Er ist beleibt, trägt einen Kaiserbart, hat einen etwas abgenützten grauen Gehrock an und etwas halb wehmütig Müdes, halb harmlos Vergnügliches im Gesicht, wie es eben die wechselnden Umstände des Staates und seine schwierigen Verrechnungen mit sich bringen. „Hm, hm“, begann er – es war nirgends ein Stuhl da, auf dem Platz zu nehmen er mich hätte einladen können, „hm, hm, das ist alles recht schön, Herr Leutnant, aber haben Sie schon an die nötigen Prüfungen gedacht? Wir werden davon kaum absehen können, besonders was die Staatsverrechnungskunde anbetrifft. Wenn Sie aber fleißig sind, dürften Sie nach einem halben Jahr wohl soweit sein. Dann reichen Sie Ihr Gesuch ein, darüber wird Sie am besten Herr Oberoffizial Wondracek aufklären. Sie brauchen nur um die Ecke herumzugehen, erste Tür links. Es war mir ein Vergnügen, Herr Leutnant!“

Nachdem die Tür des Herrn Kanzleidirektors sich hinter mir geschlossen, stand ich eine Weile besinnlich still. Ich war doch ein rechtes Kind gewesen! Ich hatte ja die unerläßlichen Prüfungen gar nicht bedacht! Und „Staatsverrechnungskunde“. Ich hatte das Buch einmal in der Hand gehabt, da ein Kamerad von mir sich damit befaßt hatte. Ich hatte mich einem Wirrsal von neuen Begriffen gegenübergesehen, das mich vollkommen überwältigte. Das fiel mir jetzt ein. Und doch, was gab es Ehrliches auf Erden zu erlangen, vor das die Götter nicht den Schweiß gesetzt hätten? Man meinte es doch gut mit mir? Also hinein ins Studium! Und so klopfte ich, heroischer Vorsätze voll, an die Tür des Herrn Offizials.

Kaum war ich eingetreten, wurde mir etwas unbehaglich zumute. Es saßen drei Herren im Amtsraum, die mich, jeder für sich, verständnisvoll anlächelten, als sei ich eine bekannte Figur aus einem Witzblatt.

„Sitzte hier Offizial Wondracek", nickte einer von ihnen und deutete auf seine Amtsbluse. „Herr Leutnant kummen S' fragen wegen Aufnahme ins Finanzministerium? Also wissen S', sein Sie heut' schon der Dritte, der kummt fragen. Muß ich Ihnen leider sagen, daß ise jede Hoffnung vullkommen ausgeschlossen. Wir sein froh, wenn wir bringen eigene Praktikanten unter, seins eh schon viel zu viele!"

„Aber Seine Exzellenz –?" fuhr ich betroffen heraus.

„Also seine Exzellenz ise vielbeschäftigt, wissen S'. Letzte Instanz ise immer Offizial Wondracek."

Und er lachte dabei so herzhaft tapfer auf, der Herr Offizial, indes die beiden Kameraden ihm kräftig sekundierten, daß mich nunmehr, wie es wohl seine Absicht war, die Komik meiner Lage geradezu befreiend überkam und ich selber mitzulachen begann.

„Ja – dann nichts für ungut, meine Herren", sagte ich, mich verbeugend, und empfahl mich.

Der Zufall wollte nun aber, daß im gleichen Augenblick, da ich noch lachend vor der Tür stand, Seine Exzellenz auf dem Gang daherkam. Wie entzückend verstand es nun wieder Seine Exzellenz, sich als vollendeter Kavalier meiner Heiterkeit geziemend anzupassen. Wie liebenswürdig schwenkte er den strahlenden Zylinder auf mich zu und lächelte mich unter dem Einglas an: „Also nicht vergessen – meine ehrerbietigsten Empfehlungen!"

Das war mein Besuch im Finanzministerium. Mit den anderen Ministerien hab' ich es gar nicht mehr versucht!

(Aus: Franz Karl Ginzkey, Zeit und Menschen meiner Jugend. Wien-Leipzig 1943.)

Nachwort

Wie es der guten Tradition des Hauses entspricht, geschieht in der Himmelpfortgasse nichts, ohne daß Beamte es wollen, es unterstützen oder zumindest gutheißen. Die Entstehungsgeschichte dieses Buches ist ein Beispiel dafür.
Es ist nahezu überflüssig, festzuhalten, daß Beamte des Ministeriums es waren, die die Idee zu diesem Werk hatten. Und sie waren es auch, die diese Idee mit der notwendigen Hartnäckigkeit bei den zuständigen Stellen verfochten, bis aus der Idee ein Projekt und aus dem Projekt das vorliegende schöne Buch wurde.
Es ist zwar nicht üblich, Ehrentafeln über die Entstehung von Büchern zu errichten, aber hier sei doch eine Ausnahme gestattet. Mein Dank als Herausgeber gilt insbesondere Herrn Ministerialrat Dr. Rudolf Horak, Herrn w. Hofrat Dr. Walter Winkelbauer, Direktor des Finanz- und Hofkammerarchivs, und von den Autoren dieses Bandes Herrn Fachoberinspektor Anton Figel, dem guten Geist des Hauses während der Restaurierungsarbeiten 1967–1972, und Amtsdirektor Alfred Palisek, dem nimmermüden Kulturreferenten des Dienststellenausschusses des Bundesministeriums für Finanzen.

Wien, im Sommer 1979 Beppo Mauhart

Literatur

Matis/Bachinger, Vom k. k. Finanzministerium . . . S. 73–223

Das Agrarprogramm der Sozialdemokratischen Arbeiterpartei Österreichs (1925), in: Österreichische Parteiprogramme 1868–1966, hg. v. K. Berchtold. Wien 1967.
Ahrer, J.: Erlebte Zeitgeschichte. Wien–Leipzig 1930.
Andrássy, J. Graf: Ungarns Ausglaich mit Österreich vom Jahre 1867. Leipzig 1897.
Angerstein, W.: Fünfundzwanzig Jahre österreichischer Finanzpolitik. Leipzig 1874.
Ausch, A.: Als die Banken fielen. Zur Soziologie der politischen Korruption. Wien 1968.
Bachinger, K.: Umbruch und Desintegration nach dem Ersten Weltkrieg. Österreichs wirtschaftliche und soziale Ausgangssituation in ihren Folgewirkungen auf die Erste Republik. 1978.
Bachinger, K.: Das Verkehrswesen, in: Wandruszka, Habsburgermonarchie, Bd. 1.
Bachinger, K., und Matis, H.: Der österreichische Schilling. Graz 1974.
Bachmayer, O.: Die Geschichte der österreichischen Währungspolitik. Wien 1960.
Bauer, O.: Arbeit für 200 000, in: Otto Bauer, Werkausgabe Bd. 3. Wien 1976.
Bauer, O.: Das Budgetsanierungsgesetz. Wien 1931.
Bauer, O.: Der Genfer Knechtungsvertrag. Wien 1922.
Bauer, O.: Die österreichische Revolution. Wien 1923.
Beer, A.: Die Finanzen Österreichs im 19. Jahrhundert. Prag 1877.
Benedikt, H.: Die wirtschaftliche Entwicklung in der Zeit Franz Josephs. Wien 1958.
Bericht der niederösterreichischen Handels- und Gewerbekammer 1872–1874. Wien 1875.
Böhme, H.: Deutschlands Weg zur Großmacht. Studien zum Verhältnis von Wirtschaft und Staat während der Reichsgründungszeit 1848–1881. Köln 1966.
Bös, D.: Die finanzpolitische Entwicklung in Österreich, in: Finanzarchiv (1971/72).
Brusatti, A.: Österreichische Wirtschaftspolitik vom Josephinismus zum Ständestaat. Wien 1965.
Brusatti, A., und Bachinger, K.: Österreichs Wirtschaft in der Zweiten Republik, in: 25 Jahre Zweite Republik. Wien 1970.
Charmatz, R.: Minister Freiherr von Bruck. Leipzig–Wien 1916.
Charmatz, R.: Österreichs innere Geschichte von 1868 bis 1907. Leipzig 1911.
Clement, W., und Oettl, M.: Funktionelle Gliederung der österreichischen Bundesausgaben. 1971.
Ein Jahrhundert Creditanstalt-Bankverein. Wien 1957.
Czedik, A. v.: Zur Geschichte der k. k. österreichischen Ministerien 1861–1916. Teschen–Wien–Leipzig 1917.
Czedik, A. v.: Der Weg von und zu den österreichischen Staatsbahnen. Teschen–Wien–Leipzig, 1913.
Czoernig, C. v.: Das österreichische Budget für 1862. Wien 1862.
Diwok, F., und Koller, H.: Reinhard Kamitz, Wegbereiter des Wohlstands. Wien 1977.
Ditz, J.: Die österreichische Budgetpolitik von 1965 bis 1975. Diss. Wien 1978.
Draxler, L.: Aufgaben und Grenzen der staatlichen Finanz- und Kreditpolitik, in: Österreichisches Jahrbuch (1935).
Egger, H.: Die direkten Bundessteuern Österreichs, in: Österreichisches Jahrbuch (1928).
Engel, A.: Betrachtungen über den staatsfinanziellen Wiederaufbau Österreichs. 1917.
Federn, W.: Die Sicherung der Vermögensabgabe, in: Der Österreichische Volkswirt XI/1 (1918/19).
Feiler, A.: Das neue Österreich. Tatsachen und Probleme in und nach der Sanierungs-Aktion. Frankfurt a./Main 1924.
Fiebich, A.: Die Entwicklung der österreichischen Bundesausgaben in der Ersten Republik (1918–1938). Diss. Wien 1977.
Fink, K.: Die österreich-ungarische Monarchie als Wirtschaftsgemeinschaft. München 1968.
Freund, R.: Die Genfer Protokolle. Ihre Geschichte und Bedeutung für das Staatsleben Deutsch-Österreichs. Berlin 1924.
Gaertner, A.: Der Kampf um den Zollverein zwischen Österreich und Preußen von 1849–1853. Straßburg 1911.
Gerschenkron, A.: An Economic Spurt that Failed. Princeton 1977.
Gessl, J.: Seipels Reden in Österreich und anderwärts. 1926.
Goldscheid, R., und Schumpeter, J.: Die Finanzkrise des Steuerstaates. Beiträge zur politischen Ökonomie der Staatsfinanzen, hg. v. R. Hickel. Frankfurt a. M. 1976.
Gratz, A.: Die österreichische Finanzpolitik von 1848 bis 1948, in: Mayer, Hundert Jahre . . .
Gross, N.: Die Stellung der Habsburgermonarchie in der Weltwirtschaft, in: Wandruszka, Habsburgermonarchie, Bd. 1.
Gruber, F.: Der österreichische Bundeshaushalt in den Jahren 1923–1930, in: Österreichisches Jahrbuch (1929).
Grünwald, P.: Die Steuern Österreichs im Frieden und im Krieg. 1918.
Gulick, Ch.: Österreich von Habsburg zu Hitler. 5 Bde. Wien 1948.
Hantsch, H.: Die Folgen, in: Der Donauraum, Jg. 12 (1967).
Hardach, G.: Der Erste Weltkrieg. Geschichte der Weltwirtschaft im 20. Jahrhundert, Bd. 2. 1973.
Heißenberger, F.: Der Wiederaufbau in Österreich. Die finanzielle Kulisse. Frankfurt a. Main 1961.
Henseler, F.: Stabilisierungseffekte der Budgetpolitik des Bundes 1956–1969. Wien 1971.
Hickel, R.: Krisenprobleme des „verschuldeten Steuerstaates", in: Goldscheid/Schumpeter, Finanzkrise.

Hofbauer, E.: Fiskalische Stabilisierungspolitik in Österreich zwischen 1956 und 1970. Diss. 1972.
Hollerer, S.: Verstaatlichung und Wirtschaftsplanung in Österreich 1946-47. Wien 1974.
Jahrbuch für Industrie und Handel in Österreich, hg. vom Verein der österreichischen Industriellen, II (1966).
Joas, L.: Streiflichter zum Bundeshaushalt in den Jahren 1918 bis 1928, in: Zehn Jahre Wiederaufbau.
Kamitz, R.: Die österreichische Geld- und Währungspolitik von 1848–1948, in: Mayer, Hundert Jahre . . .
Kienböck, V.: Finanz- und Wirtschaftspolitik, in: Wiener Wirtschafts-Woche, 23. Januar 1936.
Kienböck, V.: Das österreichische Sanierungswerk. Stuttgart 1925.
Kienzl, H.: Die Währungsmaßnahmen der Zweiten Republik 1945 bis 1948. Diss. Wien 1947.
Klein, F.: Österreichische Staatsfinanzen, in: Zehn Jahre Nachfolgestaaten. 1928.
Klingenstein, G.: Die Anleihe von Lausanne. Ein Beitrag zur Geschichte der Ersten Republik in den Jahren 1931 bis 1934. Wien–Graz 1965.
Kolmer, G.: Parlament und Verfassung in Österreich. Wien 1902.
Koren-Plan. Das wirtschaftliche Konzept der Bundesregierung. Wien 1968.
Krámař, K.: Das Papiergeld in Österreich seit 1848. Leipzig 1886.
Kreibig, J.: Unser Währungs- und Münzwesen während der letzten fünfzig Jahre, in: Österr.-ungar. Revue 24 (1899).
Krulis-Randa, J.: Das deutsch-österreichische Zollunion-Projekt von 1931. Diss. Zürich 1955.
Kunwald, G.: Österreichs Kreditwürdigkeit, in: Die Wirtschaftspolitik, 1. November 1937.
Ladner, G.: Seipel als Überwinder der Staatskrise vom Sommer 1922. Zur Geschichte der Entstehung der Genfer Protokolle vom 4. Oktober 1922. Wien–Graz 1964.
Lang, L.: Hundert Jahre Zollpolitik. Wien 1906.
Layton, W. T., und Rist, Ch.: Die Wirtschaftslage Österreichs. Bericht der vom Völkerbund bestellten Experten. Wien 1925.
März, E.: Österreichische Industrie- und Bankpolitik in der Zeit Franz Josephs I. Am Beispiel der k. k. priv. Credit-Anstalt für Handel und Gewerbe. Wien 1968.
März, E., und Socher, K.: Währung und Banken in Cisleithanien, in: Wandruszka, Habsburgermonarchie, Bd. 1.
Matis, H.: Das Jahr 1945 – Die wirtschaftliche Ausgangssituation, in: Österreich in Geschichte und Literatur, 19. Jg. (1975).
Matis, H.: Leitlinien der österreichischen Wirtschaftspolitik, in: Wandruszka, Habsburgermonarchie, Bd. 1.
Matis, H.: Nationalitätenfrage und Wirtschaft in der Habsburgermonarchie, in: Der Donauraum, Jg. 15 (1970).
Matis, H.: Österreichs Wirtschaft 1848–1913. Konjunkturelle Dynamik und gesellschaftlicher Wandel im Zeitalter Franz Josephs I. Berlin 1972.
Matis, H.: Sozioökonomische Aspekte des Liberalismus in Österreich 1848–1918, in: Wehler, Sozialgeschichte.
Matis, H., und Stiefel, D.: Protektionismus und „free trade imperialism". Der englisch-österreichische Handelsvertrag von 1865, in: Grazer Forschungen zur Wirtschafts- und Sozialgeschichte 3 (1978).
Matzner, E.: Öffentliche Investitionen 1950–1966. Das Investitionsverhalten des Bundes, der Länder und Gemeinden. Wien 1969.
Mayer, H. (Hrsg.): Hundert Jahre österreichischer Wirtschaftsentwicklung 1848–1948. Wien 1948.
Mendershausen, H.: The Economics of War. 1940.
Menger, C.: Die Valutaregulierung in Österreich-Ungarn, in: Jahrbuch für Nationalökonomie und Statistik III (1892).
Menger, M.: Der österreichische Staatsvoranschlag für 1889, in: Finanzarchiv 6 (1889).
Messner, J.: Die soziale Frage. Innsbruck 1956.
Monatsberichte des Österr. Instituts f. Wirtschaftsforschung 1 (1945/46).
Müller, P.: Österreich seit 1848, in: Mayer, Hundert Jahre . . .
Müller, St.: Die finanzielle Mobilmachung Österreichs. 1918.
Nemschak, F.: Probleme der österreichischen Konjunkturpolitik. Vorträge und Aufsätze. Veröffentlichungen des Österr. Instituts für Wirtschaftsforschung 19 (1962).
Nemschak, F.: Zehn Jahre österreichische Wirtschaft, 1945–1955. Wien 1955.
Neuwirth, J.: Bank und Valuta in Österreich-Ungarn 1862–73, Bd. 1: Bankacte und Bankstreit. Leipzig 1873.
Oppenheim, H.: Der Friedensvertrag und seine staatsfinanziellen Lasten, in: Neue Freie Presse, Wien, 5. September 1919.
Österreichisches Staatswörterbuch, hg. v. E. Mischler und J. Ulbrich. Wien 1906.
Österreichs Volkseinkommen 1913 bis 1963. Monatsberichte des Österr. Instituts für Wirtschaftsforschung, Sonderheft 14 (1965).
Patzauer, H.: Die Staatswirtschaft, in: Geldentwertung und Stabilisierung in ihren Einflüssen auf die soziale Entwicklung in Österreich. Schriften des Vereins für Sozialpolitik 169 (1925).
Peez, A. v.: Rückblick auf die Geschäftsperiode 1867/68, in: Compaß, Handbuch für Handel, Industrie und Volkswirtschaft, Bd. 2 (1969).
Pfaundler, R.: Der Finanzausgleich in Österreich. Wien 1927.
Phielpotts, O. S.: Report on the Financial Industrial and Commercial Situation in Austria 1921–1923. London 1924.
Popovics, A.: Das Geldwesen im Kriege. Wien 1925.
Preßburger, S.: Österreichs Notenbank 1816–1966. Wien 1966.
Püregger, J.: Fünfzig Jahre österreichische Staatsschuld 1862 bis 1912. Wien 1912.
Redlich, J.: Das österreichische Staats- und Reichsproblem. Wien 1920.
Reform der österreichischen Wirtschaft. Wirtschaftsprogramm der SPÖ. Wien 1968.
Rosenberg, H.: Große Depression und Bismarckzeit. Berlin 1967.
Rosenberg, H.: Die Weltwirtschaftskrise von 1857–1859. Stuttgart 1934.
Rothschild, K.: Wurzeln und Triebkräfte der Entwicklung der österreichischen Wirtschaftsstruktur, in: Weber, W. (Hrsg.): Österreichische Wirtschaftsstruktur gestern – heute – morgen. Berlin 1961.
Rutkowski, H.: Der Zusammenbruch der österreichischen Credit-Anstalt für Handel und Gewerbe und ihre Rekonstruktion. Ein Beitrag zur österreichischen Bankenkrise. Diss. Berlin 1934.
Schöningh, F.: Karl Ludwig von Bruck und die Idee Mitteleuropa. Historisches Handbuch 56 (1936).
Schriften des Vereins für Socialpolitik 76 (1898).

Schröder, H.: Die österreichische Währung von 1918 bis 1968, in: 1918–1968, Österreich – Fünfzig Jahre Republik, hg. v. Institut für Österreichkunde. Wien 1968.
Schüller, R.: Wirtschaftliche Bestimmungen des Friedensvertrages von St. Germain, in: Zeitschrift f. Volkswirtschaft u. Sozialpolitik I (1921).
Schuster-Bonnott, R.: Friedenswirtschaft, Zeichen der Besserung, in: Neue Freie Presse, Wien, 20. April 1919.
Seidel, H.: Der Bundeshaushalt im Konjunkturverlauf, in: Monatsberichte des Österreichischen Instituts für Wirtschaftsforschung, Sonderheft 10 (1964).
Socher, K.: Die österreichische Finanzpolitik, in: Österreich Chronik 1945–1972. Wien–Zürich 1973.
Sombart, W.: Die deutsche Volkswirtschaft im 19. und am Beginn des 20. Jahrhunderts. Berlin 1903.
Spitzmüller, A.: Die österr.-ungar. Währungsreform, in: Zs. f. Volkswirtschaft, Sozialpolitik und Verwaltung XII (1902).
Statistische Materialien über die Besteuerung und Entwicklung der Industrie-Aktiengesellschaften in Österreich. Wien 1902.
Statistische Tabellen zur Währungsfrage der österr.-ungar. Monarchie. Wien 1896.
Steiner, F.: Die Entwicklung des Mobilbankwesens in Österreich. Wien 1913.
Stolper, G.: Der Friedensvertrag von St. Germain in seinen wirtschaftlichen Wirkungen, in: Deutsch-Österreich. Schriften des Vereins für Sozialpolitik 162 (1921).
Strach, H. (Hrsg.): Geschichte der Eisenbahnen der österr.-ungar. Monarchie. 6 Bde. Teschen–Wien–Leipzig 1898–1908.
Sutter, B.: Die Ausgleichsverhandlungen zwischen Österreich und Ungarn 1867–1918, in: Südostdeutsches Archiv 11 (1968).
Tremel, F.: Die Entwicklung der österreichischen Wirtschaft in der Ersten und Zweiten Republik, in: Hundert Jahre im Dienst der Wirtschaft, Bd. 1. Wien 1961.
Tremel, F.: Wirtschaftliche Probleme des Ausgleichs mit Ungarn 1867, in: Bericht über den 10. Österreichischen Historikertag. Wien 1970.
Tzöbb, I.: Das Oktoberdiplom und das Februarpatent, in: Die Entwicklung der österreichischen Verfassung vom Mittelalter bis zur Gegenwart. Wien 1963.
Unckel, B.: Österreich und der Krimkrieg. Lübeck–Hamburg 1969.
Wagner, A.: Finanzwissenschaft, in: Lehr- und Handbuch der politischen Ökonomie. Leipzig 1890.
Wallner, L.: Staatskapitalismus in Österreich, in: Politische Studien 149 (1963).
Wandruszka, A., und Urbanitsch, P. (Hrsg.): Die Habsburgermonarchie 1848–1918, Bd. 1: Die wirtschaftliche Entwicklung. Wien 1973.
Weber, W.: Österreichs Finanzpolitik 1945–1961. Wien 1962.
Weber, W. (Hrsg.): Untersuchungen über Zentralprobleme der österreichischen Bundesfinanzen. Wien 1966.
Wehler, H. U. (Hrsg.): Sozialgeschichte heute. Göttingen 1974.
Wiltschegg, W.: Die Entwicklung der österreichischen Volkswirtschaft seit dem Zweiten Weltkrieg, in: Handbuch der österreichischen Wirtschaftspolitik. Wien 1961.
Winkler, W.: Die Einkommensverschiebungen in Österreich während des Weltkrieges. 1930.
Wirth, M.: Österreichs Wiedergeburt aus den Nachwehen der Krisis. Wien 1876.
Wysocki, J.: Infrastruktur und wachsende Staatsausgaben. Das Fallbeispiel Österreich 1868–1913. Stuttgart 1975.
Wysocki, J.: Die österreichische Finanzpolitik, in: Wandruszka, Habsburgermonarchie, Bd. 1.
Zehn Jahre Wiederaufbau. Die staatliche, kulturelle und wirtschaftliche Entwicklung der Republik Österreich 1918–1928. Hg. v. W. Exner. Wien 1928.
Zöllner, E.: Geschichte Österreichs. Wien 1966.

Tichy, Das Winterpalais . . . S. 224–243

Blaha, R.: Aus der Geschichte des österreichischen Budgetrechtes und Budgetwesens. Das öffentliche Haushaltswesen. Jahrgang 11 (1970), Heft 4.
Blaha, R.: Die Haushaltsrechtsreform des Bundes. Wirtschaftspolitische Blätter, Jahrgang 1976, Heft 6.
Lehner, G.: Grenzen der Nachfragesteuerung durch die Budgetpolitik. Wirtschaftspolitische Blätter, Jahrgang 1976, Heft 6.
Ruppe, H. G.: Stabilitätspolitischer Auftrag und Aufgabenverteilung im Bundesstaat – Länderbericht Österreich. Quartalshefte der Girozentrale, Jahrgang 1978, Heft 2–3.
Schwab, W.: Budgetkontrolle – Kontrolle des Budgetvollzuges. Wirtschaftspolitische Blätter, Jahrgang 1976, Heft 6.
Seidel, H.: Finanzbericht – Bericht über die Lage der Finanzen der Republik Österreich. Wien 1972.
Seidel, H.: Unsere Staatsfinanzen – Finanzbericht 1978. Wien 1978.
Smekal, Ch.: Die Flucht aus dem Budget. Wirtschaftspolitische Blätter, Jahrgang 1976, Heft 6.
Streissler, E.: Investment Stimulation and the Hierarchy of Individual Plans. In: Schmitz, W. Ed.: Convertibility, Multilateralism, and Freedom. Wien–New York 1972.
Tichy, G.: Möglichkeiten und Grenzen der Staatsschuldenpolitik. Das öffentliche Haushaltswesen in Österreich. Jahrgang 10 (1969), Heft 4.
Tichy, G.: Grenzen der Verschuldung? Europäische Rundschau, Jahrgang 1978 A, Heft 4.
Tichy, G.: Die Stellung Österreichs im internationalen Wettbewerb. Quartalshefte der Girozentrale, Jahrgang 1978 B, Heft 4.
Tichy, G.: Zahlungsbilanz- und beschäftigungsorientierte Strukturprobleme von Industrie und Gewerbe. Gutachten für das Finanzministerium, Wien 1979.

ZU SEITE 102

STAATSEINNAHMEN UND -AUSGABEN (1868–1913)

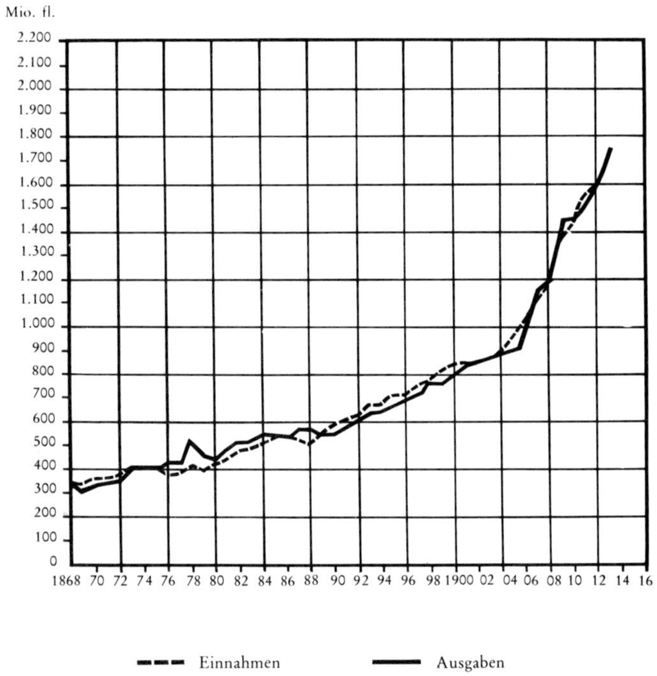

ZU SEITE 174

BUNDESHAUSHALT (1923–1937)

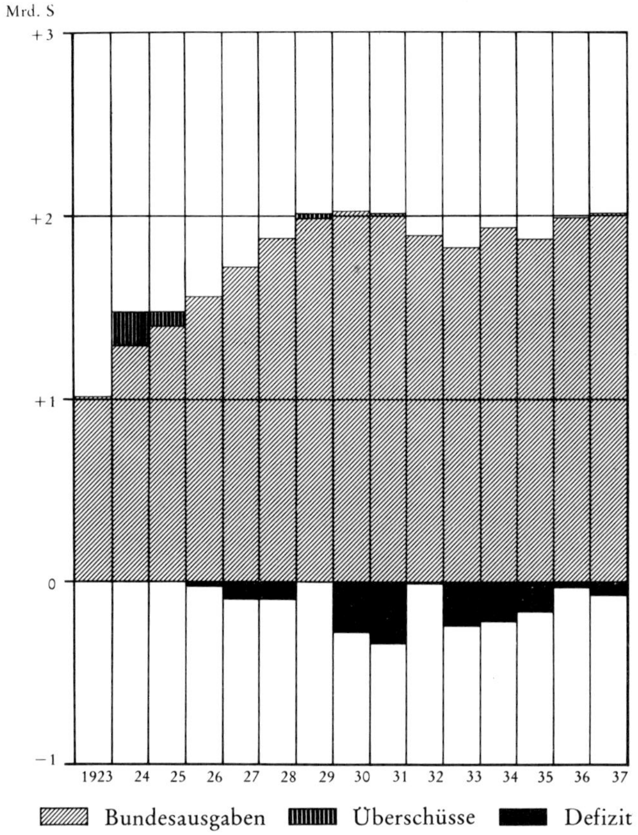

ZU SEITE 174

ARBEITSLOSIGKEIT UND BUNDESINVESTITIONEN (1923–1938)

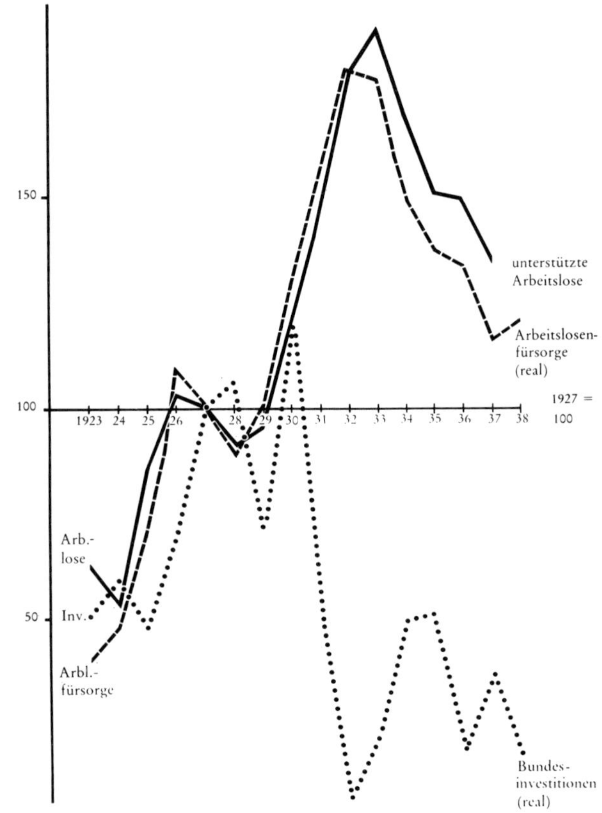

ZU SEITE 195

DIE „PAKTIERTE" INFLATION (1947–1951)

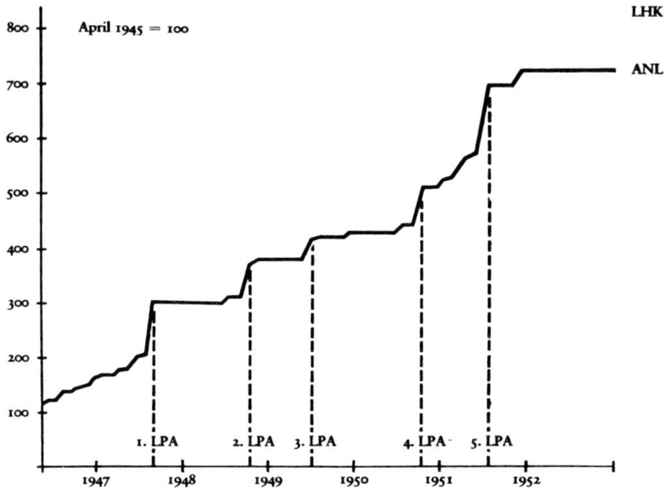

LHK = Lebenshaltungskostenindex nach dem Normalverbraucherschema für eine vierköpfige Arbeiterfamilie in Wien

ANL = Arbeiter-Nettolöhne in Wien nach Abzug der Steuern, Sozialversicherungsbeiträge und Gewerkschaftsbeitrag

LPA = Lohn-Preis-Abkommen

ZU SEITE 199

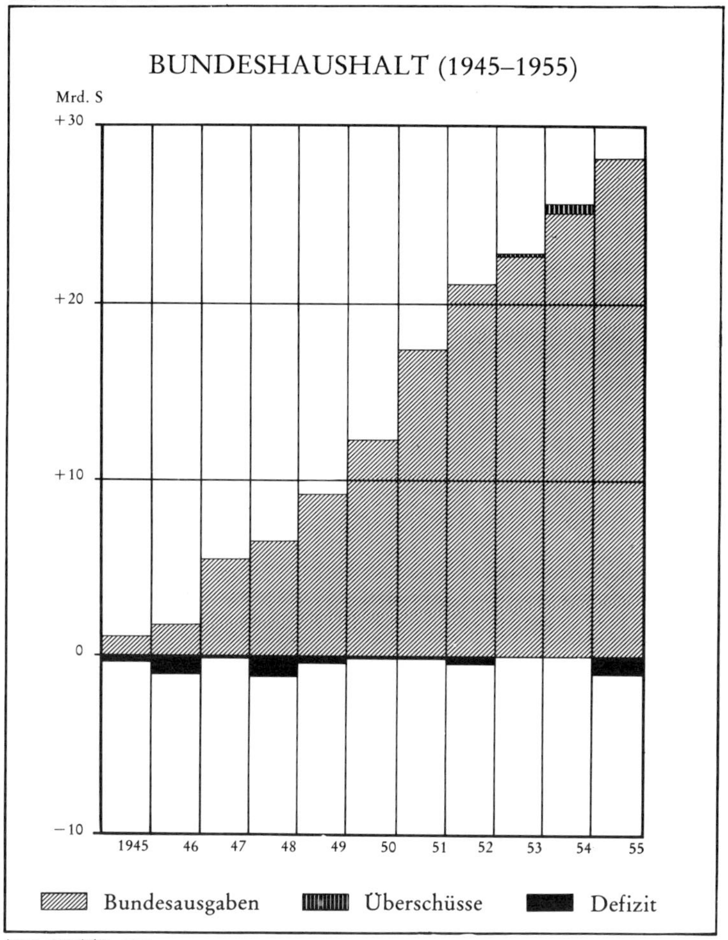

ZU SEITE 208

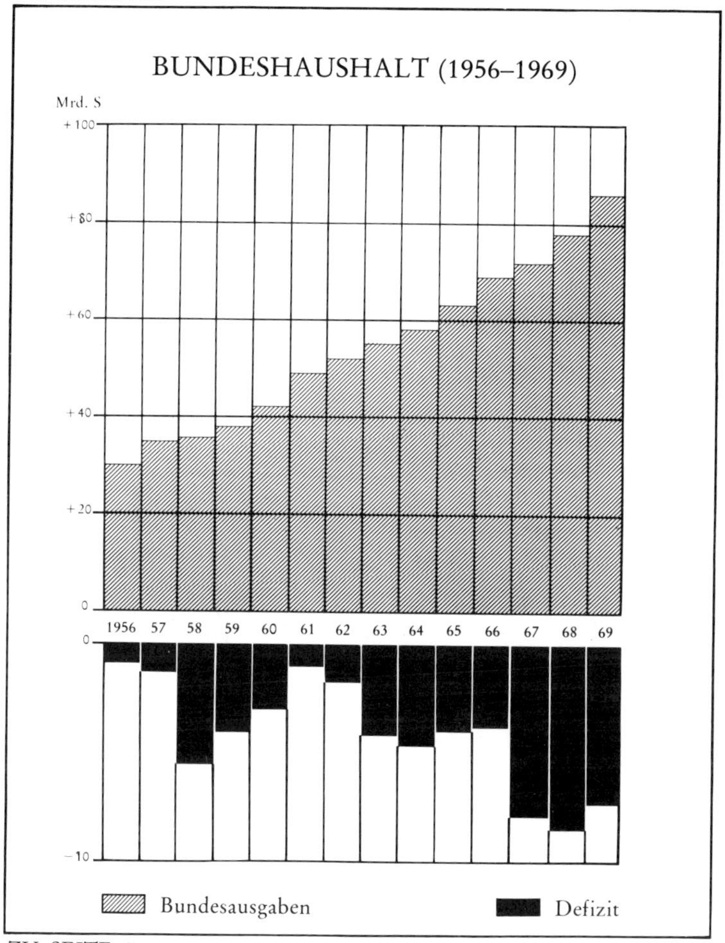

ZU SEITE 221

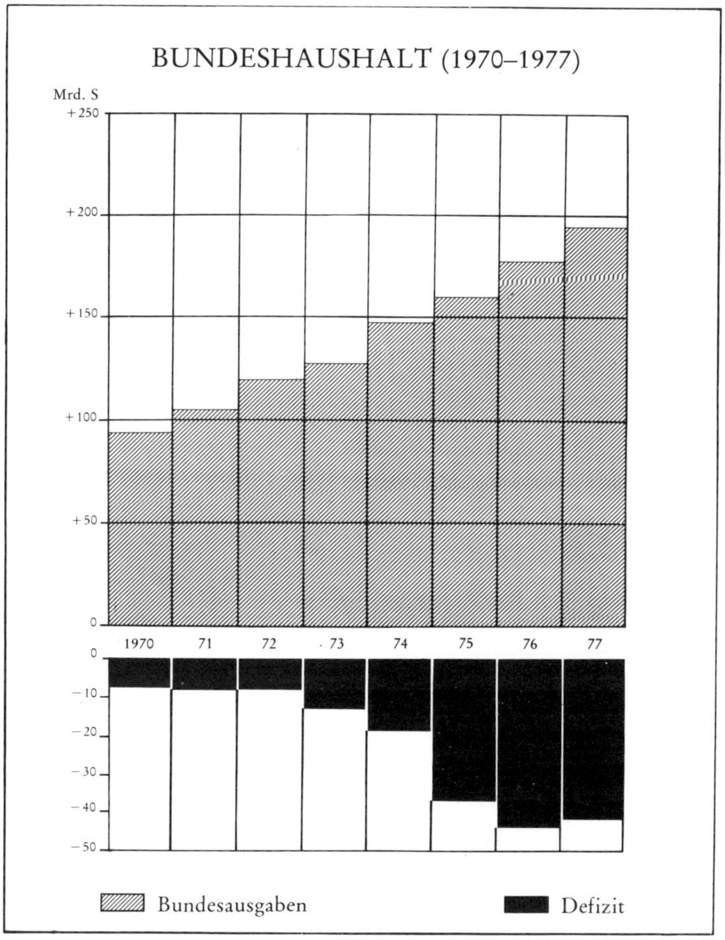

ZU SEITE 217

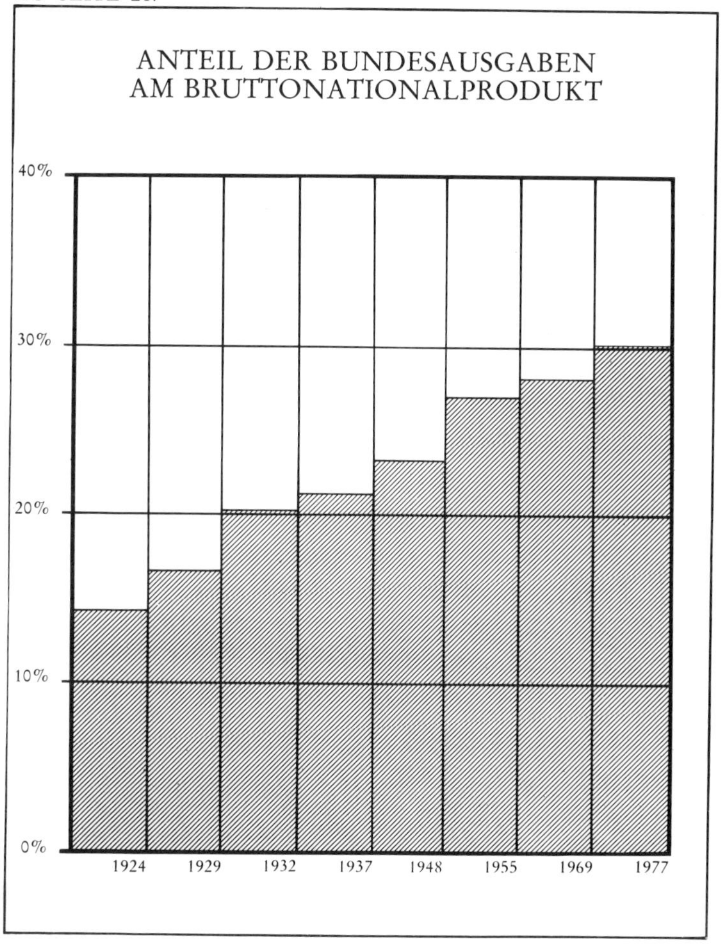

ENGLISH SUMMARY

Pomp around the Corner

A Brief History of the Palace in the Himmelpfortgasse and of Its State Apartments
"Step around the corner", that well-known Austrian writer, Hans Weigel suggests. "Open doors. Vienna is hidden away. Vienna needs to be discovered. Don't ask a Viennese. He doesn't know. On the contrary. Show him Vienna and he will be grateful. You are at this point still 'in town', and perhaps it is proxywise that this centre of Vienna is called the 'Inner City'. Because all of Vienna, as a city, is an interior. Because it does no window-dressing."

The palace in the Himmelpfortgasse likewise does no window-dressing. Around the corner, just so, that is where it is. Straitjacketed into a cramped street. Hidden between old houses as though it had always been the Ministry of Finance and so had better be discreet and modest. Anything rather than annoy people even more by vulgar ostentation.

Things were not always like that. And anyone able to suppress the slight shudder inevitable at the sight of a Ministry of Finance will come upon one of the loveliest palaces from the Age of Baroque. Around the corner, just so, down narrow, constricted Gate-to-Heaven Lane.

Prince Eugene of Savoy, Austria's greatest foreign soldier, had it built for himself. Winter quarters, so to speak. Summer was spent beyond the city precincts, up at Belvedere Palace.

In recent years the state apartments have been repaired and restored. The perceptions gleaned, as well as the plans and documents so far traced, now permit a description of the house's history free from previous errors.

First, though, a few words about its master.

He was born on 18 October 1663, in Paris, and was intended for the Church, a parental presumption that ran diametrically contrary to his real interests. These were exclusively of a military nature and he was still a youngster when he tried, repeatedly, to find acceptance in French service. On each occasion he met with a rebuff from Louis XIV, the Sun King.

His application to be received into the Imperial army had more luck. By 14 October 1683, just on twenty, he was already a colonel and commanding a regiment of dragoons. In 1685 major-general, in 1687 lieutenant-general, he became in 1693, at thirty, full general after having been in charge of the Imperial troops in Hungary on 15 April 1692.

In 1694, in 1702, and in 1703 respectively Eugene purchased three pieces of ground in the Trabantengasse, today's Himmelpfortgasse, so as to have built for himself a palace fronted by a dozen windows. Johann Bernhard Fischer von Erlach, who drew up the plans, was initially entrusted with their execution, but after he had "given instruction for and seen to the erection of the upper entrance," a book published in 1736 declares, "the lower portion, that is, the other entrance, was set on foot by Jean Luca von Hilebrand" (Johann Lucas von Hildebrandt).

Whereas a start was made about 1695, its completion before 1711 is attested by documentary evidence. In 1720 the Prince's acquisition to the west of an adjoining piece of ground enabled the front to be extended by a line of five additional windows behind which to accomodate his bulky library. The execution was again confided to Hildebrandt.

Prince Eugene collected artistic treasures of every kind. As well as his books, the valuables included first rate drawings and engravings, an accumulation of miniatures reputedly almost more costly than that at Florence, clocks, and above all paintings of practically inestimable price.

After his death, the Prince dying during the night of 20–21 April 1736 and being "found in the morning by his valet dead in bed", the immense fortune was awarded by Emperor Charles VI to Eugene's niece, Princess Victoria Anna of Saxe-Hildburghausen.

On 6 July of the selfsame year Victoria, whom historians describe as outstandingly ugly, arrived in Vienna with a train of more than forty attendants to enter upon the inheritance. She established herself at Belvedere Palace and in the first place commemorated the 'dear' deceased with a great entertainment lasting several days. She is said to have dissipated the heritage within a few years and with scurrilous lack of respect to have turned into cash – furniture, porcelain, and the rest – whatever was movable among the Prince's possessions.

The paintings all went to Turin. The books and the prints were in 1738 bought by Charles VI for the Imperial Court Library and today still they constitute the great jewel of the Austrian National Library. Subsequently Victoria had the approaches to the Library wing from the older part of the house walled up and an entresol inserted in the empty apartments. She was now able to let this portion and to exploit a new source of income.

By the contract of purchase dated 17 September 1752 Empress Maria Theresa bought both this palace and the Belvedere as well as the domains of Hof and Niederweiden in Lower Austria. The price was 150,000 gulden cash down and an annual pension of 15,000 gulden.

That same year saw the winter palace assigned to Count Carl Friedmond Königsegg-Erps, President of the Imperial Mint and Mining Corporate Board of Direction, for use as his personal residence and accomodation of the authorities subordinate to him. To him and Niccolò Pacassi, the Court architect, was reserved its conversion into a government office. The process entailed further losses of artistic treasures.

Thereafter the palace served as a home for the most various official bodies. As from 1782 the Supreme Bench of Judicature was located here. In 1797 the then Minister of Finance and Exchequer President, Count Saurau, took over the building. In 1816 another Minister of Finance, Count Stadion, requisitioned it for himself and his civil servants. Ever since it has remained the seat of the country's highest fiscal authorities.

Externally the palace has stayed practically unaltered. Only the eighteen Ionic figures which once embellished the attic storey are missing.

The pillars flanking the entrances are ornamented with reliefs depicting scenes from Greek and Roman mythology. Left of the main door the theme is Hercules overpowering Antaeus, on the right that of Aeneas saving his father from burning Troy. At the eastern entrance there is on the left Achilles dragging the corpse of Hector in front of the Trojan walls, on the right Perseus with the Gorgon's head. These works are ascribed to Lorenzo Mattielli (d. 1748, Dresden). Those beside the western entrance, done about twenty years later, by an unknown master, symbolize war and peace. What the exterior does not reveal is the splendour still ensconced inside. Especially the ceiling of the large passage that gives access to the palace displays rich stucco relief-work relating to its founder's vital tools of war, weapons and other accoutrement.

To the left, in the third section of this *porte-cochère,* stands an almost ten-foot high sea-god in a niche opposite the magnificent wrought-iron gateway which leads to the ceremonial staircase.

But, before that, one more look into the courtyard where attention is particularly riveted by a fountain decorated with dolphins and set against the wall of the coach-house, today's garage. Building and fountain date from the time after 1752 and probably belong to the changes executed under Pacassi's aegis.

Originally a fountain depicting the subdual of three-headed Cerberus by Hercules, sculpted in 1734 by Christoph Maderer, stood in the centre of this main courtyard. "Water gushes from the hell-dog's middle head into the surrounding basin," ran the historian Riegel's description in 1736.

The ceremonial staircase is in three flights, and Fischer von Erlach's solution to the problem of how to fit a grand stairway into a comparatively small well must surely be regarded as one of his most brilliant inspirations. The first flight is bounded left and right by four immense atlantes who carry the landing that leads to the first-floor apartments.

The staircase ceiling, in 1945 destroyed by a bomb and restored the following year, has a painting, "Apollo as the God of Light". The two lateral flights likewise have ceiling paintings, that to the left showing "The Fall of Icarus" and that to the right "Fama". All three are the work of the French artist Louis Dorigny (1654 – 1752). The mouldings over the side-doors toward the courtyard represent "Hercules Struggling with the Nemean Lion" and, opposite, "Hercules Struggling with the Hydra".

The space now filled by the mural sculpture of three miners was once the resplendent entry to the Great Hall, today's ante-room and the adjoining messenger-room. Its ceiling, similar to the other state apartments, had a fresco on the subject of "The Labours of Hercules". Its walls were adorned with large battle-scenes, the wainscoting and the window-pillars were enriched with wood-carving gilt throughout, the floor was paved with white marble slabs. All fell victim to the reconstruction of 1752.

From this hall a door on the right opens into the former private rooms of Prince Eugene. No previous descriptions of the palace have mentioned their existence and it was purely by chance that the present author managed to discover in the Austrian National Library the relevant documents dating from 1736. This enables various legends, such as the situation of the death chamber, to be put right. The door just mentioned admits to a small antechamber. It gave way to a large dining-room, the only apartment in this portion of the building whose former dimensions are still identifiable. On a small reception-room followed the bedroom (death chamber), the house chapel, and a dressing-room. Next to the latter was a pantry "stocked on the occasion of public dinners full with gold and silver plate" (Aust. Nat. Libr. Doc. 214 052 – A). The walls of the dining-room were hung with tapestries describing sea-battles and campaigns. Over the mantelpiece was a life-size portrait of Emperor Charles VI. The report also says of the reception-room that it was "beautified with worked hangings", whereas nothing has come to light about the bedroom's appointments. The chapel had an altar painting, "The Descent from the Cross", done in fresco.

All the rooms described here were after the Prince's death transformed into offices, his heiress having previously disposed advantageously of their furnishings.

The ante-room leads into what is now the room of the Minister's personal assistant and was originally the antechamber. Here Eugene was laid in state prior to being borne in procession, on 26 April 1736 at four o'clock in the afternoon, to St. Stephen's Cathedral as his final resting-place.

 A later accretion is the door leading from this room into the Minister's study,

furnished in Baroque style. Its stucco ceiling has an oil painting by Peter Strudel. The date 1720 testifies to the fact that in this or the following year structural alterations were undertaken. Originally the Prince's main conference room, with access only from the gallery, it had then also a small tapestry door admitting to a small "withdrawal room" (toilet). Its appointments are said to have included "worked hangings" as well as a fine mantelpiece and stove.
The other door from the room of the Minister's personal assistant opens into the Red Drawing Room, a title referring purely to the colour of the tapestries.
Once the Prince's reception-room, its ceiling fresco reflects the apotheosis of Hercules and, like all others in this house, is ascribed to the Italian painter Marcantonio Chiarini. The wall panelling and the ornamental work of the cornices are gilded throughout and even the ceiling fresco has its due apportionment of gilt. Grotesquerie is the theme of the panelling and doors. Three large, gold-framed portraits, of Emperor Charles VI, Prince Eugene on horseback, and Emperor Joseph I respectively, and a big cut-glass chandelier are other features of the apartment. It adjoins the Yellow Drawing Room, the Minister's conference room, lit by three windows.
Together with the contiguous, so-called bedroom with two windows, this first formed the gallery. The ceiling fresco shows the rape of Orytias by Boreas surrounded by appurtenant windy spirits and allegories of the seasons. Here hung "Most excellent depictions", in particular portraits of the Prince's ancestors – his grandfather, on horseback and life-size, by Rubens, the Prince's father, by van Dyck, and others –, pictures in those days already of inestimable value.
Count Königsegg-Erps and Court architect Pacassi were privileged to alter this room entirely by the introduction of a partition and an entresol. The fresco was walled off, but at least preserved. The reason for the reconstruction was the Countess' need for a bedroom and ladies' drawing room. In 1969 the apartment was restored, the stucco ceiling thoroughly cleaned, the wall panelling renewed, a mirror similar to the original mounted in the same position between the windows and with the identical ornament set over it.
All the wainscoting of the Yellow Drawing Room, in contrast to the Red Drawing Room, is embellished by rich carving, a distinction that holds good too for the window pillars, the mirror mantels, the lintels and the doorposts. Of course everything is again gilded and grotesquerie is likewise the theme of the wall and door panel paintings executed by Drentwett who gave free rein to his keen sense of humour.
The Red Drawing Room is flanked on the other side by the Blue Drawing Room. The ceiling fresco, its subject "The Marriage of Hercules and Hebe", reveals particularly clearly more than one master-hand at work, a fact probably applicable to the other ceiling frescoes also.
The Blue Drawing Room was the palace's show-piece. At the centre of the longitudinal wall was a fireplace of red marble. Against the wall dividing it from the next apartment stood a large four-poster between two high double doors crowned by *supraporte*. Only one of these doors, that by the window, has survived; the other was replaced after 1752 by a tapestry door.
The embroidered hangings of this ceremonial bedchamber were so designed that, together with the wainscoting, the cornices, and the fresco's illusionist architecture, the impression was of a temple interior disclosing a view of Olympus.
Past the left door is a closet probably meant as a service room inasmuch as it had a hatch to the neighbouring Mirror Room. The alterations in 1752 left no space for the chapel in the office area and so it was removed to this small apartment. The beautiful

inlay flooring of the chapel was transposed and the murals done in casein paints are still on hand. The altar, consecrated on 20 December 1712 to St. Valentine, could be accomodated without difficulty as the chapel's previous extent had been but little greater. A relic is enclosed and sealed into the altar.

The door next to the Blue Drawing Room's window leads into the Gold Cabinet, formerly called the Mirror Room. Empress Maria Theresa, according to the records, ordered the entire wall and ceiling decorations of this uniquely beautiful apartment to be taken down and re-mounted elsewhere, probably in the Imperial Palace. With the wall decoration this was feasible, but not with those belonging to the ceiling. Carved out of linden beams which had prior been affixed to the ceiling, it would hardly have qualified for further use. The room's new panelling consisted of residues from the gallery, whereby these at least were preserved for posterity. Worth mentioning moreover is the mantelpiece of black marble, the only one not removed from its previous position.

The next room, the Battle Scenes Apartment, is already situated in the former Library Wing and has since 1947 accomodated the seven paintings which had adorned the Great Hall but, at the Empress's behest, were removed.

Initially lodged in the Imperial Palace, they were in 1805 requisitioned by the French occupation authorities and exhibited at the Louvre. In 1815 they reverted to Austrian possession and after some two hundred and thirty years returned to the house for which the French artist Paroccel had been commissioned to do them. Now they have been placed, in the train of the renovations undertaken in 1971, in surroundings which set them off to full effect. The room itself and the adjoining Green Drawing Room have only existed since 1841.

The former was at that date arranged as a ball-room in Louis Seize style, the latter was furnished in the manner to be seen still today. Together they had constituted the main reading-room of the Prince's library, with five windows, whereas the two smaller adjacent reading-rooms had but three each. Here were lodged, in marvellously made boxwood shelves beautified by carvings, the valuable collection of some fourteen thousand volumes and the engravings.

The portraits hanging in the Green Drawing Room are of Emperor Leopold I, Emperor Charles VI, Empress Maria Theresa, and of Prince Eugene in armour.

What was the second reading-room is now used as a conference-room and is currently undergoing restoration. On its completion it will contain about one hundred panels painted by Drentwett and thus render it equally worth seeing.

Perhaps one visitor or another may regard the sober atmosphere attaching to a Ministry of Finance as incompatible with the high spirits permeating the splendour of this Baroque palace. To reconcile incompatibility, though, has always been an Austrian speciality. Not excluding the Ministry of Finance. Not excluding financial policy. And so the tale goes that at critical, tough moments of negotiation it has been the warmth of the Baroque splendour which has re-kindled good sense. Viewed from that angle, the renovation and preservation of these apartments is probably not merely a matter of cultural concern, but one of most distinct self-interest on the part of Austria's Ministers of Finance.

English captions

PAGE 33: Prince Eugene of Savoy. Engraving by B. Picart after the portrait by Jacob van Schuppen, 1722. Österreichische Galerie, Belvedere Palace, Vienna.
PAGE 34: The Picture Gallery, Upper Belvedere. Engraving by Salomon Kleiner, from *Wunderwürdiges Kriegs- und Siegs-Lager des unvergleichlichen Helden unserer Zeit . . .*
PAGE 35: Balthasar Permoser, *The Apotheosis of Prince Eugene.* Marble. Österreichische Galerie, Belvedere, Vienna.
PAGE 36: Prince Eugene on horseback. Engraving from *Acta Serenissimi Principis Eugenii . . .*
PAGE 37: Frontispiece engraving for *Gradus ad Parnassum*, the keynote (in the truest sense of the word) publication by Johann Joseph Fux, Vienna 1725. The work's influence extended even to the Classical Vienna School of composers.
PAGE 38: "*Prinz Eugenius der edle Ritter . . .*" The earliest version, 1719, of the popular song "Prince Eugene, the Noble Knight . . ."
PAGE 39: Gentleman with bass lute. Around 1700 the lute became the favourite instrument in court society. From Padre Bonnani, *Description des Instruments harmoniques*, Rome 1776.
PAGE 40: Every book in Prince Eugene's library is morocco-bound and carries his coat of arms.
PAGE 57: Prince Eugene of Savoy-Carignac (1663–1736), Imperial field marshal, President of the Imperial War Council, Governor of the Austrian Netherlands. Painting by Johann Gottfried Auerbach, Österreichische Galerie, Belvedere Palace, Vienna.
PAGES 58–59: Prince Eugene – Eugenio von Savoy was how he himself wrote his name in three languages – served three Emperors: Leopold I, 1658–1705 *(p. 59)*, the latter's son and successor, Joseph I, 1705–1711 *(p. 58, lt.)*, and that monarch's brother, Charles VI, 1711–1740, *(p. 58, rt.)*, the last Habsburg in male descent and father of Empress Maria Theresa.
Regarding his personal attitude towards the three rulers, Eugene said that Leopold had been like a "father" to him, Joseph, with whom he was on a particularly cordial footing, like a "brother", whereas Charles, with whom his relationship did not lack tension, like a "master".
PAGES 60–61: Eugene was one of the greatest architectural patrons of his day. In Vienna he had his town mansion erected in the Himmelpfortgasse and on an elevation outside the city gates Johann Lucas von Hildebrandt, his favourite architect, built his summer residence, the Belvedere *(p. 60)*, one of the most brilliant of rococo creations anywhere. In addition there are the splendid country and hunting seat Schlosshof *(p. 61)* in the Marchfeld, an area north-east of Vienna, and Schloss Ráckeve on Csepel, an island in the Danube near Budapest. Likewise Schloss Niederweiden, another Marchfeld estate which the Prince acquired from Count Starhemberg and had reconstructed, bears Hildebrandt's stamp.

PAGES 62–63: For Austrians Prince Eugene, the "noble knight", is for ever branded on their consciousness as the victor over the Turks. Hardly less important, though, for Austria's position in the European play of forces were the Prince's victories in the Spanish War of Succession (1701–1714) whereby the claims to power of France, arch-enemy in the West, were curbed.
Jacques Parrocel's large painting in the Battle Scenes Apartment depicts in great detail the victory at Turin (1706) which delivered the whole of Italy into the Imperialists' hands.
PAGE 63: Detail from the painting of the Battle of Oudenaarde (1708), also in the Battle Scenes Apartment.
PAGE 64: The Prince's private library, all its leather bindings embellished with his coat of arms, was saved from the dissipation of his estate and now adorns the Austrian National Library's Great Hall as one of its most precious possessions.
PAGE 81: Application of 3 June 1697 by Prince Eugene to the Vienna Magistrature for permission to impinge with the portal of his town mansion somewhat on the street.
PAGES 82–83: The Prince's town mansion prior to the addition of the Library Wing. Contemporary print.
PAGES 84–85: The Red Drawing Room and the Blue Drawing Room, 1918–1938. Comparison between their appearance then and now *(Pp. 113 and 119)* shows hardly any difference, proof of the care with which the 1967–1973 restoration was undertaken. Only the tiled stoves in the corners have been removed. The furniture has remained the same.
PAGE 86: The ceremonial staircase in the severely shattered state sustained through bomb damage during the final days of World War Two.
PAGE 87: Today's Blue Drawing Room was known in the years after 1945 as the Tapestries Apartment. As it was neither possible any longer to repair its original hangings nor to procure new ones, a virtue was made of necessity by covering the walls with Flemish tapestries in the repository of the Kunsthistorische Museum, Vienna. In 1967 they were taken down, in the interest of conservation, and the apt name disappeared with them.
PAGE 88: Jonas Drentwett's delightful grotesques on gold background suffered very badly with the passage of years and had to undergo thorough refurbishing and restoration. Now they have re-emerged in their old splendour. *(Viz., pp. 118, 126, and 136)*
PAGE 105: The main entrance to Prince Eugene's town mansion in the Himmelpfortgasse. Looking at the contemporary print by Salomon Kleiner *(cf., end-papers)*, it will be noted that the double-headed eagle and coat of arms surmounting the balcony is a later addition.
PAGE 106: The *porte-cochère*. In the niche to the left stands the gigantic sculpture of a sea-god with a conch, precisely opposite the entrance to the main staircase whose beautiful wrought-iron gateway can be seen on the right of the picture.
PAGE 107: The ceremonial staircase, a masterpiece by Johann Bernhard von Erlach who here presented a brilliant solution to the problem of dealing with confined space. The statue of Hercules in the central recess constitutes with the sea-god in the *porte-cochère* a lateral axis which acts as a supplementary ligature in the spatial composition of vestibule and staircase.
PAGES 108–109: Two details from the staircase demonstrate the inspired integration of sculptural elements in its construction. Together with the central recess figure the atlantes effect an almost complete dissolution of its static structural elements *(P. 108)* and the volutes of the parapet, with the embellishment of vases typical for Fischer von Erlach, emphasize the flowing upward movement.

The mural sculpture of three miners *(P. 109, lt.)* in the middle of the upper staircase landing is a Nineteenth Century addition. Originally a door here gave entry to the Great Hall.

PAGES 110–111: The ceiling fresco over the staircase, *Apollo in the Sun-Chariot*, by Louis Dorigny. The figures of Apollo and of Hercules are direct allusions to Prince Eugene, a very usual form of homage in the Age of Baroque.

PAGE 112: The picture demostrates the exquisite elaboration of detail and the wealth of decorative components in the state apartments' furnishings although the effect is never one of excess.

PAGE 113: The Red Drawing Room. The portraits are of Emperor Joseph I, 1705–1711, and Prince Eugene on horseback.

PAGES 114–115: The ceiling fresco in the Red Drawing Room, *The Assumption of Hercules into Olympus*, by Andrea Lanzani while the architectonic painting is by Marcantonio Chiarini.

PAGE 116: The Yellow Drawing Room. In the days of Prince Eugene it served as the picture gallery, today as a waiting-room. The portrait facing the room's entrance is of the Prince's father. Next to it is an Eighteenth Century battle picture.

PAGE 117: The painting by Carl Moll (1861–1945) shows the enfilade of state rooms seen from the east and gives an idea of the palace's interior at the beginning of the present century. Federal Ministry of Finance, Vienna.

PAGE 118: The delightful grotesques by Jonas Drentwett, the Aix-la-Chapelle painter who also participated in the interior decoration of the Belvedere Palace, strike a hilarious note amid the measured pomp of the state apartments.

PAGES 118–119: The Blue Drawing Room. Many of the state rooms in their present-day appearance—the Red, Yellow, Blue, Green Drawing Rooms—derive their names from the colour of the silken damask covering their walls. The portraits here are of Habsburg rulers from periods later than that of Prince Eugene. *Lt.*, Emperor Francis II (1792–1806), who also ruled as Francis I, Emperor of Austria (1804–1835) and was known as "good Emperor Francis", and *rt.* Emperor Joseph II (1765–1790), prototype of the Age of Enlightenment on the Imperial throne.

PAGES 120–121: The central panel of the ceiling fresco in the Blue Drawing Room, with the architectonic painting again contributed by Marcantonio Chiarini, is by Louis Dorigny, creator of the fresco over the staircase.

PAGES 122–123: The Gold Cabinet or Mirror Room, the most splendid of the state apartments, served Prince Eugene as his breakfast room or for collations. A special effect which still more enhances the apartment's attraction is achieved by a pair of mirrors that face each other and repeat to infinity the object reflected.

PAGES 124–125: The Gold Cabinet, as seen by an unknown painter at the beginning of the Nineteenth Century, in use as the breakfast room of its contemporary master, Imperial Finance Minister Count Stadion.

PAGE 126: A further detail, with grotesques by Drentwett.

PAGE 127: Empress Maria Theresa was so impressed by the ceiling of the Gold Cabinet, with its unique gold leaf gilded carving, that after her purchase of the palace she ordered the ceiling to be taken down and removed to Schönbrunn Palace. That was not feasible because the entire embellishment had been carved on the site from a single linden beam and would not have survived displacement—piece of luck for the palace.

PAGES 128–129: The chapel was not part of the original structure (Prince Eugene's chapel formed part of his private apartments in the rear wing of the palace), but was built after the palace's reconstruction in the years following 1752. Remarkable is the tiny room's magnificent illusionist architecture which is especially spectacular viewed in perspective. The windows on the left of the picture are real, those on the right are painted.

PAGES 130–131: The Battle Scenes Apartment. In Prince Eugene's day the pictures shown here were hung in the no longer existent Great Hall. In 1752 they were taken down and put in storage. In 1947, by sheer good chance, they returned and were mounted in the former Empire Apartment which has since been known by its present name. From its appearance no one would guess that the room had ever served any purpose other than to accomodate these paintings.

PAGES 132–133: The Green Drawing Room. This and the adjoining Battle Scenes Apartment once formed the Main Reading-Room of Prince Eugene's library. The portraits, *from lt. to rt.*, are of Emperor Charles VI, 1711–1740, his daughter Empress Maria Theresa, 1740–1780, and a further likeness of Prince Eugene, in armour and with field marshal's baton.

PAGE 133: The delightful Boulle clock is an early Nineteenth Century copy.

PAGE 134: The Main Conference Room was originally the Small Reading-Room of the Prince's library. During the course of the 1967–1973 restoration it was fitted with small panels of grotesques by Drentwett.

PAGE 135: View from the Green Drawing Room. This should be compared with the painting reproduced on p. 117 which shows the same view from the opposite direction.

PAGE 136: Not the double-headed eagle, but a pair of eagles here watch over the Austrian coat of arms.

PAGE 153: The palace facade from the main entrance towards the Library Wing.

PAGE 154: View of the *porte-cochère* with the fountain-figure of the sea-god.

PAGE 155: The famous detail from the large painting of the Battle of Turin, 1706, in the Battle Scenes Apartment: the Imperial messenger escapes from an enemy detachment – on a bicycle.

PAGE 156: The ceiling fresco painted in 1720 by Peter Strubel in the Federal Minister of Finance's room.

PAGE 157: Detail from the Blue Drawing Room's ceiling fresco: Hercules subdues the Nemean Lion.

PAGE 158: Two examples of the high decorative skill, sovereign use of space, and love of story-telling displayed by Drentwett's grotesques.

PAGE 159: The precious carved embellishments on doors and walls were during a protracted process partly re-carved and entirely freshly gilded with gold leaf.

PAGE 160: The state apartments now serve not only state purposes, but as in the days of the great Savoyard are also devoted to support of the fine arts. This picture records an event in the cycle *Hausmusik bei Prinz Eugen.*

PAGE 177: How a contemporary cartoonist saw Metternich's hasty departure from Vienna in the revolutionary year 1848.

PAGE 178: Around the middle of the Nineteenth Century the railways were the symbol of technical progress and industrial development. In Austria, after a period of private enterprise, the state laid down the policy on extension of the rail network. – A poster of the Imperial-Royal State-Railway Mürzzuschlag – Cilli, the connecting line to the Semmering line from Vienna to the south.

PAGE 179: In the Great Railway Age: *Railway Station and Travellers*, painting by Karl Karger, 1875.

PAGE 180: The Stock Exchange Crash 1873 and its consequences: Mourned by Austria's tutelary spirit, commerce, industry, trade, hope and the building business descend into the grave over which is inscribed "Here rests Austria's Prosperity". Cartoon by E. Juch, 1877.

PAGE 181: The conditions of the Treaty of St. Germain were regarded in Austria as extremely oppressive. State Chancellor Renner headed the Austrian delegation to the peace negotiations. – Cartoon from *Kikeriki*, 15 June 1919.
PAGE 182: Austrian economists had a worldwide reputation. Two of their outstanding representatives headed the country's financial administration: Eugen von Böhm-Bawerk and *(above)* Joseph Schumpeter. The latter worked out the first financial rehabilitation plan for the new Republic.
PAGE 183: In 1921 and 1922 the country's economic inflation had catastrophic consequences. The Austrian National Bank had continuously to have new banknotes, with ever higher face values, printed without being able to keep abreast of the concurrent devaluation of the currency.
PAGE 184: Only a dramatic appeal by Federal Chancellor Dr. Ignaz Seipel, warning the Allied Powers that the existence of Austria was at stake, tilted the scales in favour of a League of Nations loan being extended in 1922 in order to rehabilitate Austrian finances.
Above: Dr. Seipel, accompanied by the Austrian ambassador at Berne, Leo di Pauli, leaves the League of Nations Palace at Geneva.
PAGE 185: The conditions attached to extension of the League of Nations loan put Austria for years ahead in financial leading strings.
Above: Alfred Zimmermann, a Dutch national who acted as League of Nations Commissioner in Austria "for supervision of the appropriate employment of the rehabilitation loan", during his initial visit to Federal President Dr. Michael Hainisch.
PAGE 186: The Post Office Savings Bank building, on the Georg-Coch-Platz in Vienna's First District, with the monument to its founder in front.
In the train of a reorganization of its functions the institution was in 1926 incorporated into the domain of the Federal Ministry of Finance.
PAGE 187: Foreign Minister Dr. Johann Schober *(2nd from lt.)* wanted to solve the economic difficulties with which Austria was incessantly faced by entering into a customs union with Germany. Negotiations with the German Foreign Minister Curtius *(rt., outside)* had proceeded a long way when in 1931 they had to be stopped on account of an Allied veto.
PAGE 188: In 1931 the collapse of Austria's biggest bank, Credit-Anstalt für Handel und Gewerbe, shattered the country to its foundations and also had repercussions on the international capital market.
Above: Baron Alfons Rothschild, one of the Bank's main shareholders, at the races.
PAGE 189: Unemployed in the role of beggars were an accustomed feature in the streets.
PAGES 190–191: In Austria the 'Thirties were characterized by political discord and bitter economic distress.
The Federal Army attampted to assuage the hardship and operated canteens for the needy.
PAGE 192: *Above:* Street musicians were part of the normal Vienna street scene in the 'Thirties.
Below: Waiting for the dole.
PAGE 209: In the turbulent years following World War Two the black market flourished. For all that, as in this picture, the Occupation Powers often took trenchant action against the black marketeers, their nationals were alongside others involved in supply of the goods sold.
PAGE 210: The Marshall Plan initiated the reconstruction of Western Europe. Austria too was a beneficiary of the American economic aid. Here Federal President Dr. Adolf Schärf *(centre)* and the Federal Minister for Foreign Affairs Dr. Karl

Gruber *(rt.)* are seen signing the economic co-operation treaty on 2 August 1948. *Lt.*, John G. Erhardt, the United States representative.

PAGE 211: Kaprun Power Station symbolized in the 'Forties and the early 'Fifties resuscitated Austria's determination to attain economic recovery. The photograph is of the Drossen Dam from the east and in the direction of the Moserboden Dam.

PAGE 212: Federal Chancellor Ing. Julius Raab *(rt.)* and Federal Minister of Finance Dr. Alfred Kamitz *(lt.)*, key figures in the "Raab-Kamitz Policy" which dominated the 'Fifties, at the opening in April 1958 of a section of the *Westautobahn*, the motorway linking Salzburg and Vienna.

PAGE 213: Economic and social policy problems were after World War Two – and still continue to be – discussed and agreed between the representatives of employees and employers in the "Parity Commission for Price and Wage Problems".

PAGE 214: "Economic and social partnership", an institution often cited, without any statutory basis, and yet much envied by other countries in the free world, depends solely on the good sense, responsibility, and readiness to negotiate on the part of employees and employers as represented principally by the Austrian Trade Union Federation and the Federal Chamber of Business respectively. The Grand Old Men of the post-war years were Julius Raab *(lt.)* and the trade union chairman Johann Böhm *(rt.)*.

PAGE 215: Economic and social partnership today – the Grand Old Men of the 'Seventies, trade union chairman Anton Benya *(rt.)* and "Federal Chamber" chairman Anton Sallinger *(lt.)*.

PAGE 216: A step towards European integration occurred on 22 July 1972 with the signing of a treaty whereby five EFTA states, including Austria, joined an enlarged European free trade zone in association with the European Economic Community. The picture here is of Federal Minister of Trade Dr. Staribacher *(lt.)* and Federal Chancellor Dr. Kreisky *(3rd from lt.)* at the signature of the treaty.

PAGE 233: A water-colour of Prince Eugene's town mansion in the Himmelpfortgasse (1887) by Rudolf von Alt. Vienna, Federal Ministry of Finance (on loan from the Österreichische Galerie, Belvedere Palace, Vienna).

PAGE 234: Poets in the Treasury. Lt., Franz Grillparzer (1791 – 1872), Austria's greatest dramatist. Watercolour by Moritz Daffinger, Historisches Museum der Stadt Wien, Vienna. *Lt.*, Eduard von Bauernfeld (1802 – 1890), celebrated author of comedies of manners. Water-colour (abt. 1830) by K. von Saar, Historisches Museum der Stadt Wien, Vienna.

PAGE 235: In this Exchequer Archives office, where the original furnishings have been preserved, Franz Grillparzer served the state, and here too after his embittered withdrawal from the contemporary theatre he wrote the plays of his later years, *Bruderzwist in Habsburg, Die Jüdin von Toledo,* and *Libussa*, all of them performed only after his death.

PAGE 236: The Ministry of Finance, acting in the Emperor's name, was responsible for the conferment of licences in the fields of commerce and trade. Shown here is the deed of grant to the Lombardic-Venetian Railway, 1838.

PAGE 237: In the Austrian Empire finance officials wore a dark green uniform.

PAGES 238 – 239: The federal Minister's office in the Himmelpfortgasse palace, scene of activities of outstanding men of whom some influenced crucially the course of Austrian policy. *From lt. to rt., both rows*: Baron Karl Ludwig Bruck, 1855 – 1860; Julian von Dunajewski, 1880 – 1891; Viktor Kienböck, 1922 – 1924, 1926 – 1929; Reinhard Kamitz, 1952 – 1960.

PAGE 240: Mr. Hannes Androsch, Federal Vice-Chancellor, since 1970 master of the mansion in the Himmelpfortgasse in his capacity as Federal Minister of Finance.